全面建成小康社会丛书
QUANMIAN JIANCHENG XIAOKANG SHEHUI CONGSHU

全面建成小康社会
奋斗史

QUANMIAN JIANCHENG XIAOKANG SHEHUI
FENDOUSHI

杨宜勇　吴香雪　等　著

人民出版社

目 录 CONTENTS

序　言

习近平总书记说："2020 年是具有里程碑意义的一年。我们将全面建成小康社会，实现第一个百年奋斗目标。"全面建成小康社会既重视"小康"的实质性内容，又重视"全面"的目标性要求。众所周知，"小康"讲的是"五位一体"总体建设的发展方向和发展水平，"全面"讲的是"五位一体"总体建设必须注重发展的平衡性、协调性、可持续性。因此，我们建设的全面小康社会就是"五位一体"、全面进步的小康社会，客观上要求经济维度、政治维度、文化维度、社会维度、生态文明维度不可或缺，必须整体协同推进。

习近平总书记曾经指出，"党的一切工作都是为老百姓利益着想，让老百姓幸福就是党的事业。"全面建成小康社会，一些基本方面都不能马虎。如果其中任何一个方面发展滞后，都会严重影响全面建成小康社会目标的实现，为此我们必须主动出击，严格要求，努力补齐全面小康的短板和弱项。与此同时，全面小康必须是惠及全体人民的小康。全面建成小康社会，一个民族都不能少，一个老乡都不能少。全面小康必须是城乡区域共同发展的小康，这也是社会主义属性的本质要求。其中，农村特别是贫困地区是全面建成小康社会的短板中的短板，弱项中的弱项，我们必须给予特别的关注。没有农村和贫困地区的全面小康，就没有全国的全面小康。在最后的关键一年，坚决打赢脱贫攻坚战是全面建成小康社会的底线任务。为此，时不我待，全面建成小康社会来不得半点虚假，必须实事求是、全力以赴，着力补短板、强弱项。抓紧补齐全面小康的短板和弱项，不仅有利于进一步提高人民群众的参与感，而且有利于提高人民群众的安全感；不仅有利于提高人民群众的获得感，也有利于提高人民群众的幸福感。

全面小康建设时间紧、任务重、质量严，当前存在的短板和弱项主要表现在以下几个方面：

一、需要着力推进乡村扶贫和城市扶贫

全域扶贫是全面小康社会的薄弱环节，其中乡村扶贫比城市扶贫更加艰难。2012 年 12 月 29 日，习近平总书记到河北阜平看望慰问困难群众时说："全面建成小康社会，最艰巨最繁重的任务在农村、特别是在贫困地区。没有农村的小康，特别是没有贫困地区的小康，就没有全面建成小康社会。中央对扶贫开发工作高度重视。各级党委和政府要增强做好扶贫开发工作的责任感和使命感，做到有计划、有资金、有目标、有措施、有检查，大家一起来努力，让乡亲们都能快点脱贫致富奔小康。"为此，首先在乡村扶贫过程中，必须重点解决乡村低收入人口"两不愁三保障"（即"稳定实现扶贫对象不愁吃、不愁穿，保障其义务教育、基本医疗和住房"）的突出问题。一方面，我们要针对低收入人口"两不愁三保障"情况进行全面摸底排查，切实做到心中有数，又要根据财力制定出切实可行的专项行动方案，把帮扶措施落实到村、到户、到人，切实做到水到渠成、马到成功。另一方面，要进一步加强精准帮扶、综合施策，绝对不能有所麻痹和有所倦怠，通过扎扎实实的工作确保到 2020 年底全国乡村低收入人口

全部达到或者超过国家贫困线。贫困人口中因病致贫占有相当大的比重，我们要加大健康扶贫力度，保证大病、慢性病得到及时诊治，财政全额资助建档立卡低收入人口参加城乡居民基本医疗保险个人缴费，有条件的地方在县域内定点医疗机构住院一律先诊疗后付费，确保政策范围内住院费自付比例控制在 10% 以内，让他们能够看得起病和看得好病，最终使他们能够重返劳动力市场。与此同时，扶贫必须扶智，我们还要加大教育扶贫力度，精准落实家庭经济困难学生教育资助政策，不让一个低收入家庭孩子因贫因残辍学失学，提高未成年劳动力的文化和技能素质。与此同时，我们要加大住所扶贫，一方面要加快推进乡村危房改造，逐户落实改造方案，务必在 2020 年底完成低收入农户、低保户、乡村分散供养特困人员和贫困残疾人家庭四类重点对象住房改造任务；另一方面要大力改善农民住房条件，在尊重农民意愿的基础上，有力有序推进农民群众顺应城镇化规律集中居住，并大力推进城乡融合发展，加大地市级统筹力度，强化以县为主体的推进机制，千方百计促进在城镇稳定就业和生活的农业转移人口举家落户城镇。最后要妥善解决"空关房""空心村"问题，有条件的地区要通过实物置换或者货币化补偿等方式，鼓励转业、转居农民依法自愿有偿退出承包地和宅基地。

其次，要兜牢城乡居民基本生活保障底线，充分体现全面建成小康社会的底线公平，有利于增进社会融合。我们要进一步发挥城乡最低生活保障制度的兜底保障作用，鼓励有条件的地方对于现有乡村低保户中的建档立卡低收入人口人均月收入超过当地低保标准但在两倍以内的，给予不超过两年的退出准备期，让他们的脱贫状况稳得住、心不慌。鼓励有条件的地方对于乡村低保家庭人均月收入低于当地低保标准两倍的重残、重病人员，实施"单人保"，帮助家庭成员获得更多喘息机会。与此同时，我们要进一步完善社会救助家庭经济状况信息核对机制，精准认定救助对象，确保救助精准、动态出入；进一步健全特困人员供养标准调整机制，抵消物价上涨的负面影响；进一步加强急难情形临时救助，建立健全各类困境儿童基本生活保障标准自然增长机制，让帮扶政策更加包容。

二、需要着力促进基本公共服务提质增效

习近平总书记说："人民对美好生活的向往就是我们的奋斗目标。"保障基本公共服务是政府的职责，基本公共服务提质增效主要集中体现在优化"七个有所"等方面。

第一，我们要优化学有所教，努力实现学有优教，进一步强化乡村义务教育保障能力，确保乡村儿童不输在人生的起跑线上。"幼吾幼以及人之幼"，我们要制定实施乡村义务教育保障水平提升行动方案，推动乡村义务教育学校与城市优质学校集团化办学及城乡老师交流轮岗，加快推进以乡村小规模学校和乡镇寄宿制学校为重点的农村义务教育阶段薄弱学校改造。全面落实乡村义务教育老师各项工资待遇政策，有条件的地区要努力使乡村老师收入水平略高于同职级城镇教师收入水平。到2020年底，乡村义务教育学校务必基本达到办学标准要求，县（市、区）务必基本消除大班额办学。

第二，我们要优化老有所养，努力实现老有颐养，进一步推进养老服务体系建设。"老吾老以及人之老"，一方面我们要着力提升养老服务能力水平，为居家养老的老年人提供及时的上门服务，实现标准化街道老年人日间照料中心全覆盖，社区日间照料机构覆盖率达到80%以上，15分钟居家养老服务圈基本建成。另一方面我们要切实加强乡村养老服务设施建设，提升特困供养对象的机构护理服务能力，有条件的地方到2020年底特困供养对象的机构护理型床位占比

达到40%以上。

第四，我们要优化病有所医，努力做到病有良医，进一步提高乡村医疗卫生服务保障水平。习近平总书记强调，要推动医疗卫生工作重心下移、医疗卫生资源下沉，推动城乡基本公共服务均等化，为群众提供安全有效方便价廉的公共卫生和基本医疗服务，真正解决好基层群众看病难、看病贵问题。我们要制定实施农村医疗卫生服务保障水平提升行动方案，进一步解决农民群众看病难、看病贵问题。我们要加快推进乡村区域性医疗卫生中心和紧密型县域医共体建设，普及远程医疗服务。各级地方要切实加强基层医疗卫生单位的财政保障和绩效管理，改进全科医生队伍建设，补充乡村基层卫生人员，稳步提升乡村基层卫生人员收入水平，有条件的地区2020年底县域内就诊率力争达到90%左右。进一步提高基本医疗保险人均财政补助标准，将增资部分划出一半用于大病保险。大病保险保障范围可由住院、门诊特殊病向门诊慢性病拓展，将政策范围内最低报销比例提高到60%。继续优化国家药品目录，把更多救命救急的药品纳入医保。落实健康中国建设的统一部署，建立高血压、糖尿病患者门诊用药专项保障机制。

第五，我们要聚焦政治建设，巩固文化阵地，统筹推进城乡社区党群服务中心建设，切实做到基层活动有场所、有指导、有内容。党群服务中心要有"温度"，更要有"活跃度"。强化村级综合服务功能，健全乡村生产生活服务体系，以行政村、社区党群服务中心为载体，不断丰富基层人民群众的文化生活，全面建设便民综合服务中心，新建乡村文化、广播电视、体育、卫生、养老等设施原则上纳入该中心。大力推行村级公共服务事项全程委托代理，到2020年底努力实现乡村社区党群服务中心基本公共服务功能全覆盖。

第六，我们要优化基础设施建设，加快农村公路提档升级，努力做到既安全又通畅。习近平总书记指出："要求农村公路建设要因地制宜、以人为本，与优化村镇布局、农村经济发展和广大农民安全便捷出行相适应，要进一步把农村公路建好、管好、护好、运营好，逐步消除制约农村发展的交通瓶颈，为广大农民脱贫致富奔小康提供更好的保障。"要想富修好路，贯彻落实加强"四好农村路"建设工作部署要求，扎实推进"建设、管理、养护、运营"协调发展的乡村公路交通体系建设。进一步优化乡村路网结构，改善路桥安全条件和通行条件。进一步完善乡村客运和物流服务体系，有条件的地方基本实现镇村公交全覆盖。

第七，我们要优化公用事业发展，进一步巩固和提升农村饮水安全，确保能够喝好水。习近平总书记多次强调农村饮水安全在脱贫工作中的重要性，他指出："着力补齐贫困人口义务教育、基本医疗、住房和饮水安全短板，确保农村贫困人口全部脱贫，同全国人民一道迈入小康社会。"围绕城乡一体化供水、推动城市供水管网向农村延伸，全面开展水源地达标建设，着力提升供水各环节信息化管理水平，保证乡村群众饮水安全目标按期实现，城乡供水基本实现水同源、管同网、流同质、服同优。

三、需要着力赋能基层社会治理

创新出思路，创新出格局。我们要深入推进基层治理创新。习近平总书记指出："社会治理是一门科学，管得太死，一潭死水不行；管得太松，波涛汹涌也不行。"我们"要更加注重联动融合、开放共治，更加注重民主法治、科技创新，提高社会治理社会化、法治化、智能化、专业化水平，提高预测预警预防各类风险能力"。我们要健全党组织领导的法治、自治、德治相结合的乡村治理体系。推广新时代"枫桥经验"，深化网格化社会治理。积极构建非诉讼纠纷化解综合体系，推进覆盖城乡、均等普惠、便捷高效的公共法律服务体系建设，扩大法律援助范围。培育一批"三社联动"典型街道、乡镇，支持社区、行政村广泛推行"三社联动"治理服务方式。积极探索新型农村社区治理模式，合理配置便民服务机构和服务设施，促进基本公共服务网络向新型农村社区延伸，建立健全社区管理规范。

责任重于泰山，责任重在落实。我们要认真落实信访工作责任制，积极化解信访矛盾。习近平总书记曾经对信访工作作出重要指示："各级党委、政府和领导干部要坚持把信访工作作为了解民情、集中民智、维护民利、凝聚民心的一项重要工作，千方百计为群众排忧解难。"我们要深入开展城乡和谐社区建设活动，实现城乡社区人民调解委员会规范化建设全覆盖，推动绝大多数矛盾纠纷在乡镇以下得到化解。继续深入推进扫黑除恶专项斗争，加强平安社区建设，全面实施"雪亮工程"，创新社区治安防控体系，到2020年底让人民群众安全感达到95%以上。继续加大基层小微权力腐败惩治力度。健全完善乡村集体"三资"监管制度机制，推进乡村巡察工作，严肃查处侵害农民利益的腐败行为。

四、需要着力丰富基层群众的文化生活

习近平总书记说："人民有信仰，民族有希望，国家有力量。实现中华民族伟大复兴的中国梦，物质财富要极大丰富，精神财富也要极大丰富。我们要继续锲而不舍、一以贯之抓好社会主义精神文明建设，为全国各族人民不断前进提供坚强的思想保证、强大的精神力量、丰润的道德滋养。"

在物质进步的同时，文化也必须与时俱进。我们要着力推动乡村

移风易俗。完善村规民约，健全村民议事会、红白理事会、道德评议会、禁赌禁毒会等群众自治组织，开展乡风评议，反对不良风气，褒扬乡村新风，下大力气解决农村婚丧陋习、封建迷信、高额彩礼、老无所养、孝道式微、铺张浪费等突出问题。充分发挥乡村党员、干部、教师等示范作用和新乡贤带动作用，弘扬孝亲敬老文化，普及厚养薄葬观念。加快乡镇殡葬服务设施建设，加强散乱墓地治理，有条件的地方到2020年底实现生态型公益性骨灰安放设施全覆盖。

物质文明建设离不开组织依托，精神文明建设同样也离不开组织依托。我们要扎实推进精神文明建设。积极开展新时代文明实践中心建设，积极拓展覆盖面和影响力，切实巩固党在基层的执政基础和群众基础。大力弘扬社会主义核心价值观，深入实施公民道德建设工程，开展"传家训、立家规、扬家风"活动，提升城乡居民文明素养。扎实推进文明城市、文明村镇、文明校园、文明单位、文明家庭创建，持续提升群众安全感、获得感、幸福感。推动文明单位创建向基层覆盖、向新经济组织和社会组织延伸、向新媒体领域拓展。

五、需要着力消除生态环境灾害

习近平总书记强调："生态环境是关系党的使命宗旨的重大政治问题，也是关系民生的重大社会问题。广大人民群众热切期盼加快提高生态环境质量。我们要积极回应人民群众所想、所盼、所急，大力推进生态文明建设，提供更多优质生态产品，不断满足人民群众日益增长的优美生态环境需要。"

一方面，我们要聚焦污染防治攻坚战，深入贯彻加强生态环境保护坚决打好污染防治攻坚战的决策部署，坚决打赢蓝天、净土、碧水三大保卫战，让老百姓敢深呼吸、放心吃和放心喝。继续持续治理大气污染，全面推进焦化、钢铁、水泥、玻璃等行业超低排放改造，进一步降低 PM2.5 平均浓度，不断增加全年空气质量优良天数。继续加强河道综合整治，积极推进退渔退圩还湖，大力发展池塘生态养殖，推动农业投入品减量，提升断面水质达标率，到 2020 年底务必基本消除黑臭水体。继续开展耕地质量保护与提升行动，建立污染地块开发利用负面清单，重点排查整治重金属污染企业，加强化学农药污染防治工作，加大污染土壤修复力度，保持土壤环境质量总体稳定。

另一方面，我们要聚焦乡村人居环境整治，努力建设美丽乡村，制定实施乡村人居环境整治提升行动方案，扎实开展农村"厕所革命"，持续治理乡村生活垃圾和生活污水，稳步推进农业废弃物资源化利用。习近平总书记就"厕所革命"作出重要指示，强调要发扬钉钉子精神，采取有针对性的举措，一件接着一件抓，抓一件成一件，积小胜为大胜。我们围绕整治脏乱环境、生活垃圾、黑臭水体，提升基础设施和公共服务水平，做好日常管理的优化工作，切实加强被撤并乡镇集镇区的环境综合整治。积极推广村庄道路、河道、垃圾、绿化和公共设施"五位一体"综合管理及社会化管护模式，构建乡村人居环境管护长效机制。到 2020 年底力争实现所有村庄村容村貌干净整洁，乡镇集镇区面貌明显提升，农村无害化卫生户厕普及率达到 95%，农村生活垃圾集中收运率达到 98%，村庄绿化覆盖率达到 30%。

六、结束语

2020 年是全面建成小康社会的决胜阶段，在这个阶段补短板强弱项尤为关键。"不忘初心、牢记使命"，各级党员领导干部肩负着实现全面建成小康社会的时代责任，也是新时代我们的最大光荣。在以习近平同志为核心的党中央领导下，上上下下一定要拧成一股绳，立下愚公移山志、打赢攻坚克难战，如期高质量地全面建成小康社会，为全面建设社会主义现代化强国打下坚实基础。

杨宜勇

中国宏观经济研究院社会发展研究所所长、研究员

2020 年元旦

写于北京木樨地国宏大厦

第 一 章

全面建成小康社会的总体布局

知之非艰，行之惟艰。小康社会是中国实现现代化过程中的一个重要历史阶段，也是共产党人服务宗旨的具体体现。习近平总书记在党的十九大报告中明确指出："中国共产党人的初心和使命，就是为中国人民谋幸福，为中华民族谋复兴。这个初心和使命是激励中国共产党人不断前进的根本动力。"尽管历史始终是不断向前的，但并非总是一帆风顺。

第一节　起步阶段　曲折探索

历史难免会产生错误的冲动，这就是其教科书的功能和价值。中国共产党之所以伟大，关键在于她的自我纠错和自我纠偏机制。

一、不停反思，不断纠偏调整

小康思想不是从石头缝里面突然蹦出来的。邓小平同志的小康战略与毛泽东同志倡导的"四个现代化"是一脉相承的。1975 年 1 月

13 日至 17 日，第四届全国人民代表大会第一次会议在首都北京举行。周恩来总理在政府工作报告中重申在 20 世纪内全面实现农业、工业、国防和科学技术四个现代化的宏伟目标，把全国人民的注意力再次引到发展经济、振兴国家的事业上来。这是饱受"文化大革命"内乱之苦的中华民族最强烈的愿望。

其实早在 1954 年第一届全国人民代表大会上，毛泽东同志就号召全党和全国人民，要准备在几个五年计划之内，将我们现在这样一个经济上、文化上落后的国家，建设成为一个工业化的具有高度现代文明程度的伟大国家。1964 年 12 月，根据毛泽东同志的建议，国务院总理周恩来在第三届全国人大一次会议的政府工作报告中，第一次完整地提出了"四个现代化"的目标，即在不太长的历史时期内，把我国建设成为具有现代农业、现代工业、现代国防和现代科学技术的社会主义强国。

1975 年在第四届全国人大一次会议上，周恩来总理重申了这一目标，并提出了发展中国国民经济的"两步走"设想：第一步，在 1980 年以前，建成一个独立的比较完整的工业体系和国民经济体系；第二步，在本世纪（即 20 世纪）内实现农业、工业、国防和科学技术现代化，使我国国民经济走在世界前列。但是，由于长期以来，我们党在指导思想上存在着"左"的错误认识，忽略发展生产力，提出了一些过高的、不切实际的目标和口号，严重影响了现代化建设和发展。

二、启动以经济建设为中心

矫枉必须过正，发展才是硬道理，以经济建设为中心逐步替代了"以阶级斗争为纲"。1978 年 5 月 11 日，《光明日报》发表本报特约评论员文章《实践是检验真理的唯一标准》，由此引发了一场关于真理标准问题的大讨论。文章指出，检验真理的标准只能是社会实践，理论与实践的统一是马克思主义的一个最基本的原则，任何理论都要不断接受实践的检验。这是从根本理论上对"两个凡是"的彻底否定。邓小平同志说："关于真理标准问题，《光明日报》登了一篇文章，一下子引起那么大的反应，说是'砍旗'，这倒进一步引起我的兴趣和注意……不要小看实践是检验真理的唯一标准的争论。这场争议的意义太大了，它的实质就在于是不是坚持马列主义、毛泽东思想。"[①]

正是实事求是和解放思想的精神追求，最终使得小康战略全面形成。1978 年，邓小平同志马不停蹄地访问了日本、朝鲜、泰国、马来西亚、新加坡等国家，1979 年初又访问了美国，这些外事活动使他清楚地看到了中国与世界的差距。1978 年 10 月 24 日，邓小平同志在参观了日本日产汽车公司后说："我懂得什么是现代化了。"

1978 年 12 月 18—22 日　中共十一届三中全会举行。邓小平同志在全会前召开的中央工作会议闭幕会上作《解放思想，实事求是，团结一致向前看》的总结讲话，全会批判了"两个凡是"的错误方针，充分肯定了必须完整地、准确地掌握毛泽东思想的科学体系，高度评价关于实践是检验真理的唯一标准问题的讨论；果断地停止使用"以阶级斗争为纲"的口号，作出把党和国家工作中心转移到经济建设上来、实行改革开放的历史性决策；决定健全党的民主集中制，加强党的领导机构，成立中央纪律检查委员会。

一方面，邓小平同志用"不管白猫黑猫，抓住老鼠就是好猫"进一步批判江青的所谓"宁要社会主义的草，不要资本主义的苗"。另一方面，充分行动起来，积极投入新时期的经济建设。1979 年 1 月

---

① 《邓小平文选》第二卷，人民出版社 1994 年版，第 190—191 页。

17 日，邓小平同志接见胡厥文、胡子昂、荣毅仁、古耕虞、周叔弢等工商界领导人，听取他们对搞好经济建设的意见建议，指出现在搞建设，门路要多一点，可以利用外国的资金和技术，华侨、华裔也可以回来办工厂。要发挥原工商业者的作用，有真才实学的人应该使用起来，能干的人就当干部，要落实对他们的政策。总之，钱要用起来，人要用起来。

共同富裕不是平均主义。关于如何调动劳动者的生产积极性，迫切需要打破过去"一大二公"的铁饭碗和大锅饭。邓小平同志 1986 年 8 月 19—21 日在天津听取汇报和进行视察的过程中说：我的一贯主张是，让一部分人、一部分地区先富起来，大原则是共同富裕。一部分地区发展快一点，带动大部分地区，这是加速发展、达到共同富裕的捷径。

三、首次提出小康社会

邓小平同志对小康社会的大胆设想，体现了一个战略家的历史担当：万事开头难！ 1979 年 1 月 18 日召开的理论工作务虚会大胆冲破了一些禁区，它在思想上为形势的发展准备了条件，这正是理论工作务虚会的历史功绩所在。这个会议开得很长，直到 3 月 30 日，邓小平同志在党的理论工作务虚会上总结性地提出了一个非常重要的论断："中国式的现代化，必须从中国的特点出发。"他在分析中国的国情时说：第一，中国底子薄基础差，科学技术力量不足，经济上属于很贫穷的国家之一；第二，中国人口多，耕地少，人口压力大，资源短缺，这就成为中国现代化建设必须考虑的特点。[1]

---

[1]　吴江：《1979 年理论工作务虚会追忆》，《炎黄春秋》2001 年第 11 期。

"好好，小康，我们大家都小康。"

邓小平同志在党的十一届三中全会上再次向全世界明确地宣言：中国要在 20 世纪末初步实现现代化。西方人开始警惕这头东方睡狮的"觉醒"，他们显得有些紧张。

"小平先生，你能说说你们中国所说的要在本世纪建设成四个现代化，到底是个什么样子？"次年，日本首相大平正芳目不转睛地盯着中国现代化的总设计师，这样问道。

邓小平看了一眼日本客人，没有立即回答，只见他缓缓地点上一支熊猫牌香烟，又想了想，说：我跟你说这么一个事，你们现在有一亿人口，国民生产总值是一万亿美元，所以你们人均国民生产总值就是一万美元。那我们现在的人均国民生产总值是250 美元。我想，比如说用 20 年的时间翻两番，那个时候我们就是人均 1000 美元，是你们的十分之一，但我们的人口是你们的十倍，这样我们的总量就是跟你们现在一样了。

"是这样。"日本首相轻轻地点点头，又似乎并不太明白。

邓小平似乎看出了对方微妙的表情，继续说道：到那时尽管中国还很穷，人均国民生产总值还很低，但是有了这样的总量，我们就可以做点事儿了，也可以在世界上做点儿贡献了。

"那么，到那时我们的国民生活水平会达到什么样的程度呢？"小平像在自言自语，"就是可以吃饱穿暖，我把这个叫小康。"说完，小平重重地抽了一口烟，然后朝向日本客人笑笑。

小康？什么叫小康？大平正芳首相不明白小康是个什么概念，他将目光投向身边的翻译——时任中国外交部亚洲司日本处副处长王效贤先生。

王翻译紧张得差点出汗，是啊，小康是什么？他怎敢问邓小平？于是急中生智："就是……就是一个人身体恢复的时候。"王翻译心头暗暗寻思：日本人平时也讲小康，这样翻译首相应该明白一点吧。

"噢——"首相似懂非懂地张了张嘴，似乎再也找不到合适的问题，然后起身笑眯眯地握住邓小平的手，说："祝您和中国人民早日小康。"

邓小平同时站起身，一脸笑容，并连声应和道："好好，小康，我们大家都小康。"

——原载于《解放日报》

1979年10月4日，邓小平同志在省市自治区党委第一书记座谈会上发表了重要讲话《关于经济工作的几点意见》，他说："经济工作是当前最大的政治，经济问题是压倒一切的政治问题。不只是当前，恐怕今后长期的工作重点都要放在经济工作上面。"

列宁说过：政治是经济集中的表现。邓小平同志讲："所谓政治，就是四个现代化。我们开了大口，本世纪末实现四个现代化。后来改了个口，叫中国式的现代化，就是把标准放低一点。特别是国民生产总值，按人口平均来说不会很高。据澳大利亚的一个统计材料说，一九七七年，美国的国民生产总值按人口平均为八千七百多美元，占世界第五位。第一位是科威特，一万一千多美元。第二位是瑞士，一万美元。第三位是瑞典，九千四百多美元。第四位是挪威，八千八百多美元。我们到本世纪末国民生产总值能不能达到人均上千美元？前一时期我讲了一个意见，等到人均达到一千美元的时候，我们的日子可能就比较好过了，就能花多一点力量来援助第三世界的穷国。现在我们力量不行。现在我们的国民生产总值人均大概不到三百美元，要提高两三倍不容易。我们还是要艰苦奋斗。就是降低原来的设想，完成低的目标，也得很好地抓紧工作，要全力以赴，抓得很细，很具体，很有效。四个现代化这个目标，讲空话是达不到的。这是各级党委的中心工作。"①

做好经济工作是实现中国式现代化的主要抓手。邓小平同志说："各级党委除了抓经济工作，还有很多其他工作，但很多问题都涉及经济方面。比如思想路线问题要深入讨论，这个工作不能搞运动，要插到经常工作主要是经济工作里面去做。真理标准问题，结合实际来讨论，恐怕效果好一点，免得搞形式主义。……政治工作要落实到经济上面，政治问题要从经济的角度来解决。比如落实政策问题，就业问题，上山下乡知识青年回城市问题，这些都是社会、政治问题，主要还是从经济角度来解决。经济不发展，这些问题永远不能解决。所谓政策，也主要是经济方面的政策。现在北京、天津、上海搞集体所有制，解决就业问题，还不是经济的办法？这是用经济政策来解决政治问题。解决这类问题，要想得宽一点，政策上应该灵活一点。总之，要用经济办法解决政治问题、社会问题。要广开门路，多想办法，千方百计，解决问题。我们定下了一个雄心壮志，定下了一个奋斗目标，就要去实现，不能讲空话。还是以前的老话，经济工作要越做越细。"②

1979 年 12 月 6 日，邓小平同志在会见外宾时指出，我们要实现的四个现代化，是中国式的四个现代化。中国本世纪的目标是实现

---

① 《邓小平文选》第二卷，人民出版社 1994 年版，第 194—195 页。
② 《邓小平文选》第二卷，人民出版社 1994 年版，第 195—196 页。

"小康"。当时所谓"中国式的现代化"现在看来就是"小康"的思想雏形。由此可见，邓小平同志在会见日本首相大平正芳时所提出的"小康"问题，绝对不是偶然的、随意的，而是经过了长时期的考虑和酝酿。

关于小康思想，邓小平同志后来多次进行了阐述，使之更加丰满和立体。他说，小康水平就是"不穷不富，日子比较好过"。"我们提出四个现代化的最低目标，是到本世纪末达到小康水平。……所谓小康，从国民生产总值来说，就是年人均达到八百美元。这同你们相比还是低水平的，但对我们来说是雄心壮志。中国现在有十亿人口，到那时候十二亿人口，国民生产总值可以达到一万亿美元。如果按资本主义的分配方法，绝大多数人还摆脱不了贫穷落后状态，按社会主义的分配原则，就可以使全国人民普遍过上小康生活。"①

"中国式的现代化"和"小康社会"概念的提出，对中国经济发展产生了重大影响。1981 年党的十一届六中全会正式提出，从国情出发，量力而行，有步骤、分阶段地实现现代化。1982 年党的十二大把小康目标进一步确定为全党全国人民到 20 世纪末的奋斗目标。总之，邓小平同志提出的小康目标，是依据我国的国情，为中国现代化进程制定的一个阶段、一个最低目标。这个目标更加实际，更加符合中国的国情，有力地调动了全国人民积极投身到现代化建设的伟大事业中，成为鼓舞人民的巨大精神力量。

另一方面，邓小平同志对小康建设又小心求证，这体现了一种科学的态度：

小康目标提出以后，这个目标能不能落实，能不能实现，邓小平同志心里放不下。1980 年盛夏，他亲自来到四川、湖北、湖南、河

① 《邓小平文选》第三卷，人民出版社 1993 年版，第 64 页。

南等地进行视察，进一步了解中国经济的发展现状，督促小康战略的落实。7 月 22 日，邓小平同志在专列上对专程从河南赶来迎接他的段君毅、胡立教说，我这次出来到几个省看看，最感兴趣的是两个问题，一个是如何实现农村奔小康，达到人均 1000 美元，一个是选拔青年干部。在听取段君毅、胡立教向他汇报了党的十一届三中全会以来河南农村的发展变化和各项主要经济指标之后，邓小平同志问："你们的账是怎么算出来的？"段君毅、胡立教回答："我们在火车上算了一笔账，河南农业按照每年增长 8% 递增，就可以提前两年达到人均 1000 美元。"邓小平同志听完后，提了一些问题，又让他们反复核算一下，再三要求一定要实事求是，要算准确。他说：如何实现农村奔小康，我作了一些调查，让江苏、广东、山东、湖北、东北三省等省份，一个省一个省"算账"。我对这件事最感兴趣，8 亿人口能够达到小康水平，这就是一件了不起的事情。一路上，邓小平同志最为关心的话题是如何使中国农村尽快发展起来，如何使中国农民尽快实现人均 1000 美元，达到小康水平，每当谈到一个具体问题时，他总是饶有兴致地掰着手指头，从现实数字到发展远景，一项一项地算账。这次经过对河南等几个省的情况的了解以及他们发展远景的调查，邓小平同志对在广大农村能否实现小康目标，心中更加有底了。

1981 年 6 月党的十一届六中全会通过的《关于建国以来党的若干历史问题的决议》指出："1966 年 5 月至 1976 年 10 月的'文化大革命'，使党、国家和人民遭到建国以来最严重的挫折和损失。""'文化大革命'的历史，证明毛泽东同志发动'文化大革命'的主要论点既不符合马克思列宁主义，也不符合中国实际。""实践证明，'文化大革命'不是也不可能是任何意义上的革命或社会进步。"它"是一场由领导者错误发动，被反革命集团利用，给党、国家和各族人民带来严重灾难的内乱"。总而言之，建设小康社会是对"文化大革命"

全面反思的必然结果，小康社会目标的确立使得中国又回到追求社会主义现代化的正途。没有小康目标的设立不足以体现社会主义的时代号召力。1982 年 9 月党的十二大召开，邓小平同志在开幕词中进一步提出："把马克思主义的普遍真理同我国的具体实践结合起来，走自己的路，建设有中国特色的社会主义。"

第二节　改革开放　中国特色

没有改革开放，小康建设就是无源之水、无本之木。改革开放是中国特色社会主义体制机制的自我完善，改革开放激活了促使经济社会协调发展的各种社会力量。人民，只有人民，才是创造历史的动力。改革开放以来，中国共产党带领中国人民取得了国家建设和发展的重大成就。目前，中国经济总量稳居世界第二位，中国人民富起来了，人民生活总体上达到小康水平，民主法治建设等也取得长足进步。中国用几十年时间走完了发达国家几百年走过的工业化历程，创造了人类发展史上的奇迹。这也是改革开放的总设计师邓小平同志远远没有预期到的辉煌成果。

一、拉开农村改革序幕

在实现小康社会的征途中，改革开放首先在农村取得了突破。家庭联产承包责任制是农民以家庭为单位，向集体经济组织（主要是村、组）承包土地等生产资料和生产任务的农业生产责任制形式。它是农村土地制度的重要转折，也是中国现阶段农村的一项基本经济制度。在该制度中，农户作为一个相对独立的经济实体，按照合同自主

1978 年 11 月 24 日晚上，安徽省凤阳县凤梨公社小岗村西头严立华家低矮残破的茅屋里挤满了 18 位农民。关系全村命运的一次秘密会议此刻正在这里召开。这次会议的直接成果是诞生了一份不到百字的包干保证书。其中最主要的内容有三条：一是分田到户；二是不再伸手向国家要钱要粮；三是如果干部坐牢，社员保证把他们的小孩养活到 18 岁。在会上，队长严俊昌特别强调，"我们定下两条规定；第一，我们分田到户，瞒上不瞒下，不准向任何人透露；第二，上交公粮的时候，该交国家的交国家，该交集体的交集体，剩下的归自己，任何人不准装孬。"1978 年，这个举动是冒天下之大不韪，也是一个勇敢的甚至是伟大的壮举。1979 年 10 月，小岗村打谷场上一片金黄，经计量，当年粮食总产量 66 吨，相当于全队 1966 年到 1970 年 5 年粮食产量的总和。

地进行生产和经营。其经营收入除按合同规定上缴一小部分给集体及缴纳国家税金外，其余全归于农户。集体作为发包方除进行必要的协调管理和经营某些工副业外，主要是为农户提供生产服务。1983 年 10 月 12 日，中共中央、国务院发出《关于实行政社分开建立乡政府的通知》。此后，建立乡、镇政府和各种合作经济形式的工作在全国展开，人民公社体制废除。

1982 年 9 月，党的十二大胜利召开。十二大明确提出了到 2000 年，实现全国工农业总产值在 1980 年的基础上翻两番，使我国人民的物质文化生活达到小康水平。如何翻两番？如何奔小康？成了全党和全国人民的热点话题。党内党外群情高涨，举国上下热情高涨。

在十二大选举产生的中央顾问委员会第一次全体会议上，邓小平同志号召大家要联系实际，认真调查研究，深入地了解情况，学习下面的实际经验，切实把小康的战略部署落到实处。1982年10月，他对国家计委党组副书记、副主任陈先说道：本世纪末翻两番的目标，靠不靠得住？党的十二大说靠得住，我也相信靠得住，但究竟靠不靠得住，还要看今后的工作。

目标一旦确定，就必须全力以赴。为了准确地了解下面的情况，邓小平同志又于1983年初到江苏、浙江、上海等地考察工作。2月7日，邓小平同志首先来到苏州考察。他一到那里就马上把地方有关负责的同志请过来，仔细询问问题，认真听取汇报，充分了解情况。就全国来说，到本世纪末实现翻两番，是完全可能的。但在经济比较发达的地区，这个目标能否实现呢？因为一般来说，基数越大翻番越难。江苏当时是全国经济比较发达的省份，苏州又是江苏经济最为发达的地区之一。这里的干部群众对十二大提出的翻两番有什么想法？经济发达的地区究竟有没有可能在本世纪末实现翻两番？这是邓小平同志最为关心的问题。

刚刚落座，邓小平同志就直奔主题地问道："2000年，江苏能不能实现翻两番？""从江苏经济发展的历史看，自1976年到1982年，6年时间，全省工农业总产值就翻了一番。照这样的增长速度，就全省而言，用不了20年时间，就有把握实现翻两番。"江苏省委书记韩培信同志回答道。邓小平同志听到江苏一定行，顿时觉得全国的小康建设更加有保障了！

二、创办经济特区

为加快中国城市经济发展，邓小平同志发明并创办了"经济特

邓小平提出的"小康社会"是什么含义？

1979年12月6日，邓小平在会见日本首相大平正芳时，根据我国经济发展的实际情况，第一次提出了"小康"概念以及在20世纪末我国达到"小康社会"的构想。他说："我们要实现的四个现代化，是中国式的四个现代化。我们的四个现代化的概念，不是像你们那样的现代化的概念，而是'小康之家'。到本世纪末，中国的四个现代化即使达到了某种目标，我们的国民生产总值人均水平也还是很低的。要达到第三世界中比较富裕一点的国家的水平，比如国民生产总值人均一千美元，也还得付出很大的努力。"在这之后，他又多次提出这一构想。党的十二大正式引用这一概念，并把它作为20世纪末的战略目标。在"小康社会"人民的生活达到"小康水平"，这是指在温饱的基础上，生活质量进一步提高，达到丰衣足食。（中共北京市委党校研究生部，师霞）

区"。中国的所谓经济特区是在国内划定一定范围，在对外经济活动中采取较国内其他地区更加开放和灵活的特殊政策的特定地区。这是对过去僵化的苏联模式的计划经济体制的一种挑战，也是中国特色社会主义形成的重要标志性事件之一。中国经济特区包括深圳、珠海、厦门、汕头、海南这几个地区。1980年8月26日成立深圳经济特区，规划对接香港经济资源和市场通道；1980年8月26日成立珠海经济特区，规划对接澳门经济资源和市场通道；1980年10月7日成立厦门经济特区，规划对接台湾省的经济资源和市场通道；1981年10月16日成立汕头经济特区，规划对接海外华侨的经济资源和市场通道；

1988年4月13日成立海南经济特区，意在稳定中国南海主权和发展空间。

当时特区经济的主要特征有四点：一是建设资金以外资为主；二是经济结构以"三资"（外资、侨资、台港澳资）企业为主；三是产品以外销为主；四是其经济运行机制是在国家计划指导下的市场调节为主。特区经济以发展工业为主、实行工贸结合，并相应发展旅游、房地产、金融、饮食服务、教育等第三产业。

特区的建设是艰难的，任务相当繁重。任仲夷介绍过："1980年，我南下广东任省委第一书记之前见了一次邓小平，邓小平告诉我和梁灵光说：'你们要充分发挥这个有利条件，摸出规律，搞出个样子来。'"任仲夷来到广州后，发现物资极为匮乏。计划经济到底管得有多死？比如当时一盒火柴要提价两分钱，企业无法自主决定，必须得拿到省委常委会上讨论决定。

1979年中央决定创办深圳、珠海、汕头、厦门四个经济特区，同时对广东、福建两省实行特殊政策、灵活措施。这大大激发了广东特别是深圳等地人民建设特区的热情，"深圳速度"名扬海内外。

改革从来不是一帆风顺的，"改革是中国的第二次革命。这是一件很重要的必须做的事，尽管是有风险的事。"1979年8月，蛇口工业区顺岸码头工程动工。为加快工程进度，承建商交通部四航局开始实行按定额超产奖励制度，即完成定额者每车奖励2分钱，超过定额者每车奖励4分钱。然而，就是这4分钱的奖励，在刚刚结束十年浩劫的中国引发了一场关于"奖金挂帅"的大讨论，奖励制度被勒令停止，工程的进度又慢了下来。迫不得已一份"关于蛇口码头延误工程"报告通过新华社内参的途径送到了中央领导的案头，在中央领导"靠作规定发号施令过日子，这怎么搞四个现代化"的批示下，定额超产奖励办法才得以恢复。

速度起来了，问题也伴随而来。在改革开放大潮中求富心切的人们，"八仙过海，各显其能"。在这种情况下，难免鱼龙混杂、沉渣泛起，违法乱纪的事时有发生。诸如"广东这样发展下去，不出 3 个月就得垮台"，"这场斗争是资产阶级又一次向我们猖狂进攻"，"宁可让业务受损失也要把这场斗争进行到底"等话语不停干扰改革的步伐。正是在这种形势下，邓小平同志在 1984 年 1 月来到广东。

邓小平同志事先在火车上对梁灵光讲："我这次来，行不行呢，我看后再说，现在不评论。"梁灵光在陪同邓小平同志的过程中，印象最深的就是参观深圳渔民村，当时这个村只有 34 户，全部住上小楼房，人均分配一年 2800 元。小平同志在看后说出了"假如全国都能达到这个水平就好"这句话。村支书说，这全是托"邓伯伯"的福，邓小平同志谦逊地说："是党中央领导的正确。"从这简短的对话里，我们可以看出他对改革开放、对兴办特区是持肯定态度的。随后邓小平同志在珠海参观了工厂、宾馆、直升机场和港口等设施，珠海市委请邓小平同志题字，他大笔一挥写下"珠海经济特区好"。

1984 年 5 月 4 日，中共中央、国务院批转了《沿海部分城市座谈会纪要》，下决心进一步开放天津、上海、大连、秦皇岛、烟台、青岛、连云港、南通、宁波、温州、福州、广州、湛江和北海等 14 个沿海港口城市，并提出要逐步兴办经济技术开发区。文件明确指出："进一步开放沿海港口城市和办好经济特区，不能指望中央拿很多钱，主要是给政策，一是给前来投资和提供先进技术的外商以优惠待遇，税收低一些，内销市场让一些，使其有利可图；二是扩大沿海港口城市的自主权，让他们有充分的活力去开展对外经济活动。这样做，实际上是对我们现行经济管理体制，进行若干重要的改革。"

三、实施城市经济体制改革

细节决定成败。党的十一届三中全会召开之后，大地回春，安徽年广久的炒瓜子小作坊很快发展成 100 多人的"大工厂"，非常红火。1983 年底，有人把年广久雇工的问题反映到上面。在一次中国工商会议上，又有人提出年广久雇工人数超过国家规定，对国营、集体商业形成不利影响，应该限制其发展……当时社会上流传一个不成文的说法：雇工 20 人以上就是"犯法"。年广久是"资本家复辟"、是"剥削"的说法开始传播起来，安徽省委派专人到芜湖调查年广久，并写了一个报告上报中央，中央农村政策研究室十分重视，将此事向邓小平同志作了汇报。1984 年 10 月 22 日，邓小平同志在中央顾问委员会第三次全体会议上明确指出："前些时候那个雇工问题，相当震动呀，大家担心得不得了。我的意见是放两年再看。那个能影响到我们的大局吗？如果你一动，群众就说政策变了，人心就不安了。你解决了一个'傻子瓜子'，会牵动人心不安，没有益处。让'傻子瓜子'经营一段，怕什么？伤害了社会主义吗？"他的直接点名保护，产生的影响是十分巨大的。

1984 年 10 月 20 日，党的十二届三中全会通过了《关于经济体制改革的决定》，文件不仅规定了以城市为重点的经济体制改革的任务、性质和各项方针政策，而且提出了社会主义经济是公有制基础上的有计划的商品经济。城市经济体制改革是指城市的经济组织形式和管理制度的自我完善过程。城市经济体制改革的要点是：（1）简政放权，给微观主体松绑，初步实行政企分开。要使所有管理经济的政府机关同企业从直接的经济利益联系上脱钩，使企业真正成为相对独立的商品生产者和经营者。1981 年 10 月 17 日，中共中央、国务院作出《关于广开门路，搞活经济，解决城镇就业问题的若干决定》。文件指出，在社会主义公有制经济占优势的根本前提下，实行多种经济形式和多种经营方式长期并存，是我党的一项战略决策。（2）敞开城门，允许生产资料和劳动力自由流动，鼓励拾遗补缺。在实行市领导县的体制和由城市统一组织城乡的生产和流通的同时，打破封闭和分割，逐渐取消补票、粮票、肉票和油票以及工业券等。1984 年 10 月 13 日，国务院发出《关于农民进入集镇落户问题的通知》，要求积极支持有经营能力和有技术专长的农民进入集镇经营工商业，并放宽其落户政策。1985 年 1 月 1 日，中共中央、国务院印发《关于进一步活跃农村经济的十项政策》，决定改革农产品统购派购制度，从 1985 年起实行合同定购和市场收购。（3）搞活企业，明确企业的利益和职工的利益，多劳多得。1981 年开始，经国务院批准，沙市、常州、重庆先后进行了经济体制综合改革试点；1984 年 4 月 16 日至 25 日，国家经济体制改革委员会在江苏省常州市召开了"城市经济体制改革试点工作座谈会"，又增加一批大中城市作为试点，至 1987 年 2 月底，各级各类试点城市达 148 个，促进了城市经济体制改革进一步发展。

城市经济体制改革目标是：增强城市的辐射力、吸引力、综合服务能力，最终摆脱条块分割和地区封闭的束缚，充分发挥城市的功能与作用，把城市尤其是大城市改变成为开放型、多功能、社会化和现代化的经济中心。

1987 年底，芜湖市对年广久经济问题立案侦查，久拖未决。令年广久没有想到的是，邓小平又一次保护了他，"农村改革初期，安徽出了个'傻子瓜子'问题。当时许多人不舒服，说他赚了一百万，主张动他。我说不能动，一动人们就会说政策变了，得不偿失。"邓小平南方谈话又一次肯定了"傻子瓜子"，1992 年，年广久因经济问题不成立而获释。

四、国营企业改革任务艰巨

与此同时，对国营企业的改革也在紧锣密鼓地进行即增强国营企业的活力。一方面，国营企业是中国特色社会主义的重要物质基础和政治基础，是我们党执政兴国的重要支柱和依靠力量。另一方面，国营企业不仅是公有制经济的一个重要组成部分，而且是国民经济的重要支柱。国企改革是一个"摸着石头过河"的"试错"过程，是中央推动与地方实践上下结合的产物，本质上是生产力与生产关系的一种相互作用。我国国营企业改革大体经历了四个重要阶段：

第一阶段：1978 年到 1980 年，中央以扩大企业自主权试点为突破口，通过一系列扩权、减税、让利等措施，给国有企业一定的自主财产和经营权利。1980 年 9 月 2 日，国务院批转了国家经委《关于扩大企业自主权试点工作情况和今后意见的报告》，要求从 1981 年起把扩大企业自主权的工作在国营工业企业中全面推开。在此之后，1984 年 5 月 10 日，国务院印发了《关于进一步扩大国营工业企业自

1978 年召开的国务院务虚会，提出了改革企业管理，适当扩大企业自主权的要求。1979 年 5 月，国家经委、财政部等部门选择首都钢铁公司、天津自行车厂、上海汽轮机厂等 8 个企业进行扩权改革试点。1979 年 7 月，国务院作出了关于国营企业"扩大企业经济管理自主权""提高固定资产折旧率使用办法""开征固定资产税""实行流动资金全额信贷"等一系列决定，要求各地区、各部门选择少数企业进行试点。1979 年 9 月，上海 106

个企业和 6 个企业化公司开始扩大企业经营管理自主权的试点工作。1979 年 10 月，安徽省、浙江省的试点工作也开始了。

1979 年长春纺织厂在扩大企业自主权后，实行计件工资，工人的工资显著增加，有人拿到的质量奖、超产奖相当于原工资的一倍半。当年这个工厂生产的棉纱一等一级品率达到百分之百，棉布一等一级品率达到 96%，摘掉了 13 年来产品质量低劣的帽子。

主权的暂行规定》。1986 年 12 月 5 日，国务院又作出了《关于深化企业改革增强企业活力的若干规定》。文件指出，全民所有制小型企业可积极试行租赁、承包经营，全民所有制大中型企业要实行多种形式的经营责任制，各地可以选择少数有条件的全民所有制大中型企业进行股份制试点。

第二阶段：1981 年到 1982 年，改革的主要内容是试运行经济责任制。所谓经济责任制指国营企业内部经济责任制，它是一种责、权、利相结合，以提高企业经济效益为目的的企业经营管理制度。1980 年开始在部分地区企业试行多种形式的盈亏包干责任制和计分工资、计件工资、浮动工资等办法，把生产责任制同经济效益结合起来，并逐渐形成责权利相结合的经济责任制。

第三阶段：1983 年到 1986 年，改革的主要内容是利改税。中共中央十一届三中全会以后，国务院在进行经济调整工作的同时，着手研究经济管理体制改革问题。在税制改革方面，确定对国营企业实行利改税，即由上缴利润改为缴纳税款，税后余利由企业自行支配。1983 年 4 月 24 日，国务院批转了财政部制定的《关于国营企业利改税试行办法》，将国营企业原来给国家上缴利润的办法，改为按国家规定的税种和税率向国家缴纳税金。1983年6月在各地试点基础上实行税利并存的第一步利改税。利改税的第一步改革，主要是对有盈利的国营企业征收所得税，即把企业过去上缴的利润大部分改为用所得税的形式上缴国家。小型国营企业在缴纳所得税后，由企业自负盈亏，少数税后利润较多的，再上缴一部分承包费。大中型国营企业缴纳所得税后的利润，除了企业的合理留利外，采取递增包干、定额包干、固定比例和调节税等多种形式上缴国家。1984年9月，税利并存过渡到完全的税代利，从而促进国家财政收入的增长。国营企业利改税第二步改革的基本模式是：将国营企业原来上缴国家的财政收入改为分别按11个税种向国家缴税，也就是由税利并存逐步过渡到完全的以税代利。在这一改革中，对企业将采取适当的鼓励政策，越是改善经营管理，努力增加收入，税后留归企业安排使用的财力越大。

第四阶段：1987年到1991年，改革的主要内容是完善国营企业的经营机制。所谓企业经营机制是企业经营的各生产要素和环节之间，依其分工与协作关系而形成的相互作用、相互联结、相互制约的具体形式和调节方式，又是企业在接触到市场、国家计划的宏观政策引导等外界信号后其内在功能发生反应作用，使企业自主协调自身行为，从而导致其经营运行的必然倾向性。这个时期积极推行以"包死基数、确保上交、超收多留、欠收自补"为主要内容的承包制，从而打破了"大锅饭"，调动了企业和职工的积极性，促进了国营企业生产的发展。

1987年10月25日—11月1日，党的十三大胜利召开。大会通过的《沿着有中国特色的社会主义道路前进》阐述了社会主义初级阶段理论，提出了党在社会主义初级阶段的基本路线，制定了到21世纪中叶分"三步走"，实现现代化的发展战略。改革开放9年来，国民生产总值、国家财政收入和城乡居民平均收入都大体上翻了一番，未来必须集中力量进行现代化建设，社会主义社会的根本任务是发展生产力。在初级阶段，为了摆脱贫穷和落后，尤其要把发展生产力作为全部工作的中心。是否有利于发展生产力，应当成为我们考虑一切问题的出发点和检验一切工作的根本标准。必须始终不渝地发扬艰苦奋斗精神，勤俭建国，勤俭办一切事业。

大会特别强调：党的十一届三中全会以后，我国经济建设的战略部署大体分三步走。第一步，实现国民生产总值比 1980 年翻一番，解决人民的温饱问题。这个任务已经基本实现。第二步，到 20 世纪末，使国民生产总值再增长一倍，人民生活达到小康水平。第三步，到 21 世纪中叶，人均国民生产总值达到中等发达国家水平，人民生活比较富裕，基本实现现代化。然后，在这个基础上继续前进。现在，最重要的是走好第二步。实现了第二步任务，我国现代化建设将取得新的巨大进展：社会经济效益、劳动生产率和产品质量明显提高，国民生产总值和主要工农业产品产量大幅度增长，人均国民生产总值在世界上所占位次明显上升。工业主要领域在技术方面大体接近经济发达国家 70 年代或 80 年代初的水平，农业和其他产业部门的技术水平也将有较大提高。城镇和绝大部分农村普及初中教育，大城市基本普及高中和相当于高中的职业技术教育。人民群众将能过上比较殷实的小康生活。在我们这样一个人口众多而又基础落后的国家，人民普遍丰衣足食，安居乐业，无疑是一项宏伟壮丽而又十分艰巨的事业。

1991 年 1 月至 2 月，邓小平视察上海。他同上海市负责人谈话时提出，抓紧开发浦东，不要动摇，一直到建成；希望上海人民思想更解放一点，胆子更大一点，步子更快一点。

据《中国统计年鉴》显示：1991 年中国城镇居民人均可支配收入

1700.6 元，农村居民人均纯收入 708.6 元。1992 年初，邓小平同志感慨道："在这短短的十几年内，我们国家发展得这么快，使人民高兴，世界瞩目，这就足以证明三中全会以来路线、方针、政策的正确性，谁想变也变不了。"

第三节　市场体制　融入世界

1992 年 1 月至 2 月，邓小平到武昌、深圳、珠海、上海等地视察，发表重要谈话，分析了国际国内形势，总结了十一届三中全会以来党的基本实践和基本经验，明确回答了经常困扰和束缚人们思想的许多重大认识问题。邓小平同志斩钉截铁地说："要坚持党的十一届三中全会以来的路线、方针、政策，关键是坚持'一个中心、两个基本点'。不坚持社会主义，不改革开放，不发展经济，不改善人民生活，只能是死路一条。"这里面充分体现了他对民生发展和小康建设的重大关切。

在论及中国式现代化时他又说："从国际经验来看，一些国家在发展过程中，都曾经有过高速发展时期，或若干高速发展阶段。日本、南朝鲜、东南亚一些国家和地区，就是如此。现在，我们国内条件具备，国际环境有利，再加上发挥社会主义制度能够集中力量办大事的优势，在今后的现代化建设长过程中，出现若干个发展速度比较快、效益比较好的阶段，是必要的，也是能够办到的。我们就是要有这个雄心壮志！"由此看来，现代化是贯穿中国小康社会建设的一条主线，任何时候都不能够偏废。

一、创建社会主义市场经济体制

最后，邓小平同志还说道："计划多一点还是市场多一点，不是社会主义与资本主义的本质区别。计划经济不等于社会主义，资本主义也有计划；市场经济不等于资本主义，社会主义也有市场。计划和市场都是经济手段。社会主义的本质，是解放生产力，发展生产力，消灭剥削，消除两极分化，最终达到共同富裕。"正是受邓小平南方谈话的启发，江泽民同志进一步提出"有计划的商品经济，也就是有计划的市场经济"，并作出"比较倾向于使用'社会主义市场经济体制'这个提法"的历史性的决断。党的十四大正式提出了建立社会主义市场经济体制的目标。

事实证明，在中国共产党的领导下，建立社会主义市场经济体制，既是改革开放实践的必然结果，也是党的十一届三中全会以来理论探索的重要成果。1978 年，以党的十一届三中全会的召开为标志，我国走上了改革开放的道路，我们党把工作重心转移到经济建设上来。1979 年邓小平提出"社会主义也可以搞市场经济"，1979 年以来我们党领导人民在实践中摸索，实施的改革方针政策实际上是以市场为取向的改革。1981 年党的十一届六中全会通过的《关于建国以来党的若干历史问题的决议》中提出"以计划经济为主，市场调节为辅"的理论，尽管这一理论仍然坚持计划经济的总框架不变，但是必须按照尊重和利用价值规律的要求来进行经济活动已开始成为人们的共识，现实经济活动也逐步纳入了真正意义上的商品经济的发展轨道。1987 年党的十三大提出"社会主义有计划商品经济的体制应该是计划与市场内在统一的体制"的观点。1992 年党的十四大正式确立"我国经济体制改革的目标是建立社会主义市场经济体制"。在我国建立社会主义市场经济体制，突破了市场经济和社会主义相互对立的传统观念。它不仅对社会主义的理论和现实产生了海啸般的巨大冲击，而且也为人们深入认识市场经济和社会主义的关系提供了崭新的理论思考。

1993年党的十四届三中全会进一步作出了《关于建立社会主义市场经济体制若干问题的决定》。《决定》基于当时对社会主义市场经济的认识，设计了社会主义市场经济体制的基本框架，确立了社会主义市场经济体制改革的各项任务。例如：转换国有企业经营机制，建立现代企业制度；国家要为各种所有制经济平等参与市场竞争创造条件，对各类企业一视同仁；发挥市场机制在资源配置中的基础性作用，放开竞争性商品和服务的价格，尽快取消生产资料价格双轨制，发展金融市场、劳动力市场、房地产市场、技术市场和信息市场等；转变政府职能，建立健全货币、财税等宏观经济调控体系；推进分税制改革；推进金融改革，实行政策性业务与商业性业务分离，现有的专业银行要逐步转变为商业银行；建立以市场为基础的有管理的浮动汇率制度和统一规范的外汇市场，逐步使人民币成为可兑换的货币；国家依法保护法人和居民的一切合法收入和财产；实行全方位开放，降低关税，吸引外资，国民待遇等等。

总而言之，建立社会主义市场经济体制就是要使市场在国家宏观调控下对资源配置起基础性作用。为实现这个目标，必须坚持以公有制为主体、多种经济成分共同发展的方针，进一步转换国有企业经营机制，建立适应市场经济要求，产权清晰、权责明确、政企分开、管理科学的现代企业制度；建立全国统一开放的市场体系，实现城乡市场紧密结合，国内市场与国际市场相互衔接，促进资源的优化配置；转变政府管理经济的职能，建立以间接手段为主的完善的宏观调控体系，保证国民经济的健康运行；建立以按劳分配为主体，效率优先、兼顾公平的收入分配制度，鼓励一部分地区一部分人先富起来，走共同富裕的道路；建立多层次的社会保障制度，为城乡居民提供同我国国情相适应的社会保障，促进经济发展和社会稳定。这些主要环节是相互联系和相互制约的有机整体，构成社会主义市场经济体制的基本框架。必须围绕这些主要环节，建立相应的法律体系，采取切实措施，积极而有步骤地全面推进改革，促进社会生产力的发展。

二、深化农村经济体制改革

"三农"问题始终是我们建设小康社会中面临的重中之重。1998年10月12—14日，党的十五届三中全会在北京举行。会上江泽民同志作了重要讲话，会议审议通过了《中共中央关于农业和农村工作若干重大问题的决定》。全会高度评价农村改革20年所取得的巨大成就和创造的丰富经验，一致认为，实行家庭联产承包责任制，废除人民公社，突破计划经济模式，发展社会主义市场经济，极大地调动了亿万农民的积极性，解放和发展了生产力，带来了农村经济和社会发展的历史性巨大变化。这场伟大变革，带动和促进了国家的全面改革，进而探索出一条适合我国国情的中国特色社会主义道路，并为国民经济持续快速增长和保持社会稳定作出了重要贡献。农村改革的成功是邓小平理论的伟大胜利。继续推进农村改革，必须坚持解放思想、实事求是，一切从实际出发，牢牢掌握邓小平理论这一强大思想武器。

会上提出到2010年建设中国特色社会主义新农村的奋斗目标，我国社会主义初级阶段是不发达阶段，农村尤其不发达。必须全面贯彻党的基本路线，始终把发展农村经济、提高农业生产力水平作为整个农村工作的中心，一切政策都要有利于增强农村经济活力，依靠农民运用现代科技向生产的深度和广度进军，不断提高农民的物质文化生活水平。

全会确定了实现这一目标必须坚持的方针,以公有制为主体、多种所有制经济共同发展的基本经济制度,以家庭承包经营为基础、统分结合的经营制度,以劳动所得为主和按生产要素分配相结合的分配制度,必须长期坚持。家庭承包经营,不仅适应以手工劳动为主的传统农业,也能适应采用先进科学技术和生产手段的现代农业,具有广泛的适应性和旺盛的生命力。要坚定不移地贯彻土地承包期再延长30年的政策,同时抓紧制定确保农村土地承包关系长期稳定的法律法规,赋予农民长期而有保障的土地使用权。要积极探索实现农业现代化的具体途径,大力发展产业化经营。继续完善所有制结构,在积极发展公有制经济的同时,采取灵活有效的政策措施,鼓励和引导农村个体、私营等非公有制经济有更大的发展。要深化农产品流通体制改革,在国家宏观调控下充分发挥市场对资源配置的基础性作用。加强市场设施建设,健全市场法规,维护市场秩序。

全会认为,发展农村生产力,推进农业现代化,是一项长期任务。必须着力解决制约我国农业长期稳定发展的突出问题,全面提高农业综合生产能力。要加快以水利为重点的农业基本建设,改善农业生态环境,切实保护耕地、森林植被和水资源,为农业和农村经济的可持续发展奠定更加坚实的基础。水利建设要坚持全面规划,统筹兼顾,标本兼治,综合治理的原则,实行兴利除害结合,开源节流并重,防洪抗旱并举。当务之急要加大投入,加快长江黄河等大江大河大湖的综合治理,提高防洪能力。要把推广节水灌溉作为一项革命性措施来抓,大幅度提高水的利用率。农业的根本出路在科技和教育。由传统农业向现代农业转变,由粗放经营向集约经营转变,必然要求农业科技有一个大的发展,进行一次新的农业科技革命。要加强农业科学研究和技术推广,调整和优化农村经济结构，确保粮食等主要农产品的产量稳定增长，品种质量得到改善，经济效益不断提高。加快乡镇企业的结构调整和体制创新，制定和完善促进小城镇健康发展的政策措施，增强农村经济的活力。要推进农村小康建设，加大扶贫攻坚力度，努力增加农民收入，切实减轻农民负担。

三、深入推进国有企业改革

在社会主义市场经济条件下，面对民营经济的冲击，国有企业怎么搞，这个问题暂时还没有答案。改革开放之初，中国工业产出的主体是国有企业。1978 年国有企业工业总产值占全部工业总产值的比重是 77.63%；到 1995 年国有企业业工业总产值占全部工业总产值的比重下降到 33.97%，整体份额跌去了 56%，形势相当危急。①

1995 年 5 月 11 日至 23 日、6 月 16 日至 27 日江泽民同志马不停蹄先后考察江苏、浙江、上海以及辽宁、黑龙江、吉林等省市，就如何进一步推进国有企业特别是国有大中型企业的改革和发展问题进行调查研究，并于 5 月 22 日、6 月 26 日分别在上海、长春主持召开企业座谈会。江泽民同志在座谈会上指出，多年来改革和发展的经验告诉我们，搞好国有企业特别是大中型企业，既是关系到整个国民经济发展的重大经济问题，也是关系到社会主义制度命运的重大政治问题。

1996 年 4 月 27 日至 5 月 4 日，江泽民同志在上海进行深入考察后，发表了《坚定信心，加强领导，狠抓落实，加快国有企业改革和

---

① 国家统计局在 1998 年对工业企业统计口径范围进行了调整，原则上，1998 年及以后年份数据与以前年份数据不完全可比。不过，为了与以往年份可比，国家统计局又对 1998 年及 1999 年部分经济类型及其数据做了调整（参阅《中国统计年鉴（2000）》"13—1 各种经济类型工业企业单位数和总产值"注 3）。

发展步伐》的重要讲话，系统阐述搞好国有企业改革必须遵循的基本方针。江泽民同志指出：以公有制为主体的现代企业制度是社会主义市场经济体制的基础，国有企业特别是大中型企业是国民经济的支柱，国有企业改革是经济体制改革的中心环节。建立现代企业制度是国有企业改革的方向。现代企业制度的基本特征是产权清晰、权责明确、政企分开、管理科学。到本世纪末要使大多数国有大中型骨干企业初步建立起现代企业制度，成为自主经营、自负盈亏、自我发展、自我约束的法人实体和市场主体。江泽民同志说：深化国有企业改革，建立现代企业制度，必须以邓小平同志提出的"三个有利于"的标准作为判断是非得失的标准。根据这个标准，判断国有企业改革的成效，应当具体看四个方面：一看是否按照建立现代企业制度的要求，真正把企业建成了自主经营、自负盈亏、自我发展、自我约束的法人实体和市场竞争主体；二看是否提高了企业的经济效益和市场竞争能力，实现了国有资产的保值增值；三看是否调动了企业职工和管理者的积极性，有利于企业党组织政治核心作用的发挥，有利于党和国家各项方针政策的贯彻落实；四看是否增强了国有经济的活力，促进国有经济的发展。企业改革要体现这些原则。

1994 年，国有企业张裕公司率先进行了企业制度改革，全面建立现代企业制度。1997 年，"张裕集团有限公司"挟品牌优势，成功发行 8800 万（B）股，成为国内同行业中首家上市公司，在激烈的市场竞争中获得了骄人业绩。

1999 年 8 月 11 日至 12 日，江泽民同志在辽宁大连主持召开东北和华北地区八省区市国有企业改革和发展座谈会。由于国企改革出现大量下岗分流人员，改革阻力加大，一部分人对国有企业改革的方向产生了怀疑和动摇。江泽民同志在会上发表了题为《坚定信心，深化改革，开创国有企业发展的新局面》的重要讲话。江泽民同志着重就进一步推进国有企业的改革和发展发表了重要讲话，他在讲话中强调指出，搞好国有企业，既是关系国民经济健康运行和长远发展的重大经济问题，也是关系社会主义制度前途命运的重大政治问题。东北和华北地区，在国民经济中有重要的地位。在建设社会主义市场经济的新形势下，东北和华北地区广大干部群众，认真贯彻中央的决策和部署，推进国有企业的改革和发展，取得了新的成绩。

1999 年 9 月 19 日至 22 日，党的十五届四中全会在北京召开，围绕国有企业改革和发展展开顶层设计。

会上审议通过了《中共中央关于国有企业改革和发展若干重大问题的决定》。认为推进国有企业改革和发展是一项重要而紧迫的任务。国有企业是国民经济的支柱。完成十五大确定的我国跨世纪发展的宏伟任务，建立和完善社会主义市场经济体制，保持国民经济持续快速健康发展，必须大力促进国有企业的体制改革、机制转换、结构调整和技术进步。目前，国有企业改革和发展正处于关键时期，一些深层次矛盾和问题必须加以解决。这次全会集中研究国有企业的问题是适时和必要的。

会议确定了从现在起到 2010 年国有企业改革和发展的主要目标和必须坚持的指导方针，强调完成这一历史任务，首先要尽最大努力实现国有企业改革和脱困的三年目标，要从不同行业和地区的实际出发，根据不平衡发展的客观进程，着力抓好重点行业、重点企业和老工业基地，把解决当前突出问题与长远发展结合起来，为国有企业跨世纪发展创造有利条件。

四、实施《国家八七扶贫攻坚计划》

在一个有着 12 亿人口的大国进行现代化建设，社会的稳定是基本前提。为此，江泽民同志特别强调要妥善处理改革、发展、稳定三者的关系，并提出了"抓住机遇、深化改革、扩大开放、促进发展、保持稳定"的基本方针。对于经济和社会生活中存在的矛盾和困难，江泽民同志始终保持着清醒的认识，并着力加以解决。

1994年2月28日，国务院决定实施《国家八七扶贫攻坚计划》，力争在20世纪最后的7年内基本解决全国8000万贫困人口的温饱问题。4月15日，国务院发出《关于印发国家八七扶贫攻坚计划的通知》。这是我国历史上第一个有明确目标、明确对象、明确措施和明确期限的扶贫开发行动纲领，标志着中国的扶贫开发工作由此进入了攻坚阶段。

《国家八七扶贫攻坚计划》的主要奋斗目标是：第一，到20世纪末，使全国绝大多数贫困户年人均纯收入按1990年不变价格计算达到500元以上，扶持贫困户创造稳定解决温饱问题的基础条件，减少返贫人口；第二，加强基础设施建设，基本解决人畜饮水困难，使绝大多数贫困乡镇和有集贸市场、商品产地的地方通路、通电；第三，改变文化、教育、卫生的落后状态，基本普及初等教育，积极扫除青壮年文盲，大力发展职业教育和技术教育，防治和减少地方病，把人口自然增长率控制在国家规定的范围内。

《国家八七扶贫攻坚计划》的实施极大地推动了20世纪末中国扶贫开发的进程，使得中国农村贫困人口迅速下降，1995年底为6500万人，1996年底下降为5800万人，1997年底下降为5000万人，1998年底下降为4200万人，1999年底下降为3400万人，2000年底则下降为3000万人，国家八七扶贫攻坚目标基本实现。

20世纪末，中国贫困地区的经济发展和扶贫开发取得了巨大的成就：

第一，解决了2亿多农村贫困人口的温饱问题。农村尚未解决温饱问题的贫困人口由 1978 年的 2.5 亿人减少到 2000 年的 3000 万人，农村贫困发生率从 30.7%下降到 3%左右。其中国家重点扶持贫困县的贫困人口从 1994 年的 5858 万人减少到 2000 年的 1710 万人。

第二，贫困地区的生产生活条件明显改善。实施《国家八七扶贫攻坚计划》期间，在中国农村贫困地区累计修建基本农田 6012 万亩，解决了 5351 万人和 4836 万头大牲畜的饮水问题。到 2000 年底，贫困地区通电、通路、通邮、通电话的行政村分别达到 95.5%、89%、69%和 67.7%，其中部分指标已经接近或达到全国平均水平。

第三，贫困地区的经济发展速度明显加快。《国家八七扶贫攻坚计划》执行期间，国家重点扶持贫困县农业增加值增长 54%，年均增长 7.5%；工业增加值增长 99.3%，年均增长 12.2%；地方财政收入增加近 1 倍，年均增长 12.9%；粮食产量增长 12.3%，年均增长 1.9%；农民人均纯收入从 648 元增加到 1337 元，年均增长 12.8%。

第四，贫困地区的各项社会事业发展较快。贫困地区人口过快增长的势头得到初步控制，人口自然增长率有所下降；办学条件得到改善，"两基"（即基本普及九年义务教育和基本扫除青壮年文盲）工作成绩显著，592 个国家重点扶持贫困县中有 318 个实现了"两基"目标；职业教育和成人教育发展迅速，有效地提高了劳动者素质；大多数贫困地区乡镇卫生院得到改造或重新建设，缺医少药的状况得到缓解；推广了一大批农业实用技术，农民科学种田的水平明显提高；贫困地区 95%的行政村能够收听收看到广播电视节目，群众的文化生活得到改善，精神面貌发生了很大变化。

第五，解决了一些连片贫困地区的温饱问题。沂蒙山区、井冈山区、大别山区、闽西南地区等革命老区群众的温饱问题已经基本解决。一些偏远山区和民族地区面貌也有了很大的改变。

事非经过不知难。《国家八七扶贫攻坚计划》的实施以及取得的巨大成就，体现了社会主义的本质要求和社会主义制度的优越性，对于加强民族团结、维护国家统一和巩固边防具有重大的政治意义，对于为改革和发展提供良好的社会环境、保持社会稳定具有重要的社会意义，对于加快整个国家的现代化建设、在新世纪实现全国人民的共同富裕与全民族的繁荣具有重要的经济意义，也推进了全世界反贫困的进程。

与此同时，1999年中央提出西部大开发战略，目标是经过几代人的努力，到21世纪中叶全国基本实现现代化时，从根本上改变西部地区相对落后的面貌，努力建成一个山川秀美、经济繁荣、社会进步、民族团结、人民富裕的新西部……在不太长的时间内，中国政府对西部累计投资4000多亿元、制定了大量吸引外来投资的优惠政策、实施大规模退耕还林以保护生态。西气东输、西电东送、南水北调、青藏铁路四大标志性开发工程，总投资超过3000亿元。在国家各项开发措施的推动下，西部12个省区市的经济增长速度连续3年高于全国平均水平，西部人民的生活水平也因此而改善。

五、加入世界贸易组织

关税及贸易总协定（General Agreementon Tariffsand Trade，GATT）是政府间缔结的有关关税和贸易规则的多边国际协定，简称关贸总协定，是WTO的前身。它的宗旨是通过削减关税和其他贸易壁垒，削除国际贸易中的差别待遇，促进国际贸易自由化，以充分利用世界资源，扩大商品的生产与流通。多年来，中国政府一直在为恢复其在关贸总协定中的合法地位而努力。2001年12月11日中国终于叩开世贸组织大门，成为WTO第143个成员。

2001年10月18日，国家主席江泽民在亚太经合组织工商领导人峰会晚宴上的演讲指出，中国加入世界贸易组织，标志着中国的对外开放将进入一个新的阶段，中国将在更大范围和更深程度上参与国际经济合作与分工。为了切实履行作为世界贸易组织成员应尽的义务和中国所作出的承诺，我们正在按照世界贸易组织规则的要求，对现行法律、法规、规章进行清理和修改。我们将继续与世界各国各地区努力发展合作、互利、共赢、共荣的经济关系。

改革开放以来，中国企业与国外、海外企业积极开展经济技术合作，取得了巨大成就。这些企业帮助中国企业成长，同时也在合作中获得了利益，取得了互利和双赢的结果。中国政府愿继续提供便利和条件，推动中国企业与国外、海外企业进一步开展合作。

六、提出全面建设小康社会宏伟目标

2002 年 5 月 31 日，江泽民同志在出席中央党校省部级干部进修班毕业典礼时发表重要讲话。他强调指出，进入新世纪，我国进入了全面建设小康社会，加快推进社会主义现代化的新的发展阶段。国际局势正在发生深刻的变化。世界多极化和经济全球化的趋势在曲折中发展，科技进步日新月异，综合国力竞争日趋激烈。形势逼人，不进则退。我们党要坚定地站在时代潮流的前头，团结和带领全国各族人民，实现推进现代化建设、完成祖国统一、维护世界和平与促进共同发展的历史任务，在建设有中国特色社会主义的道路上实现中华民族的伟大复兴。

在谈到党和国家新世纪的奋斗目标时，江泽民同志说：经过全党和全国各族人民 20 多年的艰苦努力，我们胜利实现了现代化建设"三步走"战略的第一、第二步目标。一个 12 亿多人口的发展中大国，人民生活总体上达到小康水平，这是改革开放和现代化建设的丰硕成果，是中华民族发展史上一个新的里程碑。综观全局，21 世纪头一二十年，对我国来说，是必须紧紧抓住并且可以大有作为的重要战略机遇期。党的十五届五中全会提出，从新世纪开始，我国进入全面建设小康社会，加快推进社会主义现代化的新的发展阶段。全党和全国上下要抓住机遇，坚持深化改革、扩大开放、促进发展、保持稳定，团结和带领全国各族人民坚定不移地实现我们的奋斗目标。

在谈到经济建设和经济体制改革时，江泽民同志指出：在新世纪新阶段，发展要有新思路，改革要有新突破，开放要有新局面。要集中力量解决好关系经济建设和改革全局的重大问题，使经济总量、综合国力和人民生活再上一个新台阶。要以完善社会主义市场经济体制为目标，继续推进市场取向的改革，从根本上消除束缚生产力发展的体制性障碍，为经济发展注入新的活力。要从根本上改变粗放型经济发展方式，以提高经济效益为中心，注重依靠科技进步和加强管理，提高经济增长质量；注重实施可持续发展战略，节约和合理使用资源，加强环境生态保护和建设；注重地区、城乡协调发展和社会全面进步。要适应经济全球化和我国加入世贸组织的新形势，在更大范围、更广领域、更高层次上参与国际经济技术合作和竞争，拓展经济发展空间，全面提高对外开放水平。

任何一个提法创新都是来之不易的，笔者想起时任中央财经领导小组副秘书长、国家发展计划委员会主任曾培炎同志组织我们论证全面建设小康社会可行性的情形：刚开始大家也有不同看法，有人认为届时翻两番的目标能够实现，也有人认为实现不了。小康社会是一个政治民主、经济发展、文化繁荣、社会和谐、人民安居乐业、综合国力强盛的全面协调发展的社会，是中华民族走向伟大复兴的社会发展阶段。

2002年11月8日，党的十六大召开。江泽民同志作出《全面建设小康社会，开创中国特色社会主义事业新局面》的政治报告。他说："十三年来，我们思想统一，目标明确，工作扎实，取得了重大的历史性成就。二○○一年，我国国内生产总值达到九万五千九百三十三亿元，比一九八九年增长近两倍，年均增长百分之九点三，经济总量已居世界第六位。人民生活总体上实现了由温饱到小康的历史性跨越。人们公认，这十三年是我国综合国力大幅度跃升、人民得到实惠最多的时期，是我国社会长期保持安定团结、政通人和的时期，是我国国际影响显著扩大、民族凝聚力极大增强的时期。"

展望未来，江泽民同志在报告第三部分第一次系统提出了全面建设小康社会的奋斗目标。经过全党和全国各族人民的共同努力，我们胜利实现了现代化建设"三步走"战略的第一步、第二步目标，人民生活总体上达到小康水平。这是社会主义制度的伟大胜利，是中华民族发展史上一个新的里程碑。但是还必须看到，我国正处于并将长期处于社会主义初级阶段，现在达到的小康还是低水平的、不全面的、发展很不平衡的小康，人民日益增长的物质文化需要同落后的社会生产之间的矛盾仍然是我国社会的主要矛盾。巩固和提高目前达到的小康水平，还需要进行长时期的艰苦奋斗。综观全局，21世纪头二十年，对我国来说，是一个必须紧紧抓住并且可以大有作为的重要战略机遇期。根据十五大提出的到2010年、建党一百年和新中国成立一百年的发展目标，我们要在本世纪头二十年，集中力量，全面建设惠及十几亿人口的更高水平的小康社会，使经济更加发展、民主更加健全、科教更加进步、文化更加繁荣、社会更加和谐、人民生活更加殷实。经过这个阶段的建设，再继续奋斗几十年，到本世纪中叶基本实现现代化，把我国建成富强民主文明的社会主义国家。这次大会确立的全面建设小康社会的目标，是中国特色社会主义经济、政治、文化全面发展的目标，符合我国国情和现代化建设的实际，符合人民的愿望，意义十分重大。为完成党在新世纪新阶段的这个奋斗目标，发展要有新思路，改革要有新突破，开放要有新局面，各项工作要有新举措。各地各部门都要从实际出发，努力实现这个目标。

第四节　科学发展　协调推进

小康建设是一场接力赛，实现中华民族的伟大复兴必须仰仗精神信仰。2002年12月5日—6日，胡锦涛同志带领中共中央书记处成员到河北省平山县西柏坡学习考察，重温毛泽东同志关于"两个务必"的重要论述，号召全党同志特别是领导干部大力发扬艰苦奋斗的作风。坚持艰苦奋斗，根本目的就是要为最广大人民群众的根本利益而不懈努力，不断把人民群众利益实现好、维护好、发展好。

一、系统提出科学发展观

针对实现中国式现代化中存在的突出问题，以胡锦涛同志为总书记的党中央，高举中国特色社会主义伟大旗帜，以邓小平理论和"三个代表"重要思想为指导，立足社会主义初级阶段基本国情，总结中国发展实践，借鉴国外发展经验，适应中国发展要求，提出了科学发展观这一重大战略思想。胡锦涛同志在2003年7月28日的讲话中提出"坚持以人为本，树立全面、协调、可持续的发展观，促进经济社会和人的全面发展"，按照"统筹城乡发展、统筹区域发展、统筹经济社会发展、统筹人与自然和谐发展、统筹国内发展和对外开放"的要求推进各项事业的改革和发展的方法论——科学发展观，也是中国共产党的重大战略思想。科学发展观的思想精髓也在全面建设小康社会的历史征程中不断得到体现。

科学发展观第一要义是发展，核心是以人为本，基本要求是全面协调可持续发展，根本方法是统筹兼顾。坚持把发展作为党执政兴国的第一要义，我们就要牢牢抓住经济建设这个中心，坚持聚精会神搞建设、一心一意谋发展，不断解放和发展社会生产力。要着力把握发展规律、创新发展理念、转变发展方式、破解发展难题，提高发展质量和效益，实现又好又快发展。坚持以人为本，我们就要始终把实现好、维护好、发展好最广大人民的根本利益作为党和国家一切工作的出发点和落脚点，尊重人民主体地位，发挥人民首创精神，保障人民各项权益，走共同富裕道路，促进人的全面发展，做到发展为了人民、发展依靠人民、发展成果由人民共享。坚持全面协调可持续发展，我们就要按照中国特色社会主义事业总体布局，全面推进经济建设、政治建设、文化建设、社会建设，促进现代化建设各个环节、各个方面相协调，促进生产关系与生产力、上层建筑与经济基础相协调。坚持统筹兼顾，我们就要正确认识和妥善处理中国特色社会主义事业中的重大关系，统筹个人利益和集体利益、局部利益和整体利益、当前利益和长远利益，充分调动各方面积极性。既要总揽全局、统筹规划，又要抓住牵动全局的主要工作、事关群众利益的突出问题，着力推进、重点突破。

二、着力构建社会主义和谐社会

小康社会必须是和谐社会，构建社会主义和谐社会是全面建设小康社会的重要内容。2004年9月，党的十六届四中全会首次提出了构建社会主义和谐社会的历史任务，明确提出形成全体人民各尽其能、各得其所而又和谐相处的社会，是巩固党执政的社会基础、实现党执政的历史任务的必然要求。要适应我国社会的深刻变化，把和谐社会建设摆在重要位置。2005年2月19日，胡锦涛同志在中央党校省部级主要领导干部"提高构建社会主义和谐社会能力"专题研讨班上，进一步阐明了构建社会主义和谐社会的基本内涵，指出："我们所要建设的社会主义和谐社会，应该是民主法治、公平正义、诚信友爱、充满活力、安定有序、人与自然和谐相处的社会。"2005年10月，党的十六届五中全会把构建社会主义和谐社会确定为贯彻落实科学发展观必须抓好的一项重大任务，并提出了工作要求和政策措施。2006年10月，党的十六届六中全会审议通过《中共中央关于构建社会主义和谐社会若干重大问题的决定》，提出了2020年构建社会主义和谐社会的美好目标，对当前和今后一个时期构建社会主义和谐社会作出全面部署。

社会和谐是中国特色社会主义的本质属性，是国家富强、民族振兴、人民幸福的重要保证。构建社会主义和谐社会，是我们党从中国特色社会主义事业总体布局和全面建设小康社会全局出发提出的重大战略任务，反映了建设富强民主文明和谐的社会主义现代化国家的内在要求，体现了全党全国各族人民的共同愿望。社会和谐是我们党不懈奋斗的目标。目前我国已进入改革发展的关键时期，经济体制深刻变革，社会结构深刻变动，利益格局深刻调整，思想观念深刻变化。这种空前的社会变革，给我国发展进步带来巨大活力，也必然带来这样那样的矛盾和问题。我们党要带领人民抓住机遇、应对挑战，把中国特色社会主义伟大事业推向前进，必须坚持以经济建设为中心，把构建社会主义和谐社会摆在更加突出的地位。

和谐社会的任务和目标非常宏伟，也非常现实：到2020年，构建社会主义和谐社会的目标和主要任务是：社会主义民主法制更加完善，依法治国基本方略得到全面落实，人民的权益得到切实尊重和保障；城乡、区域发展差距扩大的趋势逐步扭转，合理有序的收入分配格局基本形成，家庭财产普遍增加，人民过上更加富足的生活；社会就业比较充分，覆盖城乡居民的社会保障体系基本建立；基本公共服务体系更加完备，政府管理和服务水平有较大提高；全民族的思想道德素质、科学文化素质和健康素质明显提高，良好道德风尚、和谐人际关系进一步形成；全社会创造活力显著增强，创新型国家基本建成；社会管理体系更加完善，社会秩序良好；资源利用效率显著提高，生态环境明显好转；实现全面建设惠及十几亿人口的更高水平的小康社会的目标，努力形成全体人民各尽其能、各得其所而又和谐相处的局面。

三、积极完善基本公共服务体系

小康社会不仅收入要体面，而且基本公共服务也要到位。所谓基本公共服务是指建立在一定社会共识基础上，由政府主导提供的，与经济社会发展水平和阶段相适应，旨在保障全体公民生存和发展基本需求的公共服务。享有基本公共服务属于公民的权利，提供基本公共服务是政府的职责。

基本公共服务范围，一般包括保障基本民生需求的教育、就业、社会保障、医疗卫生、计划生育、住房保障、文化体育等领域的公共服务，广义上还包括与人民生活环境紧密关联的交通、通信、公用设施、环境保护等领域的公共服务，以及保障安全需要的公共安全、消费安全和国防安全等领域的公共服务。

基本公共服务体系，指由基本公共服务范围和标准、资源配置、管理运行、供给方式以及绩效评价等所构成的系统性、整体性的制度安排。

"十二五"时期是我国全面建设小康社会的关键时期，是深化改革开放、加快转变经济发展方式的攻坚时期。建立健全基本公共服务体系，促进基本公共服务均等化，是深入贯彻落实科学发展观的重大举措，是构建社会主义和谐社会、维护社会公平正义的迫切需要，是全面建设服务型政府的内在要求，对于推进以保障和改善民生为重点的社会建设，对于切实保障人民群众最关心、最直接、最现实的利益，对于加快经济发展方式转变、扩大内需特别是消费需求，都具有十分重要的意义。

根据"十二五"规划纲要，为突出体现"学有所教、劳有所得、病有所医、老有所养、住有所居"的要求，这个专项规划的范围确定为公共教育、劳动就业服务、社会保障、基本社会服务、医疗卫生、人口计生、住房保障、公共文化等领域的基本公共服务。

我们必须把基本公共服务制度作为公共产品向全民提供，着力保障城乡居民生存发展基本需求，着力增强服务供给能力，着力创新体制机制，不断深化收入分配制度改革，加快建立健全符合国情、比较完整、覆盖城乡、可持续的基本公共服务体系，逐步推进基本公共服务均等化。

把基本公共服务制度作为公共产品向全民提供，是我国公共服务发展从理念到体制的创新。由于我国实行社会主义制度，所有公民都有获得基本公共服务的权利。保障人人享有基本公共服务是政府的职责，必须着眼制度设计、系统规划、整体推进，建立健全基本公共服务体系。

2011—2015年我们要把建立健全基本公共服务体系作为完善保障和改善民生制度安排、加快构建再分配调节机制的重大任务，并与全面建设小康社会战略目标和任务紧密衔接。

经过努力，"十二五"时期（2011—2015年），覆盖城乡居民的基本公共服务体系逐步完善，推进基本公共服务均等化取得明显进展；到 2020 年实现全面建设小康社会奋斗目标时，基本公共服务体系比较健全，城乡区域间基本公共服务差距明显缩小，争取基本实现基本公共服务均等化。

第五节　全面小康　攻坚克难

"芳林新叶催陈叶，流水前波让后波。" 2012 年 11 月 15 日，党的十八届一中全会选举习近平为中央委员会总书记。当天，习近平总书记在中共十八届中央政治局常委同中外记者见面时指出："人民对美好生活的向往，就是我们的奋斗目标。"

2012 年 11 月 29 日，习近平总书记在国家博物馆参观《复兴之路》展览时指出，实现中华民族伟大复兴，就是中华民族近代以来最伟大的梦想。改革开放以来，我们总结历史经验，不断艰辛探索，终于找到了实现中华民族伟大复兴的正确道路，就是坚持走中国特色社会主义之路。现在，我们比历史上任何时期都更接近中华民族伟大复兴的目标，比历史上任何时期都更有信心、有能力实现这个目标。

2013 年 3 月 17 日，习近平主席在十二届全国人大一次会议闭幕会上指出，实现中华民族伟大复兴的中国梦，就是要实现国家富强、民族振兴、人民幸福。实现中国梦，必须走中国道路、弘扬中国精神、凝聚中国力量。

2013 年 4 月 24 日，国务院常务会议为适应职能转变新要求，决定先行取消和下放 71 项行政审批事项。至 2017 年年底，国务院围绕协同推进简政放权、放管结合、优化服务（简称"放管服"）改革，先后取消和下放国务院部门行政审批事项的比例达 44%，彻底终结非行政许可审批，清理规范国务院部门行政审批中介服务事项达74%。工商登记前置审批事项压减87%。中央设立的行政事业性收费项目减少72%，政府性基金减少30%，政府定价的经营服务性收费项目大幅压缩。部门设置职业资格削减70%。我国营商环境明显改善，营商便利度世界排名明显提升。

一、提出精准扶贫理论

大量贫困人口存在的社会肯定不是一个合格的全面小康社会！"扶贫始终是我工作的一个重要内容，我花的精力最多。"习近平总书记曾深情地说。从一个生产大队党支部书记到泱泱大国掌舵者，从地方到中央，如何让几千万农村贫困人口生活好起来，是习近平心中始终不变的牵挂。2012年12月29日，习近平总书记到河北阜平老区考察，关于扶贫工作他讲不要用"手榴弹炸跳蚤"，"在扶贫的路上，不能落下一个贫困家庭，丢下一个贫困群众"。"精准扶贫"重要思想的诞生最早是在2013年11月，习近平总书记去湖南湘西考察时首次作出"实事求是、因地制宜、分类指导、精准扶贫"的重要指示，"精准扶贫"成为各界热议的关键词。

2014年1月，中办详细规制了精准扶贫工作模式的顶层设计，积极推动"精准扶贫"思想落地。2014年3月，习近平主席在参加两会代表团审议时强调，要实施精准扶贫，瞄准扶贫对象，进行重点施策，进一步阐释了精准扶贫理念。2015年1月，习近平总书记选择了云南作为首个调研地点，强调坚决打好扶贫开发攻坚战，加快民族地区经济社会发展。同年6月，总书记来到与云南毗邻的贵州省，强调要科学谋划好"十三五"时期扶贫开发工作，确保贫困人口到2020年如期脱贫，并提出扶贫开发"贵在精准，重在精准，成败之举在于精准"。

所谓精准扶贫是相对粗放扶贫而言的，是指针对不同贫困区域环境、不同贫困农户状况，运用科学有效程序对扶贫对象实施精确识别、精确帮扶、精确管理的治贫方式。好钢用在刀刃上，谁贫困就扶持谁。2015 年 10 月 16 日，习近平总书记在 2015 年减贫与发展高层论坛上强调，中国扶贫攻坚工作实施精准扶贫方略，增加扶贫投入，出台优惠政策措施，坚持中国制度优势，注重六个精准，坚持分类施策，因人因地施策，因贫困原因施策，因贫困类型施策，通过扶持生产和就业发展一批，通过易地搬迁安置一批，通过生态保护脱贫一批，通过教育扶贫脱贫一批，通过低保政策兜底一批，广泛动员全社会力量参与扶贫。

在全面小康社会的建设过程中，党和政府历来高度重视扶贫工作。改革开放以来通过不懈努力，已经使 6 亿多人脱贫，成为全球首个实现联合国千年发展目标贫困人口减半的国家。但是，在 2014 年按照新的贫困标准我国仍有 7000 多万人没有脱贫，现在剩下的都是难啃的硬骨头。按照政府规定，年人均纯收入收入 2800 元以下的属于贫困人口，那时我国有 14 个片区，592 个贫困县，12.8 万个贫困村，这些地区大多交通不便，基础设施和公共服务条件较差。特别是距 2020 年还有不到 6 年时间，要确保 7000 多万人全部如期脱贫，每年要减贫 1200 万人，每个月要减贫 100 万人，任务相当繁重。

习近平总书记指出，扶贫开发工作已进入"啃硬骨头、攻坚拔寨"的冲刺期。各级党委和政府必须增强紧迫感和主动性，在扶贫攻坚上进一步理清思路、强化责任，采取力度更大、针对性更强、作用更直接、效果更可持续的措施，特别要在精准扶贫、精准脱贫上下更大功夫。

精准扶贫是扶贫开发工作中必须坚持的重点工作。2015 年习近平总书记在贵州调研时就加大力度推进扶贫开发工作提出"4个切实"的具体要求：一是要切实落实领导责任；二是要切实做到精准扶贫；三是要切实强化社会合力；四是要切实加强基层组织。他强调，特别要在精准扶贫、精准脱贫上下更大功夫，具体就是要在扶持对象精准、项目安排精准、资金使用精准、措施到户精准、因村派人（第一书记）精准、脱贫成效精准上想办法、出实招、见真效。

精准扶贫是新时期党和国家扶贫工作的精髓和亮点。党和国家一直十分关心和重视扶贫工作，改革开放以来，经过全国范围有计划有组织的大规模开发式扶贫，我国贫困人口大量减少，贫困地区面貌显著变化。进入21世纪以来，中国经济腾飞发展，人民生活水平不断提高，但扶贫开发工作依然面临十分艰巨而繁重的任务，对党和国家的扶贫工作提出了新的要求和挑战。精准扶贫正是以习近平同志为核心的党中央治国理政方略中对新时期扶贫工作新挑战与新要求的积极应对和正确指引。

精准扶贫是全面建成小康社会、实现中华民族伟大"中国梦"的重要保障。扶贫工作的重要意义在于帮助贫困地区人民早日实现伟大的"中国梦"。习近平总书记多次强调，消除贫困、改善民生、实现共同富裕，是社会主义的本质要求；没有农村的小康，特别是没有贫困地区的小康，就没有全面建成小康社会。在神山村，习近平总书记对乡亲们说，我们党是全心全意为人民服务的党，将继续大力支持老区发展，让乡亲们日子越过越好；在扶贫的路上，不能落下一个贫困家庭，丢下一个贫困群众。这就要求我们必须坚定地走精准扶贫之路，坚持因人因地施策、因贫困原因施策、因贫困类型施策，让贫困地区人民情愿、主动、自信、坚定地走上脱贫致富的道路，早日建成全面小康社会，实现中华民族的伟大复兴。

"小康路上一个都不能掉队！"党的十八大以来，习近平总书记亲力亲为，访贫问苦的脚步遍布全国 14 个集中连片特困地区，对贫困群众始终念兹在兹。理解"精准扶贫"要义，用我们老百姓的话，就是"对症下药，药到病除"。在以习近平同志为核心的党中央坚强领导下，亿万人民正携手并肩，拼搏奋进，全力打赢脱贫攻坚战，为决胜全面建成小康社会而不懈奋斗。

在全面建成小康社会之际，中国的贫困人口全部脱贫，不仅在中国具有划时代的意义，而且在国际上也有典型意义。一方面中国扶贫取得的成就是举世瞩目的，另一方面中国减贫的经验也是国际社会期盼了解的热点内容。中国作为世界上最大的发展中国家，贫困人口比较多，通过社会主义制度，通过党的领导，通过全社会的动员，在全世界上已经做出一个成功的减贫"中国样板"。

二、全面深化改革

改革是全面小康社会建设源源不断的动力机制。目前我国的改革已进入深水区，关键在于如何顺利过河。2013 年 11 月 12 日，党的十八届三中全会通过了《关于全面深化改革若干重大问题的决定》。文件指出，全面深化改革，必须立足于我国长期处于社会主义初级阶段这个最大实际，坚持发展仍是解决我国所有问题的关键这个重大战略判断，以经济建设为中心，发挥经济体制改革牵引作用，推动生产关系同生产力、上层建筑同经济基础相适应，推动经济社会持续健康发展。全面深化改革的总目标是完善和发展中国特色社会主义制度，推进国家治理体系和治理能力现代化。必须更加注重改革的系统性、整体性、协同性，加快发展社会主义市场经济、民主政治、先进文化、和谐社会、生态文明，让一切劳动、知识、技术、管理、资本的活力竞相迸发，让一切创造社会财富的源泉充分涌流，让发展成果更多更公平惠及全体人民。

全会高度评价党的十一届三中全会召开 35 年来改革开放的成功实践和伟大成就，研究了全面深化改革若干重大问题，认为改革开放是党在新时代条件下带领全国各族人民进行的新的伟大革命，是当代中国最鲜明的特色，是决定当代中国命运的关键抉择，是党和人民事业大踏步赶上时代的重要法宝。面对新形势新任务，全面建成小康社会，进而建成富强、民主、文明、和谐的社会主义现代化国家、实现中华民族伟大复兴的中国梦，必须在新的历史起点上全面深化改革。

全面小康社会建设是中国特色社会主义事业发展中的一个重要里程碑。小康社会建设也必须贯彻五位一体总体布局，也必须坚持党的领导。全会对全面深化改革作出系统部署，强调坚持和完善基本经济制度，加快完善现代市场体系，加快转变政府职能，深化财税体制改革，健全城乡发展一体化体制机制，构建开放型经济新体制，加强社会主义民主政治制度建设，推进法治中国建设，强化权力运行制约和监督体系，推进文化体制机制创新，推进社会事业改革创新，创新社会治理体制，加快生态文明制度建设，深化国防和军队改革，加强和改善党对全面深化改革的领导。

在推进经济建设领域，我们要紧紧围绕使市场在资源配置中起决定性作用进一步深化经济体制改革，坚持和完善基本经济制度，加快完善现代市场体系、宏观调控体系、开放型经济体系，加快转变经济发展方式，加快建设创新型国家，推动经济更有效率、更加公平、更可持续发展。要建设统一开放、竞争有序的市场体系，是使市场在资源配置中起决定性作用的基础。必须加快形成企业自主经营、公平竞争，消费者自由选择、自主消费，商品和要素自由流动、平等交换的现代市场体系，着力清除市场壁垒，提高资源配置效率和公平性。要建立公平开放透明的市场规则，完善主要由市场决定价格的机制，建立城乡统一的建设用地市场，完善金融市场体系，深化科技体制改革。

在推进政治建设领域，我们要紧紧围绕坚持党的领导、人民当家作主、依法治国有机统一进一步深化政治体制改革，加快推进社会主义民主政治制度化、规范化、程序化，建设社会主义法治国家，发展更加广泛、更加充分、更加健全的人民民主。发展社会主义民主政治，必须以保证人民当家作主为根本，坚持和完善人民代表大会制度、中国共产党领导的多党合作和政治协商制度、民族区域自治制度以及基层群众自治制度，更加注重健全民主制度、丰富民主形式，充分发挥我国社会主义政治制度优越性。要推动人民代表大会制度与时俱进，推进协商民主广泛多层制度化发展，发展基层民主。

在推进社会建设领域，我们要紧紧围绕更好保障和改善民生、促进社会公平正义进一步深化社会体制改革，改革收入分配制度，促进共同富裕，推进社会领域制度创新，推进基本公共服务均等化，加快形成科学有效的社会治理体制，确保社会既充满活力又和谐有序。要实现发展成果更多更公平惠及全体人民，必须加快社会事业改革，解决好人民最关心最直接最现实的利益问题，更好满足人民需求。要深化教育领域综合改革，健全促进就业创业体制机制，形成合理有序的收入分配格局，建立更加公平可持续的社会保障制度，深化医药卫生体制改革。

在推进文化建设领域，我们要紧紧围绕建设社会主义核心价值体系、社会主义文化强国进一步深化文化体制改革，加快完善文化管理体制和文化生产经营体制，建立健全现代公共文化服务体系、现代文化市场体系，推动社会主义文化大发展大繁荣。建设社会主义文化强国，增强国家文化软实力，必须坚持社会主义先进文化前进方向，坚持中国特色社会主义文化发展道路，坚持以人民为中心的工作导向，进一步深化文化体制改革。要完善文化管理体制，建立健全现代文化市场体系，构建现代公共文化服务体系，提高文化开放水平。

在推进生态文明建设领域，我们要紧紧围绕建设美丽中国进一步深化生态文明体制改革，加快建立生态文明制度，健全国土空间开发、资源节约利用、生态环境保护的体制机制，推动形成人与自然和谐发展现代化建设新格局。建设生态文明，必须建立系统完整的生态文明制度体系，用制度保护生态环境。要健全自然资源资产产权制度和用途管制制度，划定生态保护红线，实行资源有偿使用制度和生态补偿制度，改革生态环境保护管理体制。

在推进党的建设领域，我们要紧紧围绕提高科学执政、民主执政、依法执政水平进一步深化党的建设制度改革，加强民主集中制建设，完善党的领导体制和执政方式，保持党的先进性和纯洁性，为改革开放和社会主义现代化建设提供坚强政治保证。全面深化改革必须加强和改善党的领导，充分发挥党总揽全局、协调各方的领导核心作用，提高党的领导水平和执政能力，确保改革取得成功。中央成立全面深化改革领导小组，负责改革总体设计、统筹协调、整体推进、督促落实。各级党委要切实履行对改革的领导责任。要深化干部人事制度改革，建立集聚人才体制机制，充分发挥人民群众积极性、主动性、创造性，鼓励地方基层和群众大胆探索，及时总结经验。

我们不仅是这样主张的，实践也是这么推行的。2014年2月21日，国务院印发《关于建立统一的城乡居民基本养老保险制度的意见》。

2014年7月24日，国务院印发《关于进一步推进户籍制度改革的意见》。指出，全面放开建制镇和小城市落户限制，有序放开中等城市落户限制，合理确定大城市落户条件，严格控制特大城市人口规模，到2020年努力实现1亿左右农业转移人口和其他常住人口在城镇落户。

2015 年 7 月下旬，中国外交部与联合国驻华系统共同发布了《中国实施千年发展目标报告》，报告指出，中国提前完成了多个千年发展目标，受到联合国的肯定。千年发展目标是 2000 年世界各国领导人在联合国总部承诺将共同实现的、致力于提升各国人民福祉的发展计划。中国作为世界上最大发展中国家，有着庞大的人口基数，在全球目标的实现中是较大的影响因子。15 年过去了，中国在减少贫困人口、减少饥饿人口、推进卫生、教育、妇女权利等方面有明显提升，但在减少"环境资源与生物多样性丧失"等问题上仍存在挑战。

2015 年 10 月 29 日，中共十八届五中全会通过《关于制定国民经济和社会发展第十三个五年规划的建议》。同日，习近平总书记在中共十八届五中全会第二次全体会议上阐述新发展理念，强调坚持创新发展、协调发展、绿色发展、开放发展、共享发展，是关系我国发展全局的一场深刻变革。

2016 年 1 月 3 日，国务院印发《关于整合城乡居民基本医疗保险制度的意见》，提出整合城镇居民基本医疗保险和新型农村合作医疗，建立统一的城乡居民基本医疗保险制度。

2016 年 3 月 16 日，十二届全国人大四次会议批准《中华人民共和国国民经济和社会发展第十三个五年规划纲要》。

2016 年 4 月 23 日，中共中央办公厅、国务院办公厅印发《关于建立贫困退出机制的意见》，明确贫困人口、贫困村、贫困县在 2020 年以前有序退出的标准和要求。

2016 年 11 月 29 日，中共中央、国务院作出《关于打赢脱贫攻坚战的决定》。

2016 年 12 月 20 日，习近平总书记在中央城市工作会议上讲话指出，要坚持人民城市为人民，尊重城市发展规律，统筹空间、规模、产业，统筹规划、建设、管理，统筹改革、科技、文化，统筹生产、生活、生态，统筹政府、社会、市民，着力提高城市发展持续性、宜居性。24 日，中共中央、国务院印发《关于深入推进城市执法体制改革改进城市管理工作的指导意见》。2016 年 2 月 6 日，中共中央、国务院印发《关于进一步加强城市规划建设管理工作的若干意见》。

2018 年 1 月 2 日，中共中央、国务院印发《关于实施乡村振兴战略的意见》。

2018 年 6 月 15 日，中共中央、国务院印发《关于打赢脱贫攻坚战三年行动的指导意见》。6 月 16 日，中共中央、国务院印发《关于全面加强生态环境保护坚决打好污染防治攻坚战的意见》。

三、推进国家治理体系和治理能力现代化

2019 年 10 月 31 日，中国共产党十九届四中全会闭幕，大会审议通过了《中共中央关于坚持和完善中国特色社会主义制度、推进国家治理体系和治理能力现代化若干重大问题的决定》。习近平总书记明确提出到我们党成立一百年时，在各方面制度更加成熟更加定型上取得明显成效；到 2035 年，各方面制度更加完善，基本实现国家治理体系和治理能力现代化；到新中国成立一百年时，全面实现国家治理体系和治理能力现代化，使中国特色社会主义制度更加巩固、优越性充分展现。

会议强调，坚持和完善中国特色社会主义制度、推进国家治理体系和治理能力现代化，必须坚持以马克思列宁主义、毛泽东思想、邓小平理论、"三个代表"重要思想、科学发展观、习近平新时代中国特色社会主义思想为指导，增强"四个意识"，坚定"四个自信"，

做到"两个维护"，坚持党的领导、人民当家作主、依法治国有机统一，坚持解放思想、实事求是，坚持改革创新，突出坚持和完善支撑中国特色社会主义制度的根本制度、基本制度、重要制度，着力固根基、扬优势、补短板、强弱项，构建系统完备、科学规范、运行有效的制度体系，加强系统治理、依法治理、综合治理、源头治理，把我国制度优势更好转化为国家治理效能，为实现"两个一百年"奋斗目标、实现中华民族伟大复兴的中国梦提供有力保证。

习近平总书记指出，坚持和完善中国特色社会主义制度、推进国家治理体系和治理能力现代化的总体目标是，到我们党成立 100 年时，在各方面制度更加成熟更加定型上取得明显成效；到 2035 年，各方面制度更加完善，基本实现国家治理体系和治理能力现代化；到新中国成立 100 年时，全面实现国家治理体系和治理能力现代化，使中国特色社会主义制度更加巩固、优越性充分展现。

坚持和完善中国特色社会主义制度、推进国家治理体系和治理能力现代化，是全党的一项重大战略任务。必须在党中央统一领导下进行，科学谋划、精心组织，远近结合、整体推进。各级党委和政府以及各级领导干部要切实强化制度意识，带头维护制度权威，做制度执行的表率，带动全党全社会自觉尊崇制度、严格执行制度、坚决维护制度。

2020 年 2 月 23 日，统筹推进新冠肺炎疫情防控和经济社会发展工作部署会议在北京召开。习近平总书记出席会议并发表重要讲话。习近平同志指出，新冠肺炎疫情不可避免会对经济社会造成较大冲击。越是在这个时候，越要用全面、辩证、长远的眼光看待我国发展，越要增强信心、坚定信心。综合起来看，我国经济长期向好的基本面没有改变，疫情的冲击是短期的、总体上是可控的。习近平总书记就有序复工复产提出 8 点要求。第一，落实分区分级精准复工复产。低风险地区要尽快将防控策略调整到外防输入上来，全面恢复生产生活秩序，中风险地区要依据防控形势有序复工复产，高风险地区要继续集中精力抓好疫情防控工作。第二，加大宏观政策调节力度。积极的财政政策要更加积极有为，继续研究出台阶段性、有针对性的减税降费政策，帮助中小微企业渡过难关。稳健的货币政策要更加注重灵活适度，用好已有金融支持政策，适时出台新的政策措施。第三，全面强化稳就业举措。要减负、稳岗、扩就业并举，针对部分企业缺工严重、稳岗压力大和重点群体就业难等突出矛盾，支持多渠道灵活就业，做好高校毕业生就业工作。第四，坚决完成脱贫攻坚任务。要努力克服疫情影响，狠抓攻坚工作落实，帮助贫困劳动力有序返岗，支持扶贫龙头企业、扶贫车间尽快复工，加快建立健全防止返贫机制。第五，推动企业复工复产。要落实分区分级精准防控策略，打通人流、物流堵点，放开货运物流限制，推动产业链各环节协同复工复产。要积极扩大国内有效需求，加快在建和新开工项目建设进度，加强用工、用地、资金等要素保障。第六，不失时机抓好春季农业生产。要抓紧解决影响春耕备耕的突出问题，组织好农资生产、流通、供应，确保农业生产不误农时。第七，切实保障基本民生。要保障主副食品供应，强化对困难群众的兜底保障，对患者特别是有亲人罹难的家庭要重点照顾。要统筹做好其他疾病患者医疗救治工作。第八，稳住外贸外资基本盘。要用足用好出口退税、出口信用保险等合规的外贸政策工具，保障外贸产业链、供应链畅通运转，抓好重大外资项目落地，扩大金融等服务业对外开放，继续优化营商环境，增强外商长期投资经营的信心。

四、大力推进基本公共服务均等化

2020 年 3 月 6 日，习近平总书记发表在决战决胜脱贫攻坚座谈会上的讲话，他指出：剩余脱贫攻坚任务艰巨。全国还有 52 个贫困县未摘帽、2707 个贫困村未出列、建档立卡贫困人口未全部脱贫。虽然同过去相比总量不大，但都是贫中之贫、困中之困，是最难啃的硬骨头。"三保障"问题基本解决了，但稳定住、巩固好还不是一件容易的事情，有的孩子反复失学辍学，不少乡村医疗服务水平低，一些农村危房改造质量不高，有的地方安全饮水不稳定，还存在季节性缺水。剩余建档立卡贫困人口中，老年人、患病者、残疾人的比例达到 45.7%。这次会议的主要任务是，分析当前形势，克服新冠肺炎疫情影响，凝心聚力打赢脱贫攻坚战，确保如期完成脱贫攻坚目标任务，确保全面建成小康社会。

自古以来，中国老百姓就有不患寡而患不均的想法。因此小康社会也必须是一个公平的社会。所谓基本公共服务均等化是指全体公民都能公平可及地获得大致均等的基本公共服务，其核心是促进机会均等，重点是保障人民群众得到基本公共服务的机会，而不是简单的平均化。推进基本公共服务均等化，是全面建成小康社会的应有之义，对于促进社会公平正义、增进人民福祉、增强全体人民在共建共享发展中的获得感、实现中华民族伟大复兴的中国梦，都具有十分重要的意义。

我们出台促进基本公共服务均等化的专项《规划》，就是要从解决人民群众最关心最直接最现实的利益问题入手，以普惠性、保基本、均等化、可持续为方向，按照"兜住底线、引导预期、统筹资源、促进均等，政府主责、共享发展，完善制度、改革创新"的基本要求，稳步提高均等化水平，全面建立标准体系，巩固健全保障机制，衔接完善制度规范，力争到 2020 年，基本公共服务体系更加完善，体制机制更加健全，在学有所教、劳有所获、病有所医、老有所养、住有所居等方面持续取得新进展，基本公共服务均等化总体实现。

作为"十三五"时期推进基本公共服务体系建设的综合性、基础性、指导性文件，这个专项《规划》明确了制度建设框架，提出了系列政策措施：

一是明确了国家基本公共服务制度框架，这属于顶层设计。国家基本公共服务制度以基本公共服务清单为核心，以促进城乡、区域、人群基本公共服务均等化为主线，以各领域重点任务、保障措施为依托，以统筹协调、财力保障、人才建设、多元供给、监督评估等五大实施机制为支撑，是政府保障全民基本生存发展需求的制度性安排。

二是建立了基本公共服务清单制，这属于中间层设计。依据现行法律法规和相关政策，确定了公共教育、劳动就业创业、社会保险、医疗卫生、社会服务、住房保障、公共文化体育、残疾人服务等八个领域的 81 个服务项目，以及每个项目的具体服务对象、服务指导标准、支出责任、牵头负责单位等，要求在规划期内落实到位，并结合经济社会发展状况，按程序进行动态调整，以此作为政府履行职责和公民享有相应权利的依据。

三是提出了四个方面的保障措施，这属于操作设计。在促进均等共享方面，要求开展贫困地区脱贫攻坚、重点帮扶特殊困难人群、促进城镇常住人口全覆盖、缩小城乡服务差距、提高区域服务均等化水平、夯实基层服务基础等。在创新服务供给方面，要求加快事业单位分类改革、积极引导社会力量参与、鼓励发展志愿和慈善服务、发展"互联网 +"益民服务等。在强化资源保障方面，要求提升财政保障能力、加强人才队伍建设、加强规划布局和用地保障、建立健全服务标准体系、强化社会信用体系支撑等。在推进规划实施和监督评估方面，明确了国务院各有关部门和省以下各级人民政府的职责，要求加强绩效评价和监督问责。

（一）在全面建成小康社会之时，公共教育发展的主要任务目标

在义务教育方面，要建立城乡统一、重在农村的义务教育经费保障机制，加大对中西部和民族、边远、贫困地区的倾斜力度。统筹推进县域内城乡义务教育一体化改革发展，推进建设标准、教师编制标准、生均公用经费基准定额、基本装备配置标准统一和"两免一补"政策城乡全覆盖，基本实现县域校际资源均衡配置，扩大优质教育资源覆盖面，提高乡村学校和教学点办学水平。落实县域内义务教育公办学校校长、教师交流轮岗制度。保障符合条件的进城务工人员随迁子女在公办学校或通过政府购买服务在民办学校就学。加强国家通用语言文字教育基础薄弱地区双语教育。加强学校体育和美育教育。

（二）在全面建成小康社会之时，劳动就业创业发展的主要任务目标

在公共就业服务领域，要全面落实就业政策法规咨询、信息发布、职业指导和职业介绍、就业登记和失业登记等公共就业服务制度，组织开展就业服务专项活动。加强对就业困难人员的就业援助，确保有就业能力的零就业家庭、低保家庭至少有一人就业。做好高校毕业生就业和农村劳动力转移就业，以及化解过剩产能过程中的职工安置工作。加快推进流动人员人事档案信息化服务。建立健全行业人力资源需求预测和就业状况定期发布制度，完善人力资源市场供求分析。

在创业服务领域，要鼓励公共就业服务机构为创业者提供项目选

择、开业指导、融资对接、跟踪扶持等服务。把创新创业课程纳入国民教育体系，建立健全衔接创业教育和创业实践的创业培训体系。深化行政审批制度改革和商事制度改革，推行市场主体登记注册便利化，减少政府对企业生产服务项目的行政许可和对正常经营活动的行政干预，落实降低企业负担的税费政策。落实创业担保贷款政策，提高就业重点群体和困难人员金融服务的可获得性。加快发展众创空间等创业服务载体，健全创业辅导制度。

在职业培训领域，要大力开展就业技能培训、岗位技能提升培训和创业培训，开展贫困家庭子女、未升学初高中毕业生、农民工、失业人员和转岗职工、退役军人、残疾人免费接受职业培训行动，打通技能劳动者从初级工、中级工、高级工到技师、高级技师的职业发展通道。

在劳动关系协调和劳动权益保护领域，要完善劳动用工制度，健全最低工资标准调整和工资支付保障长效机制，落实职工带薪年休假制度。加强劳动保障监察和劳动人事争议调解仲裁，推进劳动保障监察综合执法，建立劳动保障监察举报投诉案件省级联动处理机制，健全完善劳动人事争议多元处理机制，维护用人单位和劳动者合法权益。定期发布职业薪酬信息和重点行业人工成本信息。

（三）在全面建成小康社会之时，基本社会保险发展的主要任务目标

在社会保险政策制度领域，要继续实行统账结合的城镇职工基本养老保险制度，完善个人账户，健全激励约束机制，提高收付透明度，坚持精算平衡，推动实现职工基础养老金全国统筹。落实机关事业单位养老保险制度改革举措。推进实施城乡居民基本养老保险制度。健全基本医疗保险稳定可持续的筹资和报销比例调整机制，制定城乡居民医保政府补助三年规划，在提高政府补助标准的同时适当提

高个人缴费比重，逐步将个人缴费与城乡居民家庭收入水平挂钩。完善医保缴费参保政策，改进个人账户，开展门诊费用统筹。实现基本医保基金中长期精算平衡，增强制度可持续性。改革医保支付方式，合理控制医疗费用，整合城乡居民医保政策和经办管理。全面实施城乡居民大病保险制度。将生育保险与基本医疗保险合并实施。探索建立长期护理保险制度，开展长期护理保险试点。继续完善预防、补偿、康复三位一体的工伤保险制度体系。推动医疗保险、失业保险、工伤保险逐步实现省级统筹。结合社会平均工资和物价变动等因素，合理确定相关社会保险待遇水平。

在社会保险关系转续方面，要建立标准统一、全国联网的社会保障管理信息系统，完善并简化转续流程，推行网上认证、网上办理转续，力争实现全国范围内社会保险待遇异地领取、直接结算，方便参保职工、失业和退休人员流动就业、异地生活。

（四）在全面建成小康社会之时，基本医疗卫生发展的主要任务目标

在重大疾病防治和基本公共卫生服务领域，要继续实施国家基本公共卫生服务项目和国家重大公共卫生服务项目。开展重大疾病和突发急性传染病联防联控，提高对传染病、慢性病、精神障碍、地方病、职业病和出生缺陷等的监测、预防和控制能力。加强突发公共事件紧急医学救援、突发公共卫生事件监测预警和应急处理。深入开展爱国卫生运动，继续推进卫生城镇创建工作，开展健康城市、健康村镇建设，实施全国城乡环境卫生整洁行动，加快农村改厕，农村卫生厕所普及率提高到85%。加强居民身心健康教育和自我健康管理，做好心理健康服务。

在医疗卫生服务方面，要落实区域卫生规划和医疗机构设置规划，依据常住人口规模和服务半径等合理配置医疗卫生资源。深化基

层医改，巩固完善基本药物制度，全面推进公立医院综合改革，推动形成基层首诊、双向转诊、急慢分治、上下联动的分级诊疗模式。完善中医医疗服务体系，发挥中医药特色优势，推动中医药传承与创新。

在妇幼健康和计划生育服务管理领域，要实施全面两孩政策，改革完善计划生育服务管理，实施生育登记服务。开展孕前优生健康检查，加强高危孕产妇和新生儿健康管理。提高妇女常见病筛查率和早诊早治率，扩大农村妇女宫颈癌、乳腺癌项目检查覆盖范围。继续落实计划生育技术服务基本项目，将流动人口纳入城镇计划生育服务范围。加强出生人口性别比综合治理。完善农村部分计划生育家庭奖励扶助制度、计划生育家庭特别扶助制度，继续实施"少生快富"工程。

在食品药品安全方面，要实施食品安全战略，完善法规制度，提高安全标准，全面落实企业主体责任，提高监督检查频次，扩大抽检监测覆盖面，实行全产业链可追溯管理。深化药品医疗器械审评审批制度改革，探索按照独立法人治理模式改革审评机构，推行药品经营企业分级分类管理。加大农村食品药品安全治理力度，完善对网络销售食品药品的监管。

（五）在全面建成小康社会之时，基本社会服务发展的主要任务目标

关于社会救助，要推进城乡低保统筹发展，健全低保对象认定办法，建立低保标准动态调整机制，确保农村低保标准逐步达到国家扶贫标准。完善特困人员认定条件，合理确定救助供养标准，适度提高救助供养水平。合理界定医疗救助对象，健全疾病应急救助制度，全面开展重特大疾病医疗救助工作，加强医疗救助与基本医疗保险、大病保险和其他救助制度的衔接。全面、高效实施临时救助制度。降低

法律援助门槛，扩大法律援助范围。

关于社会福利，要全面建立针对经济困难高龄、失能老年人的补贴制度，并做好与长期护理保险的衔接。提高城乡社区卫生服务机构为老年人提供医疗保健服务的能力，加快社区居家养老信息网络和服务能力建设，推进医养结合发展。进一步完善孤儿基本生活保障制度，做好困境儿童保障工作，统筹推进未成年人社会保护试点和农村留守儿童关爱保护。全面推进精神障碍患者社区康复服务。

关于社会事务，要建立和完善公民婚姻信息数据库，探索开展异地办理婚姻登记工作。完善儿童被收养前寻亲公告程序，全面建立收养能力评估制度。推进基本殡葬公共服务，巩固提高遗体火化率，推行火葬区骨灰和土葬改革区遗体规范、集中节地生态安葬。做好第二次全国地名普查，健全地名管理法规标准，加强地名文化保护，开展多种形式的地名信息化服务。

关于优抚安置，要全面落实优抚安置各项制度政策，提升对复员退伍军人、军休人员的优抚安置和服务保障能力。完善优抚政策和优抚对象抚恤优待标准调整机制。将优抚安置对象优先纳入社区、养老、医疗卫生等服务体系，探索建立优抚安置对象社会化服务平台。

（六）在全面建成小康社会之时，基本住房保障发展的主要任务目标

在公共租赁住房领域，要转变公租房保障方式，实行实物保障与租赁补贴并举，推进公租房货币化。支持公租房保障对象通过市场租房，政府对符合条件的家庭给予租赁补贴。完善租赁补贴制度，结合市场租金水平和保障对象实际情况，合理确定租赁补贴标准。在城镇稳定就业的外来务工人员、新就业大学生和青年医生、青年教师等专业技术人员，符合当地城镇居民公租房准入条件的，应纳入公租房保障范围。提高公租房运营保障能力，健全准入退出管理机制。

在城镇棚户区住房改造方面，要围绕实现约 1 亿人居住的城镇棚户区、城中村和危房改造目标，实施棚户区改造行动计划和城镇旧房改造工程，基本完成城镇棚户区和危房改造任务。将棚户区改造与城市更新、产业转型升级更好结合起来，加快推进集中成片棚户区和城中村改造，有序推进旧住宅小区综合整治、危旧住房和非成套住房改造，棚户区改造政策覆盖全国重点镇。完善配套基础设施，加强工程质量监管。

关于农村危房改造，要合理确定农村危房改造补助对象和标准，优先帮助住房最危险、经济最贫困农户解决最基本的住房安全问题。加快推进贫困地区危房改造，按照精准扶贫、精准脱贫要求，重点解决建档立卡贫困户、低保户、农村分散供养特困人员、贫困残疾人家庭的基本住房安全问题。

（七）在全面建成小康社会之时，基本公共文化体育发展的主要任务目标

在公共文化领域，要落实国家基本公共文化服务指导标准和地方实施标准。深化公益性文化事业单位改革，积极搭建公益性文化活动平台，以群众需求为导向，推行"菜单式""订单式"公共文化服务。加大政府向社会力量购买公共文化服务力度。深入推进公共图书馆、博物馆、美术馆、文化馆和综合文化站免费开放工作。以县级文化馆、图书馆为中心推进总分馆制，实现农村、城市社区公共文化服务资源整合和互联互通。加强文化遗产保护。

在广播影视领域，要采用地面无线、直播卫星和有线网络等方式，推动数字广播电视基本实现全覆盖、户户通。进一步改善农村电影放映条件。努力增加贴近基层群众需要的服务性广播电视栏目节目。

在新闻出版领域，要推动全民阅读，加强残疾人等特殊群体的基

本阅读权益保障。扶持实体书店发展，加快推进实体书店或各类图书代销代购网点覆盖全国所有乡镇。完善农家书屋出版物补充更新工作。加强"三农"出版物出版发行。推动少数民族语言文字及双语出版物出版发行、数字化传播和少数民族语言文字作品创作。

在群众体育方面，要实施全民健身计划，组织实施国民体质监测，推行《国家体育锻炼标准》，开展全民健身活动，实行科学健身指导。推动公共体育场馆向社会免费或低收费开放。全面实施青少年体育活动促进计划，培养青少年体育爱好和运动技能，推广普及足球、篮球、排球和冰雪运动等。

（八）在全面建成小康社会之时，残疾人基本公共服务发展的主要任务目标

关于残疾人基本生活，要全面落实困难残疾人生活补贴和重度残疾人护理补贴制度。生活困难、靠家庭供养且无法单独立户的成年无业重度残疾人，经个人申请，可按照单人户纳入最低生活保障范围。对获得最低生活保障后仍有困难的重度残疾人采取必要措施给予生活保障。完成农村贫困残疾人家庭存量危房改造。

关于残疾人就业创业和社保服务，要为有劳动能力和就业意愿的城乡残疾人免费提供就业创业服务，按规定提供免费职业培训。落实好针对就业困难残疾人的各项就业援助和扶持政策，为智力、精神和重度肢体残疾人提供辅助性、支持性就业服务等。落实贫困和重度残疾人参加社会保险个人缴费资助政策，完善重度残疾人医疗报销制度，做好重度残疾人就医费用结算服务。

关于残疾人康复、教育、文体和无障碍服务，要继续实施残疾儿童抢救性康复、贫困残疾人辅助器具适配、防盲治盲、防聋治聋等重点康复项目，加强残疾人健康管理和社区康复。积极推进为家庭经济困难的残疾儿童、青少年提供包括义务教育和高中阶段教育在内的

12年免费教育。加强国家通用手语、通用盲文的规范与推广。推动公共文化体育场所设施免费或优惠向残疾人开放，为视力、听力残疾人等提供特需文化服务。加快推进公共场所和设施的无障碍改造。

总而言之，关于如何促进促进基本公共服务均等共享，是这个专项《规划》的灵魂。文件承诺，以贫困地区和贫困人口为重点，着力扩大覆盖范围、补齐短板、缩小差距，不断提高城乡、区域、人群之间基本公共服务均等化程度。

一方面，我们要大力推动基本公共服务全覆盖，着力解决短板问题：

一要开展贫困地区脱贫攻坚。加大革命老区、民族地区、边疆地区、集中连片特困地区脱贫攻坚力度，保障贫困人口享有义务教育、医疗卫生、文化体育、住房安全等基本公共服务，推动贫困地区基本公共服务主要领域指标接近全国平均水平。深入开展教育扶贫、健康扶贫、文化扶贫。在易地扶贫搬迁、整村推进、就业促进等工作中，按照精准扶贫、精准脱贫的要求，确保基本公共服务不留缺口。推动地区对口帮扶，加大基本公共服务资金、项目和人才支援力度。

二要重点帮扶特殊困难人群。对农村留守人员、困境儿童和残疾人进行全面摸底排查，建立翔实完备、动态更新的信息台账。逐步完善救助管理机构、福利机构场所设施条件，满足农村留守儿童临时监护照料需要。在外出就业较为集中的农村地区，充分利用布局调整后闲置资源开展托老、托幼等关爱服务。健全孤儿、弃婴、法定抚养人无力抚养儿童、低收入家庭重病重残等困境儿童的福利保障体系。对低保家庭中的老年人、未成年人、重度残疾人等重点救助对象，提高救助水平，保障基本生活。

三要促进城镇常住人口全覆盖。深化户籍制度改革，推动有能力在城镇稳定就业和生活的农业转移人口举家进城落户。推进居住证制度覆盖全部未落户城镇常住人口，加大对农业转移人口市民化的财政支持力度并建立动态调整机制，保障居住证持有人在居住地享有教育、就业、卫生等领域的基本公共服务。为农民工提供新市民培训服务，提高农民工综合素质和融入城市的能力。

另一方面，我们要积极促进城乡区域基本公共服务均等化，着力解决公平问题：

一要缩小城乡服务差距。加快义务教育、社会保障、公共卫生、劳动就业等制度城乡一体设计、一体实施。重点以县（市、区）为单位，有步骤、分阶段推动规划、政策、投入、项目等同城化管理，统筹设施建设和人员安排，推动城乡服务内容和标准统一衔接。把社会事业发展重点放在农村和接纳农业转移人口较多的城镇，补齐农村和特大镇基本公共服务短板。鼓励和引导城镇公共服务资源向农村延伸，促进城市优质资源向农村辐射。

二要提高区域服务均等化水平。强化省级人民政府统筹职能，加大对省域内基本公共服务薄弱地区扶持力度，通过完善事权划分、规范转移支付等措施，逐步缩小县域间、地市间服务差距。强化跨区域统筹合作，促进服务项目和标准水平衔接。着力推进京津冀地区、长江经济带等重点区域基本公共服务均等化，形成可复制、可推广的经验。

三要夯实基层服务基础。整合相关资源，持续改善基层各类公共服务设施条件。依托政府综合服务大厅完善相关经办服务设施，推动基层综合公共服务平台统筹发展和共建共享。简化基层办事环节和手续，优化服务流程，明确办理时限，推行一站式办理、上门办理、预约办理等服务方式。在山区、草原等地广人稀、居住分散地区，配备必要的教学点，开展卫生巡诊等上门服务。

五、积极倡导高质量发展

展望未来，建设小康社会必须坚持高质量发展。众所周知，高质量发展是 2017 年中国共产党第十九次全国代表大会首次提出的新表述，表明中国经济由高速增长阶段转向高质量发展阶段。全面小康社会建设也必须坚持高质量发展的路径。我们要按照高质量发展的要求，统筹推进"五位一体"总体布局和协调推进"四个全面"战略布局，坚持以供给侧结构性改革为主线，统筹推进稳增长、促改革、调结构、惠民生、防风险各项工作，就是充分考虑了决胜全面建成小康社会需要，而且符合我国经济已由高速增长阶段转向高质量发展阶段客观实际。

当前中国转向高质量发展已经具备很多有利的基础性条件，比如过去五年最终消费的上升、服务业占比的提高大大增强了经济运行的稳定性，中等收入群体规模的不断增大提供了强大的市场驱动力，供给侧结构性改革有效强化了市场功能，科技创新和技术扩散为高质量发展提供了技术支撑，全球价值链的变化为高质量发展提供机遇。高质量发展根本在于进一步提高经济的活力、创新力和竞争力，毫不动摇地实施供给侧结构性改革是根本途径。中国特色社会主义进入了新时代，我国经济发展也进入了新时代。推动高质量发展，既是保持经济持续健康发展的必然要求，也是适应我国社会主要矛盾变化和全面建成小康社会、全面建设社会主义现代化国家的必然要求，更是遵循经济规律发展的必然要求。

六、创立习近平新时代中国特色社会主义思想

2017 年 10 月 18 日，在中国共产党第十九次全国代表大会上习近平总书记首次提出"新时代中国特色社会主义思想"。新时代中国特色社会主义思想是全党全国人民为实现中华民族伟大复兴而奋斗的行动指南。2017 年 10 月 24 日，中国共产党第十九次全国代表大会通过了关于《中国共产党章程（修正案)》的决议，习近平新时代中国特色社会主义思想写入党章。习近平新时代中国特色社会主义思想是在中国共产党第十九次全国代表大会上提出的。习近平新时代中国特色社会主义思想，用八个"明确"清晰阐明。用十四项基本方略进行具体谋划，吸引着想要透过中国找寻未来方向的世界目光。习近平新时代中国特色社会主义思想是马克思主义中国化的最新成果，是新时代中国的马克思主义，是 21 世纪的马克思主义。2018 年 3 月 11 日，习近平新时代中国特色社会主义思想载入宪法，在党内外、在全国上下已经形成广泛的高度认同。

八个"明确"是指：明确坚持和发展中国特色社会主义，总任务是实现社会主义现代化和中华民族伟大复兴，在全面建成小康社会的基础上，分两步走在本世纪中叶建成富强民主文明和谐美丽的社会主义现代化强国；明确新时代我国社会主要矛盾是人民日益增长的美好生活需要和不平衡不充分的发展之间的矛盾，必须坚持以人民为中心的发展思想，不断促进人的全面发展、全体人民共同富裕；明确中国特色社会主义事业总体布局是"五位一体"、战略布局是"四个全面"，强调坚定道路自信、理论自信、制度自信、文化自信；明确全面深化改革总目标是完善和发展中国特色社会主义制度、推进国家治理体系和治理能力现代化；明确全面推进依法治国总目标是建设中国

特色社会主义法治体系、建设社会主义法治国家；明确党在新时代的强军目标是建设一支听党指挥、能打胜仗、作风优良的人民军队，把人民军队建设成为世界一流军队；明确中国特色大国外交要推动构建新型国际关系，推动构建人类命运共同体；明确中国特色社会主义最本质的特征是中国共产党领导，中国特色社会主义制度的最大优势是中国共产党领导，党是最高政治领导力量，提出新时代党的建设总要求，突出政治建设在党的建设中的重要地位。

十四项基本方略包括：坚持党对一切工作的领导；坚持以人民为中心；坚持全面深化改革；坚持新发展理念；坚持人民当家作主；坚持全面依法治国；坚持社会主义核心价值体系；坚持在发展中保障和改善民生；坚持人与自然和谐共生；坚持总体国家安全观；坚持党对人民军队的绝对领导；坚持"一国两制"和推进祖国统一；坚持推动构建人类命运共同体；坚持全面从严治党。

总而言之，八个明确、十四个坚持，是习近平新时代中国特色社会主义思想的具体展开和内涵逻辑，从世界观和方法论的高度，系统全面地回答了中国特色社会主义进入新时代后，中国共产党的"新目标""新使命"，面临的"新矛盾"等一系列带有根本性的问题，与治党治国治军的各方面工作紧密相连，既有理论高度，更具实践价值，将指导我们更好坚持和发展中国特色社会主义。

根据国家统计局 2020 年 2 月 28 日发布的《中华人民共和国2019 年国民经济和社会发展统计公报》，2019 年全年全国居民人均可支配收入 30733 元，比上年增长 8.9%，扣除价格因素，实际增长5.8%。按常住地分，城镇居民人均可支配收入 42359 元，比上年增长 7.9%，扣除价格因素，实际增长 5.0%。城镇居民人均可支配收入中位数 39244 元，增长 7.8%。农村居民人均可支配收入 16021 元，比上年增长 9.6%，扣除价格因素，实际增长 6.2%。按全国居民五等份收入分组，低收入组人均可支配收入 7380 元，中间偏下收入组人均可支配收入 15777 元，中间收入组人均可支配收入 25035 元，中间偏上收入组人均可支配收入 39230 元，高收入组人均可支配收入 76401 元。全国农民工人均月收入 3962 元，比上年增长 6.5%。在中国特色社会主义新时代，民生发展突飞猛进。

综上所述，习近平新时代中国特色社会主义思想，是对十八大以来我们党理论创新成果的最新概括和表述，系统回答新时代坚持和发展什么样的中国特色社会主义、怎样坚持和发展中国特色社会主义等重大问题。这是全党全国各族人民为实现中华民族伟大复兴而奋斗的行动指南。不仅将指导我们全面建成小康社会，而且将继续指导我们开启全面实现社会主义现代化的新征程。

（执笔人：杨宜勇）

第 二 章

全面建成小康社会之经济建设

新中国成立 70 年来，风雨兼程，砥砺前行，彻底改变了"贫困落后、一穷二白"的局面，发展成为世界第二大经济体，从高度集中的计划经济体制到充满活力的社会主义市场经济体制，到全面改革开放；从人民生活衣食不足到全面建成小康社会的伟大转变，中国经济社会发展取得了举世瞩目的成就。我国国内生产总值连年增长，对世界经济增长贡献率不断提高；"脱贫攻坚"累计减少 8 亿以上贫困人口，谱写了人类反贫困史上的辉煌篇章；建立了世界上覆盖面最广的社会保障体系，基础设施公共服务建设成就显著。习近平总书记用了三个"伟大飞跃"总结了新中国成立以来我国取得的伟大奇迹——"中华民族迎来了从站起来、富起来到强起来的伟大飞跃；中国特色社会主义迎来了从创立、发展到完善的伟大飞跃；中国人民迎来了从温饱不足到小康富裕的伟大飞跃"。[①] 邓小平总书记曾强调："我们社会主义制度是以公有制为基础的，是共同富裕，那时候我们叫小康社会，是人民生活普遍提高的小康社会。"[②]"治国有常，而利民为本"，

---

① 肖贵清、乔惠波：《改革开放 40 年与小康社会建设》，《探索》2018 年第 5 期，第 14—22 页。

② 《邓小平文选》第三卷，人民出版社 1993 年版，第 216 页。

中国共产党以只争朝夕的精神，以经济建设为抓手，让 14 亿中国人民共享祖国发展成果，这份念念不忘的初心，使中国人民在共同富裕的小康道路上，一个也不能少。

自中国共产党诞生之日起，就以实现中华民族伟大复兴为己任，肩负起民族独立、人民解放和实现国家富强、人民富裕这两大历史任务。[①] 要实现站起来、富起来、强起来，实现共同富裕，需要以建立社会主义和快速发展生产力为前提。[②] 习近平同志在《习近平谈治国理政》中指出"中国坚持共同富裕的目标，大力推进减贫事业，让 7 亿多人口摆脱贫困，正在向着全面建成小康社会目标快步前进"。[③]"政治是经济的集中体现"，社会主义的根本任务是不断解放和发展生产力，进行经济建设，做好经济工作是实现中国现代化的主要抓手，是在共同富裕道路上稳步前进的重要前提，也是全面建成小康社会的根本保障。

第一节　科学把握"全面建成小康社会"的历史脉络

"小康社会"是一个动态发展、与时俱进、不断丰富、明确切实的发展目标，是实现社会主义现代化强国的重大战略。1979 年，邓小平同志提出 20 世纪末我国"人民生活达到小康水平"，解决人民温饱问题，提高人均国内生产总值。20 世纪末，我国顺利实现"达

---

① 凤凰网：《高楼万丈平地起 幸福不忘毛主席——纪念毛主席同志诞生 126 周年》。
② 邱乘光：《"全面建成小康社会"：演进、内涵与功用》，《中共南京市委党校学报》2016 年第 4 期，第 85—91 页。
③ 《习近平谈治国理政》，外交出版社 2014 年版。

到小康水平"的战略目标，但当时是低水平的、不全面的、发展不平衡的小康。2002 年，党的十六大明确提出"从新世纪开始，我国将进入全面建设小康社会，加快推进社会主义现代化的新的发展阶段"，要在经济发展的基础上实现社会的全面进步①。2012 年，党的十八大正式提出"全面建成小康社会"，习近平总书记指出"实现全面建成小康社会的目标是实现中华民族伟大复兴中国梦的关键一步"。从"人民生活达到小康水平"到"全面建设小康社会"，再到"全面建成小康社会"，四十年的"小康"演进是中国共产党领导中国人民建设中国特色社会主义，实现中华民族伟大复兴，走向共同富裕的卓越历史。

一、拨乱反正，提出"中国式的现代化"的小康目标

"不忘初心，牢记使命"，习近平总书记指出"无论我们走得多远，都不能忘记来时的路"。历史总是向前发展的，我们总结和吸取历史经验，目的是以史为鉴，更好前进②。新中国成立后，以毛泽东同志为核心的党中央既重视发展生产力，又重视提高人民生活水平。1949 年，毛泽东同志在党的七届二中全会上提出，革命胜利后中国的发展方向是由农业国变为工业国，建立新民主主义制度，快速发展生产力和提高人民生活水平，只有使人民的生活有所改善，才能维持政权。在探索适合中国国情的社会主义建设道路中，以及大力发展生产力和发展社会主义经济文化的过程中，由于当时经验不足，认识有偏差，我们也犯过急于求成的错误，经济多次出现负增长现象。

---

① 杜凡凡：《全面建成小康社会与促进人的自由全面发展的关系研究》，云南大学，2015 年。
② 张志强：《我们该如何正确对待自己的历史》，《人民论坛》2017 年第 25 期，第 42—43 页。

在此背景下，根据毛泽东同志的建议，国务院总理周恩来在第三届全国人大一次会议报告中第一次完整的提出了"四个现代化"目标，并在第四届全国人民代表大会第一次会议上重申，要在 20 世纪内全面实现农业、工业、国防和科学技术四个现代化的宏伟目标，把全国人民的注意力在此引导发展经济、振兴国家的事业上来。

新中国成立的前 30 年，我们实现了民族独立，人民解放，建立起了社会主义基本制度；在旧中国遗留下来的一片废墟上，建立了独立的、比较完整的工业体系，农业生产条件有所改善，为现代化建设奠定了坚实的物质技术基础。但我们也要清晰地认识到，人民生活长期以来几乎没有显著改善，仍处于落后贫困状态。1978 年我国还有几亿绝对贫困人口没有解决温饱问题。1978 年的《中国统计年鉴》显示，当时我国城镇居民人均可支配只有 343.3 元，农村居民人均收入仅为 133.6 元，人均生产总值仅有 156 美元，而同一时期的美国人均生产总值高达 1.06 万美元，日本近 9000 美元[①]。

经历了十年内乱动荡，中国共产党痛定思痛，从实际出发，振兴国家事业。1978 年 5 月，《光明日报》发表了《实践是检验真理的唯一标准》，大力发扬"实事求是""实践检验真理"等马列主义思想，"发展是硬道理""以经济建设为中心"也代替了"以阶级斗争为纲"的思想[②]。正是这种实事求是和解放思想的精神追求为改革开放和小康战略提供了理论支柱和价值追求。1978 年 12 月，在党的十一届三中全会上，邓小平同志重提实现"四个现代化"的宏伟目标，作出了把党和国家工作的着重点转移到以经济建设为中心的社会主义现代化

---

① 财政收入占国民收入比重研究组：《中国市场经济下财政必要规模的研究》，中国财政经济出版社 1998 年版。

② 淦国庆：《改革开放以来中国共产党意识形态建设研究》，江西农业大学，2019 年。

建设上来与实施改革开放的历史性决策，并再次向全世界明确的宣言：中国要在 20 世纪末初步实现现代化。实行改革开放，是为了更好更快地发展生产力，发展社会主义经济，更好更充分地满足全体人民对物质文化生活的需要，实现共同富裕①。

邓小平同志提出的"中国式的现代化"必须要从中国的特色出发，实事求是地分析中国国情，并提出了判断改革开放和一切工作是非得失的标准是三个"是否有利于"，即是否有利于发展社会主义社会的生产力；是否有利于增强社会主义国家的综合国力；是否有利于提高人民的生活水平。在《关于经济工作的几点意见》，邓小平同志强调"经济工作是当前最大的政治，经济问题是压倒一切的政治问题。不只是当前，恐怕今后长期的工作重点都要放在经济工作上面"②。

1979 年 12 月 6 日，邓小平同志在会见日本首相大平正芳时的谈话中首次使用了"小康"概念回答了四个现代化到底是什么样子。他说："我们要实现的四个现代化，是中国式的四个现代化，是'小康之家'、'小康的状态'"。③"社会主义的优越性归根到底要体现在它的生产力比资本主义发展得更快一些、更高一些，并且在发展生产力的基础上不断改善人民的物质生活文化。"当时的小康更侧重于国家经济和人民生活，其目标是提高人均国民生产总值和人民生活水平④。

后来邓小平同志多次阐释"小康"思想，用"不穷不富，日子比较好过"，"人均生产总值达到八百美元"等通俗具体的方式表达，同时，邓小平清晰地认识到，到 20 世纪末，我国全面实现"四个现代化"是

---

① 迟成勇：《邓小平小康社会思想的现代化内涵与时代走向》，《邓小平研究》2019 年第 5 期，第 11—23 页。

② 《邓小平文选》第二卷，人民出版社 1994 年版，第 194 页。

③ 邸乘光：《"全面建成小康社会"：演进、内涵与功用》，《中共南京市委党校学报》2016 年第 4 期，第 85—91 页。

④ 王兵：《传统小康社会思想与全面建设小康社会》，东南大学，2004 年。

不切实际的，所谓的"小康"其核心内核是促进人民生活水平的不断提高，从"贫困"到"温饱"到"小康"再到"富裕"逐步前进[①]。

二、以经济建设为中心，人民生活达到小康水平（20世纪80年代—20世纪末）

（一）改革开放的重大历史性举措

伴随着改革开放的伟大实践，我国的小康社会建设开始逐步展开。邓小平同志先后制定了我国经济发展"两步走"和"三步走"战略，即在不断提高经济效益的前提下，20世纪末完成"两步走"达到温饱和小康，21世纪用30年到50年的时间再走一步，达到中等发达国家的水平。

邓小平根据中国社会发展现实，提出"小康"要坚持的两项基本原则：第一，要在大幅度提高社会生产力的同时，实现社会全面发展。包括发展高度的社会主义民主和完备的社会主义法制，提高全民族的科学文化水平，发展丰富多彩的文化生活，建设高度的社会主义精神文明。同时，在城乡、区间、经济与社会等方面都要全面发展。第二，必须要坚持共同富裕原则。邓小平进一步解释到，"如果中国只有1000万人富裕了，10亿多人还是贫困的，那怎么解决稳定的问题？我们是允许有差别的，像过去那样搞平均主义，也发展不了经济，但是，经济发展到一定程度，必须搞共同富裕"。[②] 可见，所谓"共同富裕"不等于"同时富裕"和"同等富裕"，而是一个有先有后，有合理差距的富裕。1991年，七届全国人大四次会议通过关于《国民经济和社会

---

① 周兵：《邓小平理论概论》，北京工业大学出版社2003年版。

② 邓伟志：《邓小平是怎样批判两极分化的》，《学习论坛》2007年第7期，第59—63页。

发展十年规划和第八个五年计划纲要》，对"小康"作出了更清晰的定义。"我们所说的小康生活，是适应我国生产力发展水平，体现社会主义基本原则的。人民生活的提高，既包括物质生活的改善，也包括精神生活的充实；既包括居民个人消费水平的提高，也包括社会福利和劳动环境的改善"。基于此，"小康"成为中国经济社会全面发展的重要战略目标，和制定各项方针政策在重要依据。[①]

（二）农村家庭联产承包责任制，拉开改革序幕

在中国共产党的领导下，农村率先改革发展，在改革开放全局事业中占有重要地位。1978年，安徽省凤阳县凤梨公社小岗村18位农民签订包干保证书，这一勇敢的壮举使家庭联产承包责任制为标志拉开了中国农村改革的序幕。1979年，小岗村当年粮食总额为66吨，相当于全队1966年到1970年5年粮食产量的总和。小岗村"大包干"的做法得到了邓小平同志的公开肯定，1982年第一个关于农村工作的中央一号文件正式出台，明确指出包产到户、包干到户都是社会主义集体经济的生产责任制[②]。家庭联产承包责任制主要是调整国家、集体和农民三者之间的利益关系，实行以农民家庭为单位，向村或组承包土地等生产资料和生产任务，农户作为相对独立的经济实体，按照合同自主地进行生产和经营，极大调动了农民的生产积极性，解决了农民温饱和贫穷的问题，使农民获得巨大的改革红利。同时，家庭联产承包责任制在很大程度上推动了粮食产量快速增长，1985年我国粮食总产量达到了3.79亿吨，1996年、1998年和1999年粮食总产量突破了5亿吨，基本实现了"口粮绝对安全，谷物基本自给"。

---

① 雷明、李浩、邹培：《小康路上一个也不能少：新中国扶贫七十年史纲（1949—2019）——基于战略与政策演变分析》，《西北师大学报（社会科学版）》2020年第1期，第118—133页。

② 陈冰：《论我国自留地的宪法保障》，河南大学，2012年。

邓小平同志始终强调，共同富裕是社会主义的根本目的和终极价值目标，在此阶段，我国释放了农村巨大的生产力，农民生活水平逐步提高，农村的贫困问题逐步得到化解。从 1985 年起，农村开始向市场改革迈进，解决农村生产要素长期低效配置的问题。与此同时，乡镇企业的异军突起，极大地拓展了乡村发展空间，推动农村非农产业快速发展和农村经济体制的市场化转轨[1]。到 20 世纪末，中央政府通过农业税费改革、提高农业补贴、强化农村基础设施建设和完善农村公共服务配套等，促进农村经济增长方式转型升级。

基于一系列农村改革，我国农村居民收入得以增长，生活消费支出也有所提高，消费结构得到改善，恩格尔系数也持续下降，农村贫困人口数量减少明显，主要呈现以下几个主要趋势。第一，农村居民收入水平实现稳步提升。1978 年，农村居民家庭全年人均可支配收入仅为 134 元，1990 年提高到 686 元，到 20 世纪末，农村家庭人均可支配收入快速上升到 2253 元[2]。第二，农民消费潜力得到有效释放，农村居民消费能力实现了从贫困到温饱的过度。农村居民全年人均生活消费支出从 1978 年的 116 元增加到 2000 年的 1670 元。第三，农民消费结构不断优化。恩格尔系数呈下降趋势。1978 年农村居民家庭恩格尔系数为 67.7%，1990 年下降到 58.8%，之后持续下降到 2000 年的 49.1%，反映出农村居民生存资料消费比重下降，发展资料消费和享受资料消费比重提高，农村居民生活水平逐渐提高。第四，农村贫困人口数下降明显。20 世纪末，我国农村贫困脱贫工作也取得长足进步，从 1978 年的 2.5 亿贫困人口（农民月收入不足 100 月 / 人），下

① 赵颖文、吕火明：《刍议改革开放以来中国农业农村经济发展：主要成就、问题挑战及发展应对》，《农业现代化研究》2019 年第 3 期，第 377—386 页。

② 孔繁金：《改革开放以来扶贫政策的历史演进及其创新——以中央一号文件为中心的考察》，《当代中国史研究》2018 年第 2 期，第 111—128 页。

降至 2000 年的 3209 万人口（农民月收入不足 625 元 / 人）①。

表 2-1　中国历年农村居民家庭人均收入和消费支出统计表（1978—2000 年）

年份	人均可支配收（元）	人均生活消费支（元）	恩格尔系数（%）
1978	133.6	116	67.7
1981	223.4	191	59.9
1984	355.2	274	59.2
1987	462.6	398	55.8
1990	686.3	585	58.8
1993	921.6	770	58.1
1996	1926.1	1572	56.3
1999	2210.3	1577	52.6
2000	2253.4	1670	49.1

资料来源：历年《中国民政统计年鉴》

表 2-2　中国历年农村居民贫困状况（1978—2000 年）

年份	贫困线（元 / 人）	贫困规模（万人）	贫困发生率（%）
1978	100	25000	30.7
1984	200	12800	15.1
1987	227	12200	14.3
1989	259	10200	11.6
1990	300	8500	9.6
1994	440	7000	7.7
1997	640	4962	5.4
1999	625	3412	3.7
2000	625	3209	3.4

资料来源：历年《中国统计年鉴》

注：贫困发生率也叫贫困人口比重指数，是指低于贫困线的人口占总人口的比重。

---

① 雷明、李浩、邹培：《小康路上一个也不能少：新中国扶贫七十年史纲（1949—2019）——基于战略与政策演变分析》，《西北师大学报（社会科学版）》2020年第 1 期，第 118—133 页。

（三）进行经济体制改革，建立社会主义市场经济

改革的实质是制度的变迁和创新，邓小平同志多次强调"社会主义和市场经济之间不存在根本矛盾"，"社会主义也可以高市场经济"，揭示社会主义与市场经济之间的内在联系，并将两者有机结合起来为我国经济进入一个全新的大转变阶段提供了理论贡献，为实现小康目标提供了不竭动力和强力支撑。

这一时期我国建立社会主义市场经济，主要包括两点，一是经济体制从传统高度集中的计划经济体制模式转换到市场取向的经济体制模式[①]；二是经济发展模式的转变，包括了生产目的、产业结构、消费积累关系、增长方式的转换等。20 世纪末，中国特色社会主义市场经济体系初步形成。正是由于改革开放以来中国经济社会制度的历史性转变，才得以排除了原有的阻碍经济增长的各种因素，在根本上保证了生产要素得以更加合理的利用，为技术进步和生产效率提升创造了广阔的空间，从而使中国经济释放出巨大的活力[②]。

创办经济特区和开放沿海地带加快了城市经济发展，也使中国"迈开了气壮山河的新步伐，走进万象更新的春天"。1980 年，中共中央、国务院发布《关于广东、福建两省会议纪要的批示》，决定在深圳、珠海、汕头、厦门四个城市试办经济特区，后经五届人大常委会第十五次会议决定批准国务院的上述提议，经济特区正式成立。选择深圳、珠海、汕头、厦门四个城市试办经济特区主要基于其独一无二的区位优势，有利于吸引外商投资，港口众多也是内陆重要通道，而且这些城市当时在全国经济中占比不高，风险系数较低，一旦出现

---

① 宋立刚：改革开放 40 年中国经济结构转型研究》，《人民论坛·学术前沿》2018 年第 23 期，第 92—107 页。

② 卫兴华：《新中国 70 年的成就与正反两方面的经验》，《政治经济学评论》2020年第 1 期，第 7—25 页。

问题还能及时纠正。1988 年，为稳定中国南海主权和发展空间，又成立海南经济特区。特区成立之后，城市的经济快速增长。以深圳为例，1983 年深圳市外商直接投资开始超越香港地区，2000 年全市国内生产总值达到 1665.24 亿元，而 1979 年仅为 1.96 亿；工业产值高达 727.97 亿元，比 1979 年增加了 1100 多倍；第二产业和第三产业加速发展，三次产业结构位 1.1∶52.5∶46.4。深圳从改革开放前的一个小渔村，一跃成为一座现代化的新兴城市，经济面貌发生了巨大改变。经济特区实行了特殊的经济政策和管理体制，包括相对灵活的关税、出入境手续、工资制度、金融政策等，特区经济以发展工业为主、实行工贸结合，并相应发展旅游、房地产、金融、餐饮服务、教育等第三产业[1]，同时以外资、侨资、港澳台"三资"企业为主，产品以外销为主。作为我国发展对外关系的窗口，特区能够更好地吸引外资技术，扩大外贸，并且在长远意义上对我国在外贸易运行中逐步形成的市场主导、计划辅助的局面起到了积极的推动作用，以此成为市场经济的试验田，为接下来的经济体制改革提供了有益经验。

1984 年，邓小平在视察深圳、珠海、厦门的特区建设后，肯定了特区的成功经验，并指出"除了在特区之外可以考虑再开放几个点，增加几个港口城市……这些地方不叫特区，但可以实行特区的某些政策"。基于此，天津、上海、大连、秦皇岛、烟台、青岛、连云港、南通、宁波、温州、福州、广州、湛江、北海 14 个港口城市成为第一批沿海对外开放城市。中央政府给予了适度宽松的政策优惠，包括拥有更多的对外经济联系自主权、对外商提供政策税收优惠、允许兴办经济技术开发区等。这些沿海港口城市经济发展取得明显成

---

① 桁林：《全面建成小康社会的经济局面及其政策选择》，《中国社会科学院研究生院学报》2016 年第 4 期，第 5—11 页。

效，1998 年，沿海城市的 GDP 占全国 GDP 的比重高达 17.74%，年均增速 16.67，高出全国平均增速 5.69 个百分点[①]。经济特区和沿海城市的快速发展使我国经济崛起。

在此期间，城市经济的另一项重大改革是经济体制和国有企业改革。1980 年国务院转批了《关于扩大企业自主权试点工作情况和今后意见的报告》，要求从 1981 年起把扩大企业自主权的工作在国营工业企业中全面推开。1993 年党的十四届三中全会通过的《中共中央关于建立社会主义市场经济体制若干问题的决定》指出，要通过一系列国有企业的改革，建立现代企业制度，政企分开，实行多种经营方式，提高劳动者在企业中的主人翁地位，以此增强企业活力。通过"利改税"将国营企业上缴利润改为缴纳所得税，并通过完善国有企业的经营机制，对企业采取适当的鼓励政策，调动企业自主性和积极性，促进了国有企业生产的发展。

（四）"人民生活达到小康水平"时期我国 GDP 相关指标变化

从 1979 年邓小平提出使"人民生活达到小康"开始，到 2000 年总体上达到小康水平，我国只经过了 20 多年的发展就取得了如此了不起的成就。此时我国经济实力明显增强，人民生活水平也不断提高，国家的综合实力显著增强，改革开放事业不断向前推进[②]。虽然，这一时期的小康是低水平的、发展不平衡、不全面的，但是总体来看，我国经济社会的发展成就斐然，并且主要集中在经济领域。2000 年，我国国内生产总值达到 99214 亿元，人均国民生产总值比 1980 年翻两倍的任务已经超额完成，顺利实现

---

① 刘艳红、李芳、张丽丽、张锦：《河北省沿海经济发展补短板研究》，《河北经贸大学学报（综合版）》2018 年第 3 期，第 75—88 页。

② 迟成勇：《邓小平小康社会思想的现代化内涵与时代走向》，《邓小平研究》2019 年第 5 期，第 11—23 页。

邓小平提出的、党的十三大确定的到 20 世纪末"达到小康水平"的战略目标①。

表 2-3　中国历年国内生产总值（GDP）数据（1978—2000 年）

年份	国内生产总值（亿元）	GDP 增长率（%）	人均 GDP（元/人）	人均 GDP 增长率（%）
1978	3678.7	11.7	385	10.2
1982	5373.4	9.1	533	7.5
1985	9098.9	13.5	866	11.9
1988	15180.4	11.3	1378	9.5
1991	22005.6	9.2	1912	7.7
1994	48637.5	13.1	4081	11.8
1997	79715.0	9.3	6481	8.2
2000	100280.6	8.4	7942	7.6

资料来源：历年《中国统计年鉴》

三、以提高经济效益为中心，全面建设小康社会（21 世纪初—21 世纪 10 年代）

2000 年 10 月，党的十五届五中全会明确提出："从新世纪开始，我国将进入全面建设小康社会，加快推进社会主义现代化的新的发展阶段。"②2002 年党的十六大报告中正式提出"全面建设小康社会"的目标，即"要在本世纪头 20 年，集中力量，全面建设惠及十几亿人口的更高水平的小康社会，使经济更加发展、民主更加健全、科教

①　蒋明敏、王艺苑：《全面建成小康社会：研究与展望》，《毛泽东邓小平理论研究》2019 年第 8 期，第 31—108 页。

②　肖贵清、乔惠波：《改革开放 40 年与小康社会建设》，《探索》2018 年第 5 期，第 14—22 页。

更加进步、文化更加繁荣、社会更加和谐、人民生活更加殷实"[1]。其中，经济建设的具体目标是，在优化结构和提高效益的基础上，国内生产总值到 2020 年力争比 2000 年翻两番，综合国力和国际竞争力明显增强，基本实现工业化，建成完善的社会主义市场经济体制和更具活力、更加开放的经济体系。党的十六大从发展中国特色社会主义经济、政治、文化等方面提出全面建设小康社会的基本目标，而且明确提出了纲领性要求：发展经济是全面建设小康社会的首要任务；全面建设小康社会要继续高扬改革开放的旗帜；全面建设小康社会要在经济发展基础上实现社会的全面进步；全面建设小康社会的出发点和最终落脚点，是提高全国人民的生活水平和质量[2]。

全面建设小康社会目标的确立，开辟了中国社会主义现代化建设的一个新的发展阶段，经济社会面貌发生了深刻的历史性的变化，但是从大的社会发展阶段来看，我国还处于社会主义初级阶段，经济社会面貌发生的变化还是整个社会主义初级阶段的阶段性变化，特别是人民生活总体上达到的小康水平，是低水平的、发展不全面、不平衡的小康。要想达到接近中等发达国家的水平，仍需要经过分阶段、长时间的努力。21 世纪开始，我国进入"全面建设小康社会"新纪元，坚持深化改革、扩大开放、促进发展、保持稳定，是加快推进社会主义现代化的重要推力[3]。

（一）"入世"开启经济全球化新纪元

2001 年中国正式加入世界贸易组织，标志着从 20 世纪 70 年代

---

[1]　邱乘光：《"全面建成小康社会"：演进、内涵与功用》，《中共南京市委党校学报》2016 年第 4 期，第 85—91 页。

[2]　中共中央文献研究室：《习近平关于全面建成小康社会论述摘编》，中央文献出版社 2014 年版。

[3]　中共中央文献研究室：《习近平关于全面建成小康社会论述摘编》，中央文献出版社 2014 年版。

末以来中国的第二次对外大开放，也标志着中国正式融入全球经济，从有限的政策开放转向全面的制度开放，从自主开放转向世贸成员国之间的相互开放，从双边开放转向多变开放，中国不仅同国际"接轨"，而且开始多方面融入经济全球化。江泽民同志指出"中国改革开放将进入一个新的阶段"①。入世以来，我国履行承诺、遵守规则，按照权利与义务相一致的原则，把握发展机遇、扩大外贸规模、优化外贸结构、加快对外投资步伐。我国还修订了《中华人民共和国对外贸易法》，规定"国家实行统一的对外贸易制度，鼓励发展对外贸易，维护公平、自由的对外贸易秩序"，我国的对外贸易政策由此在法律层面上明确了从保护贸易政策向公平与自由贸易政策的转变。

加入 WTO 以来，中国逐步调整进出口关税税则，按世贸原则渐次调整最惠国税率、年度暂定税率、协定税率、特惠税率以及税则税目等项目。中国的平均关税从 2002 年的 15.3%逐步下降到 2019 年的 7.5%，满足了国内市场和消费者对进口商品的消费需求②。目前，中国加入 WTO 的降税承诺已全部履行完毕，关税水平在发展中国家是最低的。加入 WTO 促进我国招商引资，填补外汇储蓄缺口。自改革开放以来，我国成为吸引外资最多的发展国家，为其他国家跨国投资提供了重要机遇，我国外汇储备也从 1980 年的负增长转变为 2009 年的 3.24 万亿美元，成为全球外汇储备第一大国，充分显示了国家采取的积累速度③。

然而，我国面临的贸易摩擦日益严重，尤其是自 2018 年以来，

---

① 栾信杰：《世界贸易组织规则解读：中英版》，对外经济贸易大学出版社 2013 年版。

② 覃娜、张坚：《新一轮进口关税下调对我国进口贸易的影响》，《对外经贸》2015 年第 10 期，第 35—51 页。

③ 新华网：《新时代的中国与世界》。

美国总统特朗普宣布对价值 600 亿美元的中国进口商品加征关税，掀起了对华贸易摩擦的序幕，其真正目的是通过挤压高科技产品的市场空间，限制中国新兴产业的发展，从而维护美国在高科技领域的绝对优势，并且在中国经济新旧动能转换之际，通过对中国施加更大的压力迫使中国按照美国的要求对其开放互联网和金融市场等，从而维护美国的技术和市场优势，从中国市场中获得更大的经济利益[①]。但这也在客观上充分反映了中国经济和国际地位的变化，随着我国经济水平和综合国力的进一步提升，我国与发达国家在贸易和投资领域的摩擦趋于常态，我国政府高度重视，努力推动有关国家承认中国"市场经济地位"，充分发挥中介组织和涉案企业的积极性，全力应对对华反补贴调查，并通过解释澄清防范贸易摩擦的发生。并且，中国有底气应对贸易摩擦，中国政府显示出"中国不想打贸易战，但也不怕打贸易战"的决心和信心。

（二）积极推进经济结构的战略性调整

结构调整是推动经济发展的基本因素之一，经济发展是通过结构的规律性调整和转换实现的。在谈到"十五"期间我国经济和社会发展问题时，江泽民同志强调，"积极推进经济结构的战略性调整，推动两个根本性转变，保持国民经济持续快速健康发展，是新世纪初我国经济发展的主线"[②]。

党的十六大报告指出，全面建设小康社会，最根本的是坚持以经济建设为中心，不断解放和发展生产力。20 世纪头二十年经济和改革的主要任务是坚持在发展中推进经济结构战略性调整，完善社会主义市场经济体制，以全面提升产业结构，加快城镇化进程，并促进

---

① 央广网：《立足国际，放眼长远，积极应对美国贸易摩擦》。

② 桁林：《全面建成小康社会的经济局面及其政策选择》，《中国社会科学院研究生院学报》2016 年第 4 期，第 5—11 页。

区域经济协调发展，大力促进信息化，保持国民经济持续快速健康发展，不断提高人民生活水平。前十年要全面完成"十五"计划和2010 年的奋斗目标，使经济总量、综合国力和人民生活水平再上一个大台阶，为后十年的更大发展打好基础①。

（三）完善社会主义市场经济，实现经济又好又快发展

2003 年 10 月党的十六届三中全会通过《中共中央关于完善社会主义市场经济体制若干问题的决定》（以下简称《决定》），全面部署了深化经济体制改革的指导思想、战略目标、重点任务和先后次序，改革围绕着完善社会主义市场经济体制的核心任务，结合统筹性、协调性、制度化、以人为本的基本特征，我国经济改革进入综合推进阶段。党的十六届三中全会提出要完善社会主义市场经济体制，有一个明确的目标，即要为全面建设小康社会提供强有力的体制保障。改革开放以来，我国经济效益和经济运行质量显著提高，这为全面建设小康社会提供了雄厚的经济基础，但是我们也应该清醒地认识到，在完成了经济发展的第一步和第二步战略目标，解决了人民温饱问题和实现总体小康之后，我们又面临着一系列新的问题和挑战。胡锦涛同志提出的科学发展观强调"发展是以经济建设为中心的、经济政治文化相协调的发展，是促进人与自然和谐的可持续发展。"在经济日趋活跃、社会利益日益多元化的情况下，社会经济秩序的规范问题变得日益突出。因此，《决议》指出，在继续发挥市场激励作用的同时，还需要强化其约束功能和机制，有效规范社会经济秩序，从而为全面建设小康社会的目标提供有力的激励约束机制。

《决议》提出完善社会主义市场经济体制的主要任务是：第一，

---

① 中共中央文献研究室：《习近平关于全面建成小康社会论述摘编》，中央文献出版社 2014 年版。

完善公有制为主体、多种所有制经济共同发展的基本经济制度。第二，建立有利于逐步改变城乡二元经济结构的体制。全面建设小康社会，关键在于农村，"三农"问题的解决，城乡二元结构的逐步改变，是全面建设小康社会的重中之重。第三，形成促进区域经济协调发展的机制，建设统一开放竞争有序的现代市场体系，完善宏观调控体系、行政管理体系和经济法律体系，健全就业、收入分配和社会保障制度，建立促进经济社会可持续发展的机制。

在此期间，我国完善了对外开放制度保障，加快外贸一体化进程，形成稳定、透明的涉外经济管理体制，创造了公平的可预见的法治环境，确保各类企业在对外经济贸易活动中的自主权和平等地位。同时，还按照减税制、宽税基、低税率、严征管的原则，提出了一系列税收改革政策。

2007 年 10 月，党的十七大继续使用了"全面建设小康社会"的表述，但又依据经济发展中出现的新约束、社会转型期出现的新特征以及国际社会环境发生的新变化，对全面建设小康社会提出了更高的要求，"转变发展方式取得重大进展，在优化结构、提高效益、降低消耗、保护环境的基础上，实现人均国内生产总值到 2020 年比 2000 年翻两番"。相较于十六大报告中提出的"国内生产总值到 2020 年力争比 2000 年翻两番"，党的十七大首次提出了"人均"表述，可以看出我国在综合国力提高的同时，追求人均 GDP 的提高，追求发展水平和富裕程度提高，更能体现以人为本的理念。十七大报告针对我国经济发展中的不平衡的实际情况，确定要增强发展协调性，努力实现经济又好又快发展，并具体要求社会主义市场经济体制更加完善，自主创新能力显著提高，科技进步对经济增长的贡献率大幅上升，进入创新型国家行列；居民消费稳步提升，形成消费、投资、出口协调拉动的增长格局；城乡、区域协调互动发展机制和主体功能区布局基本形成；

社会主义新农村建设取得重大进展；城镇人口比重明显增加①。

（四）"全面建设小康社会"时期我国 GDP 相关指标变化

实践证明，中共十六大确立的全面建设小康社会的奋斗目标和十七大形成的全面建设小康社会的基本目标是顺应时代要求的，是满足人民需求的。在此阶段，小康社会建设全面推进，不断迈出坚实的步伐，国民生产总值和人均 GDP 快速增长，提前完成了人均 GDP 较 2000 年翻两番的目标。根据世界银行公布的数据（见图 2-1），1978 年我国人均 GDP 世界排名低 138 位，经过 30 余年的经济社会发展，2012 年我国人均 GDP 上升为 84 位，虽仍低于世界平均水平，但自改革开放以来，中国经过经济快速发展，人均 GDP 稳步增长，与世界平均水平的差距不断缩小，国际地位显著提高。从总量上看（见图 2-2），我国 GDP 年均增长率远超世界平均水平。

表 2-4 中国历年国内生产总值（GDP）数据（2001—2012 年）

年份	国内生产总值（亿元）	GDP 增长率（%）	人均 GDP(元 / 人)	人均 GDP 增长率（%）
2001	110863.1	8.3	8717	7.5
2002	121717.4	9.1	9506	8.4
2003	137422.0	10.0	10666	9.3
2004	161840.2	10.1	12487	9.4
2005	187318.9	11.3	14368	10.7
2006	219438.5	12.7	16738	12.0
2007	270092.3	14.2	20494	13.6
2008	319244.6	9.6	24100	9.1
2009	348517.7	9.2	26180	8.6
2010	412119.3	10.3	30808	9.0

① 胡锦涛：《高举中国特色社会主义伟大旗帜 为夺取全面建设小康社会新胜利而奋斗——在中国共产党第十七次全国代表大会上的报告》，人民出版社 2007 年版。

年份	国内生产总值 （亿元）	GDP 增长率 （%）	人均 GDP（元 / 人）	人均 GDP 增长率 （%）
2011	481940.2	9.2	36302	8.5
2012	538580.0	7.8	39874	9.8

资料来源：历年《中国统计年鉴》

四、发展高质量的新时代经济体制，全面建成小康社会（2012—2020 年）

实践的发展推动理论不断创新。进入 21 世纪第二个十年，我国全面建成小康社会到了决定性阶段。2012 年党的十八大正式提出"到 2020 年全面建成小康社会"的奋斗目标，并向党、向人民、向历史作出庄严承诺。从"全面建设小康社会"到"全面建成小康社会"，虽一字之差，却反映出我国发展的新阶段、新高度、新飞跃，也体现了我国在"小康社会"目标上志在必得的信心[1]。

小康目标逐步临近，小康的内涵也随着实践得到不断深化。"全面建成小康社会"的重点在于全面，涵盖的内容、地域、群体等范围都是全方位的，小康目标的着力点也从家庭生活水平的提高转变为整个社会的变化，使"经济持续健康发展、人民民主不断扩大、文化软实力显著增强、人民生活水平全面提高和资源节约型、环境友好型社会建设取得重大进展"五个领域之间协调一致，共同发展，以确保到2020 年实现全面建成小康社会的宏伟目标[2]。发展依然是党执政兴国

---

[1]　中共中央文献研究室：《十八大以来重要文献选编》（中），中央文献出版社 2016 年版。

[2]　梅燕京、张广昭：《对全面建成小康社会内涵、路径和挑战的思考》，《人民论坛》2015 年第 14 期，第 30—32 页。

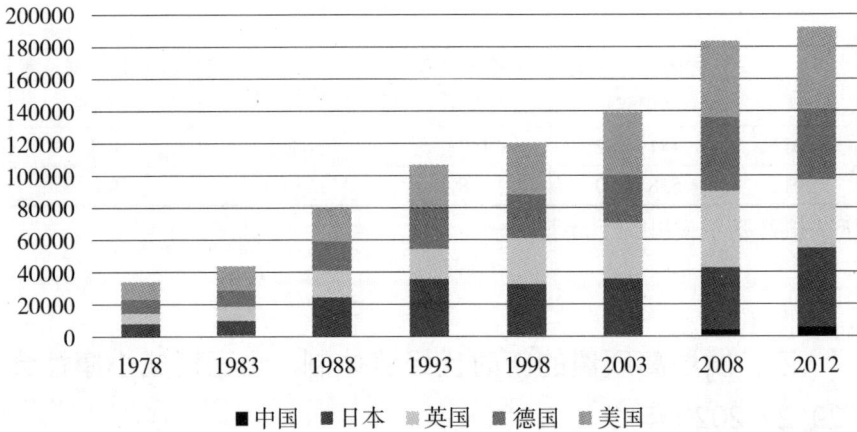

图 2-1 中、日、英、德、美五国历年人均 GDP（美元）比较（1978—2012 年）

资料来源：WorldBank

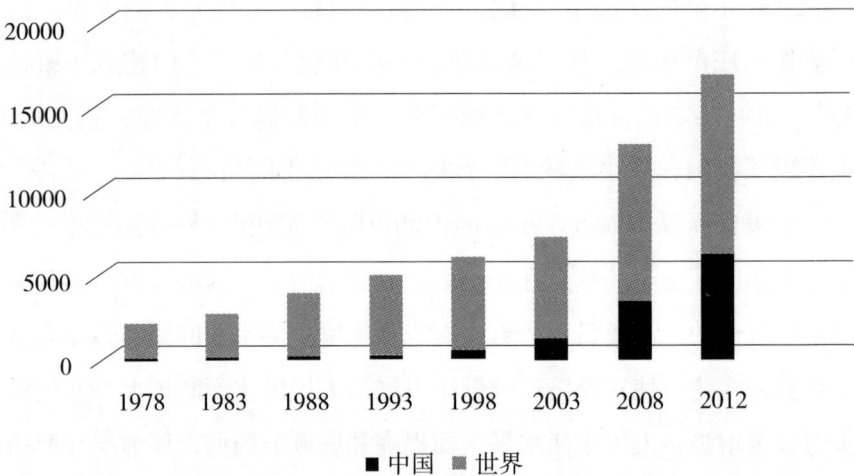

图 2-2 中国与世界人均 GDP 比较（1978—2012 年）

资料来源：WorldBank

的第一要义，在社会主义市场经济不断完善的前提下，我国坚持走中国特色新型工业化、信息化、城镇化、农业现代化道路，实施创新驱动发展战略，推动战略性新兴就产业、先进制造业发展，并加快传统

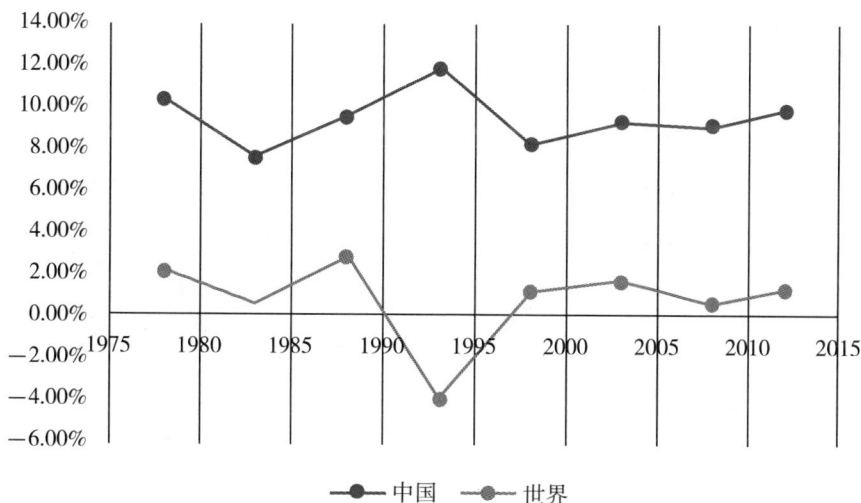

图 2-3 中国与世界人均 GDP 增长率比较（1978—2012 年）

资料来源：WorldBank

产业转型升级，我国经济迈向更高质量发展，经济发展活力和竞争力提高到新的水平。

党的十八大针对经济社会发展中存在的不平衡、不协调、不可持续等问题，把解决"三不"问题作为全面建成小康社会的主要着力点，突出深化改革开放的要求，强调加快完善社会主义市场经济体制，完善公有制为主体、多种所有制经济共同发展的基本经济制度，完善按劳分配为主体、多种分配方式并存的分配制度，完善宏观调控体系，更大程度更广范围发挥市场在资源配置中的基础性作用，完善开放型经济体系，推动经济更有效率、更加公平、更可持续发展[1]。党中央清晰地认识到，如期全面建成小康社会任务十分艰巨，国家要加大对农村和中西部地区扶持力度，到 2020 年实现国内生产总值和城乡居民人均收入比 2010 年翻一番，以此为全面建成小康社会提供强劲动力。

---

[1] 李晓寒：《当代中国改革的历史进程与基本经验》，中国社会科学出版社 2018 年版。

（一）实施精准扶贫，夯实全面建成小康社会基础

有学者称"全面建成小康社会"中全面发展是核心，经济建设是基础，以人民为中心是根本，脱贫攻坚是重点，建成是关键①。自十八大以来，党中央将"全面建成小康社会"定位为实现中华民族伟大复兴的内在要求和关键一步，并多次强调，消除贫困、改善民生、实现共同富裕，是社会主义的本质要求，全面建成小康社会不能丢了农村这一头，没有农村的小康，特别是没有贫困地区的小康，就没有全面建成小康社会②。可见，农村贫困人口脱贫是全面建成小康社会的基本标志。2013年11月习近平总书记到湘西土家族苗族自治州花垣县排碧乡十八洞村考察并首次提出"精准扶贫"思想理念，习近平总书记表示，扶贫要实事求是，因地制宜，要精准扶贫，切忌喊口号，也不要定好高骛远的目标。为此，党和政府推行了精准扶贫工程，旨在改变以前的扶贫政策，变大水漫灌式的扶贫为精准扶贫，对扶贫对象实行精细化管理，对扶贫资源实行精确化配置，对扶贫对象实行精准化扶持，确保扶贫资源真正用在扶贫对象身上、真正用在贫困地区，做到"扶贫对象精准、项目安排精准、资金使用精准、措施到户精准、因村派人精准、脱贫成效精准"③。

党和政府历来高度重视我国扶贫工作。自改革开放以来，我国进行了有组织、有计划、大规模的扶贫脱贫工作，1978年至2018年的40年间，8亿多农村贫困人口摆脱贫困，我国也成为全球最早实现联合国千年发展目标中减贫目标的发展中国家。改革开放前20年，在

---

① 郭洁珏：《全面建成小康社会的政治保证研究》，广东海洋大学，2018年。

② 孔繁金：《改革开放以来扶贫政策的历史演进及其创新——以中央一号文件为中心的考察》，《当代中国史研究》2018年第2期，第111—128页。

③ 邹天敬：《习近平关于精准扶贫精准脱贫的战略思想》，《人民论坛》2018年第3期，第24—25页。

农村经济体制改革的推动下，我国把解决农村贫困群众的温饱问题和对农村贫困地区开发结合起来，解决了 2 亿多贫困群体的温饱问题，但是贫困地区的可持续发展能力和贫困群体的自我发展能力较弱，尤其是中西部自然条件极其艰苦的地区贫困问题仍然存在。20 世纪末中西部地区贫困县占全国贫困县的 81% 左右，贫困人口占全国贫困人口总量也超过了 80%。

打好脱贫攻坚战，资金保障是关键。为了更好地做到精准扶贫，国家加大了扶贫开发的力度，中央财政专项扶贫资金和中央专项彩票公益金的投入逐年增加（见表 2-5）。2013 年，中央财政专项扶贫投入资金 394 亿元，专项彩票公益金达 12 亿元，2019 年中央财政专项扶贫资金高达 1261 亿元，并按照省份贫困县程度按比例分配资金，2020 年是脱贫攻坚的决胜之年，要将现行标准下的农村贫困人口全部脱贫，中央财政专项扶贫资金规模继续大幅度增加，加大脱贫攻坚投入力度，截至 2020 年 4 月，中央财政已发放专项扶贫资金 1396.36 亿元，并针对新型冠状肺炎疫情带来的不利影响，向湖北等受疫情影响严重的地区适当倾向，促进农业生产。

表 2-5　中央财政及彩票专项扶贫投入资金（亿元）（2013—2019 年）

年份	中央财政扶贫资金	中央专项彩票公益金
2013	394	12
2014	432.87	15
2015	467.5	9
2016	660.95	15
2017	860.95	18
2018	1060.95	20
2019	1260.95	26.4

资料来源：国务院扶贫开发领导小组办公室

与"大水漫灌式"的扶贫不同，精准扶贫不仅在资金上给予充足"粮草军需"，而且开创了电商扶贫、网络扶贫、能源扶贫、驻村干部等结构化、信息化、多元化的新时代扶贫方式①。2013年陇南成县县委书记李祥在微博上销售"成县核桃"的创新之举引领了电商扶贫的新潮流，形成了著名的"陇南模式"，走出一条可复制、可推广、可运用的电商业务发展模式。通过"一店带多户""一店带多村"的网店带动模式，"电子商务＋特色产业＋贫困农户"的经营模式，截至2019年，陇南市共开办网店14023家，实现农产品销售130亿元，吸纳建档立卡贫困人口就业8.3万人就业，带动贫困群众人均增收810多元。"为政之要，莫先乎人；成事之要，关键在人"，为解决贫困村基层领导和组织力量不足的问题，自党的十八大以来我国共选派超过300万有思路、有办法、有技术、有能力的干部驻村帮扶，帮助农民发展致富产业，解决群众生产生活困难，调动了贫困地区群众脱贫致富的积极性和能动性，在脱贫攻坚战役中发挥了无可替代的桥梁纽带作用②。

习近平总书记在2020年新年贺词中指出，2020年是脱贫攻坚的决胜之年。冲锋号已经吹响。当历史来到21世纪的第20个年头，千百年来困扰中华民族的绝对贫困问题即将历史性地画上句号，我们将全面建成全小康社会，实现第一个百年奋斗目标。改革开放40多年来，我国共8亿多人实现脱贫，党的十八大以来，贫困人口由9899万人减少到600多万人，连续7年每年减贫规模都在1000万人以上，相当于欧洲一个中等国家的人口规模，脱贫攻坚力度之

---

① 汪三贵、郭子豪：《论中国的精准扶贫》，《党政视野》2016年第7期，第44页。

② 雷明、李浩、邹培：《小康路上一个也不能少：新中国扶贫七十年史纲（1949—2019）——基于战略与政策演变分析》，《西北师大学报（社会科学版）》2020年第1期，第118—133页。

大、规模之广、成效之显著，前所未有、世所罕见，再次见证了我国脱贫攻坚的伟大实践，彰显了精准扶贫、精准脱贫思想的历史性与人民性，也为世界减贫事业贡献了值得借鉴的中国智慧和中国方案[①]。

（二）加快完善社会主义市场经济体制，构建习近平新时代中国特色社会主义经济思想

党的十八届三中全会上，习近平总书记指出，"建立社会主义市场经济体制的改革目标，是我们党在建设中国特色社会主义进程中的一个重大理论和实践创新，解决了世界上其他社会主义国家长期没有解决的一个重大问题。"40 年来，我国经济体制改革从理论到实践不断创新突破，党的十八大以来加快完善社会主义市场经济体制，坚持和完善公有制为主体，多种所有制共同发展的基本经济制度，成功实现了从高度集中的计划经济体制到充满活力的社会主义市场经济体制的伟大转变，实现了人民生活从温饱到小康的历史性跨越，实现了经济总量跃居世界第二的历史性飞跃。市场经济通过鼓励人们自由探索，按劳分配，提高生产效率与资源配置效率，并促进资本积累和技术进步，无论在理论上还是实践中，都充分证明了市场配置资源是最有效率的形势，是解放和发展生产力，实现共同富裕的有力推动。

产权制度是社会主义市场经济的基石，建立归属清晰、权责明确、保护严格、流转顺畅的产权保护制度是维护市场经济有序发展的保障。在创新成为引领发展第一动力的今天，完善产权制度，尤其是知识产权制度显得尤为重要，也是实现所有制经济依法平等使用生产要素、公平参与市场竞争的制度保障。

---

① 汪三贵、郭子豪：《论中国的精准扶贫》，《党政视野》2016 年第 7 期，第 44 页。

由市场决定价格是市场经济的基本要求和市场配置资源的基本途径，只有信号是真实的、客观的、灵敏的，才能充分有效发挥价格杠杆的调节作用。党的十八大以来，价格体制改革明显加快，商品市场发育较为充分，商品和服务价格97%以上由市场定价，市场决定价格机制基本建立。2020年中共中央、国务院发布了《关于构建更加完善的要素市场化配置体制机制的意见》（以下简称《意见》），再次强调了坚持市场化改革和健全要素市场体系对于推动经济发展质量变革和效率变革的重要性。

同时我国大力推进"放管服"改革，优化营商体制环境。"放管服"改革从中央向地方纵深推进，加强事中事后监督，营造开放有序市场秩序，优化政府服务，简政放权，提升市场活力。不断深入推进供给侧结构性改革，坚持把发展经济着力点放在实体经济上，抓好"三去一降一补"政策，发展壮大新动能，加强新一代人工智能研发应用，开展质量提升行动，加快制造强国建设，提升经济发展质量。金融体制改革不断深入推进各项改革，金融机构多元发展，直接融资服务领域拓宽，金融开放通道逐步完善，服务导向更加清晰，多管齐下防范风险更加合理。同时，我国全方位提升国际资源配置能力，完善对外经济新格局，有序推进自贸区建设和"一带一路"倡议，形成了开放型经济新格局。

（三）"全面建成小康社会"时期我国 GDP 相关指标变化

经过40年改革开放和经济体制不断完善，当前我国 GDP 仅次于美国，成为世界第二大经济体，也是世界第一大工业国和世界第一大农业国。我国 GDP 和人均 GDP 多年来始终保持6%以上的增速，高于世界平均人均 GDP 年增长率（见表2-6、图2-4）。党的十八大对全面建成小康社会提出新的要求，"2020年国内生产总值和城乡居民人均收入比2010年翻一番"的目标，2019年我国城乡居民人均可支配收入为 30733 元，顺利实现了比 2010 年（12525.7 元）翻一番的目标（见图 2-5）。我国的小康社会建设已经接近尾声，预定目标的实现指日可待。

表 2-6　中国历年国内生产总值（GDP）数据（2013—2019 年）

年份	国内生产总值（亿元）	GDP 增长率（%）	人均 GDP（元/人）	人均 GDP 增长率（%）
2013	592963.2	7.8	43684	7.23
2014	643563.1	7.4	47173	6.76
2015	688858.2	7.0	50237	6.36
2016	746396.1	6.8	54139	6.12
2017	832035.9	6.9	60014	6.3
2018	919281.1	6.7	66006	6.12
2019	990865.0	6.1	70892	5.9

资料来源：历年《中国统计年鉴》

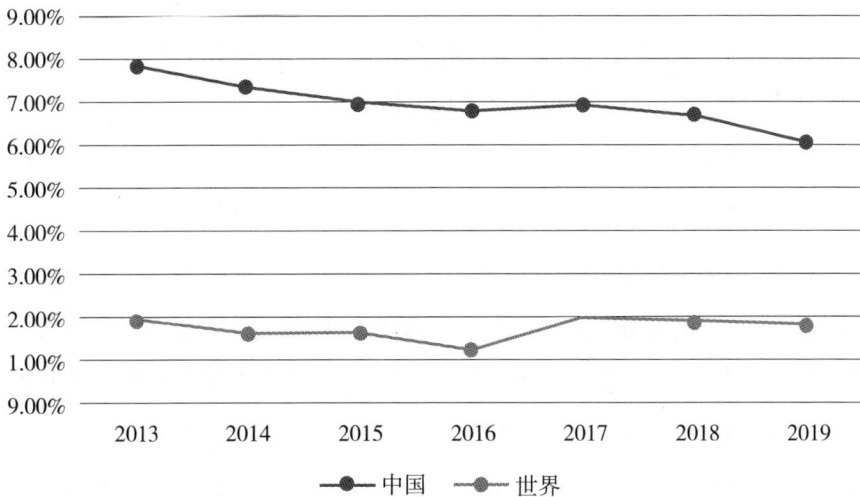

图 2-4　中国与世界人均 GDP 增长率比较（2013—2019 年）

资料来源：世界银行网站

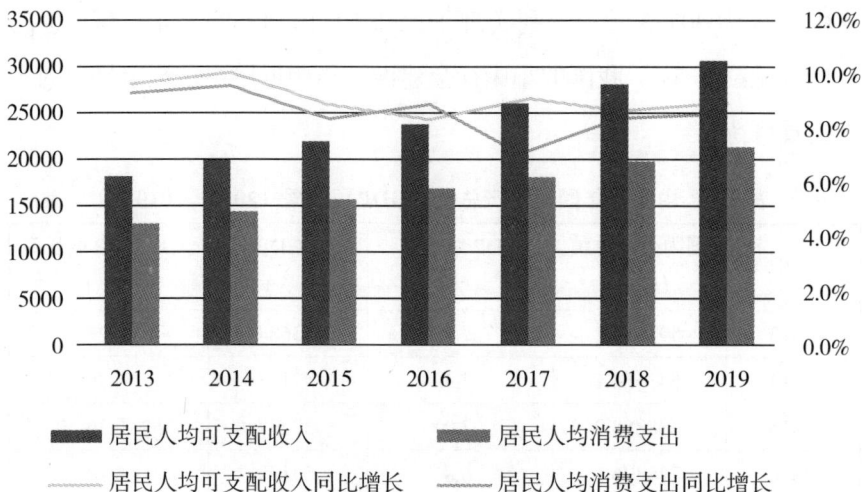

图 2-5　中国城乡居民收支基本情况（2013—2019 年）

资料来源：世界银行网站

第二节　社会主义市场经济体制创造"中国经济奇迹"

2019 年 10 月召开的党的十九届四中全会上通过的《中共中央关于坚持和完善中国特色社会主义制度、推进国家治理体系和治理能力现代化若干重大问题的决定》指出，"公有制为主体、多种所有制经济共同发展，按劳分配为主体、多种分配方式并存，社会主义市场经济体制等社会主义基本经济制度，既体现了社会主义制度的优越性，又同我国社会主义初级阶段社会生产力发展水平相适应，是党和人民的伟大创造。"改革开放 40 多年来，我国按照建设中国特色社会主义的总要求和社会主义市场经济改革的大方向，不断推进理论创新和大胆探索，全面深化和推进改革，重点领域和关键环节改革取得突破性进展。

从历史脉络来看，中国特色社会主义市场经济经过了探索、确立和完善三个阶段（见表 2-7）。从理论来看，社会主义市场经济理论创新突破了市场经济姓"资"与计划经济姓"社"的思想禁锢，为中国改革开放后的经济发展指明了发展方向，也为社会主义国家发展市场经济开辟了一条崭新的道路[①]。从实践来看，我国成功确立了社会主义市场经济道路，并通过社会主义市场经济道路创造出中国经济增长的奇迹，并取得了一系列重大成就[②]。

表 2-7　社会主义市场经济体制改革的历史脉络

探索阶段		
时间	1978 年 12 月	1984 年 10 月
中央全会	党的十一届三中全会	党的十二届三中全会
决定名称	中国共产党第十一届中央委员会第三次全体会议公报	关于经济体制改革的决定
主要目标	积极探索社会主义与商品经济结合的道路	建立充满生机的社会主义体制

建立阶段		
时间	1992 年 12 月	1993 年 11 月
中央全会	党的十四大	党的十四届三中全会
决定名称	加快改革开放和现代化建设步伐，夺取有中国特色社会主义事业的更大胜利	关于建立社会主义市场经济体制若干问题的决定
主要目标	中国经济体制改革的目标是建立社会主义市场经济体制	经济体制改革目标和原则加以系统化、具体化，是建立社会市场经济体制的总体规划

---

① 蔡昉、张晓晶：《构建新时代中国特色社会主义政治经济学》，中国社会科学出版社 2019 年版。

② 李晓寒：《当代中国改革的历史进程与基本经验》，中国社会科学出版社 2018 年版。

完善阶段		
时间	2002 年 11 月	2003 年 10 月	2013 年 11 月
中央全会	党的十六大	党的十六届三中全会	党的十八届三中全会
决定名称	全面建设小康社会，开创中国特色社会主义事业新局面	关于完善社会主义市场经济体制若干问题的决定	关于全面深化社会主义市场经济体制若干重大问题的决定
主要目标	建成完善社会主义市场经济体制和更具活力、更加开放的经济体系	建成完善的社会主义市场经济体制，更大程度地发挥市场在资源配置中的基础性作用，增强企业活力和竞争力，健全国家宏观调控，完善政府社会管理和公共服务职能，为全面建设小康社会提供强有力的体制保障	建设更加完善、更加成熟的社会主义市场经济体制，更加完善、更加互补的公有制为主体、多种所有制经济共同发展的基本经济制度，更大程度、更广范围发挥市场在资源配置中的基础性作用，更加完善、更加健全宏观调控体系，更加完善、更加合理的公共服务体系，更具竞争的开放型经济体系，为全面建成小康社会、全体人民共同富裕提供有力的体制保障

资料来源：作者整理

　　我国通过确立和不断完善社会主义初级阶段基本经济制度，调整和完善所有制结构，从改革前"一大二公"的单一公有制转变到以公有制为主体、多种所有制经济共同发展的基本经济制度；各类要素市场的培育和建设不断推进，统一、开放、竞争有序的现代市场体系不断完善，市场在资源配置中的决定性作用持续增强；逐步形成了按劳分配为主体、多种分配方式并存的分配方式，鼓励先富带后富，兼顾公平和效率，逐步实现共同富裕；逐步建立并完善适应社会主义市场经济要求的宏观经济调控体系，实行简政放权，充分发挥市场机制、竞争机制，健全金融管理体系，实施积极的财政和货币政策，有效防范和化解了经济领域的重大风险；国有企业按照现代企业制度的改革方向，在探索中不断推进，激活了企业活力，增强了国有经济的影响力；积极融入世界分工与合作，建立起全方位、宽领域和多层次的对外开放格局，坚持"引进来"和"走出去"相结合的对外方式；统筹城乡发展，着力完善农村基本经济制度，实施乡村振兴战略，坚持农业农村优先发展，充分调动了广大农民群众的积极性和创造性，也极大地解放和发展了农村社会生产力。

在经济关系体系中，所有制关系对推动经济发展是首要的，是起决定性作用的，我国建立以公有制为主体、国有经济为主导、多种所有制经济共同发展的所有制关系，并建立了按劳分配为主体、多种分配方式并存的分配制度，极大调动了全社会成员的生产积极性，在此基础上建立的社会主义市场经济体制解放和发展了社会生产力，推动中国经济取得了举世瞩目的发展成就。我国国内生产总值由 1978 年的 3679 亿元增长到 2019 年的 99.1 万亿元，平均实际增长 9.5%，远高于世界经济 2.9%左右的平均增速。我国国内生产总值占世界总值的比重由改革开放之初的 1.8%上升到 15.2%，对世界经济增长贡献率在 30%左右，超过美国、欧元区和日本贡献率的总和，居世界第一位，成为世界经济稳定复苏的重要引擎[①]。中国已经成为世界第二大经济体、世界第一制造业大国、货物贸易第一大国、商品消费第二大国、外资流入第二大国，我国外汇储备连续

---

① 卫兴华：《新中国 70 年的成就与正反两方面的经验》，《政治经济学评论》2020年第 1 期，第 7—25 页。

多年位居世界第一，人民生活水平显著提升。随着中国特色社会主义市场经济体系从创立、发展到完善的历史性转变，中国人民迎来了从衣食不足到全面小康的伟大飞跃，在富起来、强起来的征程上迈出了决定性的步伐①。

做好经济工作是实现中国式现代化的主要抓手，是在共同富裕道路上稳步前进的重要前提，也是全面建成小康社会的根本保障。社会主义市场经济体制的建立和完善促使我国多个经济领域发生重大变革，基于马克思主义政治经济学的基本逻辑，生产、分配、交换、消费四个维度的有机交融推动了经济的发展，主要表现为：第一，我国的社会生产能力呈现跨越式提升，生产过程中结成的各种关系也发生显著变化，呈现出生产关系多元化、复杂化、网络信息化等特点；第二，我国的分配方式也经历了多样化、具体化、市场化等特点；第三，随着生产技术的不断提高以及市场竞争的日益加剧，我国经济的交换能力在数量和质量上都大幅提升，对外开放进程不断推进，网络信息和智能技术的应用稳步扩张；第四，消费为生产创造动力，随着我国城乡居民收入大幅度提高，居民消费能力、消费需求、消费层次都发生巨大转变，从满足"基本温饱需求"到"美好生活需求和高层次精神需求"的转变，见证了我国逐步实现"小康社会"的历史性进程。根据理论和实践发展，本节将从生产、分配、交换、消费四个维度具体阐释分析，总结改革开放以来社会主义市场经济体系如何创造了从"一穷二白"到"世界第二"的经济奇迹。

---

① 代红凯：《深入学习贯彻习近平总书记在庆祝改革开放 40 周年大会上的重要讲话》，《思想理论教育导刊》2019 年第 3 期，第 1 页。

一、生产关系日益多元，产业经济高质量发展

40 年来，我们始终以坚持以经济建设为中心，不断解放和发展生产力。习近平总书记在总结改革开放的伟大成就和宝贵经验时指出，进行改革开放的主要原因是当时"我国经济濒临崩溃的边缘，人民温饱都成问题"，因此改革的第一个任务就是要解放和发展生产力，这也是我们要扭转不放的中心任务。在此期间我国生产技术水平提高和经济增长方式转变取得了明显效果，我国工业化、现代化建设进入新的发展阶段，经济增长质量和经济效益同步提高。

（一）产业关系更加协调，结构逐步优化

新中国成立以来，我国一共进行了三次经济产业结构调整。第一次产业结构调整发生在"大跃进"时期，对当时各产业严重失衡的问题提出了"调整、巩固、充实、提高"八字方针，使各产业之间的比例趋于合理；第二次产业结构调整在我国片面发展重工业的畸形工业化道路的曲折探索，造成了农业和轻工业长期处于落后状态，农、轻、重比例失调的背景下，1979 年我国开始第二次产业结构调整，大力发展农业，确保粮食产量，调整轻工业和重工业之间的比例，积极发展基础型产业；第三次产业结构调整于 1984 年开始，经济快速发展达成了我国的产业"轻型化"，在总结前两次结构调整经验的基础上，提出并出台了"优先发展农业、高新技术企业"的思想和政策。可以说每一次产业结构调整都能使我国经济发展走出弯路，因此处理好一、二、三产业的关系，既有利于经济的协调发展，也有利于社会的稳定。

三次产业结构调整以来，我国农业基础作用不断加强，工业主导地位迅速提升，服务业对经济社会的支撑效应日益突出，已由一个自然经济的农业国转变为具有中国特色的工业化大国，三大产业发展趋于合理，国民经济已经初具门类比较齐全、功能比较完备的完整体

系，经济发展呈现全面性、协调性和可持续性。

（二）第三产业发展迅猛，就业吸纳能力显著提高

判断一个国家的产业关系是否协调，产业结构是否合理，产业矛盾是否解决得好，有着客观的标准。由于产业发展是一个动态的过程，因此，在一定阶段上，三次产业分别占 GDP 的比重大小是宏观描述一个国家或地区产业结构分布的重要指标，该指标充分体现了一个国家经济发展历程和通过政策引导产业结构调整前后所发生的变化。

新中国成立之初，我国农业占 GDP 比例高达 68.4%，工业仅占 12.6%，仍处于传统农业发展状态，1978 年，三大产业的比重为 27.7.1%、47.7%、24.6%，我国国民经济结构和产业结构开始发生重大转变，到 2019 年三大产业的比重已经调整为 7.1%、39.0%、53.9%，对经济增长的贡献率分别为 4.2%、36.1%、59.7%。

表 2-8　我国三产业增加值及三产业增加值占比（1978—2019 年）

年份	第一产业		第二产业		第三产业	
	增加值（亿元）	占比（%）	增加值（亿元）	占比（%）	增加值（亿元）	占比（%）
1978	1018.5	27.7	1755.1	47.7	905.1	24.6
1981	1545.7	31.3	2269.0	46.0	1121.1	22.7
1984	2295.6	31.5	3124.7	42.9	1858.2	25.5
1987	3204.5	26.3	5273.8	43.3	3696.3	30.4
1990	5017.2	26.6	7744.1	41.0	6111.6	32.4
1993	6887.6	19.3	16472.7	46.2	12313.0	34.5
1996	13878.3	19.3	33827.3	47.1	24108.0	33.6
1999	14549.0	16.1	41079.9	45.4	34935.5	38.6
2002	16190.2	13.3	54104.1	44.5	51423.1	42.2
2005	21806.7	11.6	88082.2	47.0	77430.0	41.3
2008	32464.1	10.2	149952.9	46.9	136827.5	42.9
2011	44781.5	9.2	227035.1	46.5	216123.6	44.3
2014	55626.3	8.6	277282.8	43.1	310654.0	48.3

续表

年份	第一产业		第二产业		第三产业	
	增加值（亿元）	占比（%）	增加值（亿元）	占比（%）	增加值（亿元）	占比（%）
2017	62099.5	7.5	331580.5	39.9%	438355.9	52.7
2019	70467.0	7.1	386165.0	39.0%	534233.0	53.9

资料来源：历年《中国统计年鉴》

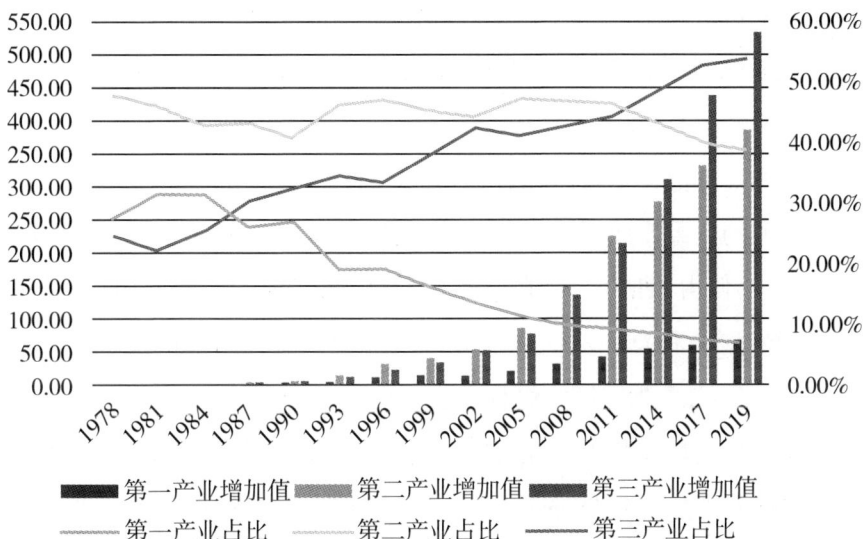

图 2-6　我国三产业增加值及三产业增加值占比趋势图（1978—2019 年）

资料来源：历年《中国统计年鉴》

从总体上看，1978 年年底开始的改革开放推动了我国产业结构的巨大转变，经济体制改革从农村到城市、从农业到工业渐次推进，三大产业间不协调、不合理的现象得到改变，产业发展的活力开始充分释放。各产业的增加值随着经济的增长而逐渐增大，其比重也随之发生变化，这是经济发展和产业结构演变的规律。其中，第一产业占国内生产总值的比重，随着时间的推移而逐步下降，二三产业占国内生产总值的比重随着经济的增长和人民生活水平的提高而逐步提高，我国产业发展经历了从"二一三"到"二三一"再到"三二一"的巨大转变。

1978 年至 1984 年，我国的产业结构始终保持着"二一三"的产业格局，第二产业增加值比重最大，第一产业增加值比重次之，第三产业增加值比重最小。如图 2-6 所示，第一产业比重呈现先小幅度上升后大幅度下降的趋势，这是由于改革开放初期，政府颁布实施了家庭联产承包责任制，释放了农业生产力，第一产业产值占比小幅度上升，从 1978 年的 27.7% 上升到 1984 年的 31.5%。但是，制度性释放劳动生产力是有限的，1985 年之后，第一产业产值开始持续下降，第三产业增加值比重首次超过了第一产业增加值比重，使得我国三次产业产值的比重变成了"二三一"。随后，第一产业的比重迅速下降，到 2019 年仅占 7.1%。改革开放 40 多年来，我国第二产业增加值呈现平稳发展的状态，从优先发展重工业到重视轻工业的发展，1978年以后，第二产业产值始终保持在 40%—50% 之间。第三产业的增速最为明显，目前我国已经形成"三二一"的产业发展结构。中国第三产业的发展分为两个时期。第一个时期是从 1978 年至 1991 年为恢复性高速增长时期，其特点是第三产业增长速度快，比重提高快，但结构改善不大，当时的第三产业增长主要靠传统服务业的带动；第二时期是从 1992 年开始，第三产业结构开始逐步改善，新型产业和高附加值产业发展势头好。

表 2-9　我国三大产业对 GDP 贡献率及对 GDP 的拉动（1978—2019 年）

年份	第一产业		第二产业		第三产业	
	贡献率（%）	拉动率（%）	贡献率（%）	拉动率（%）	贡献率（%）	拉动率（%）
1978	9.8	1.1	61.8	7.2	28.4	3.3
1981	40.5	2.1	17.7	0.9	41.8	2.1

续表

年份	第一产业		第二产业		第三产业	
	贡献率(%)	拉动率(%)	贡献率(%)	拉动率(%)	贡献率(%)	拉动率(%)
1984	25.6	3.9	42.7	6.5	31.7	4.8
1987	10.2	1.2	55.0	6.4	34.8	4.1
1990	40.2	1.6	39.8	1.6	20.0	0.8
1993	7.6	1.1	64.4	8.9	28.0	3.9
1996	9.3	0.9	62.2	6.2	28.5	2.8
1999	5.6	0.4	56.9	4.4	37.4	2.9
2002	4.1	0.4	49.4	5.1	46.5	3.1
2005	5.2	0.6	50.5	5.8	44.3	5.0
2008	5.2	0.5	48.6	4.7	46.2	4.5
2011	4.1	0.4	52.0	5.0	43.9	4.2
2014	4.5	0.3	45.6	3.4	49.9	3.7
2017	4.6	0.3	34.2	2.4	61.1	4.2
2019	4.1	0.3	34.4	2.3	61.5	4.2

注：三次产业贡献率指各行业增加值增量与GDP增量之比；三次产业拉动指GDP增长速度与各行业贡献率之乘积。

资料来源：历年《中国统计年鉴》

　　如表2-9和图2-7、图2-8所示，三次产业贡献率和拉动率也呈现出从"二一三"到"二三一"再到"三二一"的特点。第一产业对经济的贡献和拉动率在改革开放初期出现了短暂小幅度的上升之后，便呈现出持续下降趋势，其对GDP的贡献率从20世纪80年代初的40%左右下降到2019年的4.1%，下降了近90%，对经济的拉动率也从3%左右降低到0.3%。第二产业的贡献率和拉动率呈现出先平稳后下降的趋势。改革开放初期，第二产业对GDP的贡献率稳定在60%左右，进入21世纪以来则不断下降，分别下降到34.4%和2.3%。

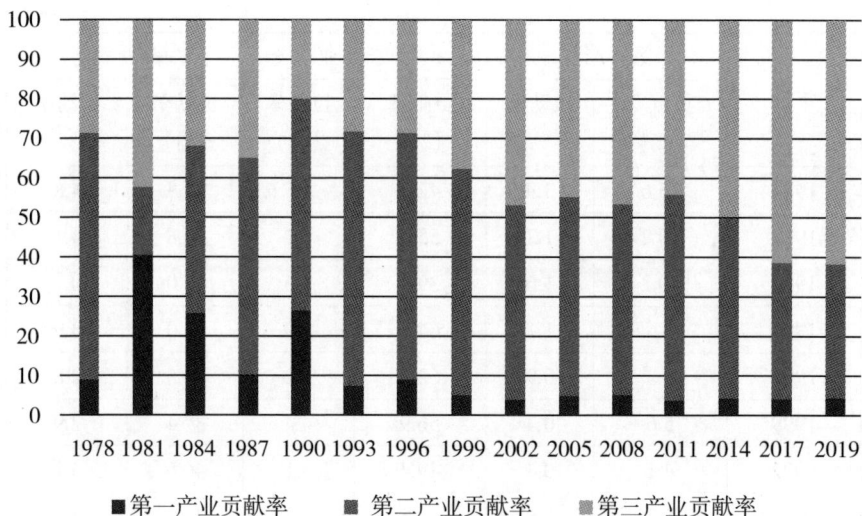

图 2-7　我国三大产业对 GDP 的贡献率（1978—2019 年）

资料来源：历年《中国统计年鉴》

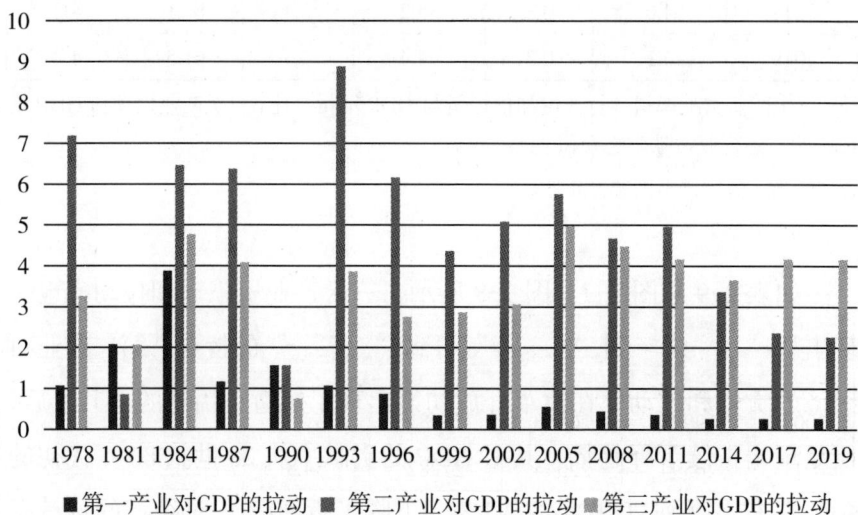

图 2-8　我国三大产业对 GDP 的拉动（1978—2019 年）

资料来源：历年《中国统计年鉴》

第三产业则总体呈现上升趋势，在改革开放初期贡献率不到30%，低于第二产业的30%，但是随后迅速发展，尤其是党的十八大以来，党中央高度重视发展服务业，服务业迸发出前所未有的生机和活力，生产性服务和生活性服务行业发展迅速，新产业、新业态、新模式不断涌现，2019年第三产业对GDP的贡献率高达61.5%，对GDP的拉动率为4.2%，成为稳定经济的重要力量。从就业结构来看，三大产业对于就业人员的吸纳能力也发生了从"一二三"到"三二一"的转变。改革开放初期，农业吸纳了大量的劳动力人口，随着产业升级，第三产业劳动力就业率快速攀升，已经成为我国就业主力军。

表 2-10　我国按三次产业分类的就业人数及占比（1978—2019 年）

年份	就业人数（万人）			就业占比（%）		
	第一产业	第二产业	第三产业	第一产业	第二产业	第三产业
1978	28318	6945	4890	70.5	17.3	12.2
1981	29777	8003	5945	68.1	18.3	13.6
1984	30868	9590	7739	64	19.9	16.1
1987	31663	11726	9395	60	22.2	17.8
1990	38914	13856	11979	60.1	21.4	18.5
1993	37680	14965	14163	56.4	22.4	21.1
1996	34820	16203	14163	50.5	23.5	26
1999	35768	16421	19205	50.1	23	26.9
2002	36640	15682	20958	50	21.4	28.6
2005	33442	17766	23439	44.8	23.8	31.4
2008	29923	20553	25087	39.6	27.2	33.2
2011	26594	22544	27282	34.8	29.5	35.7
2014	22790	23099	31364	29.5	29.9	40.6
2017	20944	21824	34872	26.9	28.2	44.9
2019	20208	21390	35938	26.1	27.6	46.3

资料来源：历年《中国统计年鉴》

总之，我国三次产业经历了 40 年的巨大变化，农业生产条件不断改善，工业主导地位不断提升，服务业对经济社会的支撑效应不断加强。随着市场经济体制的确立和完善，我国三次产业结构更加合理协调，产业结构形成逐渐由"一二三"逐渐转变为"二一三"，进而向"三二一"模式转变，符合产业结构演变的一般规律。

二、分配关系趋于多元和市场化，人民收入追求公平合理

收入分配制度是经济社会发展中的一项基础性制度安排，是国民经济活动的最终结果，它形成并影响着社会财富在社会成员中的分布和占有情况，它既是社会再生产的重要环节，也是社会发展和社会建设的重要内容。分配制度决定生产资料所有制关系，分配关系和分配方式与一定的生产关系和社会主义经济相匹配，同时，分配关系直接体现社会成员的利益关系，对生产和再生产也会发挥作用，直接影响劳动者和经营者的积极性。我国社会主义初级阶段的公有制为主体、多种所有制经济共同发展的基本经济制度，决定我国的基本分配制度是"以按劳分配为主体、多种分配方式并存"，这是中国特色社会主义基本经济制度要素之一，也是我们党对马克思主义分配理论的重大突破和理论创新。伴随着改革开放和生产关系的动态演变，我国收入分配方式和实现形式也逐步多元化、市场化，既实现了共同富裕的社会主义本质要求，也有利于充分调动生产积极性，实现社会和谐公平。

（一）分配方式逐步完善，充分体现社会主义优越性

恩格斯说过："分配方式本质上毕竟要取决于有多少产品可供分配，而这当然随着生产和社会组织的进步而改变，从而分配方式也应当改变。"① 随着非公有制经济的逐步开放和社会主义市场经济的建

---

① 《马克思恩格斯选集》第四卷，人民出版社 2012 年版，第 599 页。

立和完善，我国收入分配方式也经历了从"平均主义"到"按劳分配"再到"按劳分配为主体，多种分配方式并存"的制度转变①。党的十五大报告创造性地提出了"公有制为主体、多种所有制经济共同发展，是我国社会主义初级阶段的一项基本制度。"在分配制度的转变过程中，我国的分配方式更加多元，分配要素更加丰富，既注重效率，也兼顾公平。党的十七大提出了"初次分配和再分配都要处理好效率和公平的关系，再分配更加注重公平"，促进了我国收入分配更加合理、有序。

按劳分配为主体反映了社会主义的本质要求，是社会主义秉持的分配原则，有利于实现社会主义的本质和宗旨，即消灭剥削，消除两极分化，实现共同富裕。我们要建立的分配制度必须既能促进社会生产力的发展，调动劳动者积极性，又能保障公平，逐步实现共同富裕。在社会主义初级阶段，劳动、资本、土地等生产要素在生产力发展中具有重要作用，同时知识、技术、管理、数据等生产要素也发挥着越来越大的作用。由于这些要素属于不同的所有者，为了调动各方面的积极性，促进生产力的发展，要让一切劳动、知识、技术、资本等生产要素的活力竞相迸发，让一切创造社会财富的源泉充分涌流，就必须在按劳分配为主体的基础上，让多种分配方式并存，保障各种生产要素参与收入分配，获得相应的收益，这样才能充分利用各种要素资源，提高资源配置的效率，充分释放发展经济的潜力。由分配关系和分配制度的演进来看，我国的公有制经济主要以按劳分配为主，个体经营中实行按经营收入分配，私营经济和外资经济中实行按资本分配和按劳动力价值分配，形成了更加多样化的分配方式，同时分配

---

① 任保平、吕春慧：《中国特色社会主义市场经济体制改革——改革开放四十年回顾与前瞻》，《东北财经大学学报》2018 年第 6 期，第 3—10 页。

制度把社会主义制度和市场经济有机结合起来，不断解放和发展社会生产力，彰显出我国社会主义基本经济制度的显著优势①。

在分配方式多样化的基础上，我国分配关系的具体形式也随着社会主义市场经济的建立和完善，从"计划统筹"转变为"市场配置"②。通过市场机制和价值形式，劳动者借助商品货币关系，先以货币工资的形式获取劳动报酬，再通过商品市场实现其个人消费，因此，分配关系更需要遵循市场机制和价值规律。互联网、人工智能、大数据等新兴技术的兴起，对我国收入分配方式产生一定的影响。信息网络技术拓展了参与分配的要素范围和渠道，信息、技术、知识等无形要素越来越成为生产过程中不可或缺的一部分。同时，也拓宽了收入分配的渠道，降低了要素进入门槛，网络直播经济、微商创业、分享经济等增加了就业和创业需求，使得收入来源更加多元，新科技对生产方式和经济关系变革的影响更加凸显，共享型分配方式正在也必将成为未来分配方式新趋势。

（二）促进收入分配更加合理，提高财产性收入比例

党的十九届四中全会通过的《中共中央关于坚持和完善中国特色社会主义制度、推进国家治理体系和治理能力现代化若干重大问题的决定》首次明确将分配制度上升至社会主义基本经济制度，并且分配制度是实现全体人民共同富裕奋斗目标的制度保障。随着社会主义市场经济体系的建立与完善，我国分配制度领域的改革也有利于逐步缩小收入差距，不断将发展成果更多地惠及广大人民，同时又保障了生产积极性和公平性，尤其是改革开放以来，我国一直致力于将分配制

---

① 王琳、马艳：《中国改革开放以来的经济关系演变：现实路径与理论逻辑》，《马克思主义研究》2019 年第 2 期，第 49—60、159—160 页。

② 严金强、李波：《改革开放 40 年来我国分配关系变化的理论分析》，《上海财经大学学报》2019 年第 1 期，第 4—15 页。

度与解放和发展生产力相适应，并作为共同富裕和实现全面小康社会的重要推力。党的十八大指出："实现发展成果由人民共享，必须深化收入分配制度改革，努力实现居民收入增长和经济发展同步，劳动报酬增长和劳动生产率提高同步，提高居民收入在国民收入分配中的比重。"党的十九大报告强调了新时代的共同富裕的着力点要落在生产力发达、社会物质产品丰富的前提下，使经济发展的成果惠及人民，将"蛋糕做大"的同时重点将"蛋糕切好、分好"。

在我国城镇和农村居民收入中，工资性收入占最大比例，这也体现了我国按劳分配为主体的制度格局。深化工资制度改革，完善企业、机关、事业单位工资决定和增长机制一直是我国深化收入分配制度改革的重要内容，提高劳动报酬比重，扩大就业创业规模，提升劳动者获取收入的能力等，都为我国城乡居民工资性财产增加提供了制度支持，也是维护劳动所得的基本保障。党的十八届三中全会强调，"着重保护劳动所得，努力实现劳动报酬增长和劳动生产率提高同步，提高劳动报酬在初次分配中的比重"，使我国更加注重初次分配中的公平性[1]。

虽然工资性收入仍占收入的最大比例，但是在多种生产要素参与收入分配的体制中，相对于按劳动要素，按贡献、按供求等非劳动要素的谈判能力更强，劳动报酬所占份额不可避免地呈现下降趋势，并且收入差距的扩大很大程度上归因于财产性收入之间的差距（如图2-11所示）[2]。另一方面，党的十七大报告提出创造条件让更多群众拥有财产性收入，党的十八大也提出多渠道增加居民财产收

---

[1] 洪银兴：《兼顾公平与效率的收入分配制度改革40年》，《经济学动态》2018年第4期，第19—27页。

[2] 曹霞：《论建国以来我国分配方式的演进》，《内蒙古师范大学学报（哲学社会科学版）》2004年第2期，第49—52页。

入的要求，包括落实上市公司分红制度，丰富债券基金、货币基金等基金产品，拓宽居民租金、股息、红利等增收渠道，完善有利于科技成果转移转化的分配制度，保障技术成果在分配中的应得份额等。党的十八届三中全会也提出增加农民财产性收入渠道，赋予农民对更多财产权利，包括农民对集体资产股份占有、收益、有偿退出及抵押、担保、继承，建立农村产权流转交易市场，农户宅基地等住房财产抵押、担保、转让等。党的十九大提出的"三权分置"的农村土地制度也使农民获得了土地经济权流转收入①。因此，随着生产要素参与收入分配的推进，财产收入不断上升，财产性收入在收入中的比重越来越高，从图 2-12 和图 2-13 可以看出，城镇居民和农村居民的财产性收入增幅较大。

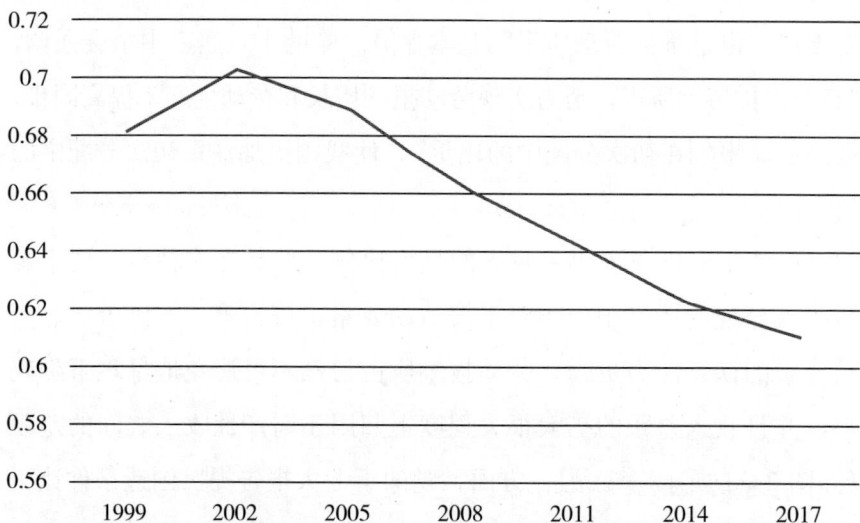

图 2-11　城镇居民工资性收入占总收入比（1999—2017 年）

资料来源：历年《中国统计年鉴》

---

① 熊晓琳、任瑞姣：《以共享发展理念引领我国收入分配制度改革》，《思想理论教育导刊》2019 年第 1 期，第 50—53 页。

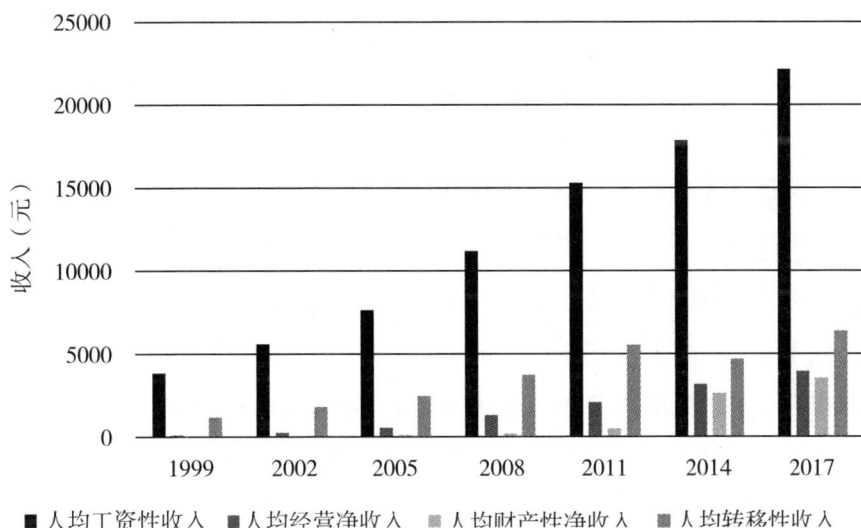

图 2-12 城镇居民收入基本情况（1999—2017 年）

资料来源：历年《中国统计年鉴》

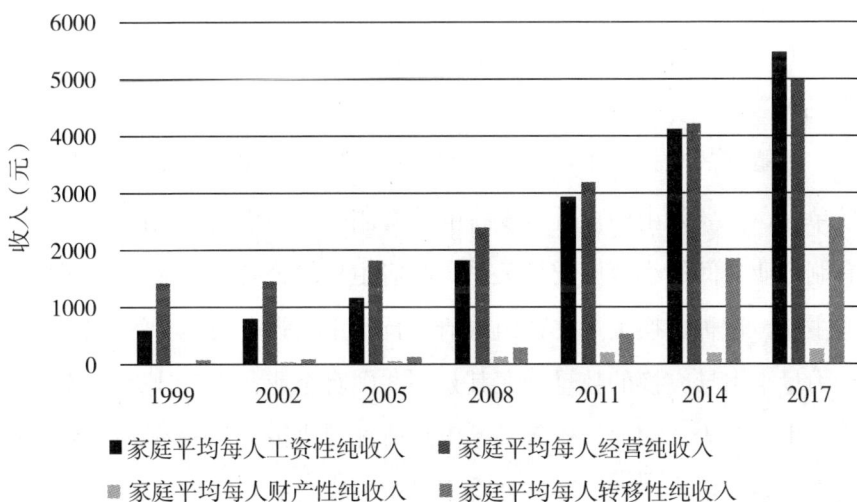

图 2-13 农村居民收入基本情况（1999—2017 年）

资料来源：历年《中国统计年鉴》

三、交换关系彰显市场作用，交换活动融入世界市场

交换关系作为社会经济关系和社会再生产的重要部分和环节，经历了市场化、多元化、世界化、数字化的演变特点，其根本原因在于生产方式的转变[①]。具体而言，生产力水平的提高为交换关系的演变提供了动力，尤其是科学技术的进步使新产品和新服务种类和质量不断提升；生产关系的演变决定并体现了交换关系的演变特征，在公有制为主体多种所有制并存的生产资料所有制结构下，在经历了市场价格体制的改革和完善下，我国的交换关系已经呈现出市场经济条件下的规模化特征。并且，随着对外开放和经济全球化进程的不断推进，逐步扩大的交换关系不再仅仅局限于国内市场，世界市场也成为我国交换关系的主力军。

（一）交换关系更加遵循价值规律，世界化和虚拟化特征更加凸显

改革开放前，在单一的公有制经济结构下，我国的交换主体也比较单一，主要是由中央统筹安排的公有制企业与消费者之间、不同公有制企业之间的小范围交换关系，政府主导的公有制企业是交换关系的主体，这种交换关系往往由政府以行政手段强有力地干涉，缺少市场力量来引导交换的数量。尤其是一些国有企业，生产什么、怎么生产、生产多少、如何定价等都是由政府部门决策的，而不是根据市场供求关系自主决定的。随着社会主义市场经济的发展与完善，我国产品市场、要素市场等各流通领域中的交换主体更加多样化。现代企业

---

① 龚晓莺、罗惠敏、杨育：《改革开放 40 年我国交换关系演变特征及机理研究》，《上海财经大学学报》2018 年第 6 期，第 18—28、43 页。

制度的改革使我国国有企逐步转化为市场化的交换主体，同时，非公有制经济的不断发展壮大，使得本来就身为市场化交换主体的非公有制经济中的民营经济、个体经济、外资企业等进一步发展，也大幅度提高了我国交换关系主体的市场化程度，并且增加了交换活动竞争性。在要素市场上，随着非公有制经济的产生、发展和壮大，各类企业之间产生不同的交换需求，企业和劳动力之间的交换过程也更加多元和复杂化。国有企业的改革使得企业决策者的用工自主权不断扩大，劳动关系逐渐具有了劳资交换关系的性质。正式工、临时工、合同工等多种用人方式并存，并且农村剩余劳动力在就业市场上的规模也不断扩大，市场对资源配置的决定性作用更加凸显。在以实际劳动为基础的劳资交换中，拥有知识和信息的劳动者在劳资交换中的地位得到提升，劳方从单纯追求工资收入最大化逐步向工资和利益最大化转变，劳动者和企业之间作为劳资交换关系主体的市场化程度越来越高。

除了交换关系主体的市场化之外，交换关系的客体也越来越多元化。自 1992 年党的十四大将我国经济体制改革方向确定为社会主义市场经济体制后，资本市场、证券市场、技术市场、知识产权市场、信息市场、服务市场等相继建立并发展起来，计划经济体制下一切交换活动凭票进行的方式不复存在。可供交换的产品种类越来越多，从日常需要使用到的有形产品到股票基金、教育信息、旅游运输、知识服务等无形商品全面进入交换领域。此外，随着信息技术的发展和应用，产品交换关系的媒介逐步数字化和虚拟化[①]。计划经济体制下，粮票、布票、油票等票证是主要的交换媒介，社会主义市场经济体制

---

① 任保平、吕春慧：《中国特色社会主义市场经济体制改革——改革开放四十年回顾与前瞻》，《东北财经大学学报》2018 年第 6 期，第 3—10 页。

建立后，货币职能得到释放，后来随着金融市场的发展，电子支付的非现金工具得到推广，互联网技术的发展和普及让虚拟货币尤其是扫码支付成为人们日常主要交换媒介。此外，在互联网高速发展的背景下，产品的交换渠道也逐步数字化虚拟化，网上购物成为交换的主要方式，自2014年国家统计局首发网上零售额数据至2019年，仅6年时间就从27898亿元增加到2019年的106324亿元，增加了281%左右（见图2-14）。

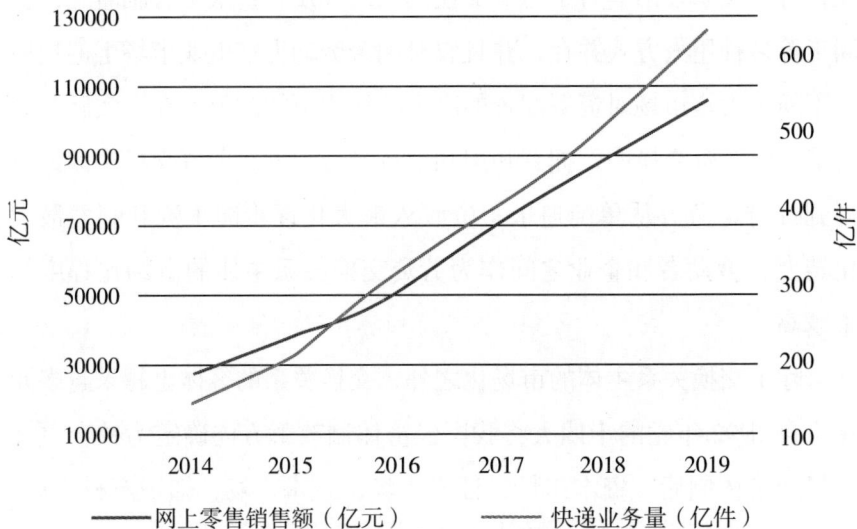

图 2-14　我国网上零售额销量额和快递业务量变化情况（2014—2019 年）

资料来源：国家统计局

在对外开放和经济全球化进程不断推进的背景下，我国的交换关系不再仅仅局限于区域或国内市场，更是将世界市场纳入到了交换关系之中。我国在2001年加入世界贸易组织后，便以更加开放的姿态融入世界贸易中，面对复杂多变的国际环境，我国坚持多边主义和国际关系民主化，以更加开放、合作、共赢的对外政策迎接挑战，坚定不移推动经济全球化朝着开放、包容、普惠、平衡、共赢的方向发展，提出"一带一路"和"人类命运共同体"的倡议，促进了我国交换关系和交换活动在全球范围内展开，也推动了开放型世界经济。1978年我国进出口贸易总额仅有355亿元人民币，在我国确定社会主义市场经济体制后，1992年进出口贸易总额增加到了9120亿元，随着对外开放程度的不断加深，又是我国在加入世界贸易组织之后，该数据极速增长，2019年我国货物贸易进出口总值达到31.54万亿元，40年间增长了近900倍，我国也成为世界第一大进出口贸易国。这一跨国界的交换活动既能保障人们的消费需求得到满足，又能促进贸易商品的流通和世界市场的繁荣①。

（二）科学技术推动生产关系发展，以此促进交换关系演变

我国交换关系呈现出市场化、世界化、数字化等演变特征，其根本原因是生产关系的演变和生产力水平的提高。马克思在《资本论》中提到过，"交换就其一切要素来说，或者是直接包含在生产之中的，或者由生产决定"，因此生产力水平的提高为交换关系的演变提供了动力，其中科学技术的进步是生产力提高的直接动因。从邓小平同志提出的"科学技术是第一生产力"，到江泽民同志提出的"科教兴国"战略，到胡锦涛同志提出的"建设创新型国家"目标，再到习近平总书记实施的"创新驱动"战略，我国的科学技术不断发展，在提高生产力水平的同时，也推动了交换关系主体、交换关系客体和交换关系载体向多元化、虚拟化发展。我国始终坚持把自主创新作为经济结构调整和发展方式转变的中心环节，掌握现代科技的具有创新型科技知识的劳动在生产中发挥的作用越来越大，这也使劳动者在与企业单位的话语权和地位不断提高，也使其在后续的劳资交换关系和消费资料

---

① 龚晓莺、罗惠敏、杨育：《改革开放40年我国交换关系演变特征及机理研究》，《上海财经大学学报》2018年第6期，第18—43页。

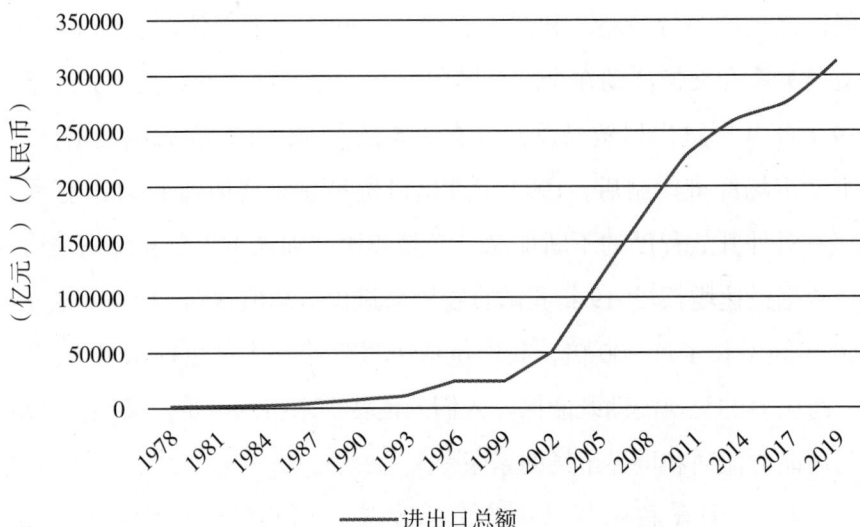

图 2-15　我国进出口贸易总额变化情况（1978—2019 年）

资料来源：历年《中国统计年鉴》

交换关系中的地位更加平等。

研究与试验发展（R&D）经费支出是指全社会实际用于基础研究、应用研究和试验发展的经费支出，是衡量经济体研发规模、评价经济体科技实力和创新能力的重要指标，也是综合国力的重要体现。近年来我国 R&D 投入规模持续加大（见表 13），投入总量世界第二，超过欧盟 28 国的经费总和。研究与试验发展人员数量也在快速增加，表明我国越来越重视科技人才的培养，劳资关系中劳动者的科技知识水平大大提高，在生产中的地位也得到提升，由此在生产后续的交换关系也更加和谐[1]。图 2-16 显示了我国发明专利申请授权数量的变化情况，这是我国对产品、方法或者其改进所提出的新的技术方案的综合指标，是国际通行的反映国家拥有自主知识产权和核心指标。与

---

[1]　张竞文、王晓梅、李想、卓骏：《我国东中西部三大产业 R&D 经费分配的优化分析》，《研究与发展管理》2017 年第 6 期，第 49—58 页。

R&D 规模情况相似,发明专利申请授权数显著提高,促进了产业发展和交换关系平等。

表 2-13 我国研究与试验发展情况(1996—2019 年)

年份	研究与试验发展人员全时当量(万人)	研究与试验发展经费支出(亿元)	R&D 经费支出占GDP 的比例(%)
1996	80.4	404.48	0.57
1999	82.17	678.91	0.76
2002	103.51	1287.64	1.07
2005	136.48	2449.97	1.32
2008	196.54	4646.02	1.45
2011	288.30	8687.00	1.79
2014	371.06	13015.63	2.02
2017	403.36	17606.13	2.17
2019	464.00	21737.00	2.20

资料来源:历年《中国统计年鉴》

我国市场化、多元化、世界化和虚拟化交换关系演变得益于社会主义市场经济的建立和对外开放程度的不断深化,以及创新科学技术的发展。在全面建成小康社会的道路上,现代交换关系的演变不仅促进了社会生产力的进步,刺激了新兴产业的崛起和扩张,丰富了可供交换的产品和享受机会,而且推动了和谐的劳资关系,鼓励劳动者掌握先进的技能知识,以获得更高的收入和地位,有助于新时代市场主体的完善。此外,交换关系的发展使我国交换活动不再仅仅局限于国内市场,而是放眼世界市场,这不仅加速了我国经济发展,而且促进了世界市场的融合和繁荣。

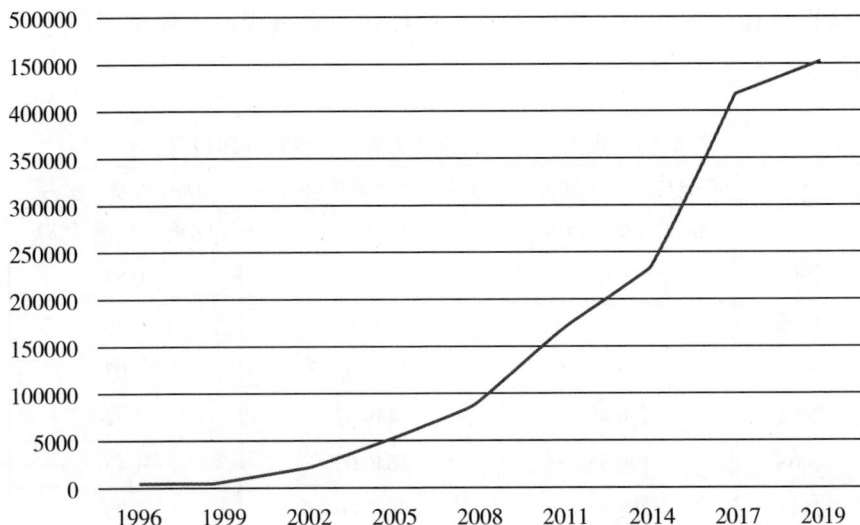

图 2-16　我国发明专利申请授权数变化情况（1996—2019 年）

资料来源：历年《中国统计年鉴》

四、消费关系呈现阶段性升级，国民财富积累推动消费结构变迁

经过改革开放 40 多年的变迁和发展，我国最终消费支出对 GDP 增长的贡献率已从 1978 年的 38.3%，上升到 2019 年的 57.8%。在此变化过程中，最终消费支出对 GDP 增长的贡献率和对 GDP 增长的拉动率都呈现波动趋势，但可以看出，消费作为社会再生产的一个重要环节，扩大国内消费需求，成为经济发展的新引擎。一切消费活动都是从需求开始的，但生产关系又决定了消费资料的丰富程度。改革开放前，由于社会经济发展有限，物资匮乏，人民基本生活需要只能得到勉强满足，随着改革开放不断推进，我国社会生产力水平显著提高，人民不仅对物质文化生活提出了更高的要求，而且在平衡且充分的社会发展和美好生活等方面的需求日益增长。正如马克思对未来社

会的构想是"以每个人的全面而自由的发展为基本原则的社会形式",社会发展的目标是实现人的"全面而自由的发展",因此人民的需要不再局限于基本物质文化需求,而是要解决发展的不平衡不充分的问题,满足人民对美好生活的需要。在消费领域,消费能力的提升和物质文化的"量"已不再是生产的最终目的,居民的消费需求从基本温饱转向基本小康的高层次需求,消费能力和结构不断升级,开始追求个性化、体验化、可持续的消费理念。

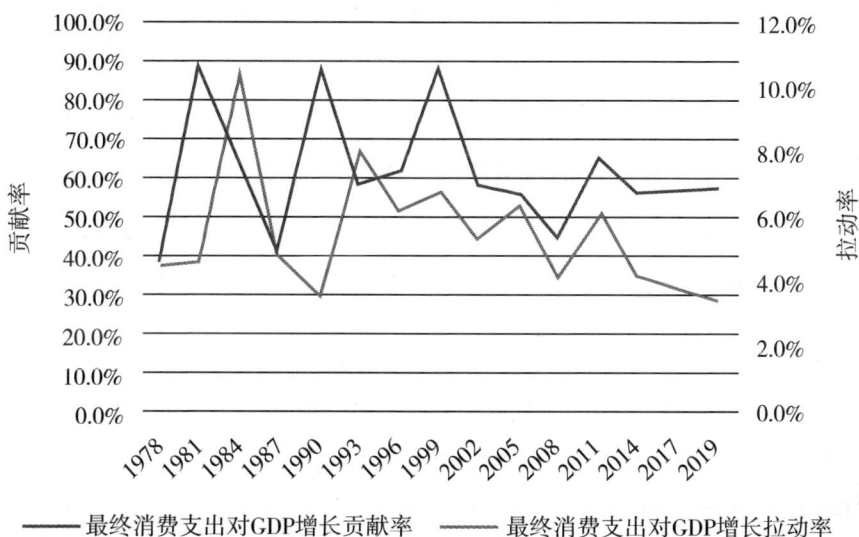

图 2-17　我国最终消费支出对 GDP 影响情况（1978—2019 年）

资料来源：历年《中国统计年鉴》

（一）消费关系呈现结构性转变，居民消费水平明显提升

党的十一届三中全会后我国转向以经济建设为中心，伴随经济体制改革，国民经济和人均收入快速增长，居民消费水平实现大幅提升（见图 2-18）。得益于农村家庭联产承包责任制的实施，农民生产积极性和收入都有所提高，农村居民消费水平提升明显，年平均增长率为 11.61%，高于全国居民消费水平年平均增长率（10.72%）和城镇

居民消费水平年平均增长率（7.05%）。1980年城镇居民消费水平出现了负增长，随后党的十二届三中全会提出"加快以城市为重点的整个经济体制改革的步伐"，改革的重点由农村转向了城市，城市消费水平增长明显。1992年建立社会主义市场经济体制之后，城镇居民消费水平和农村居民消费水平加速增长，尤其是进入新时代以来，我国进入全面建成小康社会时期，人民生活水平的提高着重表现为消费水平的提升，其增速呈现跨越式增长。改革开放40多年来，人均消费支出实际增长18倍，年均实际增长7.8%，这与人均可支配收入的攀升密不可分，居民收入和储蓄上升为消费提供了动力。从图2-19可以看出，进入新时代以来，我国居民人均消费支出均保持在8.5%左右的增长率。此外，消费主体也从先富起来的少数人变成了庞大的中等收入人群，随着社会经济体制的不断发展和完善，国内的就业机会不断增加，就业质量也不断提升，中等收入人群的队伍日益壮大，这也为内需增长提供了巨大动力。

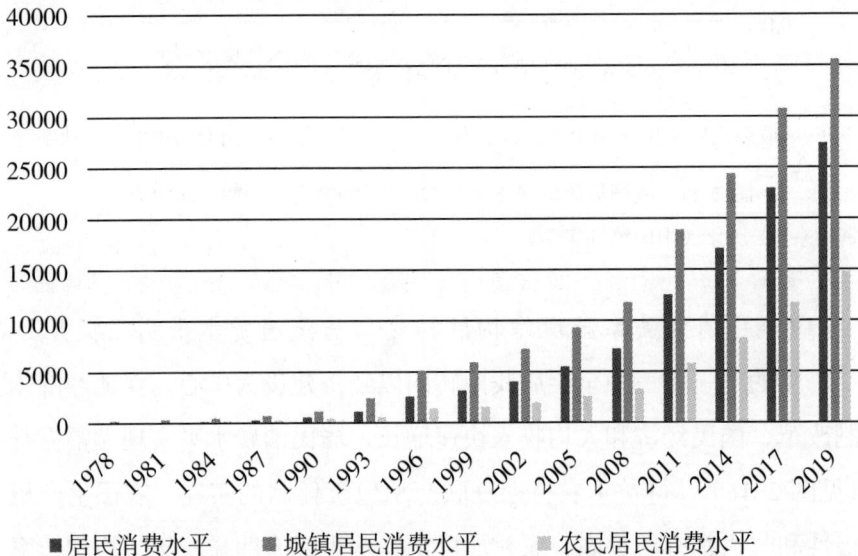

图2-18　我国居民消费水平变化情况（1978—2019年）

资料来源：历年《中国统计年鉴》

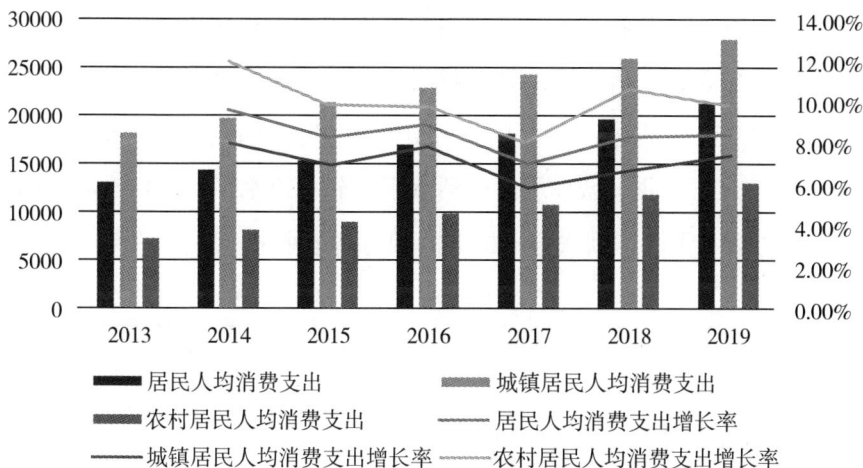

图 2-19 我国居民人均消费支出变化情况（2013—2019 年）

资料来源：历年《中国统计年鉴》

　　我国消费关系演变的另一个主要特征是消费结构不断升级。居民消费需求从满足基本温饱需求，到追求基本物质文化需求，再到对美好生活的高层次需求，这种需求的层次变化进而带来了居民消费结构的转型升级变化①。改革开放初期，居民的生活需求还停留在满足基本温饱层面上，因而食品消费支出占了消费总支出的绝大部分，1978 年农民的食品消费支出占总消费支出的 67.7%，城镇居民的食品支出也在 57.5% 以上，但随着居民生活从温饱、小康到富裕的转变，居民的消费能力在不断增强，消费结构也在发生根本性转变。居民的消费由单一生存型逐渐转变为质量享受型。从图 2-20 可以看出，改革开放以来，我国城乡居民恩格尔系数呈现下降势态，1978 年至 2019 年期间，我国城镇和农村居民家庭的恩格尔系数分别从 57.5% 和 67.7% 下降到

---

① 杨小勇、乔文瑄、杨育：《改革开放 40 年来我国消费关系演变及其机理研究》，《上海财经大学学报》2019 年第 1 期，第 16—27 页。

27.6%和30%，用来购买食物的消费支出比例越来越少，根据联合国对恩格尔系数和生活水平的划分标准，40%—50%之间的恩格尔系数表示该国人民生活达到小康水平，30%—40%之间则相对富裕，由此可得出，2002年我国城乡居民生活水平达到小康水平，2014年我国城乡居民生活水平已达到联合国标准的相对富裕水平。

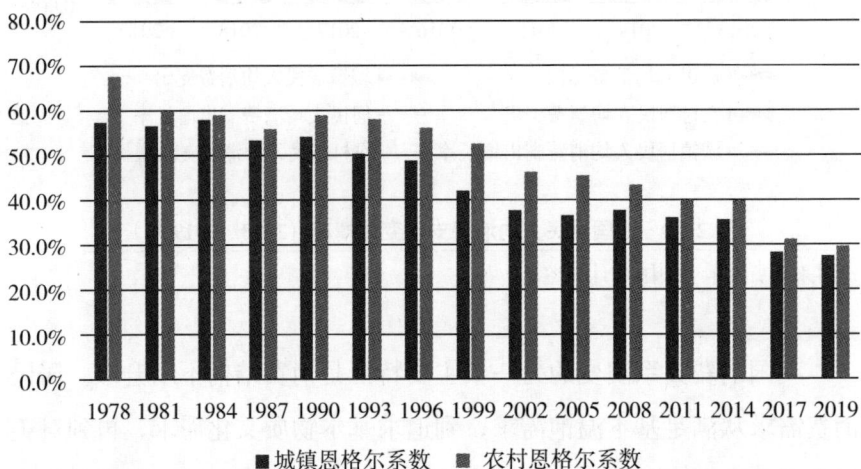

图 2-20　我国城镇和农村恩格尔系数变化情况（1978—2019 年）

资料来源：历年《中国统计年鉴》

　　另一方面，我国对教育、文化、旅游、科技、医疗等更高层次的物质消费和精神消费快速增长。随着居民收入的提高，消费产品的日益丰富和居住环境的改变，居民生活质量明显提升，消费结构由吃、住、用，向住、行、休闲娱乐和健康方向转化。从图 2-21 和图 2-22 可以看出，无论是农村还是城市居民消费支出中，食品和衣着的消费支出占总消费支出的比例逐步下降，这也体现了中国从温饱社会到小康社会的转变。人们对食品消费的质量要求大幅度提升，更加注重合理健康的膳食结构，追求食品的营养性、均衡性和多样性。在农村居民消费支出中，交通通信和医疗保健支出上升明显，通信设施的普及

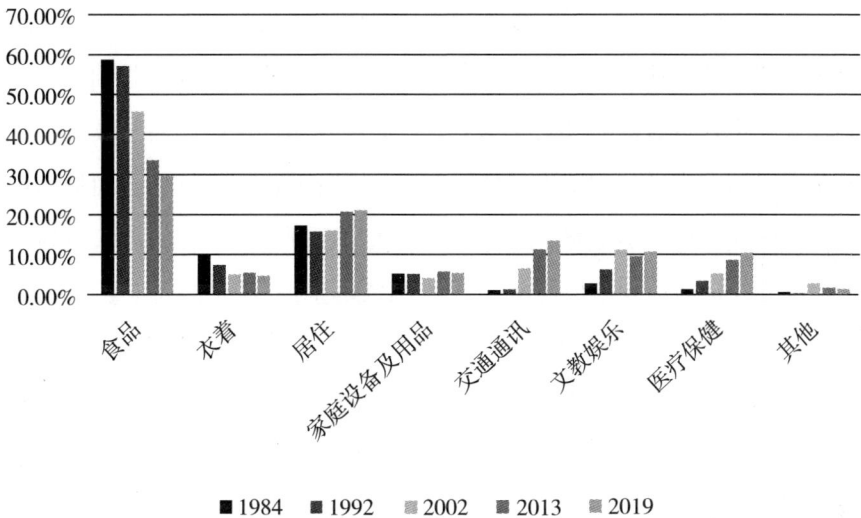

图 2-21　我国农村居民人均消费结构变化情况

资料来源：根据历年《中国统计年鉴》原始数据，计算而得

注：2013 年之后，食品消费支出统计口径增加烟酒消费支出。

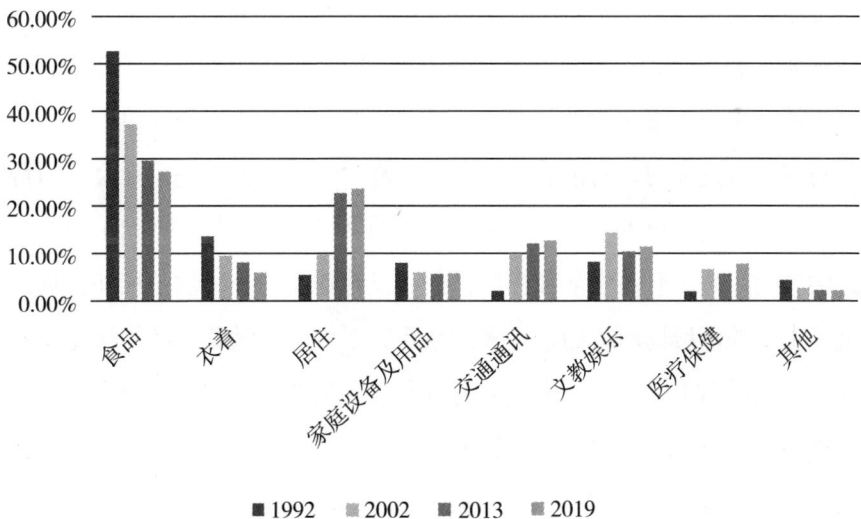

图 2-22　我国城镇居民人均消费结构变化情况

资料来源：根据历年《中国统计年鉴》原始数据，计算而得

注：2013 年之后，食品消费支出统计口径增加烟酒消费支出。

以及农村劳动力向城市转移的趋势，使得农村居民的通信交通支出增加幅度最大；其次是医疗保健和文教娱乐，在满足温饱的基础上，人们越来越重视自身健康和文化培养，开始注重更高层次的需求发展。在城镇居民消费中，住房支出增加幅度最大，这是由于人均住房面积逐年增长，居住环境明显改善，跨地域流动人口不断增加，住房需求尤为突出。此外交通通信支出也快速上升，工作通勤和旅游是两大主要因素。

（二）消费观念和方式更加多元，共享型消费成为主流模式

在短缺经济时代，生产不足制约着人们的消费，为保证大多数人的基本生存需要，社会提倡尚俭黜奢的消费价值观。随着中国经济高速发展，人们的消费行为也发生了很大变化。消费层次的攀升，消费内容的细化，使得居民消费观念和行为的个性化、多元化特征越来越明显。我国社会的消费价值观念更具多样性和包容性，各种款式的衣服、各种颜色类型的发型、各种风格的妆容都可以尽情展示，个性得到充分张扬，这也诠释出消费自由的转变。虽然我国仍奉行勤俭节约、量入为出的消费观念，但是节俭已不再是社会消费生活的唯一标准，追求超前消费、享受消费也成为很多人的消费理念。但同时，也有人崇尚简单生活，回归自然，重返乡村，对消费的需求少之甚少，这也说明整个社会的消费和生活价值理念更加个性化、多元化。消费场所的更替也推动了消费方式的转变。改革开放之前和初期，商业设施落后单一，供销社和百货大厦是主要的消费场所，而且许多商品要凭票供应，随着经济的快速发展和人民生活需求的提高，全新的消费方式和消费场所也应运而生。无人售货的购物方式、信用卡、支付宝等多种支付手段、跨境物品的广泛流通都在很大程度上刺激了人们消费需求和消费方式的迭代升级，同时，消费者的需求也是产业升级和消费市场改革的首要推动力。

科技的进步也带来了消费模式的重大革新。首先，现代信息技术的发展和大数据的应用构建了现代消费方式，信用制度的建立和应用

也影响了居民的消费行为。在大数据技术的支持下，信用服务日趋多样化，信用服务的覆盖群体不断加大，推动着以信用为支撑的跨期支付方式，如信用卡、蚂蚁花呗、京东白条等逐步成为我国消费的主要支付方式之一。提前预支和分期还款等功能，不仅鼓励人们使用信用服务消费，而且消费者在使用信用服务的同时也会对个人行为进行约束，信用评级较高的消费者可以享受部分租用产品免押服务。其次，互联网的发展带动了共享性消费的发展趋势。共享经济正在引领新的消费模式，共享单车、共享汽车、共享充电器、共享雨伞等打破了消费的独占性，团购、拼单等新型消费模式打破了消费者之间的时间和空间距离。信息消费也在大数据和互联网技术的发展下成为主流消费之一，2013 年国务院办公室发布《国务院关于促进消费扩大内需的若干意见》，指出要加快信息基础设施演进升级，加强信息产品供给能力，培育信息消费需求，提升公共服务信息化水平，以及加强信息消费环境建设等，这在很大程度上激发了新的消费需求，使信息消费成为新的消费热点。当前我国信息消费规模不断壮大，2018 年我国信息消费规模达到 5 万亿元，在最终消费中占比超过 10%，工信部和国家发展和改革委员会联合印发的《扩大和升级信息消费三年行动计划(2018—2020 年)》提出，到 2020 年我国信息消费规模将达到 6 万亿元，98%行政村实现光纤通达和 4G 网络覆盖，基本形成高效便捷、安全可信、公平有序的信息消费环境，并将拉动相关领域产出达到 15 万亿元。

随着"绿色发展""可持续发展"成为国家发展的重大战略之一，"生态文明"被纳入我国全面建设小康社会的奋斗目标并上升至"五位一体"建设中国特色社会主义的总体布局[1]。2010 年《中共中央关

---

[1] 朱迪:《我国可持续消费的政策机制:历史和社会学的分析维度》,《广东社会科学》2016 年第 3 期,第 213—222 页。

于制定国民经济和社会发展第十二个五年规划的建议》提出"合理引导消费行为，发展节能环保型消费品，倡导与我国国情相适应的文明、节约、绿色、低碳的消费模式"，2014 年国务院将绿色节能消费列入重点推进的六大消费领域之一，可持续发展从生产领域延伸到了消费领域。政府推广节能产品，鼓励购买新能源汽车，对私人购买新能源汽车给予补贴，对城市建设新能源汽车充电设施给予较多的奖励等。消费者开始追求绿色出行、绿色旅游、绿色饮食等可持续消费理念和方式，在享受消费资料权利的同时承担维护环境可持续发展的责任和义务。

（执笔人：党思琪）

第 三 章

全面建成小康社会之政治建设

中华人民共和国成立后，党中央提出了社会主义现代化建设的目标，周恩来在 1964 年的政府工作报告中明确提出"四个现代化"，即把中国"建设成为一个具有现代农业、现代工业、现代国防和现代科学技术的社会主义强国"。改革开放以来，邓小平同志在与日本首相大平正芳会谈时，在"四个现代化"目标的基础上提出了"小康之家"这一概念。1982 年党的十二大对小康水平提出了初步构想，提出要在 2000 年实现全国工农业的年总生产值翻两番，这样就可以认为人民的物质文化生活达到了小康水平。

党的十三大正式确定了我国经济建设的"三步走"战略，第一步着力解决人民温饱问题，第二步要在 20 世纪末使人民生活达到小康水平，第三步要在 21 世纪中叶基本实现现代化，会议同时指出，中国目前已经基本解决了人民的温饱问题，要着力走好经济建设的第二步。

经过多年的发展，在进入新世纪后，党的十六大指出，"我们已经实现了现代化建设'三步走'战略的第一步、第二步目标，人民生活总体上达到小康水平"，但"现在达到的小康还是低水平的、不全面的、发展很不平衡的小康"①，我国社会的主要矛盾并未改变，因此会议进一步提出了全面建设小康社会的奋斗目标，把我国建成富强民主文明的社会主义国家。总体小康更注重社会经济水平和人们生活水平的提高，而全面小康则强调经济、政治、文化、社会及生态文明等领域社会水平的全方位提高，推动社会主义物质文明、政治文明和精神文明协调发展。

随后，党的十七大明确了到 2020 年实现全面建成小康社会的奋斗目标，同时提出了科学发展观，要求必须坚持全面协调可持续发展，全面推进中国特色社会主义经济建设、政治建设、文化建设及社会建设。

自全面建设小康社会提出以来，我国在经济、政治、文化、社会等领域取得了全面发展，因此，党的十八大适时地将"全面建设小康社会"的表述改为"全面建成小康社会"，形成了全面推进经济建设、政治建设、文化建设、社会建设、生态文明建设的"五位一体"总体布局，实现以人为本、全面协调可持续的科学发展。随后，习近平总书记将全面建成小康社会与全面深化改革、全面依法治国、全面从严治党相并列，正式形成了"四个全面"战略布局。

党的十九大提出我们已经进入了全面建成小康社会的决胜时期，要紧扣我国社会主要矛盾变化，统筹推进经济建设、政治建设、文化建设、社会建设和生态文明建设，并在此基础上分两个阶段，先争取在 2035 年基本实现社会主义现代化，并最终在本世纪中叶将我国建设成为富强民主文明和谐美丽的社会主义现代化强国。

我们党对"小康社会"的认知经历了从"总体小康"到"全面小

---

① 《全面建设小康社会，开创中国特色社会主义事业新局面》，中国共产党历次全国代表大会数据库，http://cpc.people.com.cn/GB/64162/64168/64569/65444/442912 5.html。

康"并最终到"社会主义现代化强国"的逐步深入，在这一认知的变化过程中，政治建设的重要性被日益凸显。因此，本章主要从政治建设领域，分析我国在全面建成小康社会进程中取得的成就，并对相关经验进行总结。

第一节 中国特色社会主义政治建设历程

改革开放已经40余年，我国的经济体制改革取得了重大进展和成效。经济基础决定上层建筑，尽管党的十六大才第一次提出和使用"政治建设"的概念，但自新中国成立以来，我国政治建设的实践从来没有停止过前进的脚步。改革开放以来，为了配合经济体制改革，我国的政治体制改革也被提上日程，并逐渐走出了一条具有中国特色的社会主义政治建设道路。当代中国政治发展的主题是随着经济社会发展的形式和任务而变迁的，并在历届党的代表大会报告上都有所体现。

一、第一阶段：党的十一届三中全会至党的十四大（1978—1991年）

邓小平同志在1978年的中共中央工作会议闭幕会上指出，"文化大革命"使我国的民主集中制受到了严重的破坏，思想僵化导致党政不分、以党代政等问题凸显，解放思想是当前的一个重大政治问题，思想的解放离不开民主，民主的保障则依赖于法制，因此要推动民主制度化、法律化，做到有法可依、有法必依、执法必严和违法必究。

中国共产党第十二次代表大会充分肯定了党的十一届三中全会以

来拨乱反正工作的成果，长时期的社会动乱已经结束，社会主义的民主和法治正在逐步健全，政治局面"安定团结、生动活泼"。在此基础上，党的十二大重申了社会主义民主对物质文明和精神文明建设的重要作用，提出要建设高度的社会主义民主，同时推进社会主义法制建设，实现社会主义民主的制度化和法律化。党的十二届六中全会又一次强调了要坚定不移地进行政治体制改革，没有切实建设民主政治是造成过去社会主义发展出现挫折的重要原因之一。

党的十三大指出要沿着有中国特色的社会主义道路前进。党的十三大报告第一次系统阐述了社会主义初级阶段的理论，并作出了我国仍处于社会主义初级阶段这一正确论断。这一特殊历史时期要求我们在政治建设方面，以安定团结为前提，努力建设民主政治。与此同时，政治体制改革被正式提上全党议程，党的十三大报告具体提出了党政分开、权力下放的相关要求和措施，对政府工作机构和干部人事制度进行改革，建立社会协商对话制度并进一步完善包括人民代表大会制度在内的各项社会主义民主政治制度，不断夯实社会主义法制建设。

党的十一届三中全会以来，我们党多次强调民主与社会主义现代化以及民主与法制的重要关系，高度重视民主制度化和法律化的重要性，以切实推行党和国家在各个领域的民主化。这一时期的政治建设主要可以从以下几个方面进行总结。

（一）完善民主政治制度

人民代表大会制度。党的十一届三中全会后，人民代表大会制度也逐渐恢复运转，并在1979年召开了改革开放之后的第一次全国人民代表大会会议，即五届全国人大二次会议。在这次会议上确立了人大代表差额选举的原则，扩大了直接选举人大代表的范围，并对地方人大常委会的设立作出了相应的规定。随后的1982年宪法、《全国人民代表大会常务委员会议事规则》、《全国人民代表大会议事规则》

等法律法规的出台，对我国人民代表大会制度在各个方面的有序运行提供了坚实的法律保障。

中国共产党领导的多党合作和政治协商制度。"文化大革命"结束后，全国政协五届一次会议的召开标志着人民政协工作的正式恢复。随后，在全国政协五届二次会议上，邓小平同志指出民主党派是社会主义性质的政党。1978年《中国人民政治协商会议章程》在开篇就指出"中国人民政治协商会议是中国共产党领导下的革命统一战线的组织，是伟大领袖和导师毛泽东主席亲自创建的"[1]。1982年修订后的《中国人民政治协商会议章程》中指出"中国人民在长期的革命和建设进程中，结成了由中国共产党领导的，有各民主党派、无党派民主人士、人民团体、少数民族人士和各界爱国人士参加的，由全体社会主义劳动者、拥护社会主义的爱国者和拥护祖国统一的爱国者组成的，包括台湾同胞、港澳同胞和海外侨胞在内的最广泛的爱国统一战线。中国人民政治协商会议是中国人民爱国统一战线的组织"。[2]"长期共存，相互监督，肝胆相照，荣辱与共"的方针也被确立下来，人民政协的主要职责为政治协商及民主监督。

民族区域自治制度。这一时期，民族区域自治制度得到恢复和发展，其建设也逐渐步入法制化进程。1979年，中共中央和国务院决定恢复内蒙古1969年以前的区划，逐步恢复"文化大革命"期间被裁撤或合并的民族自治地方，并根据形势发展的需要，新建了若干民族自治地方。这一时期，民族区域自治制度步入了法制化建设进程。《中华人民共和国民族区域自治法》正式出台。除此之外，在这一时

---

[1] 《中国人民政治协商会议章程》，中国人民政治协商会议全国委员会，http://www.cppcc.gov.cn/2011/09/06/ARTI1315304517625169.shtml。

[2] 《中国人民政治协商会议章程》，中国人民政治协商会议全国委员会，http://www.cppcc.gov.cn/2011/09/06/ARTI1315304517625163.shtml。

期，党和国家在"两个离不开"民族关系的思想观念指导下，还大力培养民族干部，照顾民族贸易，实施对口支援，发展民族文化等，极大推动了民族自治地区的发展。

基层群众自治制度。基层群众自治制度首先发育于城市，其主要组织形式是居民委员会。"文化大革命"期间，大部分居委会被解散，基层群众自治制度受到严重破坏。这一时期，农村的村民自治尚未起步。

党的十一届三中全会以后，城市居民自治得到了全面恢复，制度建设步入法制化进程。其中，最重要的两部法律是1982年宪法和1989年颁布的《中华人民共和国城市居民委员会组织法》，前者以国家根本大法的形式确定了居民委员会是基层群众性自治组织，并完善了城市居民委员会的组织机构和各项规章制度，后者的出台推动了各地居民委员会组织法实施办法或工作条例的制定。自此，我国城市居民自治制度正式确立。

与此同时，村民自治制度也开始萌芽和发展。党的十一届三中全会后，农村中政社结合的人民公社制度逐渐解体，在试行联产承包责任制的过程中，农村群众的自治组织开始自发发展起来。1980年初，广西壮族自治区宜山县何寨村建立起第一个村民委员会，并订立村规民约、管理章程，这一村民自治组织的建立标志着我国村民自治进入实践探索阶段。此后，其他多个省份也相继出现了类似的自治组织。1982年村民委员会被正式写入宪法，宪法明确规定村民委员会的性质是基层群众性自治组织。随后，《中共中央、国务院关于实行政社分开建立乡政府的通知》明确规定，全国农村都要建立起由村民选举产生的村民委员会。1987年颁布的《中华人民共和国村民委员会组织法（试行）》，对村民委员会的性质、地位等做了更全面细致的规定。这一时期，村民自治的法制化建设成果显著。

（二）加强社会主义法制建设

以 1982 年宪法的颁布为分界线，这一时期的法制建设可以一分为二地进行分析。"文化大革命"十年浩劫凸显了民主和法制建设的重要性。1978—1982 年，立法工作逐步恢复并蓬勃发展起来，《中华人民共和国刑法》《中华人民共和国刑事诉讼法》及《中华人民共和国婚姻法》等一系列基本法律相继出台，1982 年宪法的颁布更是一个分水岭式的事件，它标志着一个以新宪法为核心的法律体系的重新建立。随后，我国社会主义法制建设进入了一个新阶段，立法、司法及法制宣传教育等各项法制工作都得到了一定发展。

（三）改革政府机构

为了适应党和国家工作重心从"以阶级斗争为纲"向"社会主义现代化建设"转移的需要，1982 年我国进行了一次行政体制改革，主要目标是解决领导体制问题，实现干部年轻化，精简机构，提高政府效率。在这一轮改革中，政府职能并未转变。随后，政府机构又呈现出膨胀趋势。1988 年我国开始了第二次行政体制改革，这一次的改革明确提出了政府职能转变的目标，转变管理方式，降低干预。此次改革虽取得了一定进展，但并未完全实现预期的目标。

二、第二阶段：党的十四大至党的十六大（1992—2001 年）

作为党在 20 世纪 90 年代的第一场代表大会，党的十四大明确了政治体制改革的目标，即"以完善人民代表大会制度、共产党领导的多党合作和政治协商制度为主要内容，发展社会主义民主政治"[1]，并

---

① 《加快改革开放和现代化建设步伐 夺取有中国特色社会主义事业的更大胜利》，中国共产党历次全国代表大会数据库，http://cpc.people.com.cn/GB/64162/64168/64567/65446/4526308.html。

将积极推进政治体制改革、建设有中国特色的社会主义民主政治列为
20世纪90年代改革和建设的主要任务之一。大会还特别强调了行政
管理体制和机构改革的重要性，认为"机构改革、精兵简政是政治体
制改革的紧迫任务，也是深化经济改革、建立市场经济体制和加快现
代化建设的重要条件"①。党的十五大旨在将建设中国特色社会主义事
业全面推向21世纪，大会重申了社会主义初级阶段理论，认为在这
一阶段，我国必须以经济建设为中心，各项工作都要服从和服务于这
个中心。具体的任务及目标可以分为如下几点。

（一）健全民主制度

党的十四大和十五大都要求要坚持和完善人民代表大会制度、中
国共产党领导的多党合作和政治协商制度、民族区域自治制度。党的
十四大提出要加强基层民主建设，切实发挥职工代表大会、居民委员
会和村民委员会的作用，以推动决策的科学化、民主化。党的十五大
则更具体地阐释了要扩大基层民主，保证人民群众直接行使民主权
利，这是对社会主义民主最广泛的实践。

人民代表大会制度。这一时期，全国人大常委会对地方组织进行
了三次修改，人大的立法和监督制度也相应取得了较大发展。例如，
在立法方面，随着依法治国基本方略的提出，2000年3月5日，九
届全国人大三次会议通过了《中华人民共和国立法法》，对全国人大
及其常委会的立法程序以及相关的法律解释作出了具体规定，推进了
我国立法制度的进一步发展。

中国共产党领导的多党合作和政治协商制度。1995年，《政协全
国委员会关于政治协商、民主监督、参政议政的规定》将人民政协的

---

① 《加快改革开放和现代化建设步伐 夺取有中国特色社会主义事业的更大胜利》，
中国共产党历次全国代表大会数据库，http://cpc.people.com.cn/GB/64162/64168/
64567/65446/4526308.html。

主要职能改为"政治协商和民主监督，组织参加本会的各党派、团体和各族各界人士参政议政"①。

民族区域自治制度。1992年举行的中央民族工作会议指出，"到本世纪末，要形成比较完备的社会主义民族法规体系和监督机制"②。随后，党的十五大报告更加凸显了民族区域自治制度的重要性，将其表述为是我国社会主义基本政治制度。这一时期，在社会主义市场经济条件下，民族团结教育、民族地区改革开放政策及民族文化和教育事业等都有了长足发展，西部大开发战略及"兴边富民行动"等相继启动。

基层群众自治制度。由于我国社会机制发育不完善，随着单位制度的逐步瓦解，居委会准行政化的倾向日益明显，许多城市相继开展了基层自治创新。2000年11月，中央办公厅、国务院办公厅转发《民政部关于在全国推进城市社区建设的意见》，明确指出要在社区扩大民主，实行居民自治，实行居民选举、民主决策、民主管理、民主监督，逐步实现社区居民自我管理、自我教育、自我服务、自我监督。

在村民自治方面，1994年民政部发布《全国农村村民自治示范活动指导纲要（试行）》，首次提出要建立民主选举、民主决策、民主管理、民主监督四项民主制度。1994年11月，中共中央召开全国农村基层组织建设工作会议，发出《中共中央关于加强农村基层组织建设的通知》，提出了新时期加强农村基层组织建设的目标、重点和政策措施，村民自治的内容和形式得到进一步充实。与此同时，各地相继出现了"海选提名""竞选演讲"、无记名投票、函投、设立秘密

---

① 《政协全国委员会关于政治协商、民主监督、参政议政的规定》，中国人民政治协商会议全国委员会，http://www.cppcc.gov.cn/2011/09/06/ARTI1315304517625133.shtml。

② 《新时期统一战线文献选编》（续编），中共中央党校出版社1997年版，第39页。

写票间、公开唱票计票等创新举措，村民自治的民主性、竞争性日益加强，选举制度日益完善。1998 年正式通过了《中华人民共和国村民委员会组织法》。

（二）依法治国

民主离不开法制，建立社会主义市场经济体制更加需要相关法律法规的保障。党的十五大提出了依法治国基本方略，对其内涵、原则和任务做了具体阐述，并将"社会主义法制国家"的表述更改为"社会主义法治国家"。1999 年"依法治国，建设社会主义法治国家"被正式写入宪法，依法治国方略也由此确立。

在立法方面，国家高度重视经济立法工作，并于 2000 年审议通过了《中华人民共和国立法法》，从立法的规范化、科学化和制度化等方面保证了依法治国的实施。这一时期，法制宣传教育工作也得到了加强，全党全国人民的学法、用法热情高涨。我国在执法和司法方面的工作也取得了长足进步。

（三）机构改革

1993 年和 1998 年我国先后进行了两次机构改革。党的十四大提出要转变政府职能，改变机构臃肿的现状，精兵简政，并加快人事劳动制度改革，尽快推行国家公务员制度。党的十五大更是提出要深化行政体制改革和人事制度改革，严格控制机构膨胀，坚决裁减冗员，完善公务员制度，建设一支高素质的专业化国家行政管理干部队伍。

邓小平同志南方谈话提出，我们改革的目标就是要建立社会主义市场经济体制。1993 年的政府机构改革明确了自身目的，即是为了适应建设社会主义市场经济体制的需要，重点是政府职能朝着市场经济的方向转轨，但由于市场经济体制刚刚建立，因此机构只能以此为基础进行局部性精简，所以成果有限；1998 年的政府机构改革仍然坚持了政府职能转变的目标定位，这次改革的涉及面最广、力度最大，政府职能转变有了重大进展，政企不分的现象得到极大消解（何颖，2008 年）。

三、第三阶段：党的十六大至党的十八大（2002—2011 年）

进入 21 世纪后，党的十六大提出了全面建设小康社会的目标，具体到政治发展领域，其目标为"社会主义民主更加完善，社会主义法制更加完备，依法治国基本方略得到全面落实，人民的政治、经济和文化权益得到切实尊重和保障。基层民主更加健全，社会秩序良好，人民安居乐业"①。在这个目标的指引下，更是应当积极推进政治建设和政治体制改革。党的十七大则提出了全面建设小康社会奋斗目标的新要求，指出应"扩大社会主义民主，更好保障人民权益和社会公平正义。公民政治参与有序扩大。依法治国基本方略深入落实，全社会法制观念进一步增强，法治政府建设取得新成效。基层民主制度更加完善。政府提供基本公共服务能力显著增强"②。

（一）坚持和完善社会主义民主制度

人民当家作主是社会主义民主政治的本质和核心，人民代表大会制度、中国共产党领导的多党合作和政治协商制度以及民族区域自治制度是我们应当始终坚持和完善的。

首先，为了保障人大及其委员会的工作质量和工作水平，我国人大常委会在这一时期首次进行了人大常委会委员专职化的尝试，在

① 《全面建设小康社会，开创中国特色社会主义事业新局面》，中国共产党历次全国代表大会数据库，http://cpc.people.com.cn/GB/64162/64168/64569/65444/4429125.html。

② 《高举中国特色社会主义伟大旗帜 为夺取全面建设小康社会新胜利而奋斗》，中国共产党历次全国代表大会数据库，cpc.people.com.cn/GB/64162/64168/106155/106156/6430009.html。

2003 年首次增设了由年轻领导干部和专家学者组成的专职委员。其次，预算法、审计法等重要法律相继出台，极大地保障了人民代表大会的监督权。最后，伴随着我国工业化、城镇化的加速及农村经济文化水平的大幅提高，2013 年修订的选举法规定城乡按 1∶1 完全平等比例选举人大代表，这是这一阶段的一个重大突破。

中国共产党领导的多党合作和政治协商制度。2004 年，修订后的《中国人民政治协商会议章程》正式将政治协商、民主监督、参政议政并列为中国人民政治协商会议全国委员会和地方委员会的三个主要职能，"参政议政是对政治、经济、文化和社会生活中的重要问题以及人民群众普遍关心的问题，开展调查研究，反映社情民意，进行协商讨论。通过调研报告、提案、建议案或其他形式，向中国共产党和国家机关提出意见和建议"①。

民族区域自治制度。党的十六大以来，胡锦涛同志提出"各民族共同团结奋斗、共同繁荣发展"是新世纪新阶段民族工作的主题。这一时期，国务院首次颁布了有关贯彻实施《民族区域自治法》的行政法规，民族法律法规基本形成，同时，我国第一次发布《中国的民族区域自治》白皮书，明确提出"民族区域自治作为我们党解决民族问题的一条基本经验不容置疑，作为国家的一项基本政治制度不容动摇，作为我国社会主义的一大政治优势不容削弱"②。这一时期，党和国家全面推进西部大开发战略、兴边富民工程和扶持人口较少民族发展计划，并着手打造高素质民族干部队伍，推动了民族政策的深化发展。

---

① 《中国人民政治协商会议章程》，中国人民政治协商会议全国委员会，http://www.cppcc.gov.cn/2011/09/06/ARTI1315304517625121.shtml。

② 《白皮书：中国的民族区域自治》，中华人民共和国中央人民政府，http://www.gov.cn/zhengce/2005—09/13/content_2615742.htm。

基层群众自治制度。党的十六大提出，扩大基层民主是发展社会主义民主的基础性工作，并明确把基层民主概括为农村村民自治、城市居民自治和企事业单位的民主管理三个方面。党的十七大首次把基层群众自治制度写入党代会报告，将其作为我国社会主义民主政治建设的四项重要制度之一，进一步提出要把发展基层民主作为发展社会主义民主政治的基础性工程重点推进，保障人民享有更多更切实的民主权利。

（二）全面落实依法治国方略

党的十六大进一步强调了要在 2010 年形成有中国特色社会主义法律体系，提高全民法律素质，党员和干部要成为遵守宪法和法律的模范，同时稳步推进司法体制改革，建设一支政治坚定、业务精通、作风优良、执法公正的司法队伍。党的十七大更是提出依法治国是社会主义民主政治的基本要求，应全面落实依法治国方略，加快建设社会主义法治国家，科学立法、民主立法，一切活动都应维护宪法和法律的权威。

2003 年，胡锦涛同志在党的十六届三中全会上第一次提出了"科学发展观"，自此，我国的社会主义法治建设在科学发展观的指导之下，进入到了全面建设时期。在这一时期，公民的经济权利不断得到法律保障；在司法领域，为了顺利加入世界贸易组织，我国的司法制度也逐步与世界接轨；2011 年，中国特色社会主义法律体系如期形成。

（三）改革和完善党的领导方式和执政方式

党领导国家和社会，因此党的领导方式和执政方式的改革和完善对于推进社会主义民主政治建设具有全局性作用。社会主义法治建设推动了党的领导方式及执政方式的改革和完善。只有法治才能与民主和人权相结合，中国共产党不能再像过去一样仅仅依靠政策或者以政策为主、法律为辅的治理方式来管理国家。2004 年,《中共中央关于加强党的执政能力建设的决定》提出"依法执政是新的历史条件下党执政的一个基本方式"。2005 年,党的十六届五中全会又进一步指出要全面推进依法行政,并贯彻实施依法治国基本方略。2006 年,党的十六届六中全会提出"树立社会主义法治理念",坚持将依法治国与以德治国相结合。胡锦涛同志在党的十七大上再次强调了要"弘扬法治精神",并将其写入了党的纲领性文件之中。

(四)建设服务型政府

党的十六大指出要进一步转变政府职能,推行电子政务,处理好中央与地方政府的关系,进一步深化干部人事制度改革,努力形成广纳群贤、人尽其才、能上能下、充满活力的用人机制。党的十七大指出行政管理体制改革是深化改革的重要环节,要形成权责一致、分工合理、决策科学、执行顺畅、监督有力的行政管理体制,推行电子政务,强化社会管理和公共服务。在这一背景下,我国在这一时期进行了两次机构改革。

2003 年的政府机构改革是在我国加入世界贸易组织的大背景下进行的,其目标是对标世界贸易组织规则的要求,深化我国行政体制改革,使我国政府机构更能适应国际化的要求。2008 年的政府机构改革更加注重对政府公共服务职能的完善,加强和改善宏观调控,深入探索大部门体制,将政府的管理能力与其应有的责任相联系,具有体制性的进步(何颖,2008 年)。

四、第四阶段:党的十八大以来(2012 年至今)

党的十八大报告的主题为《坚定不移沿着中国特色社会主义道路前进,为全面建成小康社会而奋斗》,由此可见,我国小康社会的建设已经进入了最重要的阶段。在这一新时期下，党的十八大对全面建成小康社会提出了新的要求，即人民民主不断扩大，民主制度更加完善，民主形式更加丰富，人民积极性、主动性、创造性进一步发挥，依法治国基本方略全面落实，法治政府基本建成，司法公信力不断提高，人权得到切实尊重和保障。因此，党的十八大提出要坚持走中国特色社会主义政治发展道路和推进政治体制改革。党的十八大以来的五年，是党和国家发展进程中极不平凡的五年，经过长期努力，中国特色社会主义进入了新时代，我国社会主要矛盾已经转化为人民日益增长的美好生活需要和不平衡不充分的发展之间的矛盾，但我国仍处于并将长期处于社会主义初级阶段的基本国情没有变，我国是世界最大发展中国家的国际地位没有变，因此，经济建设仍是中心工作。从党的十九大到2020年，是全面建成小康社会的决胜期。在政治建设领域，党的十九大提出要健全人民当家作主制度体系，发展社会主义民主政治。

（一）坚持党的领导、人民当家作主、依法治国有机统一

人民代表大会制度是坚持党的领导、人民当家作主、依法治国有机统一的根本政治制度安排，要坚持和完善人民代表大会制度，支持和保证人民通过人民代表大会行使国家权力。同时要健全社会主义协商民主制度，协商民主是党的领导的重要方式，统筹推进政党协商、人大协商、政府协商、政协协商、人民团体协商、基层协商以及社会组织协商。全面推进依法治国，深化依法治国实践。党的十九大指出要成立中央全面依法治国领导小组，加强对法治中国建设的统一领导。党的十九大具体阐释了党的领导、人民当家作主和依法治国三者之间的关系，党的领导是人民当家作主和依法治国的根本保证，人民当家作主是社会主义民主政治的本质特征，依法治国是党领导人民治理国家的基本方式，三者统一于我国社会主义民主政治伟大实践。在

基层民主方面，要巩固基层政权，保障人民知情权、参与权、表达权及监督权。在权力运行制约和监督体系方面，要构建决策科学、执行坚决、监督有力的权力运行机制，各级领导干部要接受人民监督，让权力在阳光下运行，当好人民公仆。

人民当家作主方面。习近平总书记《在庆祝全国人民代表大会成立60周年大会上的讲话》指出，人大制度要与时俱进地发展和完善。人民代表大会制度是支撑中国国家治理体系和治理能力的根本政治制度。这一时期，立法法、预算法等重要法律得到了进一步修改和完善，专题询问等监督方式也进一步得到了规范和加强。此外，全国政协逐步恢复完善了"双周座谈会"制度，并将其改名为"双周协商座谈会"，进一步拓宽了政协的协商形式。在这一时期，民族区域自治制度的重要性得到了再三强调，党的十九大上，习近平总书记在形容中华各民族关系时说"中华五十六个民族要像石榴籽一样紧紧地抱在一起"。

依法治国方面。全面建成小康社会，就必须实现"依法治国基本方略全面落实、法治政府基本建成"。党的十八大强调，要坚持依法治国的基本方略，最大范围地鼓励人民发挥主人翁精神，积极投身于社会主义现代化建设中去，组织人民依法管理国家和社会事务。同时，"我们要坚持党总揽协调各方的领导核心作用，坚持依法治国基本方略和依法执政基本方式"[1]。"新形势下，我们党要履行好执政兴国的重大职责，必须依据党章从严治党、依据宪法治国理政"[2]。党的十八届四中全会将"建设中国特色社会主义法治体系，建设社会主义

---

[1] 《坚定不移沿着中国特色社会主义道路前进 为全面建成小康社会而奋斗》，中国共产党历次全国代表大会数据库，http://cpc.people.com.cn/GB/64162/64168/351850/index.html。

[2] 同上。

法治国家"作为推进依法治国的总目标。

（二）深化机构和行政体制改革

党的十八大提出要建设职能科学、结构优化、廉洁高效、人民满意的服务型政府。党的十九大更具体地指出要转变政府职能，深化简政放权，创新监管方式，增强政府公信力和执行力，建设人民满意的服务型政府，并赋予省级及以下政府更多自主权。

日益复杂的国际环境、我国经济的高质量发展以及我国社会主要矛盾的深刻变化等，都对我国政府治理提出了新挑战和新要求。因此在这一时期，我国继续推进大部门体制改革和"放管服"改革，对政府部门或事项进行重新整合和流程再造，简政放权，完善事中和事后监管，优化政务服务方式，提高服务质量，激发市场活力。

第二节　全面建设小康社会民主法治建设指标测评

一、基层民主参选率

中华人民共和国是工人阶级领导的、以工农联盟为基础的人民民主专政的社会主义国家，国家的一切权力属于人民。在社会主义国家体系中，人民当家作主的基本表现形式主要有两个方面：一是人民参与国家管理；二是人民自我组织、自我管理与自我服务。与之相对应，中国构建了人民代表大会制度和基层群众自治制度。彭真在1987年讨论审议《中华人民共和国村民委员会组织法（试行）》时就指出："十亿人民如何行使民主权利，当家作主，这是一个很大的根本的问题。我看最基本的是两个方面：一方面，十亿人民通过他们选出的代表组成全国人大和地方各级人大，行使管理国家的权力……另一方面，在基层实行群众自治，群众的事情由群众自己依法去办，由群众自己直接行使民主权利。"① 目前，基层群众自治已经成为我国最直接、最广泛的民主实践。我们党高度重视基层群众自治，几乎历届党的代表大会都会强调基层民主的重要性。

1978 年修改宪法时，"基层"一词才真正被写入宪法。1981 年《关于建国以来党的若干历史问题的决议》指出，要"在基层政权和基层社会生活中逐步实现人民的直接民主"②。1982 年党的十二大报告指出，"社会主义民主要扩展到政治生活、经济生活、文化生活和社会生活的各个方面，发展各个企业事业单位的民主管理，发展基层社会生活的群众自治。民主应当成为人民群众进行自我教育的方法"③。1982 年宪法以国家根本大法的形式明确了居民委员会和村民委员会都是基层群众性自治组织。党的十三大报告在"进一步下放权力"的部分指出，"在党和政府同群众组织的关系上，要充分发挥群众团体和基层群众性自治组织的作用，逐步做到群众的事情由群众自己依法去办"，"基层民主生活的制度化，是保证工人阶级和广大群众当家作主，调动各方面积极性，维护全社会安定团结的基础"④。1992 年党的十四大正式使用了"基层民主"这一说法，指出要"加强基层民主

---

① 《彭真文选》，人民出版社 1991 年版，第 607—608 页。
② 《关于建国以来党的若干历史问题的决议》，中华人民共和国中央人民政府，http://www.gov.cn/test/2008—06/23/content_1024934.htm。
③ 《全面开创社会主义现代化建设的新局面》，中国共产党历次全国代表大会数据库，http://cpc.people.com.cn/GB/64162/64168/64565/65448/4526430.html。
④ 《沿着有中国特色的社会主义道路前进》，中国共产党历次全国代表大会数据库，http://cpc.people.com.cn/GB/64162/64168/64566/65447/4526368.html。

建设，切实发挥职工代表大会、居民委员会和村民委员会的作用"①。
1997 年党的十五大指出，要"扩大基层民主，保证人民群众直接行使民主权利，依法管理自己的事情，创造自己的幸福生活，是社会主义民主最广泛的实践"②，并把城乡基层政权的民主建设纳入了基层民主的范畴。2002 年党的十六大报告将扩大基层民主视为是发展社会主义民主的基础性工作，同时要完善村民自治、城市居民自治以及职工代表大会和其他形式的企事业民主管理制度，但此次未在提及基层政权的民主建设，但仍然强调了人民群众民主管理和民主监督的权力。2007 年党的十七大报告使用了"基层群众自治制度"一词，指出要"坚持和完善人民代表大会制度、中国共产党领导的多党合作和政治协商制度、民族区域自治制度以及基层群众自治制度"。报告同时指出，要"发展基层民主，保障人民享有更多更切实的民主权利"③。2012 年党的十八大报告指出要"完善基层民主制度"，再一次强调了"在城乡社区治理、基层公共事务和公益事业中实行群众自我管理、自我服务、自我教育、自我监督，是人民依法直接行使民主权利的重要方式"④。2019 年党的十九大报告进一步指出要"巩固基层政

---

① 《加快改革开放和现代化建设步伐 夺取有中国特色社会主义事业的更大胜利》，中国共产党历次全国代表大会数据库，http://cpc.people.com.cn/GB/64162/64168/64567/65446/4526308.html。

② 《高举邓小平理论伟大旗帜 把建设有中国特色社会主义事业全面推向二十一世纪》，中国共产党历次全国代表大会数据库，http://cpc.people.com.cn/GB/64162/64168/64567/65446/4526308.html。

③ 《高举中国特色社会主义伟大旗帜 为夺取全面建设小康社会新胜利而奋斗》，中国共产党历次全国代表大会数据库，http://cpc.people.com.cn/GB/64162/64168/106155/106156/6430009.html。

④ 《坚定不移沿着中国特色社会主义道路前进 为全面建成小康社会而奋斗》，中国共产党历次全国代表大会数据库，http://cpc.people.com.cn/GB/64162/64168/351850/index.html。

权，完善基层民主制度，保障人民知情权、参与权、表达权、监督权"①。

（一）基层群众自治组织的选举

1.基层群众自治组织的概念

基层群众自治组织包括农村的村民委员会和城市的居民委员会。根据宪法和村民委员会组织法、居民委员会组织法的规定，基层群众性自治组织是指依照法律规定，以城乡村（居）民的居住地为纽带和范围设立，并由村（居）民选举产生的成员组成的，实行自我管理、自我教育、自我服务、自我监督的社会组织。

基层群众自治组织的选举是城乡村（居）民自治的重要内容，是村（居）民进行民主决策、民主管理、民主监督的开端和基础。

2.村（居）民委员会的选举原则

村（居）委员会的选举原则大致可以归纳为以下几点。

第一，普遍选举权原则。宪法和村民委员会组织法、居民委员会组织法都对公民的选举权和被选举权作出了具体规定，只要是年满十八周岁的中国公民，在没有被剥夺政治权利的情况下，都享有选举权和被选举权，都可以参与村（居）民委员会的选举，而不受民族、性别及职业等其他因素的限制。

第二，平等性原则。任何人在选举中都不得享有特权，选民对选举权的行使也不得被非法限制与歧视，任何一个选民在每次选举中只能在一个地方享有一个选举权。在换届选举中，所投票数多于投票人数的无效。每一选票所选人数多于应选名额的，选票无效。

第三，直接选举与间接选举原则。直接选举是指选民直接投票选

---

① 《决胜全面建成小康社会 夺取新时代中国特色社会主义伟大胜利》，中国共产党历次全国代表大会数据库，http://cpc.people.com.cn/GB/64162/64168/415039/index.html。

举，间接选举则是由选民选出代表或复选人，再由代表或复选人进行投票选举。村民委员会组织法规定村民委员会选举采取直接提名和直接选举的方式。而城市居民委员会则可以采取间接选举的方式。

第四，差额选举原则。差额选举是相对于等额选举而言的，即候选人名额应当多于应选名额。村民委员会组织法对差额选举有明确规定，规定候选人的名额应当多于应选名额。虽然居民委员会组织法并未规定这一原则，但在实际操作中，居民委员会的选举工作也基本遵循了差额选举原则。

第五，公开竞争原则。村民委员会组织法规定，村民选举委员会应当组织候选人与村民见面，由候选人介绍履行职责的设想，回答村民提出的问题。有些地区的立法中也规定"社区选举委员会应客观公正地向居民介绍正式候选人的情况"[1]。此外，选举活动的各个环节都应该透明、公开，以保证选举的公正和真实。

第六，秘密投票原则。村民委员会组织法对这一原则作出了明确规定。许多地区的居民委员会选举也遵循了这一原则，所有选民必须在秘密写票处填写选票。

（二）基层民主选基层民主选举需要遵循相应的程序

在正式投票支票之前，往往要经过投票动员、选民登记及产生候选人等几个程序。从图 3-1 可以看出，1988 年到 2018 年这 30 年间，我国自治组织单位总数呈现出先增长后下降的总态势，增长与下降的分水岭出现在 1995 年。从整体上看，村民委员会是我国自治组织的主体，虽然近些年村民委员会占我国自治组织的占比有所下降，但仍然保持在 83% 以上，而我国社区居委会的占比一直在 20% 以下，但

---

[1] 《中华人民共和国村民委员会组织法》，中华人民共和国民政部，http://www.mca.gov.cn/article/gk/fg/jczqhsqjs/201911/20191100021350.shtml。

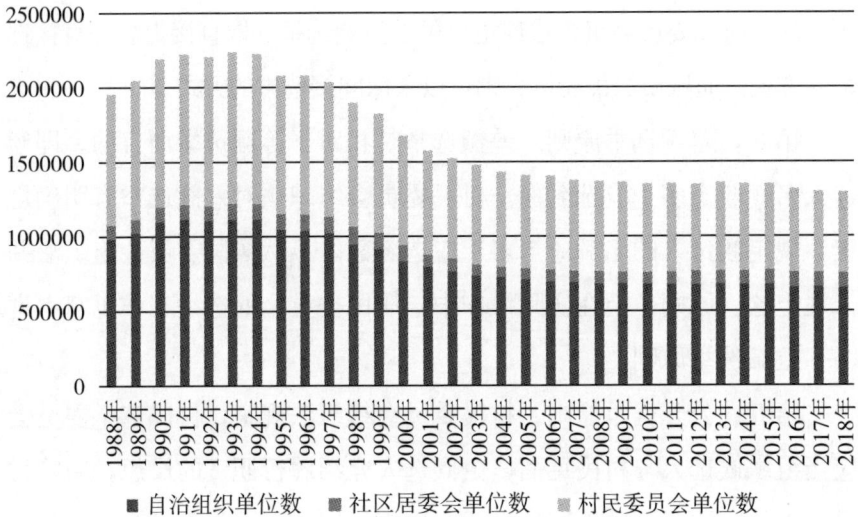

图 3-1　1988—2018 年我国自治组织单位数

数据来源：中国国家统计局年度数据

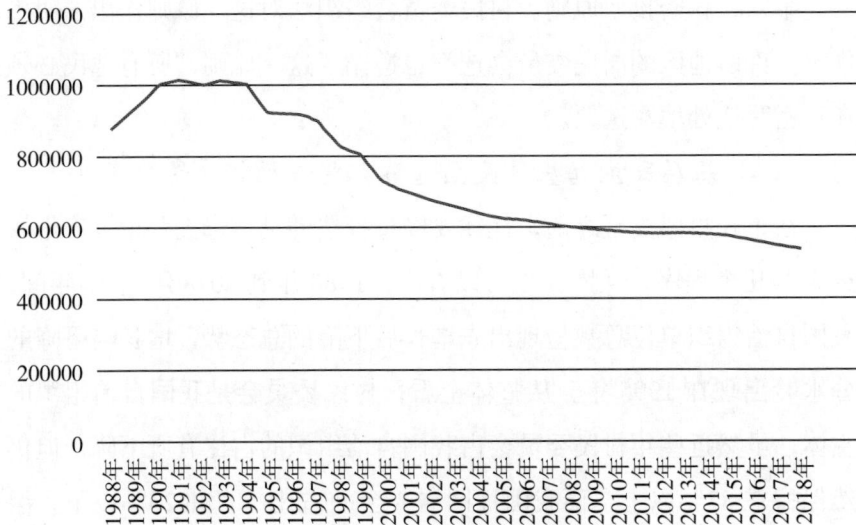

图 3-2　1988—2018 年我国村民委员会单位数

数据来源：中国国家统计局年度数据

根据目前的发展趋势，这一比例将会逐年攀升。

图 3-3 展示了 1988 年至 2018 年我国村民委员会单位数。根据国家统计局的数据，我国村民委员会单位数的变化趋势与自治组织单位数的变化趋势大致相同，1988 年到 1994 年，我国村民委员会单位数在波动中上升，1994 年之后，村民委员会单位数呈现出下降态势。2018 年我国共有村民委员会 542019 个。

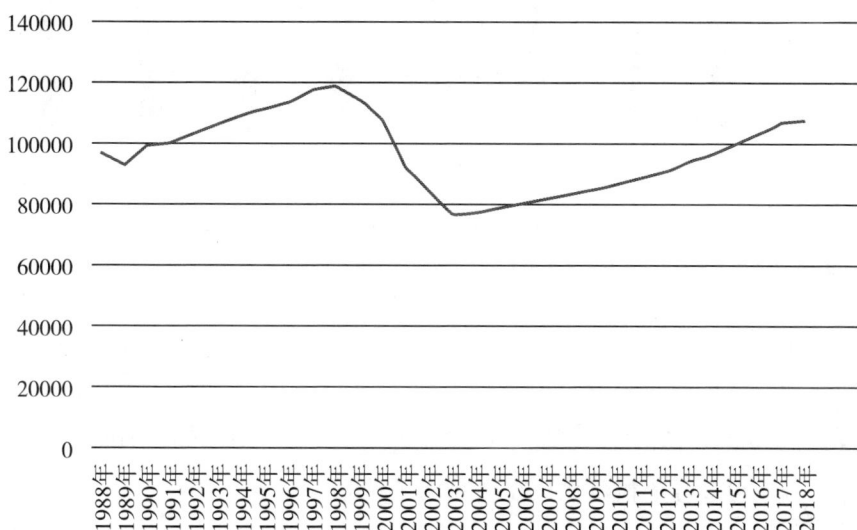

图 3-3　1988—2018 年我国社区居民委员会单位数

数据来源：中国国家统计局年度数据

由图 3-3 可以看出，近 30 年来，我国社区居委会的发展态势与自治组织单位总数及村民委员会单位数存在显著差异。1988 年至 1998 年，我国社区居委会单位数在波动中上升，并于 1998 年达到峰值 119042 个。此后的 5 年里，我国社区居委会单位数逐年下降，并于 2003 年到达低谷，为 77431 个。自 2003 年起，我国社区居委会单位数逐年上升，2018 年社区居委会的数量为 107869 个。

从图 3-4 可以直观地看出，2011 年到 2018 年，我国年完成选举

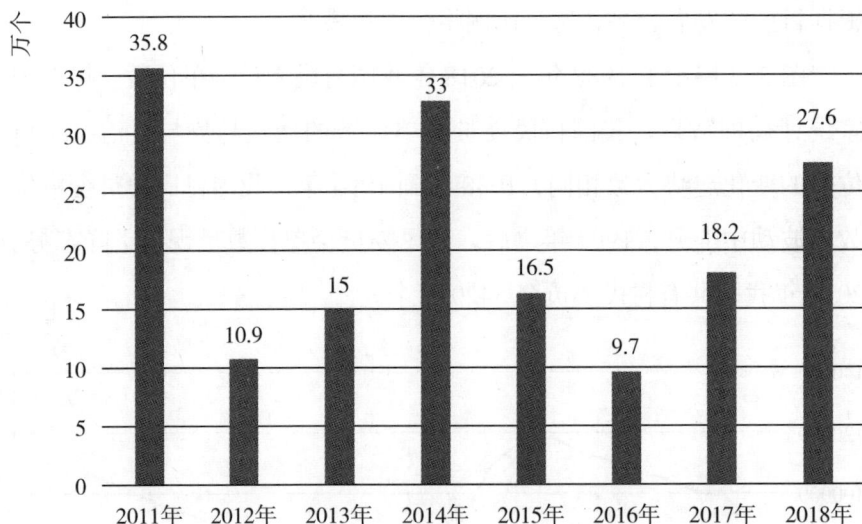

图 3-4   2011—2018 年我国完成选举村（居）委会个数

数据来源：民政部历年民政事业发展统计公报

村（居）委员会个数差异较大。2011 年完成选举村（居）委会个数最多，高达 35.8 万个，完成选举村（居）委会个数最少的年份为 2016 年，仅有 9.7 万个村（居）委会完成了选举。

图 3-5 展示了 2011 年至 2018 年每年的登记选民数、参与投票人数及基层民主参选率。由于每年完成选举村（居）委会个数存在较大差异，因此，2011 年至 2018 年每年的登记选民数及参与投票人数的差异也较大，登记选民数最多的年份是 2011 年，登记选民总数高达 4.5 亿人；登记选民数最少的年份为 2012 年，登记选民总数仅有 1.6 亿人。在参与投票人数方面，2011 年参与投票的人数最多，为 3.6 亿人，而 2016 年参与投票的人数最少，仅有 0.9 亿人参与了基层民主选举的投票。在基层民主参选率方面，近些年来，我国基层民主参选率波动较大，参选率最高的年份为 2017 年，基层民主参选率高达 87.5%，而 2016 年的基层民主参选率最低，仅为 52.94%。

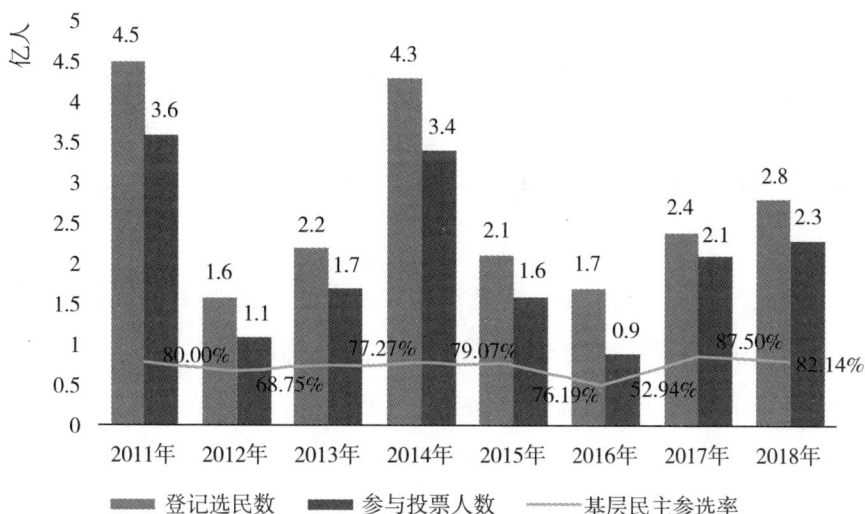

图 3-5　2011—2018 年我国基层民主参选率

数据来源：民政部历年民政事业发展统计公报

（三）总结

基层群众自治制度是我国的基本政治制度。在这一制度下，由居民（村民）选举的成员组成居民（村民）委员会，实行自我管理、自我教育、自我服务和自我监督。基层民主选举是我国基层民主的重要内容。但近些年，我国基层民主参选率仍然处于较低水平，基层民主选举制度仍存在较多问题。

首先，政治冷漠现象较为突出。在农村，大量劳动力选择进城务工，他们长期生活在城市里，因此对于他们来说，不管为谁投票其实对他们生活的影响并不大，返乡投票的成本较高；而留在农村的老年人和妇女比较容易受到传统观念和自身认知水平的约束，对村委会选举的态度比较消极，即便参与投票，很可能也只是走个形式。在城市中，由于城市生活节奏较快，各个年龄段的居民生活方式、生活压力不同，社区居民对社区的认同感普遍较低，不愿意多花精力参与基层民主选举。

其次，贿选等操纵选举的现象仍有发生。以村委会选举为例，由于农村根深蒂固的宗族观念和人情关系，村民在参加选举时极易受到候选人的影响，为了一些好处或顾及面子而选择为特定的候选人投票。

因此，应加大对基层民主选举的宣传力度，鼓励村民和居民积极参与基层民主选举。善于利用科技手段加大对候选人的宣传力度，为基层民主选举营造良好氛围。加强民主观念的宣传教育，提高村民和居民的参与意识。创新参与渠道，为村民和居民参与基层民主选举创造良好条件。加大对基层民主选举的监督，增强基层民主选举的透明度，继续推进基层民主选举观察员制度，以保证基层民主选举的公平公正。

二、每万名公务人员检察机关立案人数

中国共产党历来重视自身的廉政建设，反腐倡廉关系着我们党和国家的命运。

新中国成立至改革开放前的 30 年实践中，党的反腐倡廉工作呈现出一种运动式反腐的特点。首先，相继建立起人民监察委员会及中央监察委员会。与此同时，逐步开展"三反""五反"及整风整党运动，为了配合反腐运动，这一时期也出台了多个反腐倡廉党内法规。总体而言，在这一时期，我国将贪污问题视为是阶级斗争问题，因此选择使用具有"继续革命"色彩的群众运动治理贪污等问题（蒙慧，2020 年）。然而 1957 年以后，党政不分的问题愈发严重，监察部被撤销，"文化大革命"更是使对党的监督形同虚设。

党的十一届三中全会形成了以邓小平同志为核心的党的第二代中

央领导集体，邓小平同志"重拳反腐"的思想指导了这一时期的反腐倡廉工作。首先，邓小平同志高度重视反腐工作，指出"对于干部和共产党员来说，廉政建设要作为大事来抓"①。而且他多次强调"两手抓"，即"一手抓改革开放，一手抓打击犯罪和惩治腐败"，"在整个改革开放过程中都要反对腐败"②。其次，邓小平同志并不认同运动式反腐的做法，而是提出要使用教育和法制的手段，建立相应的监督制度，走群众路线，依靠群众的力量惩治腐败。

在邓小平同志"重拳反腐"思想的指导下，我国的反腐工作开展了一系列有效实践。在制度建设方面，党的十一届三中全会以后，人民法院、人民检察院和党的纪律检查机关都被恢复重建，审计署、国家监察部等部门相继建立。1983 年开展了为期三年半的全面大整顿。中共中央、国务院出台了《关于严禁党政机关和党政干部经商、办企业的决定》，严格实施政企分离、官商分离。

20 世纪 90 年代国际形势复杂多变，以江泽民同志为核心的党的第三代中央领导集体仍坚持反腐败工作。江泽民同志指出，"腐败是一种历史现象。它的主要表现是贪赃枉法、行贿受贿、敲诈勒索、权钱交易、挥霍人民财富、腐化堕落等。这种现象，从本质上说是剥削制度、剥削阶级的产物"③。他在历届党的代表大会上多次强调了反腐斗争的紧迫性、长期性和艰巨性，认为反对腐败是关系党和国家生死存亡的严重政治斗争，只有严惩腐败才能取信于民。"在长期执政的条件下，在对外开放和发展社会主义市场经济的环境中，党必须十分注重防范各种腐朽思想的侵蚀，维护党的队伍的纯洁"，"坚持标本兼治、综合治理的方针，逐步加大治腐的力度"，同时要"把反腐败

① 《邓小平文选》第 3 卷，人民出版社 1993 年版，第 379 页。
② 《邓小平文选》第 3 卷，人民出版社 1993 年版，第 314 页。
③ 《江泽民文选》第 1 卷，人民出版社 2006 年版，第 322—323 页。

寓于各项重要政策措施之中，从源头上预防和解决腐败问题"。① 他始终坚持，在反腐败斗争中，广大党员领导干部要以身作则，严于律己，带头同腐败现象作斗争。

这一时期，中纪委部署了"集中力量查办一批大案要案、加强对党政机关干部廉洁自律情况的监督检查、狠刹影响恶劣的歪风邪气"等三项具体反腐任务。与此同时，中共中央改革了纪检监察机关的设置，实行中纪委与监察部联署办公，"派驻纪检监察机构实行中央纪委监察部和所在党组的双重领导"的领导体制得以确立。1995 年，最高检正式成立反贪污贿赂总局。在教育方面，江泽民同志在 1995 年提出开展"三讲"教育，即讲学习、讲政治、讲正气，随后，"三讲"教育在全国范围内全面展开。

胡锦涛同志在党的十七大报告中首次使用"反腐倡廉建设"这一表述。由此，党的建设从之前的"思想、组织、作风、制度"建设被拓展为思想建设、组织建设、作风建设、制度建设和反腐倡廉建设。其次，党的十七大还首次将"加强廉政文化建设"写入报告并提出要"坚持深化改革和创新体制，加强廉政文化建设，形成拒腐防变教育长效机制、反腐倡廉制度体系、权力运行监控机制"。最后，党的十七大还提出了"坚持标本兼治、综合治理、惩防并举、注重预防"的方针，扎实推进惩治和预防腐败体系建设，在坚决惩治腐败的同时，更加注重治本，更加注重预防，更加注重制度建设，拓展从源头上防治腐败工作领域。

这一时期，反腐倡廉工作的相关法规制度得到完善。《建立健全教育、制度、监督并重的惩治和预防腐败体系实施纲要》《中国共产

---

① 《全面建设小康社会 开创中国特色社会主义事业新局面》，中国共产党历次全国代表大会数据库，http://cpc.people.com.cn/GB/64162/64168/64569/65444/4429125.html。

党纪律处分条例》《检察人员纪律处分条例（试行）》《国有企业领导人员廉洁从业若干规定（试行）》、公务员法、《关于渎职侵权犯罪案件立案标准的规定》《行政机关公务员处分条例》等相继颁布，反腐倡廉法规制度体系基本形成。同时，中央预防腐败的意识增强，反腐败工作的重心前移到了"源头腐败"。2007年9月13日，国家预防腐败局正式成立，各级地方政府也成立了相应级别的预防腐败机构。它们在宣传教育、制度建设、体制机制创新和源头防腐方面发挥了重要作用，这也标志着我国的反腐败工作重点从事后惩罚转变为事先预防，反腐败斗争逐步走向成熟（周立志，2018年）。

党的十八大特别是十八届三中全会以来，以习近平同志为核心的党中央对贪污腐败的打击力度进一步增加。党的十八大报告提出要坚持走中国特色反腐倡廉道路，确立了"标本兼治、综合治理、惩防并举、注重预防"的反腐倡廉方针。同时全面推进惩治和预防腐败体系建设，继续加强反腐倡廉教育和廉政文化建设，始终保持惩治腐败高压态势，不仅要坚决查处大案要案，还要着力解决发生在群众身边的腐败问题。党的十九大报告指出，要夺取反腐败斗争的压倒性胜利，并提出了反腐败斗争的十八字要求，即坚持"无禁区、全覆盖、零容忍，重遏制、强高压、长震慑"，只有这样才能强化不敢腐的震慑，扎牢不能腐的笼子，增强不想腐的自觉。

对腐败问题的零容忍是习近平总书记反复强调的重要内容之一。"四风"问题是诱发腐败的直接动因，2012年12月，中央政治局会议审议通过了中央政治局关于改进工作作风、密切联系群众的八项规定，针对"四风"问题坚决露头就打；其次，坚持"老虎""苍蝇"一起打，实现反腐败工作的全覆盖，既要严惩位高权重的"老虎"，又要惩治存在在群众身边的"苍蝇"，不放过任何一个腐败分子。

依法反腐，将权力关进制度的笼子里。习近平总书记强调，"要善于以法治思维和法治方式反对腐败，加强反腐败国家立法，加强反腐倡廉党内法规制度建设，让法律制度刚性运行"[1]，"铲除不良作风和腐败现象滋生蔓延的土壤，根本上要靠法规制度。要加强反腐倡廉法规制度建设，把法规制度建设贯穿到反腐倡廉各个领域、落实到制约和监督权力各个方面，发挥法规制度的激励约束作用，推动形成不敢腐不能腐不想腐的有效机制"[2]。在这一思想的指导下，近些年党中央先后制定和修订了 80 余部党内法规，基本形成以党章为根本，以民主集中制为核心，以《关于新形势下党内政治生活的若干准则》《中国共产党廉洁自律准则》《中国共产党党内监督条例》《中国共产党纪律处分条例》等法规为主干的党内法规制度体系（吴健雄，2020 年）。

注重教育，筑牢拒腐防变的思想道德防线。2013 年以来，全党开展了多次学习教育活动，例如 2015 年的"三严三实"主题教育、2016 年的"两学一做"以及最近的"不忘初心、牢记使命"主题教育，巩固全体党员的思想道德防线，科学有效预防腐败。

（一）数据展示

每万名公务人员检察机关立案人数是反映我国廉政建设的一个重要指标。由于我国仅在 2015 年和 2016 年公布了公务人员的总数，因此这里只关注每年我国检察机关立案人数的变化。

人民检察院直接立案侦查的案件包括贪污贿赂案件及渎职案件，贪污贿赂案件又包括贪污案件、贿赂案件、挪用公款案件、集体私分案件、巨额财产来源不明案件和其他贪污贿赂案件，渎职案件包括滥用职权案件、玩忽职守案件、徇私舞弊案件和其他渎职案件。由

---

[1] 《学习习近平同志关于机关党建重要论述》，党建读物出版社 2015 年版，第 111 页。

[2] 《习近平在中共中央政治局第二十四次集体学习时强调 加强反腐倡廉法规制度建设 让法规制度的力量充分释放》，《中国纪检监察》2015 年。

图 3-6 可以看出，我国人民检察院直接立案侦查案件立案人数的变化没有明显规律，除 2001 年外，我国人民检察院直接立案侦查案件立案人数均在 4 万人以上，2006 年至 2014 年人民检察院直接立案侦查案件立案人数逐年上升，2013 年至 2015 年更是连续三年超过 5 万人，峰值出现在 2014 年，人民检察院直接立案侦查案件立案人数达到 55101 人，之后人数逐年下降。2017 年，人民检察院直接立案侦查案件立案人数为 46113 人。这说明我国对公务员贪污贿赂及渎职案件的打击力度一直比较大，近两年人民检察院直接立案侦查案件立案人数下降是震慑力增加，公务人员更加遵纪守法的结果。

由图 3-7 可以看出，贪污贿赂案件一直是人民检察院直接立案侦查案件的主体，每年贪污贿赂案件立案人数都占人民检察院直接立案侦查案件人员的 50％以上。

由图 3-8 可以看出，除去 2001 年，我国人民检察院直接立案侦

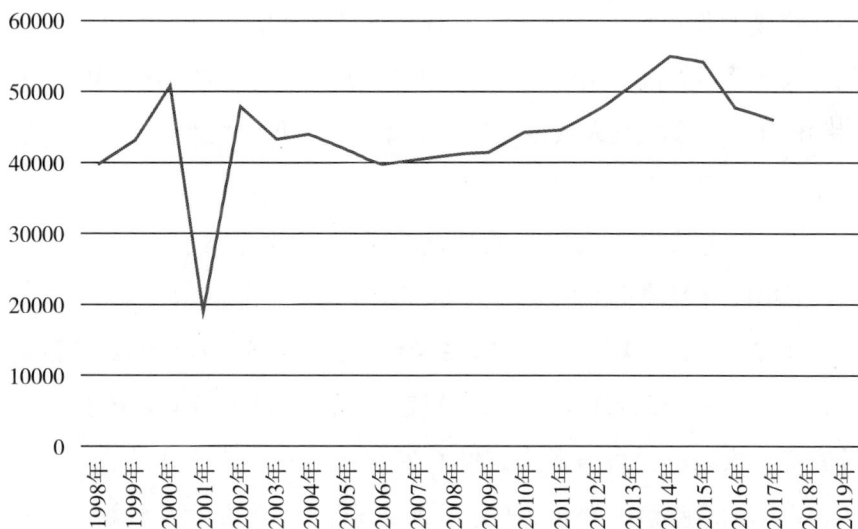

图 3-6　1998—2019 年人民检察院直接立案侦查案件立案人数（人）

数据来源：中国国家统计局

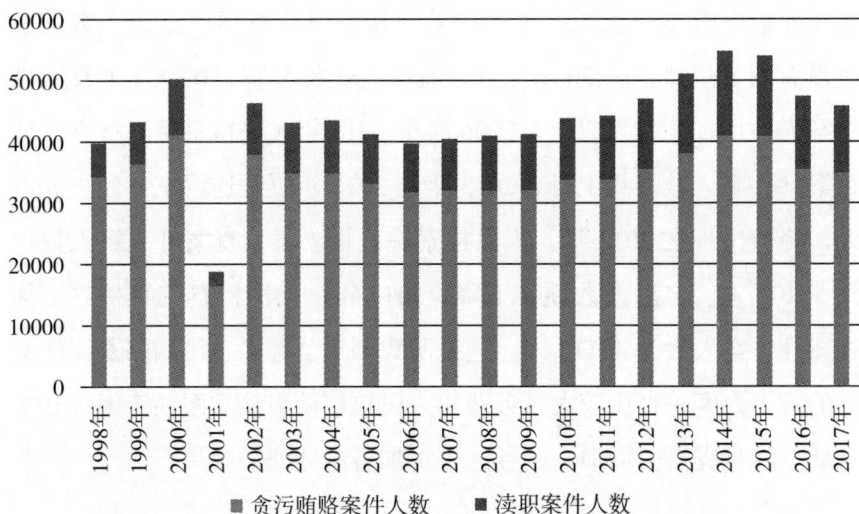

图 3-7　1998—2017 年贪污贿赂案件及渎职案件立案人数（人）

数据来源：中国国家统计局

查案件大案立案人数占比一直在 4% 至 9% 之间。2012 年之后，大案占比出现明显提高，反映出我国对公务员犯罪的打击力度进一步加强。大案立案人数占比最高的年份为 2015 年，其比例高达 8.4%，随后的两年，大案立案人数占比逐年下降，表明我国从严治党、反腐倡廉工作取得了一定的成效。

（二）党的十八大以来我国反腐倡廉成就总结

1.2012 年反腐倡廉成果

2012 年 12 月 4 日，中共中央政治局召开会议，审议通过了改进工作作风、密切联系群众的八项规定。2013 年 1 月 9 日，中央纪委监察部首次以电视直播形式通报了 2012 年查办案件工作情况。2012 年，全国纪检监察机关重点查办了 5 类案件，分别是违反政治纪律和组织人事纪律的案件、发生在领导机关和领导干部中的违纪违法案件、重点领域和部门的违纪违法案件、贪污贿赂和失职渎职案件及发

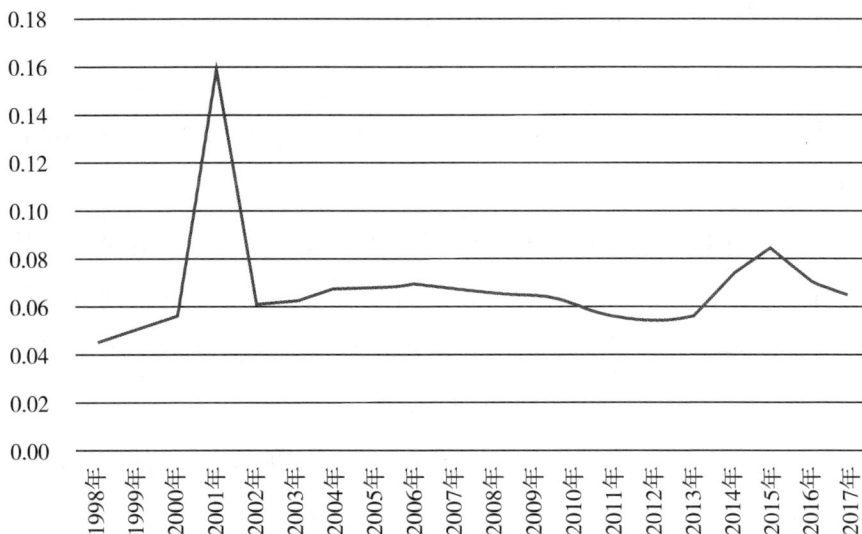

图 3-8　1998—2017 年大案人数占比

数据来源：由国家统计局相关数据计算而得

生在群众身边的违法违纪案件，共有超过 16 万人受到党纪政纪处分，3 万余人因贪污贿赂受处分。[①]

2.2013 年至 2017 年反腐倡廉成果[②]

五年来，各级纪检监察机关共查处违反中央八项规定精神的问题 18.9 万起，处理党员干部 25.6 万人；共立案审查违反政治纪律案件 1.5 万件，处分 1.5 万人，其中中管干部 112 人；经党中央批准立案审查的省军级以上党员干部及其他中管干部 440 人；全国纪检监察机关共接受信访举报 1218.6 万件（次），立案 154.5 万件，处分 153.7 万人，其中厅局级干部 8900 余人，县处级干部 6.3 万人，涉嫌犯罪被移送

---

① 《中央纪委监察部查办案件情况首次电视直播》，人民网，media.people.com.cn/
　　n/2013/0110/c40606—20153510.html。

② 数据来自《十八届中央纪委向党的十九大的工作报告》，中央纪委国家监察网
　　站，www.ccdi.gov.cn/xxgk/hyzl/201710/t20171031_114178.html。

司法机关处理 5.8 万人；中央巡视工作领导小组召开 115 次会议，组织开展 12 轮巡视，共巡视 277 个党组织，形成专题报告 230 份，向党中央和国务院分管领导通报巡视情况 59 次，向中央改革办报送 89 份专题报告。

2014 年以来，全国共有 7020 个单位党委（党组）、党总支、党支部，430 个纪委（纪检组）和 6.5 万余名党员领导干部被问责。我国共从 90 多个国家和地区追回外逃人员 3453 名，追赃 95.1 亿元，"百名红通人员"中已有 48 人落网。

2015 年以来，全国纪检监察机关实践"四种形态"，用严明的纪律管全党治全党，共处理 204.8 万人次，其中，第一种形态批评教育、谈话函询占 46.7%，第二种形态纪律轻处分、组织调整占 39.9%，第三种形态纪律重处分、重大职务调整 15.6 万人次，占 7.6%，第四种形态严重违纪涉嫌违法立案审查占 5.8%，被开除党籍、移送司法机关的真正成为极少数。

3.2018 年至 2019 年反腐倡廉成果①

两年来各级纪检监察机关共立案审查存在违反政治纪律行为案件 4.5 万件，处分 4.5 万人，其中中管干部 52 人。在执行八项规定方面，中央纪委国家监委分 12 批公开通报了 81 起典型案例，全国共查处相关问题 12.6 万起，处理党员干部 17.8 万人，坚决防止"四风"反弹回潮。

在"四种形态"运用方面，全国纪检监察机关共处理 358.6 万人次。在问责方面，2018 年中央纪委国家监委通报曝光 7 起落实主体

---

① 数据来自《赵乐际在十九届三次全会上的工作报告》及《赵乐际在十九届中央纪委四次会议上的工作报告》，中央纪委国家监察网站，http://www.ccdi.gov.cn/xxgk/hyzl/201902/t20190221_188870.html，http://www.ccdi.gov.cn/xxgk/hyzl/202002/t20200224_212152.html。

责任和监督责任不力被问责的典型案例。全国共有超过 2.1 万个单位党委（党组）、党总支、党支部，345 个纪委（纪检组），10.6 万名党员领导干部被问责，失责必问、问责必严成为常态。

在惩治腐败方面，两年来中央纪委国家监委立案审查调查中管干部 113 人，全国纪检监察机关共对 111.3 万名党员作出党纪处分，对 13.5 万名公职人员作出政务处分，党的十九大以来共有 1.5 万余名党员干部主动投案。

中央严厉打击发生在群众身边的腐败现象。2018 年，全国共查处扶贫领域腐败和作风问题 13.1 万件，处理 17.7 万人，中央纪委国家监委通报 21 起典型案例。全国共查处发生在群众身边腐败和作风问题 23.5 万件，处理 30.9 万人。全国共查结涉黑涉恶腐败问题 1.4 万起，给予党纪政务处分 1 万余人，移送司法机关 1899 人。2019 年扶贫领域腐败和作风问题共 8.5 万件，较 2019 年有所下降，全国共立案查处涉黑涉恶腐败和"保护伞"问题 3.8 万起，给予党纪政务处分 3.2 万余人，移动司法机关 4900 人，共查处民生领域侵害群众利益问题 10.4 万起，处理 13.2 万人。

开展"天网 2018"行动，发布敦促外逃人员投案自首的公告，追回 1335 名外逃人员，其中"百名红通人员"5 名，追回赃款 35.4 亿元。2019 年"天网"行动继续开展，追回外逃人员 2041 人，其中"百名红通人员"4 名，"红通人员"40 名，党员和国家工作人员 860 人，追回赃款 54.2 亿元。

（三）总结

反腐倡廉工作关系着党和国家的命运。中国共产党自成立之初就高度重视自身廉洁建设，其反腐倡廉工作经历了从运动式反腐向依靠教育与法制反腐、从注重事后惩罚向注重事前预防的转变，走出了一条中国特色的反腐倡廉道路。

三、每万人拥有律师数

律师制度是现代国家法律制度中的一个重要组成部分。新中国成立之后，我国现代意义上的律师制度才真正建立。20世纪50年代，我国的律师队伍逐渐壮大。1956年1月，国务院正式批准了司法部提出的《关于建立律师制度的请示报告》，明确规定了律师的工作机构、性质、任务及任职资格等，并建议通过国家立法正式确认律师制度。司法部于1957年完成了《律师暂行条例（草案)》（熊秋红，1999年）。受"左"倾思潮和"反右斗争扩大化"的影响，律师制度随之夭折。"文革"期间，社会主义法制遭到践踏，许多律师或学者被当成专政对象，受到了极为不公正的对待，律师队伍遭受重创。

1978年，党的十一届三中全会将全党工作重心转移到经济建设上来，提出要加强社会主义法制，使民主制度化、法律化。我国的律师制度也随之恢复重建。1980年8月26日，第五届全国人大常委会第十五次会议通过和颁布了《中华人民共和国律师暂行条例》，对律师的任务和权利、律师资格及律师工作机构等作出了系统制定，是新中国建立以来第一部关于律师制度的专门性法律文件，标志着我国律师制度的建立和发展步入了法制化轨道。该条例将律师视为"国家的法律工作者"，"律师执行职务的工作机构是法律顾问处"，"法律顾问处是事业单位，受国家司法行政机关的组织领导和业务监督"。因此，律师不是私人开业和自由职业者，法律顾问处的经费和编制由国家统包，在组织和业务上服从国家行政机关的领导。在当时的时代背景下，将律师业纳入国家公职范围的做法有利于提高律师的社会政治地位，推动我国律师制度建设和律师业发展（张志铭，2013年）。

1996年5月，第八届全国人民代表大会常务委员会第十九次会议通过了《中华人民共和国律师法》，律师的性质转变为"依法取得律师执业证书，为社会提供法律服务的执业人员"，律师不再是"国家法律工作者"，而是社会法律工作者。只有律师资格全国统一考试合格者才能被授予律师资格。此外，"律师事务所是律师的执业机构"，除去国家出资设立的律师事务所，律师可以设立自负盈亏的合作律师事务所和国际上通行的合伙律师事务所。律师事务所作为"市场中介组织"的定位日益明显。

随着时代的发展，《中华人民共和国律师法》在 2001 年、2007 年、2012 年和 2017 年经历了 4 次不同程度的修改。律师的性质转变为"依法取得法律执业证书，接受委托或者指定，为当事人提供法律服务的执业人员"，"律师应当维护当事人合法权益，维护法律正确实施，维护社会公平和正义"。同时，吸纳符合条件的高等院校、科研机构中从事法律教育、研究工作的人员加入律师队伍，律师队伍得到进一步壮大。此外，个人律师事务所的形式也得到了认可。

党的十八大以来，习近平总书记高度重视律师工作和律师队伍建设，党的十八届三中全会更是将改革完善律师制度作为全面深化改革的重要内容，律师制度的发展迎来全新局面。

（一）律师发展现状

截至 2019 年底，全国共有执业律师 47.3 万多人，比 2018 年底增长了 11.8%。律师人数超过 1 万人的省（区、市）共有 18 个，分别是北京、河北、山西、辽宁、上海、江苏、浙江、安徽、福建、山东、河南、湖北、湖南、广东、重庆、四川、云南、陕西；超过 2 万人的省（市）有 8 个；超过 3 万人的省（市）有 4 个，分别是北京、广东、江苏、山东。从律师类别看，专职律师人数最多，占律师总体的 84%，兼职律师 1.25 万多人，占 2.66%，公职律师 4.33 万人，占 9.17%，公司律师及军队律师占比共为 2.63%。从文化程度看，本科学历的律师人数最多，占总人数的 73.49%；硕士研究生学历的律师 8.2 万多人，占 19.38%；博士研究生学历的律师 1 万多人，占 2.47%；本科学历以下的律师 1.9 万多人，占 4.65%。在国境外接受过教育并获得学位的律师 7000 人，占 1.65%。从年龄结构来看，我国律师队伍整体较为年轻，49 岁及以下的律师占比超过 80%。

由图 3-9 可以看出，2008 年以来，我国的每万人拥有律师数逐年快速增长。2018 年，我国每万人拥有律师数首次超过 3 名，为历年来最高。

根据地域，此处选取山西省、上海市、安徽省、重庆市、宁夏回族自治区、福建省和山东省进行更加具体的比较。在这几个地区里，山东省常住人口最多，其次为上海市和安徽省，常住人口最少的为宁夏回族自治区。近些年来，上海市每万人拥有律师数远远高于其余省、自治区、直辖市，每万人拥有律师数接近 10 名，其次为山西省，每万人拥有律师数为 7 名左右，处于中部地区的安徽省每万人拥有律师数最低，数值还不到 2 名。地区差异较为明显。但福建省作为东部沿海经济比较发达的省份，每万人拥有律师数仅高于中部地区的安徽省，由此可见，每万人口拥有律师数的差距不能单纯依据经济水平及地理位置作出解释。

（二）总结

改革开放以来，我国律师的身份经历了从"国家法律工作者"向社会法律工作者，再向"为当事人提供法律服务的执业人员"形式的转变，形成了各种形式的律师事务所共存的良好局面，律师队伍的数量和质量都得到了显著提升，我国律师制度日益完善。律师是全面推进依法治国方略的生力军，是"法律职业共同体"中的一员，应充分发挥有效保障司法公平公正的作用。

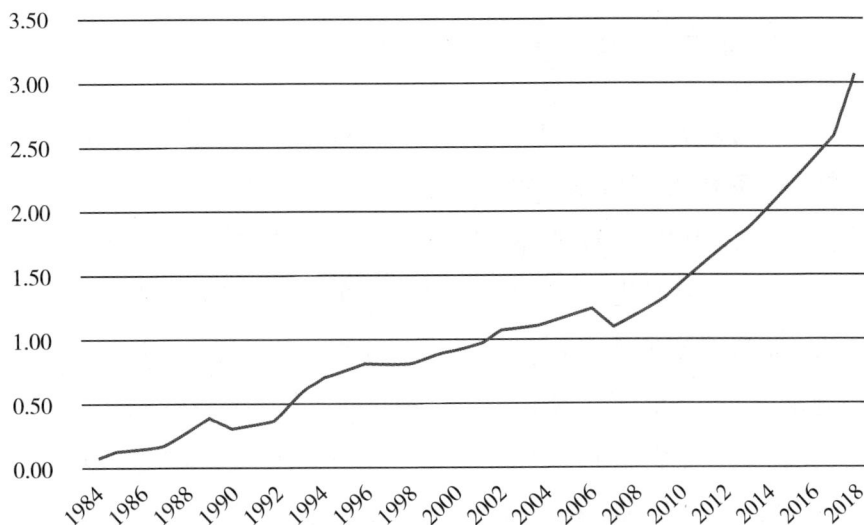

图 3-9　1984—2018 年全国每万人口拥有律师数

数据来源：由国家统计局相关数据计算而得

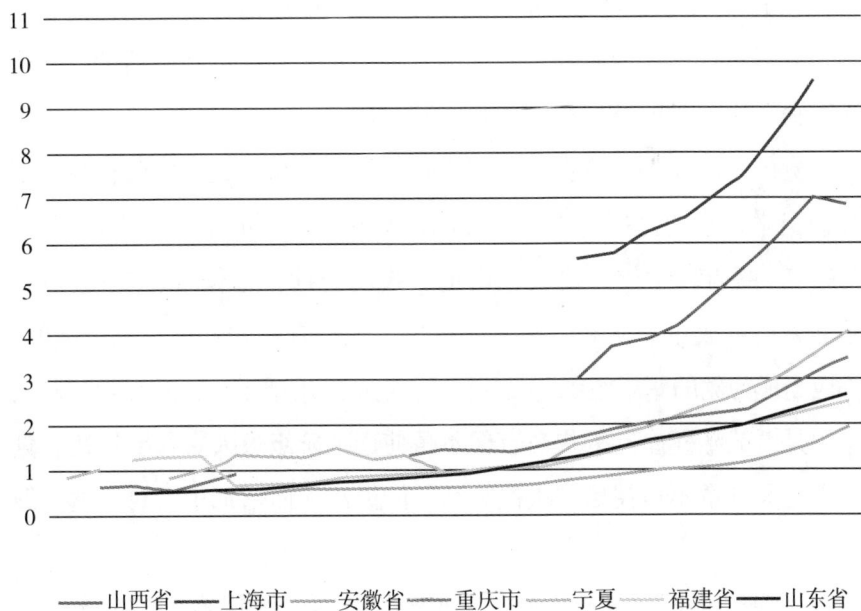

——山西省 ——上海市 ——安徽省 ——重庆市 ——宁夏 ——福建省 ——山东省

图 3-10　1995—2018 年典型省份每万人口拥有律师数

数据来源：由各省份历年统计年鉴相关数据计算而得

四、中国共产党党员和党支部发展情况

我们党素来注重基层党组织的建设，因为中国共产党的成立正是建立在当时各地的共产主义小组之上的。基层党组织在党和国家的建设中发挥着重要的作用，但其在不同的历史阶段所承担的作用并不相同。

在计划经济时代，党的八大明确了党的基层组织这一概念，中共八大党章最能体现当时我们党对基层党组织的功能定位。党的八大党章规定："每一个工厂、矿山或者其他企业，每一个乡和民族乡，每一个镇，每一个农业生产合作社，每一个机关、学校和街道，人民解放军的每一个连队和其他基层单位，凡是有正式党员三人以上的，都应当成立党的基层组织。"[1] 此外，党的八大党章指出"党的基层组织必须把工人、农民、知识分子和其他爱国人民同党和党的领导机关密切联系起来"，规定了党的基层组织需要承担包括宣传组织、接收成员、开展批评与自我批评等在内的八项基本任务。但在随后的"文化大革命"中，党的基层组织建设受到重创。

党的十一届三中全会后，我党将工作重心从阶级斗争转移到经济建设上来，党的基层党组织也逐渐恢复建设。党的十二大党章规定，"工厂、商店、学校、机关、街道、人民公社、合作社、农场、乡、镇、人民解放军连队和其他基层单位，凡是有正式党员三人以上的，都应当成为党的基层组织"[2]。十二大党章继承了十一大党章党的基层组织是"战斗堡垒"的提法，但不再使用"阶级敌人"这一说法。党的十三大党章不再使用"人民公社"的说法，而增加了"村"这一做

---

[1] 《中国共产党章程（1956年通过）》，中国共产党历次全国代表大会数据库，cpc.people.com.cn/GB/64162/64168/64560/65452/6412169.html。

[2] 《中国共产党章程（1982年通过）》，共产党员网，http://fuwu.12371.cn/2014/12/24/ARTI1419388285737423.shtml。

法。党的十三大报告更是指出，无产阶级政党的力量和作用取决于党员的质量而不是数量，取决于他们执行党的路线的坚定性和对共产主义事业的忠诚。进入 20 世纪 90 年代后，党的十五大对党章进行了相应的修改，将党的基层组织重新定义为"党的基层组织是党在社会基层组织中的战斗堡垒，是党的全部工作和战斗力的基础"①。在基本任务中，在学习内容方面增加了"建设有中国特色社会主义的理论"，此后，党章中关于党的基层组织的说法并无较大修改。党的十五大党章在学习内容方面将"建设有中国特色社会主义的理论"修改为"邓小平理论"。十六大党章在学习内容方面加入了"'三个代表'重要思想"，党的十六大报告更是指出党的基层组织应该成为"三个代表"重要思想的组织者、推动者和实践者，要坚持围绕中心、服务大局，拓宽领域、强化功能，扩大党的工作的覆盖面，不断提高党的基层组织的凝聚力和战斗力。十七大党章在学习内容方面增加了对"科学发展观"的学习，在党的十七大报告中强调了要加强和改进流动党员的管理。党的十八大提出要加强基层服务型党组织建设，十八大党章对党的基层组织的规定方面并无较大修改。党的十九大报告重点强调了要提升基层党组织的组织力，十九大党章在学习内容方面增加了"习近平新时代中国特色社会主义思想"，并指出要将"两学一做"学习教育常态化、制度化，在街道、乡、镇党的基层委员会和村、社区党组织的工作方面，增加了领导基层社会治理的内容，并着重指出"党支部是党的基础组织，担负直接教育党员、管理党员、监督党员和组织群众、宣传群众、凝聚群众、服务群众的职责"。

---

① 《中国共产党章程（1997 年通过）》，共产党员网，http://news.12371.cn/2015/03/11/ARTI1426058924024547.shtml。

（一）中国共产党党员发展情况

中国共产党是马克思主义同中国工人运动相结合的产物，1921年7月23日，党的第一次全国代表大会在上海召开，全国各地的共产主义小组共推举了12人参加此次会议。中共一大标志着中国共产党的成立。中国共产党在成立之初仅有57名党员，2019年中国共产党已经发展成为一个拥有9191.4万党员的世界第一大党。党员是党的肌体的细胞和党的活动的主体，党员队伍建设是党的建设的基础工程。党的十八大以来，党中央高度重视党员队伍建设，并作出一系列新的重大部署。2013年2月，中共中央办公厅印发了《关于加强新形势下发展党员和党员管理工作的意见》。《意见》指出，在新形势下随着党员队伍越来越壮大，管党治党任务更加艰巨。因此，要按照控制总量、优化结构、提高质量、发挥作用的总要求，努力建设一支规模适度、结构合理、素质优良、纪律严明、作用突出的党员队伍，夯实党执政的组织基础，为全面建成小康社会、夺取中国特色主义新胜利提供坚强组织保证。要优化党员队伍结构，保持党员队伍适度规模。在未来十年，应将全国党员数量年均净增长率控制在1.5%左右。

2014年5月28日，中共中央办公厅印发了《中国共产党发展党员工作细则》（以下简称《细则》），取代了1990年颁布的《中国共产党发展党员工作细则（试行）》。发展党员"控制总量、优化结构、提高质量、发挥作用"的总要求被写入《细则》，指出要始终把政治标准放在党员标准的首位。《细则》还对申请入党的年龄进行了限制。

由图3-11可以看出，中国共产党党员人数逐年增加，从2012年的8512.7万人增长到2019年的9191.4万人。2013年至2017年，中国共产党党员人数增幅逐年下降，增速从1.8%降至0.1%，2018年稍有回升，增速提至1.2%，2019年增速上升至1.46%，但仍控制在1.5%之内。

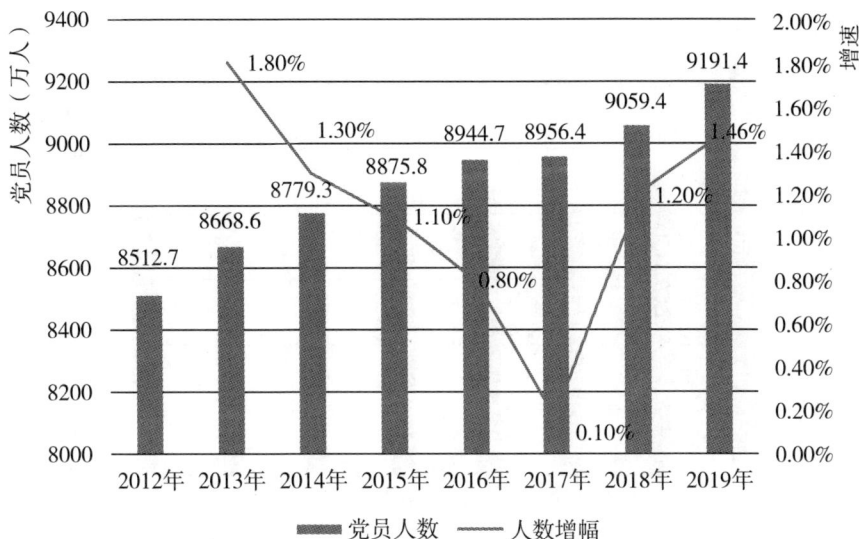

图 3-11　2012—2019 中国共产党党员人数及增速

数据来源：由中组部历年党内统计公报整理而得

　　图 3-11 展示了每年中国共产党发展党员人数的变化情况。2012 年至 2016 年，中国共产党发展党员人数逐年下降。2017 年开始，中国共产党发展党员人数稍有回升，年增速在 3.6% 左右，2019 年增速猛增至 14.06%。

　　图 3-13 展示了中国共产党发展党员队伍的具体情况。2012 年至 2019 年，中国共产党发展党员队伍结构不断完善。女性发展党员所占比例从 39.3% 增至 42.4%，少数民族发展党员所占比例也逐渐稳定在 10% 左右。发展党员的受教育水平显著提高，2012 年具有大专及以上学历的发展党员仅占发展党员总数的 33%，2019 年这一比例提升至 45.6%。发展党员一直比较年轻，35 岁及以下的发展党员人数占比一直保持在 80% 以上。在生产、工作一线发展党员占总发展党员的比例整体呈上升趋势，从 2012 年的 44.2% 增至 2019 年的 52.1%。

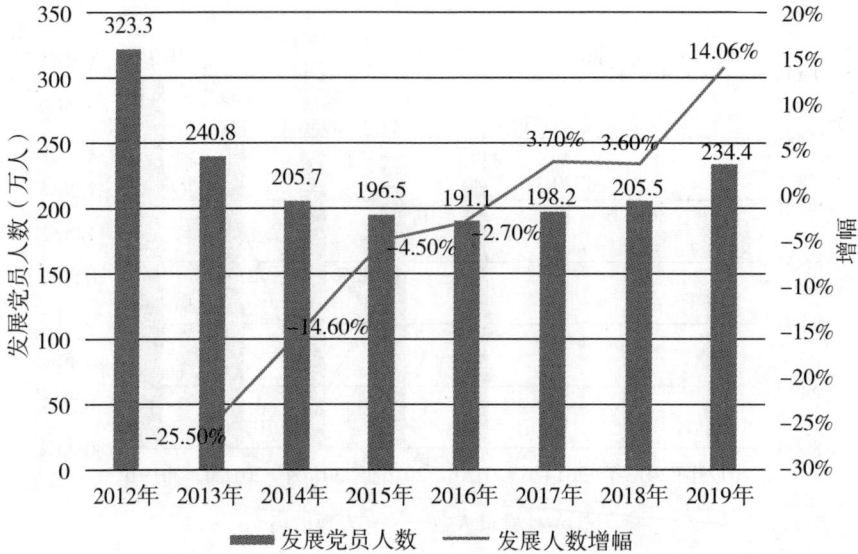

图 3-12　2012—2019 中国共产党发展党员人数及增速

数据来源：由中组部历年党内统计公报整理而得

2012 年至 2019 年，我国党员队伍结构不断优化，素质进一步提高。党员队伍中的女性党员、少数民族党员及大专及以上学历党员的人数占比逐年上升。女党员所占比例从 2012 年的 23.8% 升至 2019 年的 27.9%。少数民族党员所占比例从 2012 年的 6.8% 升至 2019 年的 7.4%。大专及以上学历的党员人数占比从 2012 年的 25.6% 增至 2019 年的 50.7%。

（二）中国共产党党支部发展情况

党支部是党的基层组织，"支部建在连上"，是我们党的光荣传统。党的十八大以来，全面从严治党作为"四个全面"战略布局的重要组成部分，已经成为党的建设的鲜明主题。由于存在党的基层组织薄弱问题，党中央高度重视党支部建设，要求树立党的一切工作到支部的鲜明导向，把全面从严治党落实到每个支部、每名党员，推动全党形成大抓基层、大抓支部的良好态势。2018 年 7 月，习近平总书

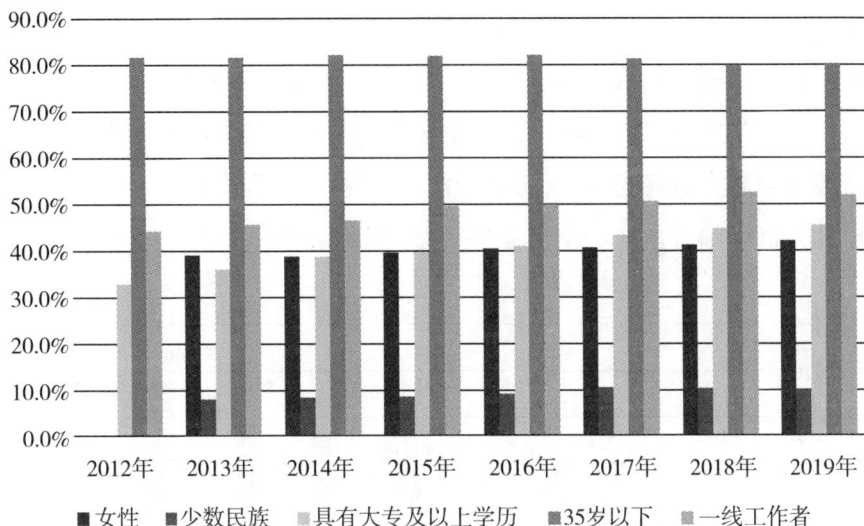

图 3-13 2012—2019 中国共产党发展党员情况

数据来源：由中组部历年党内统计公报整理而得

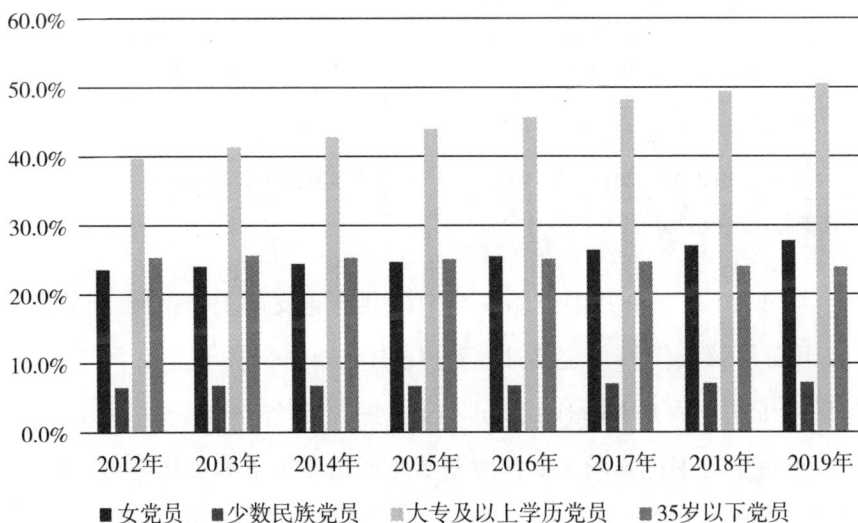

图 3-14 2012—2019 中国共产党员队伍情况

数据来源：由中组部历年党内统计公报整理而得

记在全国组织工作会议上提出了新时代党的组织路线，即"全面贯彻新时代中国特色社会主义思想，以组织体系建设为重点，着力培养忠诚干净担当的高素质干部，着力集聚爱国奉献的各方面优秀人才，坚持德才兼备、以德为先、任人唯贤，为坚持和加强党的全面领导、坚持和发展中国特色社会主义提供坚强组织保证"[1]。

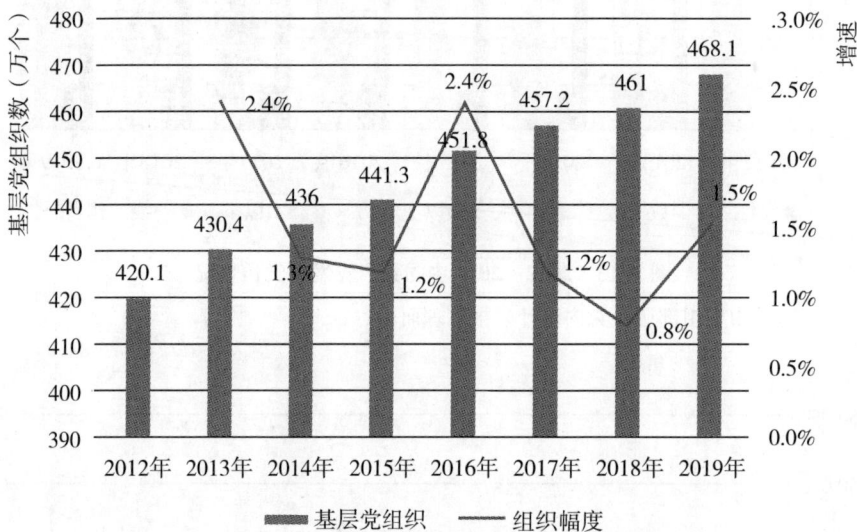

图 3-15　2012—2019 中国共产党员基层党组织数量及增速

数据来源：由中组部历年党内统计公报整理而得

同年 10 月，中共中央印发《中国共产党支部工作条例（试行）》（以下简称《条例》），这是我们党历史上第一部关于党支部工作的基础主干法规，是新时代党支部建设的基本遵循。

习近平总书记强调，要扩大基层党的组织覆盖和工作覆盖。近些年来，基层党组织设置方式不断创新，覆盖面进一步扩大。2019 年，

---

[1] 《准确把握新时代党的组织路线》，求是网，http://www.qstheory.cn/dukan/qs/2018—10/15/c_1123554566.htm。

城市街道、乡镇、社区（居委会）、行政村党组织的覆盖率均已超过99%。机关、事业单位、企业和社会组织党组织基本实现了应建尽建。

（三）总结

经过近100年的发展，中国共产党已经发展成为拥有9191.4万名党员、468万余个基层党组织的世界第一大党。多年来，中国共产党党员队伍不断优化，党员质量显著提升。基层党组织也更加注重加强自身组织力的增强，有效发挥了自身作为战斗堡垒的作用。

五、民主党派发展

（一）中国共产党领导的多党合作和政治协商制度

中国共产党领导的多党合作和政治协商制度是新型政党制度，1949年第一届中国人民政治协商会议的召开标志着我国新型政党制度的正式确立。各民主党派是中国共产党的亲密战友，曾同共产党一道为推翻国民党反动统治和建立独立、民主、自由、富强的新中国而共同奋斗。1956年，毛泽东在《论十大关系》的讲话中明确指出，多个党共同存在要比只有一个政党好，各政党可以长期共存，相互监督。随后，党的八大报告正式将"长期共存、互相监督"确定为我国政党关系的基本方针。然而，由于受反右扩大化和"文化大革命"的影响，我国新型政党制度遭到巨大损害，中国共产党同各民主党派的合作也一度陷入停滞。

党的十一届三中全会后，随着我们党将工作重心转移到经济建设上来，我国新型政党制度建设也步入了新阶段。1982年，党的十二大报告将"长期共存、互相监督"方针发展成为"长期共存、互相监督、肝胆相照、荣辱与共"的十六字方针。1989年，中共中央颁布了《关于坚持和完善中国共产党领导的多党合作和政治协商制度的意见》(以下简称《意见》)。《意见》中指出,"中国共产党领导的多党合作和政治协商制度是在长期革命与建设中形成和发展起来的,是我国的一项基本政治制度,并进一步明确了中国共产党的执政党地位和各民主党派的参政党地位,民主党派要发挥参政和监督的作用"①。1992 年,党的十四大报告将中国共产党领导的多党合作和政治协商制度写入建设有中国特色社会主义理论。1993 年,中国共产党领导的多党合作和政治协商制度被写入宪法,为新型政党制度的发展提供了充分的保障。1997 年,党的十五大将其纳入党在社会主义初级阶段的基本纲领。2005 年,中共中央颁发了《关于进一步加强中国共产党领导的多党合作和政治协商制度建设的意见》,推动了多党合作制度化、规范化和程序化建设。

党的十八大以来,中国共产党领导的多党合作和政治协商制度得到了进一步发展。习近平总书记明确指出:"中国共产党领导的多党合作和政治协商制度作为我国一项基本政治制度,是中国共产党、中国人民和各民主党派、无党派人士的伟大政治创造,是从中国土壤中生长出来的新型政党制度"②。2015 年,中共中央颁布的《中国共产党统一战线工作条例(试行)》以党内法规的形式将民主党派的性质明确为中国特色社会主义参政党,并对其地位和作用进行了进一步规范,政治协商也更加规范化。2015 年,中共中央先后公布了《关于加强社会主义协商民主建设的意见》和《关于加强政党协商的意见》,提出了"政党协商"的概念,并进一步规定了中央层面政党协商的七

---

① 《中共中央关于坚持和完善中国共产党领导的多党合作和政治协商制度的意见》,中国共产党新闻,http://cpc.people.com.cn/GB/64107/65708/65722/4444523.html。

② 《习近平在看望参加政协会议的民盟致公党无党派人士侨联界委员时强调 坚持多党合作发展社会主义民主政治 为决胜全面建成小康社会而奋斗》,《人民日报》2018 年 3 月 5 日。

大协商内容、三种协商形式、四大保障机制，明确了协商程序。"政党协商是中国共产党同民主党派基于共同的政治目标，就党和国家重大方针政策和重要事务，在决策之前和决策实施之中，直接进行政治协商的重要民主形式"，"政党协商是中国共产党领导的多党合作和政治协商制度的重要内容，是社会主义协商民主体系的重要组成部分，是中国共产党提高执政能力的重要途径"，"加强政党协商，有利于扩大民主党派和无党派人士有序政治参与、畅通意见表达渠道，有利于增进政治共识、广泛凝心聚力，有利于促进科学民主决策、推进国家治理体系和治理能力现代化"①。政党协商是各协商民主形式之首，民主党派、无党派人士与工商联可以就中共全国代表大会重要文件、宪法修改建议、重要法律的制定与修改、国家领导人建议人选、国民经济和社会发展的中长期规划以及年度经济社会发展情况、关系改革发展稳定的重要问题、统一战线和多党合作的重大问题等一系列重要问题同中共中央开展政党协商，具体的政党协商形式包括会议协商、约谈协商及书面协商等，建立知情明政机制、考察调研机制、工作联系机制及协商反馈机制等保障政党协商的顺利有序进行。党的十九大报告又一次强调了政党协商在协商民主制度中的重要地位，并提出要坚持长期共存、互相监督、肝胆相照、荣辱与共，支持民主党派按照中国特色社会主义参政党要求更好地履行职能。

（二）八大民主党派的发展情况②

目前，中国共有八个民主党派，分别是中国国民党革命委员会、中国民主同盟、中国民主建国会、中国民主促进会、中国农工民主党、中国致公党、九三学社及台湾民主自治同盟。其中，中国致公党

---

① 中共中央办公厅印发《关于加强政党协商的实施意见》，www.gov.cn/xinwen/2015—12/10/content_5022453.htm。

② 本部分介绍和数据都来源于各大民主党派的官网简介。

的历史最为悠久，其建立于 1925 年。而中国民主同盟的党员人数最多，截至 2018 年底，民盟共有成员 30 余万人。目前，各民主党派都活跃在政协、人大、各级政府和司法机关的相关工作中。

（三）总结

中国共产党和各民主党派一直是通力合作的亲密友党，各民主党派在我国革命、建设事业中都发挥了极为重要的作用。党的十九大后，中共中央专门给八个民主党派中央发感谢信，充分肯定了各民主党派和无党派人士做出的成就，并明确提出三个"坚定不移"："坚定不移坚持和完善中国共产党领导的多党合作和政治协商制度，坚定不移贯彻长期共存、互相监督、肝胆相照、荣辱与共的方针，坚定不移支持各民主党派履行职能发挥作用，把多党合作事业继续推向前进"。

各民主党派作为参政党，是我国国家治理的重要主体。未来，各民主党派应当重视自身建设，吸引更多优秀人才，提高自身参政议政和民主监督的能力，"做中国共产党的好参谋、好帮手、好同事，增强责任和担当，共同把中国的事情办好"[1]。

第三节　中国特色社会主义政治建设
主要成就及经验

一、主要成就

40 余年来，我国社会主义政治建设在改革开放和现代化建设中

---

[1] 《习近平在看望参加政协会议的民盟致公党无党派人士侨联界委员时强调 坚持多党合作发展社会主义民主政治 为决胜全面建成小康社会而奋斗》，《人民日报》2018 年 3 月 5 日。

持续推进，走出了一条中国特色社会主义政治发展道路，在民主和法治建设方面取得了显著的成就。

（一）社会主义民主政治得到较大发展

1. 社会主义民主政治衡量标准得以确立

改革开放伊始，邓小平同志就指出"没有民主就没有社会主义，就没有社会主义的现代化"[①]。要根据我国国情建设社会主义民主，而不能照搬资本主义国家的民主。"中国人民今天所需要的民主，只能是社会主义民主或称人民民主，而不是资产阶级的个人主义的民主"[②]。"资本主义社会讲的民主是资产阶级的民主，实际上是垄断资本的民主，无非是多党竞选、三权鼎立、两院制。我们的制度是人民代表大会制度，共产党领导下的人民民主制度，不能搞西方那一套"[③]。我国的民主集中制拥有独特的优势，因此，邓小平同志强调，绝对不能搞破坏国家法制和社会安定的"大民主"。

我国特殊的国情使得我国选择了一种不同于西方资本主义的民主模式。习近平总书记在庆祝全国人民代表大会成立 60 周年大会上明确指出，世界上并不存在适用于一切国家的政治制度模式，判断一个国家的政治制度是否民主有效主要依靠"八个能否"评判标准，涵盖了领导层依法有序更替、人民民主参与、人民利益诉求的表达、社会各界的政治参与、国家决策、人才流动、依法执政及权力的监督与制约等各个方面。这打破了欧美国家对民主政治话语权的控制，确立了我国的话语权。

2. 民主政治体系不断健全和完善

我国社会主义政治制度是在长期进行革命武装斗争并最终取得新

---

① 《邓小平文选》第 2 卷，人民出版社 1994 年版，第 168 页。

② 《邓小平文选》第 2 卷，人民出版社 1994 年版，第 175 页。

③ 《邓小平文选》第 3 卷，人民出版社 1993 年版，第 240 页。

民主主义革命在全国胜利的基础上建立起来的，又是在社会主义革命、建设和改革的实践中不断完善和发展的。民主政治体系的不断健全和完善极大增强了我国人民的制度自信。

我国是工人阶级领导的、以工农联盟为基础的人民民主专政的社会主义国家，人民当家作主是社会主义民主政治的本质特征。人民代表大会制度是我国人民当家作主的重要实现形式，是我国的政体，是一项根本政治制度。人民行使国家权力的机关是全国人民代表大会和地方各级人民代表大会。人民通过普选，将自己的国家权力委托给人大代表，人大代表受人民监督、对人民负责。人大代表代表人民行使权力，并通过选举和表决将其中的行政权、司法权分别委托给"一府两院"行使。人民代表大会拥有立法权、任免权、决定权和监督权四项基本职权，国家行政机关、监察机关、审判机关、检查机关都由人民代表大会产生，对它负责，受它监督。

改革开放40年来，人民代表大会制度不断得到巩固、完善和发展，显示出了强大的生命力和巨大的优越性，发挥了极为重要的制度功效。人民代表大会制度保障了人民当家作主的权力和国家主人翁的地位，极大调动了全体人民建设社会主义的积极性，人民依法行使民主选举、民主决策、民主管理和民主监督的权利，加快了我国现代化建设的步伐。人民代表大会制度实行民主集中制，保障了国家机关的协调高效运转。

中国共产党领导的多党合作和政治协商制度是我国新型政党制度，中国共产党是唯一合法的执政党，八个民主党派为参政党；人民政协是最广泛的爱国统一战线组织。

各民主党派是中国共产党的亲密战友，曾同共产党一道为推翻国民党反动统治和建立独立、民主、自由、富强的新中国而共同奋斗。新时期，我国政党关系的基本方针从"长期共存、相互监督"发展为

"长期共存、互相监督、肝胆相照、荣辱与共"。我国新型政党制度保障了各民主党派参政议政的权利，也保障了他们作为国家治理主体之一的地位，各民主党派同中国共产党通力合作，为社会主义各个阶段的建设作出了突出贡献。

协商民主是我国民主的特有形式，人民政协是具有中国特色的制度安排，是社会主义协商民主的重要渠道和专门协商机构，其主要职能是围绕团结和民主两大主题，政治协商、民主监督和参政议政。改革开放以来，人民政协充分发挥了其统一战线组织功能，增进了全国各族人民的大团结，成为了化解矛盾和凝聚共识的重要渠道，"努力寻求最大公约数、画出最大同心圆，汇聚起实现民族复兴的磅礴力量"。

基层群众自治制度和民族区域自治制度也在不断完善和发展，保障了人民当家作主权利的行使，推动实现各民族平等、团结、联合和共同发展进步。

我国根本政治制度和基本政治制度的建立和完善有效促进了国家治理体系和治理能力现代化建设，推进了我国民主化的发展。

3.政治环境稳定

我国人民政治参与度有序扩大。随着民主政治制度的发展，人民参与国家管理的渠道更加畅通，人民作为国家治理的重要主体可以通过直接民主的形式参与到事关自身利益的决策之中，而党的意志必须通过国家意志和人民意志得以实现。有序扩大的政治参与维护了我国政治环境的稳定。

在稳定的政治环境中改革和发展，在改革和发展中维护政治环境的稳定。在社会主义民主政治建设的过程中，中国共产党一直基于循序渐进的目标导向，摸着石头过河，避免了激进的改革所导致的社会动荡。与此同时，坚决打击党员队伍中的腐败行为，保持与人民群众的血肉联系，巩固了自身的执政党地位，确保能够制定出一系列稳定的改革政策，有利于政治环境的稳定和谐。

（二）法治建设成果显著

民主政治的发展离不开法制的保障，我国向来重视法治建设，以实现民主的制度化、法律化。

首先，经过几十年的发展，我党开辟了中国特色社会主义法治道路，形成了以宪法为核心的中国特色社会主义法律体系。我国于 2011 年宣布形成了中国特色社会主义法律体系。中国特色社会主义法律体系是指以宪法为统帅，以法律为主干，由宪法相关法、民法商法、行政法、经济法、社会法、刑法、诉讼与非诉讼程序法等多个法律部门组成的有机统一整体，它的建立标志着我国在法治建设领域实现了跨越式发展。其次，提出了全面依法治国的总目标，建设法治国家、法治政府。坚持依法治国、依法执政、依法行政共同推进，坚持法治国家、法治政府、法治社会一体建设。最后，随着普法活动的进行，我国公民的法律素养显著提高，法治精神得到了弘扬。

二、中国特色社会主义政治建设基本经验

（一）坚持正确的政治方向

政治方向的选择是影响中国特色社会主义政治建设成败的关键性问题。一个国家政治道路的选择要立足于本国实际，同时也不能脱离统治阶级的意志和利益。实践证明，我国特色社会主义政治建设既不能走封闭僵化的老路，也不可走改旗易帜的邪路，而是应当坚持沿着中国特色社会主义道路前进。只有走中国特色社会主义政治发展道路才能保证我国的社会稳定和长治久安，只有走中国特色社会主义政治发展道路才能更好地应对来自内外部的挑战，实现中华民族的伟大复

兴（韩利平，2019 年）。

（二）坚持党的领导、人民当家作主、依法治国有机统一

党政军民学，东西南北中，党是领导一切的，是中国特色社会主义事业的领导核心，坚持党的领导是中国政治发展的基本保证。习近平总书记更是指出，"如果没有中国共产党领导，我们的国家、我们的民族不可能取得今天这样的成就，也不可能具有今天这样的国际地位"。

人民当家作主是社会主义民主的本质。只有保障好人民当家作主的权利及国家主人翁的地位，才能更好地调动人民群众参与政治生活的积极性，广泛集中民智民意，以推动我国政治建设的发展。

依法治国是党治理国家的基本方略。全面依法治国方略一方面要求党必须在宪法和法律允许的范围内活动，另一方面能够保障人民群众的政治参与。实施依法治国能够为我国社会主义民主建设提供坚实的保障。

（三）坚持渐进式改革战略

"三步走"战略及"分两步走"都体现了我国改革的循序渐进。渐进式改革战略能够在改革过程中更好地学习和吸收外部经验，并结合本国实际选择出最合适的发展方向和发展目标。同时，渐进式的改革更能处理好改革与稳定之间的关系，维护政治稳定和谐。

（执笔人：李洁）

第 四 章

全面建成小康社会之文化建设

第一节　文化自信与文化强国的意识全面觉醒

一、中国文化自觉之路的自信蜕变

作为最古老的文明之一，中华文明起源悠久。承袭这一古老文明的中国文化，可谓历史厚重且博大精深。作为古国骄子的中国人而言，历来对自己基因中流淌的文化之血有着无比的自信与骄傲。不过，这样的自觉与自信意识，在历史的洗练之中仍有波峰波谷。中国人素有的文化自信，不期然间被19世纪40年代的鸦片战争赫然隔断。此前，岁月长河中，作为东方大国的中国，一直是辐射周邻国家的文化强国，从未有遭遇文化不自信的现实问题。历史安排的转折，落足到鸦片战争的发生之上。鸦片战争之后的中国，随即陷入半殖民地半封建社会的被动局面。中华民族面临的生死存亡，无情地把整个国家拉入万劫不复的境地。

面对中华文化及中国人的文化自信首次经历重创，曾国藩、李鸿章、张之洞等人，站在对当前文化进行改造以图扭转国运低垂的立场上，主张并大力推行了一系列向西方学习和向西方转变的文化建设实践。从历史维度审视这些尝试，虽有明显益处，但就中华文化主体而言，西化倾向势必对其带来销蚀。此种"西向"的文化建设倾向延绵至民国时期。较之以前，此时中国的文化面貌虽有博兴之势，但社会主流的文化意识存在着一种中西文化孰强孰劣的困顿与论争。

彼时的文化大家，诸如梁启超、鲁迅、胡适等人，不免对中西文化的生命力及影响力反复权衡比较。在这些文化精英思索与实践并举的推动之下，中国人的文化自觉之路，滥觞于一个意义重大的抉择：中国人应秉持传统的中国文化认同还是接纳并主动参照西方文化。随着一战爆发，五四运动后的二十年里，中国学人对西方文化有更深切的观察与理解。随着战后的颓势尽现，西方文化的问题充分暴露，使得当时中国的知识分子开始反思西方文化的种种问题，尤其是与中国实际相结合必然会遇到的那些文化冲突所引发的负面影响。在这股思潮波及影响之下，中国人的文化自觉意识得到了唤醒，深刻意识到自己必须以中华民族文化的主人身份，去体认和感知先赋的能动性和创造性，成为一股影响深远的潮流。这个时期里爆发并集中体现了一种具有历史意义的文化自觉现象，那就是中国人民已经渐渐具备了文化自知、文化自省和文化自我超越等群体意识。

新中国成立后，我国逐渐进入现代化建设的全面发展阶段。随着改革开放的不断推进，如何审视并贯彻中华文化与西方文化关系的议题日渐高涨。此时，我们与被动地学习和接受西方文化的既往不同，积极吸收、融会，甚至是推进中华文化的现代化转化，以实现文化强国和世界文化中的大国文化两条路径同时发力。伴随着改革开放伟大航程的起航，我国的经济地位、国际地位在短时间内迅速不断地攀升。与此同时，中华文化的伟大复兴亦同步复苏，踏上勇往直前的辉煌征程。人们告别了过去的文化忧虑，坚信当前我国的文化，是自己传继和主动分享的自信的民族文化，也是能够在世界文化之林中赢得尊重的国家文化，是能够促进文化全球化的先进文化。对中华文化的自觉与自信，再次成为中国人应对时代变迁的主流。改革开放作为一个伟大的契机，推动了中国文化自觉之路获得自信的蜕变。恰恰是过去数年间的高速发展，使得身处其中的中国人民逐渐意识到，源自民族的文化自信，毫无疑问地与民族的伟大复兴密切联系。我们坚信，如若民族的文化无法兴盛，那么民族的复兴就难以实现，而繁荣的文化又将引领更好的民族复兴实践。

生活在 2020 年的中国人都自豪地相信，中华民族的文化具有超强的创造力。这一集体性认知，归根到底是源于本民族业已产生的、强大的文化自觉。这一集体性认知，早已牢牢立足于本民族积极建构和型塑的文化自信之上。我们已经看到，在每一次重大历史的关头，中华民族秉持的中华文化都能察觉并跟随国家发展的变迁，也都能够屹立于时代的风口，还能代表和引领亿万中国人民实现自立、自强、自豪。中华文化的优越性，能够在根本上实现与时俱进的"自觉"和"自信"。在这样的文化优越背景之下，中国人民得以明确中华民族的自信，进而培育出中华民族共同体的情谊和价值序列。

二、社会主义文化强国建设新局面

（一）新时代精神图谱的全面书写

党的十八大以来，在习近平总书记的指引下，我国社会科学研究领域的诸多学者会同文化艺术领域中的广大人才，开始着手对中华民族及其文化存在的当前时代进行深入剖析。对于当前时代中文化的主旋律和人们意识、思想领域中的时代精神，专家们聆听之余亦深切研究，就我国人民在新时代中的精神图谱进行了全面的书写①。

可以预见，新一轮对人们内隐而深入的精神图谱进行的全面呈现，对于重新梳理中华文化的精要与优势，一方面发挥着文化正本清源的社会整合功能，另一方面也为中华民族在文化领域的继往开来和不断创新，形成良好的社会基础。

近年来作为研究和诠释我党的理论创新和政治水平创新的领军智库、研究中心由 7 家迅速扩展为 15 家；作为培养理论人才的大本营，马克思主义学院近年来的建设力度也是空前的，目前已达到 21 所之多；学术成果欣欣向荣，拥有 2.5 万余项的国家社会科学基金资助项目，1 万余项的成果已验收，并有 1.2 万多部的各类研究专著等等。这些数据能够直观地帮助人民理解党和国家的努力方向和精神远景，可以说在新形势下，哲学和社会科学界积极回应时代课题，努力提升本学科的学术创造能力和创新意识，同时亦极力地提炼和抽象出具有本土学界自主性、独创性的中国化理论观点及文化分析框架。

我国已迈进中国特色社会主义新时代，党和国家的事业蓝图正徐徐展开画卷，历史之变革、学术之创新、文艺之创作，百花齐放，丰富的创作主题，灵动的创新灵感，谱写一曲曲响彻中华大地的华美乐章。因时而兴，乘势而变，这一规律完美诠释了从古至今优秀的文艺作品，终将成为反映时代兴盛的美好注释。在国内外知名的文艺奖项和文化赛事之中，清清楚楚铭刻着中国文艺界的成长和发展。

党的十八大以来，一系列极具文艺价值且体现着时代文化的高质量纪录片和电影、电视剧与小说纷纷诞生。近年来，值得国人一看再看的热门电影频出，如票房和口碑齐飞的优秀电影《战狼Ⅱ》，感人

---

① 中共中央文献研究室编：《习近平关于社会主义文化建设论述摘编》，中央文献出版社 2017 年版。

至深的电视剧《最美的青春》。值得一读再读的优秀著作也层出不穷，如主要反映新农村建设的《七层宝塔》，由于立意与写作手法均较好地反映出时代文化的现实意义，荣获鲁迅文学奖。

（二）持续传继中华优秀文化

积极传承中华优秀文化，意在助力人类命运共同体意识的型塑。纵观人类命运共同体整体的意涵，召唤并纳入中华传统优秀文化十分必要。在积极构建人类命运共同体的语境之下，我们对优秀文化的正确认识应以增强文化自觉，坚定道路、理论和制度的三重自信。在此基础上，积极于中华文化之中努力汲取养分，深入地找寻挖掘中国故事的素材和灵感。从始至终，我们应该守护中华文化优秀根基，在人类命运共同体中维护中华优秀文化。

从古至今，中华文化中的崇尚仁与爱、注重民之本、恪守诚与信、讲究和与合、强调辩证、追求大同的意识，已经深深地铭刻在中华儿女的思想和精神基因里，自强不息、敬业乐群，是我们步履不息的坚持，扶正扬善、扶危济困是我们与生俱来的良善，见义勇为、孝老爱亲是我们世代传承的孝心与孝道。这些璀璨的精神品质镶嵌在每个中华儿女的灵魂中，不管是过去还是现在，中华传统的优秀文化皆有永不褪色的宝贵价值。崭新的历史时期里，聚焦人们珍爱的中华优秀传统文化，思考如何更好地传继和弘扬它们，我辈责无旁贷将之视作时代的使命。泱泱大中华，传承千年的诗词歌赋，轻吟浅唱到如今，仍然是少年最好的文化启蒙，那些托物言志的诗词、于情于理的文章，那些言简而意赅的辞藻、绝妙的修辞、凝练而节制的句法，尽是知情意行的和谐。汉字、汉语、汉文化之美，早已被公认为中华美学的精髓。中华文化根植于百姓生活中，距离日常生活并不遥远，就藏在那一蔬一汤的三餐里，一言一行的举止中。今天，我们有责任捍卫和守护自己身处的中华文化立场，也应尽全力呈现和传播中华文化倡导的审美风范。在文化实践过程之中，我们应时刻保持创新的思路，以更好地促进中华文化基因在当前国人的生活中重新生发。

中华文化的传承不是简单复古，对此我们应该足够清醒。传承的是中华文化体系中的优秀内容。当然，也要切记绝非是盲目地排外。我们应时刻注意在"古为今用"和"洋为中用"里选择最优的方式，我们更需要不断地"借古人之规矩"来为自己开生面，也应该在不断地辩证中进行取舍，更应该在推陈出新中不断进化。我们应秉着继承积极因素，极力摈弃消极因素的根本思想，切实为中华文化的创造性转化及创新性发展而努力。

（三）不断夯实人民文化"获得感"

以人民为中心，不断夯实文化的"获得感"。唯有如此，才能确保根植于人民心中的文化之花，常开不败。2019年春节，"文化列车"同心艺术团把文艺演出带进大凉山，于昭觉县、喜德县等多个深度贫困县为当地贫困县彝族群众表演，演出内容包括群众喜闻乐见的现代歌舞、川剧变脸、杂技、精准扶贫主题小品等，超过3万的彝族群众，享用了本次文艺盛宴。

文化领域的各级单位和部门马不停蹄来到祖国各地，向基层输送文化作品，此举处处受到人民的喝彩。当中国广播艺术团在深圳为社区演出时，天公不作美，突降暴雨。然而观众无人离席，在雨中为文艺表演大声喝彩，大力鼓掌，一时之间，人们的欢笑声、欢呼声形成了声浪海洋。当国家交响乐团在山城重庆开展"结对子、种文化"的项目时，促成了当地盲童学生和市民登上国家大剧院的舞台。当乌兰牧骑（蒙语，意为"红色的嫩芽"）红色文化工作队的文艺工作者和演员们每年在内蒙古地区，为牧区的牧民群众献上数千场文化演出时，党的声音传遍了整个牧区，国家的关怀也照拂了整个草原。

结合"互联网+"与智慧城市的建设潮流，城市地区体验文化

"获得感"的方向与途径略有不同。以苏州市为例，政府积极推进"指尖上的图书馆"文化项目，为苏州人民带来了新的体验。市民只需点击手机上的"书香苏州"客户端，便可实现随时随地的手机搜索和借阅。浙江舟山市民屏幕里的"淘文化"程序，只需轻击鼠标便可享受多种文化惠民服务。贵州毕节的人们通过自家门口建立的3D新时代民俗讲习所，便可享受更多的文化服务。

上述例证使我们越来越坚信，广大文艺工作者应当以人民为中心，始终以民为本的导向坚持创作。想要提升人民对文化的"获得感"，需要文艺工作者深入人民群众的生活世界，甚至扎根人民群众的日常生活。无论创作抑或表演，谨记文艺工作者的使命，要为百姓传递文化，要到基层耕种文化，更要牢记习近平总书记不断夯实人民文化"获得感"的嘱托。

自党的十八大以来，现代公共文化服务体系建设发展迅速，正式踏入快车道。各有关部门奉行政府主导，坚持社会参与、努力提高效能，服务公众文化需求的公共文化服务体系，确立了中央、省、市、县、乡、村六级体系，横亘在人们享有文化获得感的那"最后一公里"，终于被打破。全国各级文化机构每年向群众开展近百万次的活动，服务群众人数高到达5亿到6亿人次。而另据国家文化和旅游部相关数据，2017年我国文化事业费为855.80亿元，比2016年增加85.11亿元，增长11.0%。同时，全国人均文化事业费为61.57元，比2016年增加5.83元，增长10.5%。自此，我们感受得到现代公共文化服务的普及和深入，正在夯实着老百姓对文化产生的"获得之感"。

（四）不断加强文化自信形成中国文化力量

中国文化自信的集中体现，可以用"在传承中创新，在创新中发展"来概括。汇聚中国文化力量的核心问题，在于如何树立"中国"

特色。凸显中国特色，多多地向世人呈现秉持这些特征的文化作品。符合这一规律的文化作品，无一不成为宣扬中国文化自信与彰显文化力量的佳作。

为了彰显文化力量的软实力，"非遗"节目的制作和推广，亦日渐成为精准扶贫工作的重要抓手。从满怀忧思的《记住乡愁》，到科普与文化鉴赏兼具的《我在故宫修文物》，再到《中国诗词大会》等，从乡愁讲到文物、诗词，展现出中国文化的画卷，在耳熟能详的电视节目品牌里，在妇孺皆知的传统文化典籍里，我们将古老的中华文化演绎成当下之流行。悠扬的戏曲进入校园、流淌在乡间，渗透进每个中国人的血脉里。新一代的文艺工作者正将传统的变为现代的，把经典的变为流行的，古老的中华传统优秀文化在当代人的演绎中重生，焕发出新的时代风采。

传统文化形式中的文化力量也不容小觑，如何将其引流形成文化自信也逐渐被越来越多地讨论①。观看京剧时，我们欣赏着它那自成体系的唱、念、做、打，为张张脸谱折射的艺术之美叹服。当京剧名家张火丁先生把全本京剧《白蛇传》和《锁麟囊》搬上美国纽约林肯中心的世界性戏剧舞台时，当上海昆剧团将汤显祖的《临川四梦》精心排演后展开世界巡演时，各国观众展现的喜爱和欣赏让我们深刻意识到中国文化所蕴含的力量。而展现新时代中国文化的系列作品，也无时无刻不在强调着新生文化力量扮演的重要角色。当曹文轩、刘慈欣等一批优秀的中国作家凭借杰出的文学作品，步上国际文学大奖的领奖台时，中国文化自信凝聚的文化力量得到一次次完美的亮相。当《甄嬛传》《琅琊榜》《大军师司马懿系列》等人气口碑俱佳的国产电

---

① 张继焦：《从"文化自觉"到"文化自信"：中国文化思想的历史性转向》，《思想战线》2017 年第 6 期 43 卷。

视剧在美国、日本等国家和地区的电视屏幕上大放异彩之时，中国文化内含的力量在令人赞叹之余，对于外国人士也产生了更多吸引。可以说这些镌刻着民族基因的文化作品，在成为中国最亮眼的文化名片，是世界领略东方之美的一扇窗口。

文化战线上的广大文艺工作者和哲学社会科学工作者们正在践行习近平新时代中国特色社会主义思想，他们通过自身对中华文化的自信感悟，渐渐凝聚为磅礴的中国力量，身体力行地参与社会主义文化强国事业[1]。

三、坚定价值取向促发展，守正文化进步为人民

坚定文化自信，坚定中国共产党人文化发展的价值取向，坚持以人民为中心的创作理念，努力记录新时代、书写新时代、讴歌新时代，这些都是中国特色社会主义思想的必然要求。新中国成立 70 年来，一系列文艺作品回应着时代的主题和人民的心声，这些优秀作品犹如画笔，描绣着、勾勒出当今中国的文化与价值观。

为了满足人民群众对于精神文化的追求，在新中国成立的初期，全国仅有 55 个公共图书馆，896 个各级文化馆站，21 个不同类别的博物馆。但到了 2018 年年末统计数据显示，全国公共图书馆已达 3176 个，文化馆站 44464 个，博物馆 4918 个，馆站数量的发展速度可谓突飞猛进。同时期影视作品和图书产量也在稳步增长。其中，我国电影产量高居世界第二，我国电影的票房号召力也高居世界前列。仅以国内电影的票房收入为例，2018 年国内电影总票房便达到了 609.76 亿元。同时，我国电视剧和图书的年产量也已经稳居全球

---

① 习近平：《坚定文化自信，建设社会主义文化强国》，《求是》2019 年第 12 期。

首位。

如海一般广阔的文艺世界里，勃发着人们对于美好生活的真切向往。人们对于优秀文艺作品抱有期待，对于文化产品的质量、审美的品位和兴趣风格也颇有要求。人民对于文化的获得感和幸福感与日俱增、愈加强烈，在这种需求之下，文化更要坚持守正创新，着眼于满足人民群众精神文化生活新期待。

四、坚定文化自信守初心，持续古为今用铸辉煌

中华文化的积淀给予了中国文化自信的底气，中华大地留下的文化遗产可谓丰厚，我们要继承好、发展好宝贵的文化遗产。坚信古能为今而用，坚持文化的守正创新，再铸新的辉煌。秉承这样的思路，习近平总书记踏上文化的寻根征程，前往敦煌莫高窟探寻古丝绸之路的文化奥义，习总书记指出，敦煌文化展示了中华民族的文化自信，只有充满自信的文明才能在保持自己特色的同时包容、借鉴、吸收各种文明的优秀成果。他更强调，要进一步加强对优秀传统文化传承弘扬的支持和扶持，以更好地保护和弘扬国粹。

敦煌莫高窟成为习近平总书记造访的首站，有其必要之处。莫高窟里大量的雕塑、佛像、壁画历经千年岁月沧桑而魅力永存。作为人类宝贵的文化遗产，莫高窟曾亲历了多元文化的交汇融合，也曾见证了东西方文明的交流互鉴。敦煌研究院名誉院长樊锦诗曾表示，新时代讲好敦煌故事、传播中国声音、坚定文化自信，我们责无旁贷。

一处文明圣地，承载着泱泱中华的悠远历史，见证着中华 5000 多年的文明发展。中华文化本身即有生命，存续在神州大地上星星点点的历史遗迹中，让我们保持不断找寻，随后连点成面去拼接出古老中华完整的历史文化画卷。2019 年 7 月 6 日，良渚古城遗址被列入

世界遗产名录。迄今为止，中国已拥有55项世界遗产，其中40项被列入联合国教科文组织非遗名录，位居世界前列。截至2018年12月，我国已设立海外中国文化中心37个。新的历史背景之下，古老的中华文化被赋予了崭新的意义。为了更好地诠释和推广这些意义解释，各界人士行动起来，积极配合国家战略，推动文明交流互鉴，集中力量攻克文化与时俱进中面临的创造性转化难题，并努力对创新性发展中华文化作出不懈努力。

这一切极富意义的尝试，在今天的国际社会之中，化约为我们试着去讲好中国故事。而中国故事的美好讲述，就要从讲好中华历史故事开始。历史故事中关于中华文化的"仁、义、礼、智、信"古来有之，这些中式的文化价值实际上完美地体现着当今社会讲究的"亲诚惠容"，也生动体现着人类共同的价值追求。我们相信异彩纷呈的中国故事，正迎来八方喝彩。

中华文化世代滋养着中华儿女的精神世界，提振着当代中国人的精神力量，一直以来都是人们的精神脊梁。在四川凉山彝族自治州、甘肃临夏回族自治州、西藏拉萨尼木县、广西崇左龙州县、贵州黔东南雷山县等地，传承千年的文化遗产经历着传承和创新的激荡，正为当地民族社会的脱贫致富带来新的生机，也为其传承主体带来市场的垂爱。国家将非物质文化遗产的发展保护协同民族扶贫政策，让那些往常倾向流出务工的、拥有非遗技艺的非遗传承人留在本地。比如那些擅长民族绣艺的打工者，"守着娃，绣着花，养活自己又养家"，让他们不用出门就能谋到更好的出路。将政策在国家层面上进行联动，国家的底气铸就了这种新时代才有的文化自信，也给予人们生存的勇气，让人们在奔小康的路上，留住了乡愁。

当下的中国，已经百尺竿头更进一步。当前，我们肩负着新的文化使命，即要在实践中发展中华文化，坚持在文化中继承文明、体现文明，在历史的进步中，同步实现文化的繁荣。同时，我们也要坚持为实现中华民族伟大复兴，凝聚全体中国人民的精神力量。

第二节　全面建设小康社会文化建设的重要举措回溯

一、宣扬核心价值观，奏响文化主旋律

当今中国，在奏响文化的主旋律和宣扬核心价值观的大背景之下，全国人民齐心协力，以尽早实现中华民族的伟大复兴为目标正在共同努力[①]。社会主义文化建设大业，必须仰赖科学的主导思想，匹配以切合时代的主旋律。在建设和发展社会主义小康社会文化之时，应坚持以马克思主义理论为指导，高举马列主义、毛泽东思想和邓小平理论的伟大旗帜，从始至终地贯彻"三个代表"重要思想精神，并着重宣传爱国主义、集体主义和社会主义精神，以弘扬社会正气[②]。社会主义主旋律文化，需要坚持指导思想的一元化，在唱响文化主旋律的同时，也要兼顾并妥善处理主与辅的关系。唯有坚持一元化，引导多样化，才能为当前文化繁荣提供宽松、友好的发展环境。

在中华文化古为今用的当下，著名历史建筑应该承担起构建社会主义主旋律文化的责任。故宫这座 600 年历史的皇家宫殿，如今正以层出不穷的文化创意重新走进人们的视野，琳琅满目的文创产品受到

[①]　中共中央宣传部：《习近平总书记系列重要讲话读本（2016 年版)》，学习出版社、人民出版社 2016 年版。

[②]　中共中央文献研究室编：《习近平关于全面建成小康社会论述摘编》，中央文献出版社 2016 年版。

年轻一代的追捧，古老的故宫文化在现代创造着新价值。锐意创新的故宫，选择在 2019 年春节期间，推出"紫禁城里过大年"活动，后续又推出"上元之夜"活动。频频调动故宫建院以来的"闲时"时段，社会反映良好，为故宫的美誉度加分。在现代文化的相互影响之下，"博物馆里过大年"，在祖国各地已经渐渐成为新的年俗。深藏禁宫里的各式文物，弥散在南北大地上的文化遗产，全部都以更现代化、更为生动、更近距离的方式"活"起来，以上这许许多多方面，均是中华优秀传统文化涵养社会主义核心价值观的鲜活写照。

近年来红色旅游的概念渐渐兴起。随着红色旅游路线的逐渐开发，跟随长辈一起进行红色景点游、革命生活体验游等一度成为"热词"。旅行中年轻人穿上军装，重走当年红军路，体验着老一辈无产阶级革命家的峥嵘岁月。为了新中国的诞生，革命家们付出了毕生心血，通过红色旅游后来者得以亲身体验他们行走过的道路、耕种过的土地、曾经居住的屋子，这一切都让人们更加真实地感受革命先辈曾经的生活经历，从而真正地理解革命的艰苦和伟大，唤醒沉淀在灵魂深处的红色基因，增强作为中国人的自豪感和荣誉感。

倡导并引领文化主旋律，离不开各高校的参与和贡献。中央美院的教师们不畏艰难，本着奉献和敬业的核心价值理念，多年来坚持为藏区少年开设美术课，来自央美老师的美术课常常是许多藏区少年的第一堂美术课。

2018 年 8 月，习近平总书记在给中央美术学院老教授的回信中强调，教育工作者们应扎实做好美育工作，特别要求其应在日常教学里积极弘扬中国文化中的美育精神。这封回信为中央美院的师生们树立了做新时代美育实践者的信心，而中央美院师生们的积极反馈也为其他学校开展美育工作树立了榜样。

二、根植民族精神，培育文化底气

厚重的中华文化是我们自信的来源，那么根植于其中的民族精神是我们团结奋进的主要动力。因而在全面建设小康社会的历史进程之中，我们应做到双重注重，即同时注重文化建设和民族精神。中华文化经年累月培育出的中华民族精神，不仅是民族智慧、心理和情感的积淀，也是维系国家统一和民族团结的纽带，还是民族文化内质的深刻体现。

悠悠上下五千年的岁月长河里，中华民族的民族精神逐步淬炼而成。今天，我们将之阐释为以爱国主义为核心的团结统一、勤劳勇敢、懂仁明义、诚实守信、宽厚讲礼、不屈不挠、自强不息等为特征的伟大民族精神。以上这些民族精神的不同体现，乃是中华文化的精髓所在。正是伟大的民族精神支持并持续推动着国家去大力践行国际社会间的互动，例如"一带一路"倡议。这样的背景之下，强调弘扬民族精神，重视培育文化底气，也是全面建设小康社会文化的重要任务。如今，世界范围内激荡着各种文化思潮，中华文化面临着各种挑战，有鉴于此，我们更应该深刻地认识到中华文化对于中华民族的重要意义。

中华文化是世界古老文化之一，中华文化中所强调的团结统一、勤劳勇敢，是自古至今中国与邻近其他国家睦邻友好的品质基础，中华文化中没有穷兵黩武的基因，秉持着亲诚惠容的精神与各国开展外交合作，这种民族精神和民族气质，对于助推"一带一路"建设有着重大意义。另外，诚实守信、宽厚讲理是中华文化的精髓，在开展外交时，中国依然秉持着这样的文化气质，与邻近国家建立了良好的关系。我们自豪地看到，中华民族精神已渐渐融入中华儿女的血液，慢慢浸入中华儿女的性格之中。

三、提升思想道德，营造文化氛围

有着"礼仪之邦"美誉的中国，素来相信礼仪乃是文化的一种外显形式。较好地遵守礼仪，对于个人而言是融入社会和拉近人际关系的有效途径，而对于国家而言，礼仪的遵守和传递，则关系到民族的形象和国家的形象。通过规范礼仪，从而营造出良好的文化氛围，进而提升社会思想道德水平，这便是"礼仪之邦"的应有之义。

审视当下，思想道德文化是当前文化的核心。遗憾的是社会公德却是公民道德和精神文明建设中最基础，较为薄弱的一环。为了应对这个弱项，我们应该着力提升社会整体的思想道德水平。在面对现实问题时，倡导以为人民服务为核心、以集体主义为原则的思想道德文化，并提倡以持善守信和注礼重仪作为道德规范和价值取向的重点。另外，应积极培育与引导人们遵守基本行为准则，在此基础上，引导人们努力追求更高的思想道德目标。

党的十六大报告中，将诚信认定为国家道德建设的重点。这一思想与建立社会主义市场经济体制相辅相成，互为需要，也是建立社会主义思想道德体系的客观要求，更是我国文化建设的一个突破点。诚实守信不仅可以解决社会的信用问题，还可以通过不断建立和完善社会信用制度，来提升广大社会成员的思想道德水准。通过提升思想道德水平，进而营造出良善的文化环境。经由这条路径，最容易收获优质的文化氛围，更加顺利地推进全面小康社会的建设。我们始终相信，"人无信不立"，诚实守信于个人而言是生于世间的立足基础，于国家而言是国家形象塑造的有效方式。

四、促全民终身学习，建成"学习型社会"

文化要发展，终究离不开的是科学技术和教育的支撑。2017 年 10 月，习近平总书记在中国共产党第十九次全国代表大会上作了《决胜全面建成小康社会 夺取新时代中国特色社会主义伟大胜利》的报告。报告中强调优先发展教育事业，办好继续教育，加快建设学习型社会，大力提高国民素质。重视科教文化，促成"学习型社会"已是全面建设小康社会中文化建设的不二法门。文化建设依赖于科学技术和教育事业的发展，其中科技的发展是最离不开教育加持的，这既是文化的主体又是文化建设的基础和手段。因而，重视科教文化，促成"学习型社会"的主要途径有以下几种：

首先，坚持教育创新，优化教育结构。目前，我国教育资源的分布并不平衡，产生的问题也层出不穷。为扭转这一局面，应在合理配置教育资源方面狠下一番功夫。逐步提高素质教育的质量及其管理水平。改革的内容包括不断坚持教育创新，优化教育结构。唯有如此，才能更好地培养满足社会发展需求的高素质劳动者，也才能够更好地引流各个领域中的专业人才，使之有所成就。

其次，充分发挥人文社会科学的优势。人文社会科学应充分发挥惯常优势，为各个领域创造良好的"文化软环境"。人文社科的发展，能够直接为全面建设小康社会提供良好的文化土壤及条件。充分发挥好人文社科在全面建成小康社会过程中的重要作用，使之成为文化建设的坚实基础和中坚力量。值得注意的是在发挥人文社科优势的同时，亦应该持续地重视自然科学。通过自然科学技术的进步来助推人文社会科学的繁荣。我们需要使二者均能发挥各自特性的同时持续发挥各自的优势。

最后，提高知识分子的地位。适当提升地位，有助于激发各主体的能动性，从而实现更积极地参与"学习型社会"的建构。知识分子是文化建设的主力军，只有充分发挥知识分子的创造性和积极性才能更为充分地发挥其在文化建设中的重要作用。提升知识分子的地位，期待他们作为"学习型社会"的指导者、引领者，在开拓文化疆域的日常生活中，继续大步向前走。

五、兼顾双重发展效益，助推文化产业化

文化的产业化发展，理应兼顾社会效益与经济效益，同时也应该注意尽快使之实现现代产业化的转型。兼顾语境下的"尽快"，意味着在文化建设和发展的当下，只有充分地重视和体现文化的经济功能，并且积极承担社会责任，才能让文化的产业化发展来得更早，走得更远。

单纯强调文化的社会效益有可能限制甚至阻碍了文化的发展，可以考虑将文化发展与文化产业二者进行一定分离。其中的要义，在于将文化的意识形态属性与经济属性分开考虑。对于文化发展来说，此举比较有利的地方在于能够以此确立文化产业化的正确性与合理性，营造出充分发展文化产业的舆论氛围。在过去，我们常常说"经济搭台，文化唱戏"，如今应转换为"文化搭台，经济唱戏"。这一时代性的转向，代表我们在充分的文化自信基础上，在兼顾文化的社会效益和经济效益的前提下，有计划、有胆识地对文化进行产业化应用，以期更进一步地促进文化产业的健康发展。

助推文化产业化的进程中，不仅要有传统的国家主力推动的思路，也要考虑让更多的利益相关者进入同一赛道。一方面，考虑引入外资以及本土的社会资本、民营文化力量进入；另一方面，在人才引入及使用方面应多尝试、多创新。对发展文化产业有积极作用的人

才，可以其智力和知识资本作为参与发展的初始投入，待产生收益之后，以一定比例分配相应的收益。

中华民族的文化底蕴极其深厚，未来我们可以通过开创蕴含着中华民族文化要素的多个文化产品品牌，来进一步实现中华民族文化的产业化目标。通过提升现有品牌文化商品的审美品位和全球知名度，营造出与之匹配的消费文化，进而刺激文化经济持续发展，形成新的经济增长点，使之成为新的支柱性产业。

六、顺应社会主义现代化，开创文化创新新纪元

在社会主义现代化的语境中，一方面要深刻领会坚持和完善中国特色社会主义制度、推进国家治理体系和治理能力现代化的逻辑关系，另一方面要将全面深化改革进行到底，在习近平新时代中国特色社会主义思想的指引下，不断开创全面建设社会主义现代化强国的新局面[1]。

在此语境之下，应该选择将传统的中华文化吐故纳新，逐步探索出新的文化形态，以此开创文化创新的新纪元。纵观人类漫长的历史，文化发展具有系统性和动态性的本质特征。中华文化在几千年间，曾经经历过文化震荡、文化冲突，最终实现文化整合的无数次轮回。今天我们谈论的中华文化概念，正是数次轮回之后的文化精髓所在，可以说当前保留下来的"中华文化"，实际上是数次文化整合与创新的产物。之所以能够数次整合与创新，很好地说明了中华文化始终保持住了先进性。

文化的发展，需要在传统文化与文化传统的对立统一和相对开放

---

[1]　杨宜勇：《新时代治国理政的纲领性文件》，《前线》2020年第6期。

的系统环境里面发生。中华传统文化在历史中不断与其他文化交流和互鉴。今天我们看到中华文化自带的包容气质,究其根本,是中华文化留精剔糟、取长补短的淬炼而来。让传统文化与现代文化相碰撞,东方文化与西方文化相交融,此为中华文化自信包容的生动展现。

文化的创新,实际上就是文化先进性的源泉之一,也是文化是否具有生命力的体现之一。因为文化创新具有丰富的价值和意义,我们必须审慎待之。因此,文化创新产生的文化碰撞,特别是异质文化之间的撞击,我们理应正视之。对这类碰撞的正视,皆因我们寄希望于在文化的碰撞中,获得自我发展和持续创新。同时通过文化发展的系统要素重新整合,实现文化的创新与突破。唯有完成以上几项对文化创新的追求,才能使文化的时代性与先进性特征全面贯彻到小康社会文化建设的大业中。

第三节 撸袖实干:文化建设从数据到质量实现全面提升

一、文化建设相关数据全面提升

(一)公共文化投入不断加强,服务不断优化

改革开放以来,我国文化及相关产业日益发展,原因在于公共财政日益加强对文化建设的支持,不断完善公共文化相关设施,逐步深化公共文化服务理念,逐步提高公共文化服务能力和均等化水平,初步建立覆盖城乡的公共文化服务网络;文化产业投资的区域布局更加合理,向发展水平较低的中西部地区倾斜,投资主体也逐渐多元化,文化产业的发展在社会效益与经济效益之间实现平衡发展。

1. 公共文化投入不断加强

现代化建设过程中，国民经济发展迅速，随着物质文化生活的丰富，对精神文化的需求同步增长。改革开放以来，我国文化事业支出费逐年增加，1979—2017 年年均增长 14.4%，与 1978 年的 4.4 亿元相比，增长 192 倍。公共财政在保障经济发展的基础上，对文化建设的支持力度增加，公共文化投入呈现明显的增长趋势，2017 年，全国文化事业费已达 855.8 亿元，占国家财政总支出的 0.4%。

我国各地区均重视公共文化服务建设，考虑到区域经济发展的不平衡，以区域增长率作为比较。其中，东部地区 1284 亿元，增长 47.2%；中部地区 562 亿元，增长 54.8%；西部地区 859 亿元，增长 29.1%；东北地区 210 亿元，增长 20.7%。总体来看，各地区的公共文化投入均有较快增长，2016 年地方一般公共预算文化体育与传媒支出 2915 亿元，比 2012 年增长 40.5%。不难看出，自党的十八大以来，公共文化服务建设稳步推进。详细的年度与项目数据，见表 4-1：

表 4-1　1978—2018 年度我国公共文化支出、人均公共文化支出情况列表

年份	公共文化支出总数（亿元）	科学、文化、卫生支出（亿元）	社会文教费（亿元）	人口总数（亿人）	人均公共文化支出（元）
1978	4.4			9.6259	**0.457100115**
1979			175.18	9.7524	17.96275789
1980		112.66		9.8705	11.41380882
1981			211.46	10.0072	21.13078583
1982			242.98	10.1654	23.90265017
1983			282.51	10.3008	27.42602516
1984			332.04	10.4357	31.81770269
1985		156.26		10.5851	14.76226016
1986			485.09	10.7507	45.121713

年份	公共文化支出总数（亿元）	科学、文化、卫生支出（亿元）	社会文教费（亿元）	人口总数（亿人）	人均公共文化支出（元）
1987			505.83	10.93	46.27904849
1988			581.18	11.026	52.70995828
1989			668.44	11.2704	59.30934128
1990		316.7		11.4333	27.69978921
1991		617.29		11.5823	53.29597748
1992		708		11.7171	60.42450777
1993		792.96		11.8517	66.90685724
1994		957.77		11.985	79.91405924
1995		1278.18		12.1121	105.5291816
1996		1467.06		12.2389	119.8686156
1997		1903.59		12.3626	153.9797454
1998		2154.38		12.4761	172.6805652
1999		2408.06		12.5786	191.4410189
2000	300.29			12.6743	**23.69282722**
2001		3361.02		12.7627	263.3470974
2002		3979.08		12.8453	309.769332
2003		4505.51		12.9227	348.6508237
2004		5143.65		12.9988	395.7019109
2005		6104.18		13.0756	466.8374683
2006		7425.98		13.1448	564.936705
2007	898.64			13.2129	**68.01232129**
2008	1095.74			13.2802	**82.50929956**
2009	1393.07			13.345	**104.3889097**
2010	1542.7			13.4091	**115.0487356**
2011	1893.36			13.4735	**140.5247337**
2012	2268.35			13.5404	**167.5245931**

续表

年份	公共文化支出总数（亿元）	科学、文化、卫生支出（亿元）	社会文教费（亿元）	人口总数（亿人）	人均公共文化支出（元）
2013	2544.39			13.6072	**186.9885061**
2014	2691.48			13.6782	**196.771505**
2015	3076.64			13.7462	**223.8174914**
2016	3163.08			13.8271	**228.7594651**
2017	3391.93			13.9008	**244.0096973**
2018	3537.86			13.9538	**253.5409709**

＊加粗部分为有关部门公开的人均公共文化支出数据，其他部分数据根据统计局可查资料整理。

全部资料来源：国家统计局

2. 公共文化服务持续优化

公共文化服务设施逐步免费开放，文化馆、图书馆、博物馆、镇综合文化站"三馆一站"全部实现免费开放。基础设施方面基本实现了市有文化馆、县有公共图书馆、乡有综合文化站的建设目标。基本公共文化服务项目主要体现在以下三方面：

（1）广播电视覆盖面持续扩大。2017年，全国广播综合人口覆盖率为98.7％，较1985年提高30.4个百分点；全国电视综合人口覆盖率99.1％，较1985年提高30.7个百分点。2017年全国居民家庭彩色电视机拥有量为平均每百户122.2台，1990年平均每百户仅有16.2台，增长6.5倍，年均增长7.8％[1]。以有线广播电视入户率为例，截至2020年有线广播电视具有普及化趋势，入户率预计达到60％，而在十年前的2007年，入户率仅为39.9％，年均增长率为8.42％，见图4-1。

---

[1] 本小节的支撑数据根据中华人民共和国国家统计局、文化和旅游部、宣传部、民政部、广电总局以及上述单位的地方部门公开发布的相关数据，收集并整理得到。

（2）基本公共文化设施逐渐完善。2017年全国群众文化机构总数为44521个，1979—2017年年均增长4.9%，较1978年增加37628个，增长5.5倍；公共图书馆总数为3166个，比1978年增加1948个，增长1.6倍，年均增长2.5%；博物馆总数为4721个，比1978年增加4372个，增长12.5倍，年均增长6.9%。

（3）出版事业蓬勃发展。1979—2017年之间，全国图书出版数年均增长9.5%，出版数量快速上升，2017年全国图书出版种数51.2万种，比1978年增加49.8万种；图书印刷总数为92.4亿册，年均增长2.3%，比1978年增加54.7亿册，增长1.4倍。期刊出版总数稳步上升，年均增长6.3%，2017年全国期刊出版总数10130种，相较1978年增加9200种，增长9.9倍；期刊的总印刷数为24.92亿册，年均增长3.1%，较1978年增加17.3亿册，增长2.3倍。

总体而言，我国在公共文化服务方面制定了具有可操作性的指导标准，在保障底线的基础上，实现公共文化服务标准化、均等化建

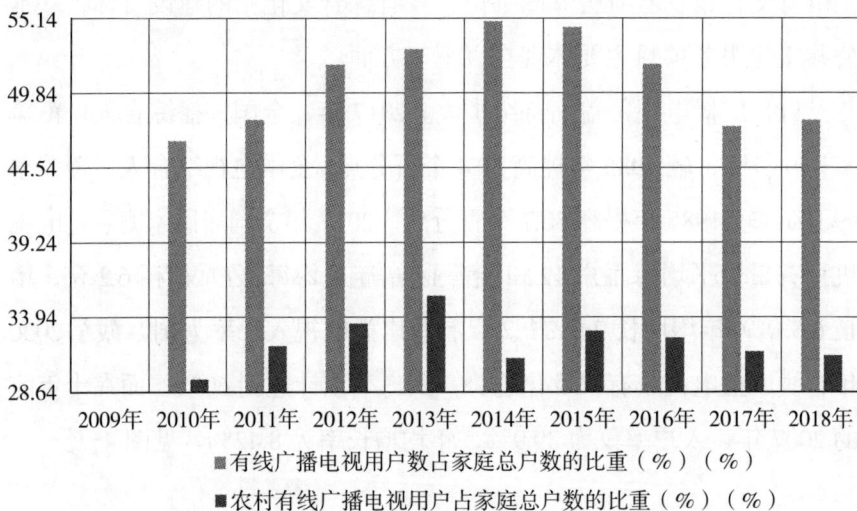

图4-1　2009—2018年度我国有线广播电视入户率

数据来源：国家统计局2009至2018年数据

设。公共文化服务的普及性效果显著，广播电视村村通、文化信息资源共享、农家书屋等重大文化惠民工程深入基层，公共文化服务能力不断提高，群众的文化活动选择增多，公共文化活动日益丰富[①]。

（二）总体文化产业发展及成就

1. 文化发展和经济发展同步行进

市场经济发展和深化改革的进程中，文化发展和经济发展同步进行。政府和相关部门通过培育发展文化产业，提升文化产业的发展规模和质量，出台一系列文化产业政策，有效推进文化领域供给侧结构性改革，文化产业整体竞争力明显提高。根据数据统计，2005—2017 年我国文化产业年均增长率为 19.7%[②]。2017 年文化产业总体增加值为 35462 亿元，比同期 GDP 年均增速高 6.3 个百分点。数据显示我国文化产业呈现出快速增长的态势，已经超过了经济发展的增长速度。

根据产业类型来看，文化服务业、文化制造业、文化批发和零售业均有较快增长。文化服务业 2014—2016 年年均增长 15.8%，占增加值总比重的 52.1%，比 2013 年增加 4.9 个百分点，2016 年实现增加值 16024 亿元，比 2013 年增长 55.5%。文化制造业增加值为 11889 亿元，相较 2013 年增长 26.2%，年均增长 8.1%，占总比重的 38.6%。文化批发和零售业增加值 2872 亿元，相较 2013 年增长 33.9%，年均增长 10.2%，占比为 9.3%。统计数据显示，文化服务业占据增长总比重的半数以上，是推动文化产业发展的主体力量。

---

① 韩俊霞：《新中国成立 70 年公共文化视野的成就》，《乌海日报》2019 年 9 月 10 日。
② 未扣除价格影响因素，下同。

2. 文化及相关产业增值占 GDP 比重攀升

文化产业及相关产业增加值占 GDP 比重，是文化产业以及相关产业增加值占据国内生产总值的比重，包括文化产业及相关产业为社会公众提供文化产品、文化相关产品的生产活动集合。

文化产业及相关产业的范围较广，主要有以下四大范围：一是以文化为核心进行的创作、制造、传播、展示等文化产品的生产活动（含货物和服务），直接满足人们的精神需要；二是辅助文化生产的活动，是实现文化产品生产所必需的环节；三是作为文化用品的生产活动（含制造和销售），是文化产品的实物载体或制作工具（包括使用、传播、展示）；四是文化产业及相关产业专用设备的生产活动（包括制造和销售），以实现文化产品生产需要。

文化产业的发展逐渐成为国民经济增长的重要组成部分。截至 2018 年，文化产业增加值占 GDP 的比重从 2004 年的 2.15% 提高到 4.48%，增加了 2.33%。文化产业对 GDP 的贡献逐年增高，达到年平均 4.7%。可以看出，文化产业不仅能够满足民众的精神文化需求，而且对国民经济发展的作用越来越重要。根据文化产业发展的特点可以看出，相较于传统的工业、农业，文化产业消耗资源较少、对环境的影响较小，是低碳经济、绿色经济，且具有较高的科技含量。文化产业的发展能够促进国民经济转型升级，提升国民经济发展的质量和效果。

国家政策的宏观指导以及各级政府在政策实施层面的努力，明显提升了我国文化产业固定资产投资规模；为了兼顾均衡发展，在地方文化产业发展的基础上，向文化产业发展水平较低的中西部地区倾斜，避免发展过程中差距不断增大，统筹区域投资布局；引导社会资本进入文化产业领域投资，投资总量逐步上升，投资主体日趋多元。

2006—2017 年我国文化产业固定资产投资额年均增长 24.4%，2017 年我国文化产业固定资产投资总额达 38280 亿元，比 2005 年增

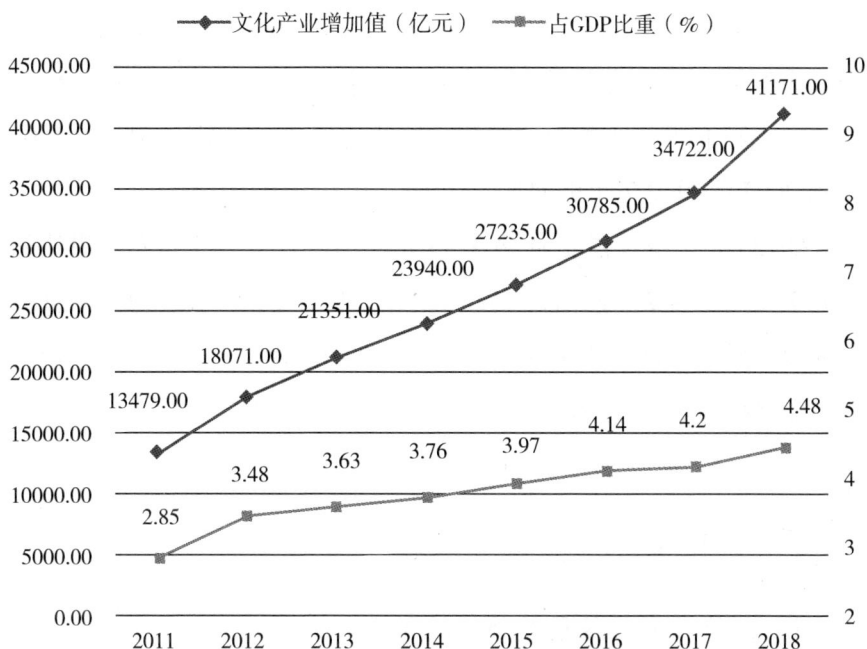

图 4-2 2010—2018 年度我国文化产业增加值占 GDP 的比重情况

数据来源：国家统计局 2010 年至 2018 年数据

加 35484 亿元，增长 12.7 倍；社会固定资产投资中文化产业固定资产投资比重为 6.1%，相较 2005 年提高 2.8 个百分点。文化产业投资存在地区差异，从文化产业固定资产投资额来看，西部地区为 10470 亿元，比 2005 年增长 23.8 倍，年均增长 30.7%；所占比重为 27.3%，比 2005 年提高 12.2 个百分点。中部地区为 10472 亿元，比 2005 年增长 20.9 倍，年均增长 29.3%；所占比重为 27.4%，比 2005 年提高 10.3 个百分点。东部地区为 15891 亿元，所占比重为 41.5%，比 2005 年增长 8.2 倍，年均增长 20.3%。东北地区为 1447 亿元，所占比重为 3.8%，比 2005 年增长 7.7 倍，年均增长 19.8%。

另据国家统计局公布的数据显示，我国的人均公共文化财政支出出现明显的增长势头，呈逐年稳步增长态势。1978 年，公共文化支出总数为 4.4 亿元，人均公共文化支出只有 0.457 元，个人在公共文化方面的支出没有普及；而到了 2000 年，公共文化支出总数已经达到 300.29 亿元，人均公共文化支出约达到 23.6928 元；其中，2000年到 2007 年短短 7 年的时间，人均文化总支出增长迅速，已经达到 68.0123 元，增长幅度为 44.3195 元。2014 年人均文化总支出达到 196.7715 元，较 7 年前增长 152.452 元。2015 年人均文化总支出首次突破 200 元大关，为 223.817 元，以后逐年稳步增长，2018 年人均文化总支出约为 253.54097 元。

二、文化建设质量的全局呈现

（一）传统文化传承品质基地的全国建设

传统文化传承品质的建设重地首先是学校，尤其应体现在高等教育中。高等教育除了专业知识的教授，还应当将中华优秀传统文化融入高校教育体系之中，并在全国范围内建设传统文化传承品质基地。教育部在推进传统文化传承品质基地建设中提出明确目标，要求在全国普通高校中均要开展中华优秀传统文化传承基地建设，相关计划的建设目标是，2020 年在全国范围内建设 100 个左右的中华优秀传统文化传承基地。这些种子基地，被寄予带动其他高校中华优秀传统文化传承基地普及的厚望。

建设传统文化的传承品质基地意义重大，建立中华优秀传统文化的传承基地能够借助于高校的人才资源优势，亦能够覆盖到更多的学生群体。目前，高校基地建设在文化艺术方面取得进展，通过和地方特色相结合的民间艺术和体育项目，包括民族民间音乐、民族民间美术、民族民间舞蹈、戏剧、戏曲、曲艺、传统手工技艺和民族传统体育等，逐步建成高校传统文化项目建设传承基地。这些传统文化的艺术门类，可通过与开设相关课程的大学相合作，借助高校优质的人才资源，增强传统文化传承品质基地的师资力量，以人才建设带动基地建设，传承中华传统优秀文化。

另外，通过将中华优秀传统文化的课程纳入到高校公共艺术和公共体育的课程体系中，并通过客座教授或购买服务的形式，组织具有民间文体才能的人面向全校学生（尤其是非文体专业的学生）开设选修课，将选修课纳入高校学分管理。包括民间艺人、民族民间艺术家、非物质文化遗产传承人、民族传统体育项目传承人等，全面提升学生的传统文化素质。高校的公共艺术和公共体育的课程，可以保证更大程度地让更多的同学有接触传统文化的机会，并通过系统的教育和训练，来传承传统文化。教育部计划在 2018 年建设 50 个传统文化传承基地，以政府支持提倡、高校申报的方式进行基地建设，涉及所有具有独立法人地位的高校，或具备相关传承项目建设工作基础的高校。通过高校教育为依托传承文化，扩展高等教育内容，发扬传统文化精神。

（二）顶层设计下的法治文化建设

全面文化建设中法治文化建设至关重要。社会主义法治的建设和完善，为全面建成小康社会发挥保驾护航的作用。构建社会主义法治文化建设大格局，首先需要推动社会主义的法治文化建设，明确"谁执法谁普法"的责任制，将法治建设的内容落到实处，并且动员全社会成员参与，才能够全面加强文化领域的制度建设。具体实施方式包括开展以案释法，建设法治宣传教育案例库建设，通过案例宣传和发布将法治过程从专业领域扩展至社会大众。继续开展案例征集工作，将热点案件依法处理的法律过程，从少数专家讨论的形式和流程，逐步变成全民普法的法治公开课。

法治文化建设需要司法人员的执行，重中之重是要推动执法力度，首先需要司法人员遵法守法。应当通过严格执法和公正司法，在宪法法律实施中满足人民对于安全、正义和秩序的需要，进一步提高行政和司法机关的公信力，树立司法机关的法律威信，体现司法执行力度和法治标准，使人民群众信任司法机关，对建设法治社会树立信心。修改宪法正是加强文化领域制度建设，尤其是法治建设的基本保障，2018年对宪法的修改，通过和增加了宪法宣誓制度等方式，这些新增制度能够为建立宪法文化和厘清宪法作用机制等重要方面，打下坚实的制度基础。我们相信，只有在实践中不断巩固宪法文化建设的成果，以宪法文化建设为契机来全面推进依法治国各项工作有序进行，才能够真正地加强文化领域的制度建设。

第四节　全面花开：积极践行社会主义文化强国战略

德行自古以来一直蕴含在中国传统文化之中，中国崛起和中华民族的发展，正是建立在文化根基之上。中华文化的完整体系和深厚底蕴，吸引着周边国家的关注，甚至影响着邻近国家的文化体系。中华民族的祖先崇尚"远人不服，则修文德以来之"，文化自信既是认识到自身文化的优势，同时能够面对文化发展过程中的糟粕，只有这种认识才能激发全民族的文化创新活力，带动文化的繁荣昌盛。

在历史的长河中，中华文化保持了自己的特色，坚守住自己的根本，在社会变迁的过程中与时俱进，在文化主体的基础上不断更新，使中华民族有了坚定的民族自信和强大的自我修复能力。每当中国处于重大的历史关头，文化能够给予中华民族强大的精神力量，这种力量既坚韧又具有应变的弹性，屡屡帮助我们化险为夷。如今，文化的种子在中华大地上全面开花，在文化的引领下，人们的精神世界得到了极大的丰富。

一、北京垂范

构建社会主义文化强国，国家首都北京走在前列。北京市历来重视城市文化的建设，近几年先后发布了《关于新时代繁荣兴盛首都文化的意见》《北京市推进全国文化中心建设中长期规划（2019 年—2035 年)》两个文件，明确了文化建设目标、相关建设内容和建设路径。北京作为中国历史转折点上的重要城市，无论是传统的北京文化、古城文化，还是新中国成立后的红色文化、现代文化，都具有无可替代的文化价值。北京文化建设处于"一核一城三区两带"的总体格局框架下，预计在 2035 年实现文化创新，进一步提高文化的创造活力，提升文化消费的贡献，并代表国家文化"走出去"，以此巩固北京文化中心的龙头地位。

北京大力提升文化服务质量，文化建设深入公众生活。例如大力支持博物馆、图书馆、文化馆、实体书店等文化设施建设，免费开放公共文化场所，鼓励和引导社会力量参与公共文化服务，在政府主导的基础上鼓励社会各界力量投入文化建设，在完善公共文化设施四级网络体系的同时，开展图书配送、文化活动配送、下乡演出配送"三配送"工作。为打造文化品牌，北京加快了文化产权交易中心建设，推动着"文化＋"市场的主体繁荣，着力推进文化特色小镇的建设。可以说在文化建设方面，北京确实发挥了较好的示范作用。

二、长三角蓄力

长三角区域拥有着丰富的旅游资源，自然景观和人文景观各有特色，成为国内重要的文化旅游集中分布区，具有文化旅游一体化发展的先天优势。长三角文化产业发达并且具有较强的文化创新能力，文化的产业集聚度和国际化程度高，活跃的对外文化贸易以及三省一市贡献的文化产业增加值已经连续多年占全国总量的 30% 以上。

长三角一体化战略将区域发展结为总体，并大大推进了长三角旅游和文化的一体化。《苏州宣言》开启了沪苏浙皖一市三省旅游文化的帷幕，随后，沪苏浙皖设立了长三角旅游事务协商制度、长三角地区旅游协会联席会议制度等，将区域共同发展作为基本战略。此外，长三角地区通过签订协议细化合作和旅游部门签署了《长三角文化和旅游高质量发展战略合作框架协议》，将共同打造联合开放、充满活力的文化和旅游市场，提供多元优质产品，打造全域融合产业，形成便捷高效的公共服务体系，最终目标是建设区域化的诚信规范、优质安全的服务示范区。在实践方面，上海也进一步深化长三角合作体制机制、建设长三角一体化旅游示范区、打造文化旅游精品，发挥大型城市的优势带动长三角地区文化旅游一体化发展。江苏则打造了一批高水平的服务业集聚区，打造苏州市吴江区生态绿色一体化发展示范区，示范区包括"吃住行"和旅游、购物、娱乐相结合的全方位旅游体系，开启了"慢生活"的旅游新模式。浙江将着力点放在了建设长三角生态文化旅游圈，推出"美丽乡村"等一揽子政策，践行"两山"理论。安徽则打造了绿色发展的样板区，形成了四个旅游板块的共同发展，根据地方资源特色，将红色旅游、生态旅游和文化旅游等资源进行整合起来，进行深度开发。

此外长三角地区还发起了企业创新文化品牌联盟，提出："绿色文化"建设——创建循环、低碳、环保的文化发展形态；"开放文化"建设——文化既保持地方特色，又能够走出区域限制，并用开放包容的态度对待跨文化交流；"共享文化"建设——建立文化共建体系，将政府、企业、高校和社会资源纳入文化共建之中，发挥各自优势；"创新文化"建设——从最为基本的思想观念和体制建设，到文化建设中的技术应用、品牌塑造、服务标准的创新；"协调文化"建设——文化产业建设不仅要实现社会目标，而且应兼顾企业发展和员工发展。

长三角的文化建设一直处于全国前列，其丰富的文化资源、发达的经济、密集的人口均为文化旅游发展提供了保障，构筑了新时代文化产业企业的使命和愿景。

三、珠三角发力

党的十八大以来，广东省老区苏区建设工作受到党中央高度重视，中央为老区苏区扶贫开发、振兴发展作出系列部署，以推动老区苏区的全面发展，确保老区苏区在全面建成小康社会进程中能够齐头并进，一个都不掉队。广东省委、省政府相继印发关于进一步推动广东革命老区和原中央苏区振兴发展的意见，要求在老区苏区基本公共服务建设的过程中要实现均等化，强调提高文化等民生领域发展水平。

一方面，公共文化场馆逐步升级，盘活红色资源。广东省文旅厅向老区苏区重点倾斜安排中央资金支持，包括村级文化服务中心、县级文化馆和图书馆建设，以及县以上的文化馆质量提升建设等。在文物保护方面，广东省的全省重点文物保护经费中，包含加强对老区苏区博物馆补充建设的经费，并争取中央资金补贴博物馆陈列等项目。

另一方面，让文化成为一种生活方式。在广州市越秀区，有一个"平民书吧"，藏书49.36万册，自2007年3月建成以来，共接待读者 364 万多人次，日接待人数约 3473 人次。每到周末成百上千的市民会到这里聆听"岭南大讲坛：艺术论坛"讲座。图书馆长期设置展览，为了让更多的市民进入图书馆，还设置了视障人士阅览室，组织少儿阅览室"亲子活动"，充分发挥了图书馆传播文化、学习知识的作用。类似的图书馆、文化场所，在珠三角比比皆是。现在的广州，周末节假日最拥挤的地方不仅是商场，还有博物馆、美术馆、文化沙龙等。

《广东省建设文化强省规划纲要（2011—2020 年)》明确提出，保障每个公民基本文化权利即为"文化民生"，是在基本生活保障基础上延伸发展的文化保障。广东各个城市积极响应文化民生建设，东莞市每年投入大量资金用于文化名城建设、改善"文化民生"，2011年至 2015 年每年投入 10 亿元。文化建设的密度满足了公众的文化需求，从城市的"10 分钟文化圈"到农村的"十里文化圈"，使珠三角的文化资源匹配人口密度成为现实。文化惠民实现了文化建设的普及，自发形成的文化市场和文化品牌也在蓬勃发展。广东省的"南国书香节"入场人数破 60 万，与已经发展成熟的香港书展规模相当。广东省现已形成多个文化品牌活动，例如永久落户广州的"金钟奖"、深圳文博会、东莞动漫博览会等。

四、新一线创新

（一）重庆市：文化生活的空间裂变拓展

2019 年"中国西部文化消费指数"表明，西部地区文化产业和文化消费的总体情况和发展趋势良好。2019 年的中国西部文化消费综合指数显示，综合文化消费意愿、文化消费能力、文化消费水平、文化消费环境、文化消费满意度五个方面，重庆均稳居榜首。由此可见，重庆在西部省市的文化消费方面占据领头位置，成为引领西部文化消费的城市。

不论何时，当你踏进重庆南滨路被评为"亚洲十大文化地标书店"之一的精典书店，总能看到一大批市民读者团坐其中愉快阅读。精典书店作为公共文化服务创新试点，它的运营模式横跨公私两界。这个书店，既是私营的营利性书店，同时它也是公益性的重庆市南岸区图书馆分馆。

重庆在公共文化创新的过程中，采取书店、图书馆合营方式，将阅读和购买图书相结合，形成良好的阅读氛围。近年来，为响应国家公共文化的相关政策，重庆优先保障基层文化服务供给。从 2013 年以来，重庆建立文化场所总分馆制体系：渝中区实行"直管"模式，由区级文旅部门对文化馆图书馆的机构、人员、经费等实行垂直管理；大渡口区实施联动运营模式，将分散的图书馆资源进行整合，以总馆和分馆签订双向委托协议的方式运转；渝北区将政府资源和社会力量结合，推广小型图书馆建设，建成 3 个 24 小时自助图书馆和100 个家庭图书馆。除了"图书馆＋实体书店"模式以外，还有"图书馆＋老街文化"特色展，让图书馆走进人们日常生活，开展诗歌分享、书法、国学讲堂等活动，将图书馆的空间延伸至公众生活之中。

这些形式多样的文化活动，使图书馆与民众生活不再有距离感，在创新文化服务模式的同时带动了旅游产业收入。从精典书店的数据来看，进入公立图书馆体系之后，书店的客流量和营业额呈现显著的上升趋势，带动区域旅游经济发展的同时，也为其注入文化内动力。与此同时，文化志愿服务得以广泛开展，基层文化凝聚力逐步增强。社区活动通常以政府购买、居民自主开展的方式广泛铺开。可以说，重庆的公共文化建设模式形成创新，对现代公共文化服务体系建设起到示范作用。

（二）西安：文化资源与文化旅游齐飞

大唐不夜城的"金甲武士"、陕西博物馆的"金怪兽"、刷遍"抖音"的"不倒翁小姐姐"等，一系列网红打卡对象在网络中引发"病毒式"传播，随着自媒体的井喷式发展，古城西安迎来一波接一波的"爆款"。一直以来，西安以其深厚的文化底蕴带动旅游产业发展，而今天被拍在"抖音"里的西安，更令人们心向往之。

西安作为中国的历史文化古城，其文化建设在中华民族伟大复兴的进程中有着重要的作用。西安应该抓住发展的机遇期，利用好自身的文化资源，融合中国的历史与未来，为实现文化的繁荣与发展作出努力。具体的路径有以下几条：

首先，将西安丰厚的历史文化资源和新兴科学技术深度融合。西安作为千百年的历史文化古城，可以通过新兴的数字技术来重新创造出数字博物馆，在虚拟的空间中重现历史文化。比如，通过大数据、云计算、虚拟现实、增强现实、混合现实、人工智能等技术，创造出数字博物馆、3D 影像等体验型产品。

其次，融合历史文化与年轻一代。在认知本民族文化的基础上，鼓励年轻一代传承自己的民族文化，通过技术手段来学习和体验这些文化，使文化从专业领域走进校园、走进课堂，从基础教育开始普及传统文化，延续文化传承的脉络。

最后，融合文化产业与旅游产业，建设国际化都市。西安有着丰富的文化资源、科技资源、教育资源和旅游资源，要通过激活整合这些资源，让西安文化更加具有国际影响力。西安曾经是中国最早的国际化都市，开放包容的文化在古长安兼容并存。如今的西安也应在文化政策的加持下，好好建设成为世界上最大的"博物馆城"。

（三）无锡

文化是一座城市的标签和名片，一直以来我们都通过对城市文化进行辨识，来检验当地的文化发展质量。近年来，在全面建成小康社会，积极营造和建构小康社会文化的方针下，无锡着眼"实现文化建设高质量，切实增强文化软实力"的工作方向，在文化建设和发展方面付出的努力有目共睹。

为积极培育和塑造无锡本土文化的文化自觉、文化自信心态，无锡市通过培育和建设本土文化中的代表性文化标志，为进一步打造高质量的文化发展格局奠定基础。在此背景下，无锡市的文化代表标志工作从百姓身边切入，开展了一系列切实而有意义的工作。首先，切合无锡地方人文荟萃的优势，细致梳理200位无锡名人的生平传记，对外打造无锡作为新一线城市中文化名城的良好形象，向内培育市民的文化自豪感。其次，具有文化代表性的市县积极发挥能动性，为文化无锡建设增砖添瓦。以宜兴为代表，知名民间组织——陶都文学院邀请国内外一流的文化研究者、无锡文化研究专家、资深紫砂名匠等近百人汇聚一堂，共同探讨推动文化对话、文化承袭、文化传播等文化相关工作。同时，本土文化工作者发挥文化建设的主体作用，围绕无锡历史上的文化偶像——阿炳，开展一系列本土文化盘活和创新升级实践，诸如为其塑像，结合教育网络的延伸让外地民乐从业人员、二胡学员、传统技艺研究者得以跨越时空了解这位特殊的艺术家，将这张唯无锡独有的文化名片进行推广。最后，近年来无锡的历史文化发展成绩也非常突出。根植无锡的"吴文化"，对无锡周边广大地区影响深刻。在"强富美高"的社会建设指引下，围绕"吴文化"的文化工作聚焦于泰伯庙、阖闾城、鸿山遗址等建设和开发。作为世界文化遗产的大运河文化也是无锡文化的一大亮点，如今的无锡既较好保留了运河文化，也涵养了因运河而生的工商业。

在全国上下积极推进全面建成小康社会的整体氛围之中，江苏省在全面建成小康社会的指标体系方面，做出了"一马当先"的示范效应。2003 年由省内各相关部门联合研发制定了全面建设小康社会主要指标体系，2013 年又推出了新版指标体系。该体系共有 4 类 18 项，共计 25 个指标，涉及社会发展指标、生态环境指标、社会治安指标以及政治文明指标等，代表我国正式提出测评小康社会建设情况的测试实践，显示出政府全面建成小康社会的决心和魄力。

五、西部地区不断奋进

"中国西部省市文化产业发展指数"和"中国西部文化消费指数"，是研究西部文化产业发展的晴雨表。2020 年 5 月 8 日，四川省文化和旅游厅发布了 2019 年"中国西部文化产业指数"数据，总体来看，西部地区各省区市文化产业发展综合水平低于全国平均水平，虽差距明显缩小，但仍有极大的提升空间。西部地区作为我国经济发展较为滞后的地区，文化产业发展环境有局限性，但西部地区丰富的文化资源以及政府在政策扶持方面的大力支持，使西部地区文化产业发展逐渐增速。

在全面建成小康社会的文化建设的全局努力中，我们深刻体验到西部地区文化发展的迅猛势头。首先表现为西部文化逐渐与旅游发展融为一体，形成了以川、陕、渝为龙头的产业布局。其次，西部地区文化和旅游逐步融合的趋势明显，文化、旅游优势互补的特征凸显。尤其在文旅融合产品和业态上，文娱消遣型旅游已经超过传统的观光型旅游，成为西部占比较高的旅游类型。同时，文化旅游消费需求实现了从量到质的转变。在文化发展中，积极提升文化产品质量，也成为消费者最为关心的需求。政府对文化消费的扶持效果显著，文化优惠政策带动西部消费者对文化产品和服务的关注。政策观照之下，消费者切实在政府文化消费福利中得到实惠。此外，西部地区文化资源虽然比较丰富，但产业化水平及文化产业生态环境和全国存在一定差距，如何将丰富的文化资源转化成为文化产业也成为西部文化持续发展必须尽快解决的问题。

在政策的扶持下，西部地区的文化发展正在逐步前进，但仍有一些不足。例如：西部地区对于文化产业发展的价值认识存在局限，文化"走出去"的宣传不到位。另外由于自然条件差，基础设施建设尚有发展空间，一定程度上影响了文化的发展和传播，使得西部地区文化影响力有限。经济基础相对薄弱，财力物力不足等问题导致对文化遗迹、非物质文化遗产的保护方面还有欠缺。在"一带一路"建设中，西部地区应当抓住地理位置的优势和历史机遇，充分发挥文化资源优势，促进西部地区文化产业发展。具体实施路径如下：

1. 创新文化发展理念。西部地区的干部群众要解放思想，深刻认识文化在经济社会发展中的重要作用。进一步深入了解文化产业所具有的低投入、低消耗特点，积极发挥其在优结构、扩消费、增就业、促转型等方面的独特作用。文化产业发展首先是文化理念的发展，只有理念上的更新，才能从根本上建立与"一带一路"建设沿线国家的深度文化合作，让西部地区宝贵的文化财富在现代社会发挥价值，激发西部地区文化活力、提升西部地区经济发展。

2. 激发文化发展活力。"一带一路"建设为西部地区带来了机遇，西部地区经济发展虽处于劣势，但文化资源与中部地区、东部地区不相上下。西部地区只有抓住历史机遇，在国家软实力提升中重新焕发文化活力，让世界看到中国西部，就能实现文化产业的良性循环。同时，应不断学习、引进其他地区在文化发展方面的成功经验，特别是要大胆引进文化发展所必需的资金、技术和人才资源。通过国内文化产业发展和对外交流的增多，双向促进西部文化发展水平。

3. 培育和发展文化产业。"一带一路"建设以道路带动发展的核心思想，弥补了西部地区交通距离长、人口密度小的劣势，为区域文化产业发展建立了良好条件。西部地区原有的文化资源，加上当代西部的新形象，均能成为文化产业转型优势，并通过与"一带一路"沿线国家的交流，产生新的灵感碰撞。在此过程中，西部地区更应该着力提升文化产品质量，树立西部文化产业品牌，打造良好的文化产业发展环境，助力文化产业的长期发展。

六、体育事业蒸蒸日上

从 1984 年洛杉矶奥运会金牌零的突破到 2008 年北京奥运会击败美国并获得金牌总数第一名，中国竞技体育的兴起，使中国人民彻底摆脱了"东亚病夫"的形象。

党的十八届三中全会提出了全面建设小康社会的目标，体育是人们健康生活的重要组成部分，因此，小康体育是全面建设小康社会的重要一环。在全面建设小康社会的同时，随着人民生活水平的提高，人们的精神文化生活得到了改善，在这种社会背景下，发展小康体育运动也应运而生。

作为发达体育与欠发达体育之间的过渡阶段，小康体育是小康社会的政治、经济、社会在个人全面发展基础上协调一致的前提。小康体育不仅限于特定时期的体育发展状态，也是新时代体育事业的建设基础。小康体育坚持"以人为本"的发展理念，它是基于人的需要，也是基于人的体育追求。随着社会的不断进步和发展，人民的闲暇时间不断增长。体育已经以休闲、健身和娱乐的形式成为小康社会的一种文化现象。许多学者在相关研究中不断总结在小康社会中小康体育的发展特点，提出了人人参与和人人践行的"小康运动是小康社会不可或缺的一部分"的观点。

2015 年 2 月，国务院总理李克强在政府工作报告中提出"打造健康中国"。同年 10 月，中共十八届五中全会进一步提出了"推进健康中国建设"的任务。《"健康中国 2030"规划纲要》是根据中共十八届五中全会的战略部署制定的，由中共中央、国务院于 10 月 25 日发布实施。2016 年习近平总书记曾经深刻地指出：没有全民健康，就没有全面小康。《"健康中国 2030"规划纲要》将体育纳入纲要中表明，体育作为一种积极主动的健康追求方式，已开始受到国家的重视和关注。它标志着体育促进身体健康的基本功能的回归，对我国大众体育的发展具有里程碑意义。

2020 年我国将全面建成小康社会。我们将抓住一切机遇，克服重重困难，迎接挑战，使我国的体育事业尽快达到并长期保持在世界前列水平。

第五节　推动文化全球化：孔子学院的文化出海

随着中国在世界舞台的地位迅速提升，中国文化受到的关注度也急剧攀升。如何在全球化背景下，实现中国文化的世界性传播成为当前我国文化建设和发展的重要任务。为了给世界各地热爱中华文化的人们提供交流互鉴的平台，孔子学院应运而生。

孔子学院是中国对外汉语教学领导小组办公室设立的教育和文化交流机构，其机构遍布世界各地，主要工作是推广汉语和传统中国文化。孔子学院的建立，是中国软实力的体现。在世界各国设立的孔子学院，受到当地政府和民众的认可，孔子学院主要以汉语教学和中国文化传播为主，以文化交流促进满足全球化对文化融合的需求。其核心思想与"一带一路"倡议相通、对促进文化多元共存意义重大。在"一带一路"倡议实施的过程中，可以优化孔子学院布局，填补空白地带，孔子学院和"一带一路"倡议相互促进。

一、审时度势：充分考虑风险与挑战

在全面建成小康社会的话语体系中，文化强国作为我国提升软实力的重要内容，自提出伊始，便被广泛接受和积极践行。随着"一带一路"智库合作联盟理事会在北京召开，文化建设的规划逐步清晰，建设核心落实到文化价值输出与"一带一路"倡议的协同建设关系之上。如何将二者有力结合，进一步提升文化建设并将其融入国家发展倡议，除了思想理念的打造，更切实的是落地的问题。充分考虑风险与机遇之后，我国开始在海外多地建立孔子学院。

通过孔子学院传播中国传统文化，特别是将中国传统文化中那些能够代表中华民族优秀品质的价值观、外交理念，通过汉语和汉文化在海外传习而传播扩散。审时度势的要义即在于孔子学院体认了自己的历史使命，即助力国家外交形象、大国角色的积极建构，以己之力促进由经济主导型到文化主导型外交形象的转变，这也是我国"一带一路"倡议升级时不可忽视的关注点。

"一带一路"倡议的根本目标是互利共赢，但在实施过程中沿线各国的态度则较为复杂，共同合作涉及国家差异、政治协调，面临多种挑战。孔子学院旨在传播汉语和中华文化、促进中外人民友好交流。因此，大力发展孔子学院，不但有利于规避当下国际关系中的诸多风险，更彰显了中华文化中高度颂扬的价值立场，即平等自愿、相互尊重的合作与交往姿态。从实际来看，这样的价值立场，从长远和全局来看，对各国都是有利的。

二、循序渐进：通过周边项目打好基础

孔子学院已有的经验表明，助推中华文化海外传播的宏图大业，起步于对中文的学习，发展于对中国文化的接受，强化于对中华文明的认同。由此来看，中国汉字是非常好的文化传播起点，而汉语学习则是海外人士接触中华文化的绝佳入口。随着华人在世界各国的增多和中国综合国力的增强，汉语在国际交流中逐渐占据一席之地。在此背景下，孔子学院作为中华文化传播的阵地，是中国文化外宣的有力抉择，它以语言传播带动文化传播，帮助外部世界通过了解中国语言，进而了解中华文化。

我们同时也应该注意到，国家之间的交流需求都是双向的，首先，孔子学院为世界了解中国提供了窗口。孔子学院通过实践拉近了与世界各国的关系，将构建和谐世界的理念传播到全世界，增强对中华文化的认同感，让世界感知到中国的真诚、友善与和谐。我们应该看到在全球化的进程中，中国既要对其他国家的文化兼容并包，也要积极传播自身文化，让世界了解中国，扩大中国的话语权，在这一点上孔子学院起到了关键的作用。其次，设立孔子学院对国家文化软实力的提升有积极效应。孔子学院最大的作用是传播和推广汉语，进而向世界传播中国文化。一个国家的语言实现国际化普及，一个国家的文化实现全球化推广，都将有利于整个国家软实力的提升。

在建设的数量方面循序渐进。加入"一带一路"倡议的国家中，大部分国家已有孔子学院的基本布局，而少数国家仍然是空白。其中，未有孔子学院的国家有13个，不过这些国家中的大部分已参与孔子学院总部的部分项目，与孔子学院实现着基于项目的合作与交往。特别是那些基础设施较好、互联网技术普及的国家，在面对开设

难题时往往选择建立网上孔子学院，组织本国内的学员通过远程云端的诸多平台，来实现网络学习中文和中华文化的目的。

作为孔子学院本身而言，对有开设意愿的各个国家也应充分了解，充分回应，充分宣传，以期在获得当地师生认可和参与的同时，更好地达成自己的使命。据孔子学院公布的数据来看，全世界云端孔子学院的注册学员已达60余万，网络课程也已经近40万节。学员数量与课程体量均超过世界上其他国家开设的同类型文化组织与传播机构。

三、因地制宜：拓宽开设渠道协同多主体共同发展

孔子学院在海外开设的过程中，不同程度受到目的地国家各项法规的限制。这些国家对于孔子学院、学堂的进入和运行影响颇大，这样一来将对学院的正常运作有一定阻碍，比较突出且亟待解决的问题即在于招生不足，运营情况不佳的问题，这类问题直接影响孔子学院的经济自立。为确保孔子学院的正常运营，应积极因地制宜地寻找解决方案。

结合已有的经验，未来有两条解决路径可为孔子学院的海外拓展和良好营运带来启示。路径之一，引流国内资源。面对"一带一路"沿线孔子学院工作繁重而经费紧张的难题，应积极引流我国国内的各项资源。通过引导和吸纳国内知名企业，协同参与海外孔子学院的建设，即通过政府引领、企业参与、民间运作的路径实现资源汇聚。此外，也应该号召和吸纳在国内具有较好社会影响的社会组织和机构，共同在海外建设孔子学院。基于协同发展的战略，借鉴国内一些知名的社会组织运营与管理的先进经验，为孔子学院在国外更好地生存与发展贡献力量。

路径之二，生产与整合国外资源。结合已取得成功的地区经验，

刚进入或刚起步的新学院、新学堂，应尽快对目的地国家进行宏观与微观环境分析，根据所在地国家的特殊性制定出有针对性的发展战略和中长期实践规划。通过设计本土化的汉语推广项目、文化交流项目，切合本地社会特性的学院、学堂开展模式，比较准确地锚定目的地国家的文化学习需求，实现在教育中落地、在服务中发展的双赢目标。

四、天赋使命，顺应中华文化交流大趋势

当今世界的全球化，是政治、经济、文化多方面的全球化，在此进程中，不同意识形态和文化之间关系紧密而复杂，可谓既存在交流也存在竞争，因此社会变迁比以往都要迅速而难以预测。每个国家都有自己的历史，每种文化都在历史的积淀中形成，全球化使不同文化之间增进对话，呈现出多元共存的基本状态。孔子学院正是在这样的背景中应运而生。

（一）中华文化兼容并包

中华文化在历史上就不具备侵略性，这是中华文化兼容并包的特性决定的，中华文化既有明显的辨识特征，又能够客观看待不同类型的文化，以理解和共存作为核心思想，鲜有非此即彼的文化竞争思想。中华文化一直以儒家文化为中心，儒家文化最讲究仁爱、中庸，不强迫他人。中华文化是有魅力的文化，但不是侵略性的文化，这使得中华文化在面向海外的时候更容易被接纳，也更容易接纳文化差异。

孔子学院的文化窗口作用更为重要，成为世界各国了解中华文化的直接途径，避免在传播过程中因多重信息传播造成的偏差。历史上我们依靠张骞等人到中国之外进行交流，路途遥远且影响力有限，现在，孔子学院成为相对固定的场所，且已有成熟的体系，孔子学院的

课堂成为长期稳定介绍中华文化的空间。如果说张骞出使西域是实现了文化、贸易的动态流动，那么孔子学院可以说是把文化的枝叶散落在世界各国。如今的"一带一路"倡议和孔子学院，延续了中华文化兼容并包的传统，以历史上的丝绸之路和海上丝绸之路为主要路线，带动区域间政治、经济、文化交流，只有共同繁荣才能实现各国利益的最大化。

（二）超越意识形态的文化交流是时代主题

目前全球化的进程中，国家之间的意识形态碰撞不再是非此即彼，而是建立在差异共存的基础上。这个时期的文化交流已经走出征服和被征服的战争状态，超越意识形态的文化交流成为时代主题。

我们可以看到，各国均着力于经济发展和提高人民生活水平，这个时期的合作就需要摒弃文化偏见。同时，各国在发展的过程中面临着许多相似的问题，例如环境、疾病、人口、贫困等问题，这些问题对于发达国家和发展中国家、欠发达国家同样重要，只有共同面对才能够形成根本的解决方案。解决上述问题，仅仅依赖经济手段并不可行，而是需要技术交流和文化交流辅助实现。世界各国既是独立的政权，也是相互依赖的伙伴。在文化交流的过程中，科学技术得以传播，先进技术的发展成为造福全人类的贡献。文化和技术的交流也会产生更多的发展机遇，如文化产品的世界流通、各国旅游业的发展等。无论是哪种类型的国家，都难以回避全球化趋势的影响，我们充分相信，随着文化在全球化进程中的重要性急剧增加，超越意识形态的跨文化交流，将成为未来文明对话、文化交往的主流。

（三）汉语文化的世界地位提升

新中国成立以来，中华民族在艰难的环境中不断奋进，改革开放以来，中国经济发展速度受到世界关注，作为一个人口大国，中国积极调动人民的创造力，使国家成为一个不容小觑的发展中国家。世界各国逐渐认识到中国市场的价值，各国积极争取和中国合作。合作建立在了解的基础上，尤其是对中国文化的了解上，如此一来，孔子学院作为外国人士学习汉语和了解中国文化的重要途径，其承载的历史意义又重了三分。

汉语文化地位的提升伴随着以下几个过程，首先是数量庞大的海外华人，他们多年居住在海外，对中华文化强烈的认同感丝毫未减，汉语交流仍然是华人之间的主要交流方式。定居海外的华人也带去了许多文化传统，在多个国家形成"唐人街"这样的华人聚集区。他们通过教育下一代学习汉语和中华文化，缩短后代和祖国的距离，传承中华文化的优良传统。其次，中国崛起的过程中，许多企业前来中国投资、合作，大量外国人才到中国定居，学习汉语和了解中国文化也成为必然需求。最后，随着中国在世界上新形象的确立，中华文化的魅力逐渐被世界各国人民知晓，海外游客数量随之增多，掌握汉语也成为游览中国的便利条件。同时，随着中国经济实力的迅猛发展和国际地位的提高，许多国外人才涌入中国寻找就业机会，对于汉语的学习和对中华文化的了解就显得至关重要。

（四）中华文化需要走向世界

随着中国经济迅猛发展，中华文化也从被动吸纳转为主动走向世界。中国的文化产业发展和文化传播具有丰富的资源，这些资源需要得到更好开发，以彰显中华文化的魅力。中华文化已到了在世界舞台进行展示的时候，展示的方式多种多样，从文化艺术团体的演出、影视形象的传播，到各种民间交流，其中孔子学院就是最为成功的案例。那些原本距离遥远的中国文化，在孔子学院成为生动鲜活的课堂、深度参与的活动，助力中华文化的广泛传播。"十一五"规划提出，要"积极开拓国际文化市场，推动中华文化走向世界"。我们相信，在政府政策的扶持下，孔子学院使中华文化焕发生机。

过去几十年，在吸收世界文化精髓的同时，为了使世界能够真正了解中华文化和中国，国家也在积极向外传递中华文化的价值观和主旨思想。春秋战国时期，孔子便开启列国游，向天下弘扬他的"仁""义"主张。汉代时期，张骞行经之处形成了"丝绸之路"，这条举世闻名的文明之路，客观上打通了西汉与中亚的通道。它不仅连接起双方在政治、经济和军事方面的竞争与合作实践，还促使双方的文化互动进一步融合。

今天，中国正在积极推进文化交流与互动。习近平总书记倡导的"一带一路"，旨在促进与邻国的往来和交流，奉行和平外交的政策并始终坚持"和平共处五项原则"，体现了中国文化的民族性和世界性。孔子学院在当下积极宣扬"以和为贵"、"四海一家"的处事哲学，传颂"天下为公"的中华文明，其对孔子思想的传播，不仅秉承了儒家传统精神的精髓，还以积极的态度与世界文化交往融合，建立基于中华文化的民族和世界特色的发展方向，可以说是中华民族与世界文化交流的必经之地。我们相信，借由中国孔子学院搭建的国际性文化舞台，中华文化的光芒终将闪耀寰宇。

（执笔人：施曲海）

第 五 章

全面建成小康社会之社会建设

2020 年全面建成小康社会，是我们党向历史和人民作出的庄严承诺。改革开放以来，随着社会经济的飞速发展，小康社会内涵得到不断拓展和提升。社会建设作为中国特色社会主义发展中的重要组成部分，我们党将其放入到总体布局的高度来推进，从"三位一体"到"四位一体"布局的转变，社会建设从经济、政治、文化建设中分离出来，成为与其并列的独立系统。社会建设是最能牵动广大人民群众切身利益从而产生共鸣和达成共识的关键领域，直接关系到人民群众的获得感、幸福感和安全感，也是衡量我们党是否真正坚持以人民为中心的发展思想的重要标准，更是考验我们党为人民谋幸福的初心的坚守程度的重要维度。新时代社会建设是中国特色社会主义"五位一体"总体布局中的"重要一位"，通过科学、全面地推进社会建设，社会建设发展不断迈上新台阶，更加注重民生领域"幼有所育、学有所教、劳有所得、病有所医、老有所养、住有所居、弱有所扶"目标的实现，把最广大人民群众的根本利益作为一切工作的出发点和落脚点，人民收入水平和就业质量不断提高，教育事业得到优化发展，社会保障体系更加健全、贫困发生率不断降低等一系列社会建设措施，更加广泛地满足了人民的美好生活需求。在全面建成小康社会的决胜阶段，我们必须坚持以人民为中心的发展思想，坚持人人有责、人人尽责、人人享有的共建共治共享发展理念，到 2020 年末我们必将实现全面建成小康社会！

第一节　历史发展中的社会建设

全面建成小康社会，是中国共产党人"两个一百年"奋斗目标的第一个百年奋斗目标，是中华民族伟大复兴历史上的一座重要里程碑。社会建设作为全面建成小康社会的重要一环，关系到民生改善和社会和谐等重大问题，在国家治理现代化进程中具有举足轻重的地位和作用。小康社会是邓小平同志在 20 世纪 70 年代末规划中国经济社会发展蓝图时提出的重大战略构想，自此，建设小康社会成为中国共产党的阶段性奋斗目标。从小康社会概念的提出到全面建成小康社会，这一过程中社会建设逐渐从国家发展布局的"边缘"地带成为我党政治议程的"重心"，全面建成小康社会，要全面统筹推进经济建设、政治建设、文化建设、社会建设、生态文明建设，促进现代化建设全面协调发展。

社会建设最能体现以人民为中心，最关切民生福祉发展。但客观而言，我国在经济社会发展过程中长期存在着"一条腿长、一条腿短"问题，[①] 社会建设明显滞后于经济发展。计划经济时期，社会建设并没有被明确提出，也没有形成完整意义上的社会建设概念，更多的是将其内含于政治、经济、文化建设中去理解。

改革开放之初，包括社会建设在内的大部分领域都百废待兴。如何在生产力水平低、物质基础薄弱的水平上，大力解放和发展生产力

---

① 刘辉：《习近平新时代社会建设重要论述探微》，《理论学刊》2019 年第 6 期。

成为当时第一要务。经济基础决定上层建筑，也只有大力发展生产力，才能为社会建设积聚起雄厚的物质基础，才能充分发挥社会主义制度的优越性。基于此，中国共产党确立了"以经济建设为中心"的社会主义初级阶段基本路线，唯有大力发展经济，才能使国家和人民摆脱贫穷落后，逐步强盛和富裕起来。因此这一时期的社会建设依附于经济建设的发展，诸如教育、医疗、就业等社会建设议题是放在经济建设领域内来讨论，社会建设本身没有形成独立、系统化的框架。随着改革开放的深化和社会主义市场经济体制的确立，我们党带领人民群众极大地解放和发展了生产力，推动着我国经济高速增长。但是改革开放以来中国经济虽然增长迅猛，但社会贫富差距越拉越大，[1] 经济与社会发展失调以及社会不公平等问题的存在迫使中国政府不得不反思出现这些问题的原因，即政府社会建设功能的不完善，未能建立起一个有效的、能够保护全体社会成员面对转型风险的社会建设制度显然是其中一个重要原因。鉴于此，我们党开始重视自身在促进社会建设发展中的角色，逐渐意识到政府必须在社会建设领域发挥主导作用，因此我们党在实践层面上将社会建设放在了一个崭新的高度来考虑，提出了利益协调的核心思路，处理改革、发展、稳定的关系，正确反映和兼顾不同群众的利益。但概括而言，这一时期社会领域的诸多建设仍是在经济建设的体系中进行的，社会建设整体表现内容分散，附属于经济建设发展，[2] 在国家发展总体布局中尚未独立出来。

随着改革开放的逐步推进、中国共产党对社会主义认识的不断深化和市场经济的深入发展，社会公平正义问题日益凸显，社会建设的

---

① 吴香雪：《福利供给责任与福利契约践行与重构》，《社会保障研究》2018 年第 1 期。

② 刘晋祎：《我国社会建设的发展演进形态与制度构建图景》，《辽宁省社会主义学院学报》2019 年第 4 期。

重要性日益突出。进入新世纪，以胡锦涛同志为总书记的中央领导集体提出社会建设概念，丰富和发展了中国特色社会主义事业的总体布局。2002 年党的十六大提出了"社会更加和谐"的目标，2004 年十六届四中全会明确指出，加强社会建设和管理，推进社会管理体制创新，"社会建设"这个概念至此被单独提了出来。在此基础上，2005 年我们党明确指出，"中国特色社会主义事业的总体布局，更加明确地由社会主义经济建设、政治建设、文化建设三位一体发展为社会主义经济建设、政治建设、文化建设、社会建设四位一体。"这是我们党第一次将社会建设单独阐述，标志着我们党开始将原来蕴含在经济建设、政治建设、文化建设中的社会建设独立地分离出来，并提高到与经济建设、政治建设、文化建设并列位置。2007 年党的十七大对社会建设的重要性和重要地位有了更加深刻的认识，强调"社会建设与人民群众的切身利益相连，必须摆在更加突出的位置"，首次对经济建设、政治建设、文化建设、社会建设的"四位一体"总布局做了正式确认，并在十七大报告中单独列出了"加快推进以改善民生为重点的社会建设"的专题。这表明随着社会主义市场经济的发展和对社会建设理论与实践认知的加深，党和政府充分认识到社会建设在全面建设小康社会中的重要作用，明确提出"社会建设"的概念，并将其纳入到"四位一体"的中国特色社会主义总体布局中，[1] 至此我国社会建设驶入历史快车道，进入快速发展时期。纵观党的十七大以来，我们党关于社会建设的论述，可以看出社会建设始终聚焦民生问题，聚焦人民群众关切，从教育、就业、收入分配、社会保障、医疗卫生、社会管理六个方面作出详细部署，强调通过不懈努力，使全体

---

[1] 范逢春：《新中国 70 年社会建设：实践历程、基本经验与未来展望》，《国家治理》2019 年第 3 期。

人民学有所教、劳有所得、病有所医、老有所养、住有所居。①

2012 年党的十八大提出中国特色社会主义事业"五位一体"总体布局，明确经济建设、政治建设、文化建设、社会建设、生态文明建设共同成为中国特色社会主义事业不可或缺的关键环节。根据中国特色社会主义"五位一体"总体布局，将全面建设小康社会改为全面建成小康社会。并强调加强社会建设，必须把保障和改善民生放在更加突出的位置，以保障和改善民生为重点，我国社会建设进入了创新与突破的新时代。2013 年党的十八届三中全会，我们党提出了社会建设领域的五项改革，即教育综合改革、就业创业体制机制、收入分配格局、社保制度、医疗卫生体制。2015 年党的十八届五中全会，我们党首次提出了坚持以人民为中心的发展思想，着重解决人民群众最关心最直接最现实的利益问题，注重机会公平、保障基本民生。

2017 年党的十九大从"提高保障和改善民生水平""加强和创新社会治理"两个方面部署了社会建设的目标任务。报告中进一步指出："必须多谋民生之利、多解民生之忧，在发展中补齐民生短板、促进社会公平正义，在幼有所育、学有所教、劳有所得、病有所医、老有所养、住有所居、弱有所扶上不断取得新进展。"这就意味着，党的十九大报告在遵循十七大报告关于民生建设目标"五有"提法的基础上又增加了"幼有所育"和"弱有所扶"两个目标，将"五有"拓展到了"七有"，从而更广泛地满足人民的美好生活需要。②

2019 年党的十九届四中全会又从"坚持和完善统筹城乡的民生保障制度""坚持和完善共建共治共享的社会治理制度"两个方面来谈社会建设，把以人民为中心的发展思想，放在了社会建设制度体系

① 刘辉：《习近平新时代社会建设重要论述探微》，《理论学刊》2019 年第 6 期。
② 刘晋祎：《我国社会建设的发展演进形态与制度构建图景》，《辽宁省社会主义学院学报》2019 年第 4 期。

显著优势的首要地位。可以看出党的十九届四中全会对社会建设领域的制度建设作出了具体部署，勾勒出新时代中国特色社会主义社会建设制度的全景图。社会建设是直接服务群众的工作，要真正做到发展为了人民、发展依靠人民、发展成果由人民共享。这既是开展社会建设工作的出发点和落脚点，也是检验社会建设工作质量和成效的最高标准。①

社会建设的演进过程，既是我们党探索社会主义社会建设的伟大历程，也是人民福祉不断增进的伟大过程。回顾我国社会建设历程，社会建设从内含于政府、经济、文化建设之中，改革开放后一度成为经济建设的附属，再到新世纪成为国家总体布局中的独立一位，社会建设日益成为党和国家政治议程的"重心"。进入新时代，社会建设作为最能代表广大人民群众利益的领域，事关人民生活幸福安康、国家长治久安，是全面建成小康社会的重要组成部分，被我们党放置在了尤为重要的位置加以推进。通过顶层设计、全面推进，始终坚持以人民为中心的发展思想，重点提升人民群众的获得感、幸福感、安全感，构建人人有责、人人尽责、人人享有的社会治理共同体，才能把我国社会建设的制度优势更好地转化为全面建成小康社会的动力和效能。从小康社会概念的提出到全面建成小康社会，社会建设进入了全面发展的崭新阶段，坚持以人民为中心的发展思想，加快民生领域各项事业的建设，成就斐然。

---

① 宋贵伦：《把制度优势更好转化为社会建设效能——认真学习贯彻党的十九届四中全会精神》，《前线》2019 年第 11 期。

第二节　社会治理不断创新

2012 年党的十八大提出中国特色社会主义事业"五位一体"总体布局，明确五大建设成为中国特色社会主义事业不可或缺的关键环节。十八大以来党和政府日益重视社会建设，社会治理理念不断升华与创新，不断自我完善、自我发展，社会治理较以前更加宽松、自由、开放、平等、文明、法治、公平、有序，社会治理体制不断创新、社会治理主体日益多元、社会治理能力不断增强、社会发展充满生机活力。

一、创新社会治理体制，构建社会治理共同体

社会治理是国家治理的重要组成部分，推进社会治理现代化是国家治理现代化的基础性工程，其重点与难点在于完善与创新中国特色社会治理体系，推动建设"人人有责、人人尽责、人人享有"的社会治理共同体。基于历史维度透视改革开放以来我国社会治理体制的演进轨迹，从"社会管理"到"社会治理"，再从"打造共建共治共享的社会治理格局"到"建设人人有责、人人尽责、人人享有的社会治理共同体"，社会建设领域治理方式的转变，以及政府角色和职能的转变——政府由无所不包的"全能型政府"逐步转变为寻求多元共治的"服务型政府"，这表明党和政府在社会建设领域的执政理念和执政方式发生了重大转变。[①] 既反映出转型时期的具体国情，又彰显了

[①]　廖冲绪、张曦：《共建共治共享社会治理格局的逻辑进路、时代内涵与路径创新》，《社会治理》2020 年第 3 期。

新时代社会治理的新变化新要求。

1978 年中共十一届三中全会决定把工作重心转移到经济建设上来，提出加强社会主义民主和法制建设的任务和原则。1992 年党的十四大确立建立社会主义市场经济体制的目标，以经济转轨促进社会转型，中国社会发生巨大变迁。从历史渊源看，1998 年《国务院机构改革方案》首次提出社会管理的概念，明确指出把"宏观调控、社会管理和公共服务"作为政府基本职能。市场化改革和信息社会的来临，使得传统的政府管理、强制秩序、政府包揽、政府统管的高度一元化的社会管理体制难以为继。[①]2002 年党的十六大报告将"社会管理"明确为政府的四项主要职能之一，提出要"改进社会管理，保持良好的社会秩序"。2003 年十六届三中全会从完善社会主义市场经济的角度提出要"完善政府社会管理和公共服务职能，为全面建设小康社会提供强有力的体制保障"。2004 年十六届四中全会在总结以往社会管理经验的基础上，从构建社会主义和谐社会的角度对"社会管理"作出了重要部署，首次提出"建立健全党委领导、政府负责、社会协同、公众参与的社会管理格局"。这标志着中国共产党对"社会管理"的认识有了显著而又深刻的提升，并对实践产生了直接推动作用。伴随着政府职能的不断转变，2006 年党的十六届六中全会明确提出："健全党委领导、政府负责、社会协同、公共参与的社会管理格局"。2007 年党的十七大提出："要健全党委领导、政府负责、社会协同、公众参与的社会管理格局，健全基层社会管理体制。"这些探索充分体现了中国共产党对"社会管理"的认识从"宏观"到"中观"再到"微观"层面的

---

① 高斌：《共建共治共享的社会治理格局：演进轨迹、困境分析与路径选择》，《理论研究》2018 年第 6 期。

"路线图"。① 党的十八大报告不仅提出推动社会管理体制改革，而且在原有 16 字要求的基础上增加"法治保障"这一新内涵。经过长期的探索实践，我国逐步建立了社会管理组织网络，构建了社会管理工作领导体系，制定完善了社会管理法律法规，初步形成中国特色社会主义社会管理格局。政府职能不断转变，职能更加清晰，以促进社会和谐稳定为出发点，以保障和改善民生为重点，以强化社会服务为依托，形成了"党委领导、政府负责、社会协同、公众参与、法治保障的社会管理体制"，为社会管理向社会治理转变奠定了一定的基础。

2013 年十八届三中全会对全面深化改革作出了统筹设计和远景谋划，全会通过的《中共中央关于全面深化改革若干重大问题的决定》首次提出"社会治理"的概念，从改进社会治理方式、激发社会组织活力等方面全方位部署社会治理体制创新。这是中国共产党第一次以正式文件的形式提出"社会治理"概念，标志着中国共产党社会治理理念的再一次深化。这一时期社会治理的主体更加强调多元、更加强调社会自治、更加注重民主协商。"社会治理"与"社会管理"虽一字之差，但它反映了党执政理念的与时俱进与及时革新。2014 年十八届四中全会通过《中共中央关于全面推进依法治国若干重大问题的决定》，进一步强调："坚持系统治理、依法治理、综合治理、源头治理，提高社会治理法治化水平。"在总结历史经验和着眼社会治理新要求的基础上，2015 年党的十八届五中全会通过《中共中央关于制定国民经济和社会发展第十三个五年规划的建议》，明确指出："要完善党委领导、政府主导、社会协同、公众参与、法治保障的社

---

① 夏锦文：《共建共治共享的社会治理格局：理论构建与实践探索》，《江苏社会科学》2018 年第 3 期。

会治理体制，加强和创新社会治理，推进社会治理精细化，构建全民共建共享的社会治理格局"，以此激发全民参与社会治理的积极性和主动性。社会治理时期，社会治理理念日益深入人心，多元社会治理主体持续深入互动，社会组织和社区在社会治理中的重要作用持续发挥，立足公平与正义，多元主体合作共治有效处理社会问题，社会治理理论与实践不断创新，逐步完善社会治理制度基础，为推进"国家治理体系和治理能力现代化"提供了有力支撑。

2017 年党的十九大报告明确提出："打造共建共治共享的社会治理格局。加强社会治理制度建设，完善党委领导、政府负责、社会协同、公众参与、法治保障的社会治理体制，提高社会治理社会化、法治化、智能化、专业化水平。"这表明，全面推进共建共治共享的社会治理体制创新已经拉开序幕。尽管同样是强调"治理"，社会治理从"全民共建共享"逐渐走向"共建共治共享"，体现了执政党对公共治理理念的吸纳认同、上层建筑对经济基础的积极调整、国家治理对社会主要矛盾变化的正确回应。[1] 这不仅意味着中国共产党对社会治理的认识在不断深化，而且预示着对新时代社会治理格局的崭新谋划。党的十九大精准判断"我国社会主要矛盾已经转化为人民日益增长的美好生活需要和不平衡不充分的发展之间的矛盾"。习近平总书记提出"人民对美好生活的向往，就是我们的奋斗目标"。"共建共治共享"的根本出发点是解决社会发展不充分不平衡的问题，满足人民对美好生活的向往，是一种可持续的治理方式，体现了权责利的动态平衡。[2] 共建共治共享的社会治理理念有以下核心要义：全民

---

① 　马庆钰：《共建共治共享社会治理格局的意涵解读》，《行政管理改革》2018 年第 3 期。
② 　周进萍：《共建共治共享：社会治理的中国话语与行动体系》，《中共福建省省委党校学报》2018 年第 7 期。

性、共建性、共治性和共享性，也就是说从主客体角度必须体现全民性、从过程角度必须体现共建性和共治性、从结果角度必须体现共享性。① 十九大报告结合新时代中国特色社会主义基本实现社会主义现代化的总目标，提出到 2035 年"现代社会治理格局基本形成"的战略目标，其基本特征是：法治社会基本建成，国家治理体系和治理能力现代化基本实现，社会文明程度达到新的高度，人民生活更为宽裕，社会充满活力又和谐有序，生态环境根本好转，美丽中国目标基本实现。② 共建共治共享的社会治理格局的提出是中国特色社会主义社会治理理论的进一步深化，是中国共产党长期社会治理实践经验的总结和理论创新的升华，是推进国家治理体系和治理能力现代化的重要内容，也是解决人民群众最关心、最直接、最现实的利益问题的重要举措。

党的十九届四中全会聚焦于国家治理体系和治理能力建设，提出要"坚持和完善共建共治共享的社会治理制度，保持社会稳定、维护国家安全。社会治理是国家治理的重要方面。必须加强和创新社会治理，完善党委领导、政府负责、民主协商、社会协同、公众参与、法治保障、科技支撑的社会治理体系，建设人人有责、人人尽责、人人享有的社会治理共同体"。③ 社会治理共同体的提出，是我们党在社会治理问题上的新探索，是对党的十九大提出"共建共治共享的社会治理格局"的进一步创新和丰富，是国家治理体系和治理能力现代化在社会领域的重要突破。社会治理共同体是多元主体协同参与打造共

---

① 马海韵：《"共建共治共享社会治理格局"的理论内涵——基于社会治理创新的视角》，《北京交通大学学报（社会科学版）》2018 年第 4 期。

② 王名：《共建共治共享格局下多元主体的权利边界及公共性之源》，《国家治理》，2019 年第 4 期。

③ 新华社：《中国共产党第十九届中央委员会第四次全体会议公报》，http://www.xinhuanet.com/politics/2019-11/05/c_1125195786.htm。

建共治共享的社会治理体系，也是推动国家治理体系与治理能力走向现代化的必要基础。其中蕴含着深刻的"人民性"思想：共建依靠人民，共治发动人民，共享为了人民。①"人民性"是马克思主义中国化理论的鲜明特质，贯穿中国社会治理从理论到实践的全过程，全会提出："坚持人民主体地位，在发展中补齐民生短板，促进社会公平正义，形成有效的社会治理、良好的社会秩序，使人民的获得感、幸福感、安全感更加充实、更有保障、更可持续。"人民是社会治理中的主体，基层是治理的基础和重心，社会治理共同体是一个价值共同体、目标共同体，也是一个利益共同体。② 社会治理共同体核心要素在于处理社会治理事务人人有责，社会治理过程人人尽责，社会治理结果人人享有，即全体社会成员有责任共同维护社会秩序，并在处理社会事务的过程中共同履职到位，这样才能共同享有社会"善治"所带来的成果。这就要求各治理主体主动参与，充分协商，形成共识，并且通过合理的角色分工和权责分配，在治理过程中相互配合，从而达到"1+1+1>3"的治理效果。③ 在社会主要矛盾转化的新时代背景下，构建人人有责、人人尽责与人人享有的社会治理共同体，需要治理主体从"政府主导"走向"人人有责"共建，治理方式从"条块分割"走向"人人尽责"共治，治理成果从"排斥他者"走向"人人享有"共享，进而推动社会走向"善治"。④

改革开放 40 多年来，我们党和政府在社会建设领域的执政理念

---

① 贾玉娇：《共建共治共享的人民性阐释》，《中国民政》2020 年第 2 期。
② 李玉轩、黄毅：《构建新时代治理共同体的价值维度思考》，《新疆社科论坛》2020 年第 1 期。
③ 周进萍：《共建共治共享：社会治理的中国话语与行动体系》，《中共福建省省委党校学报》2018 年第 7 期。
④ 张国磊、马丽：《新时代构建社会治理共同体的内涵、目标与取向——基于党的十九届四中全会〈决定〉的解读》，《宁夏社会科学》2020 年第 1 期。

和执政方式发生了重大转变，从党的十六届四中全会提出"推进社会管理体制创新"到十八届三中全会"社会治理"的提出，从党的十九大提出"打造共建共治共享的社会治理格局"到十九届四中全会"建设人人有责、人人尽责、人人享有的社会治理共同体"治理理念的创新与升华，表明社会治理不仅要重塑政社关系，更要在政府主导下构建中国特色社会治理共同体。而这其中的根本保证是充分发挥党的领导核心作用，坚持以人民为中心的发展思想，构建更加系统、科学、有效的社会治理制度体系，引导和培育多元主体积极参与治理，凝聚起多元主体的治理合力，在明确各主体的权、责、利边界的基础上，寻求社会意愿和诉求的最大公约数，共同构建人人有责、人人尽责、人人享有的社会治理共同体，[①] 不断满足人民群众日益增长的美好生活需要。

二、培育社会组织，增强社会治理能力

党的十九届四中全会审议通过《关于坚持和完善中国特色社会主义制度、推进国家治理体系和治理能力现代化若干重大问题的决定》，明确提出了党和国家制度建设的总体目标、战略重点、工作机制和推进方式，将推动国家治理不断迈向更高境界，为人民群众带来更多获得感。《决定》是新时代完善和发展我国国家制度和治理体系的纲领性文件，是迈向"中国之治"新境界的重要里程碑。传统社会管理模式把社会和公众作为被管理对象、忽视社会组织和公众在社会管理中的作用，已不适应时代发展要求，如何建设人人有责、人人尽责、人

---

① 张国磊、马丽：《新时代构建社会治理共同体的内涵、目标与取向——基于党的十九届四中全会〈决定〉的解读》，《宁夏社会科学》2020 年第 1 期。

人共享的社会治理共同体，成为新时代摆在我们面前的一个重大课题。从社会治理的当前景象看，其关键在于培育积极理性、合作共建的多元主体。历史和实践充分证明：主体永远是推动社会治理的关键性要素，没有主体参与的社会治理无疑是空中楼阁。所以，在强调共建共治共享时，当前的首要任务是培育多元积极理性的参与主体。①

新时代社会治理格局的建设方向，也为社会组织参与社会治理的功能定位提供了依据。核心领导层和各级党委政府应充分认识，在新时代的社会治理中，社会组织等社会力量是国家治理现代化中的重要角色，是市场经济进一步发展的增长点，是政府管理和公共服务的合作者，是社会和谐与秩序稳定的影响者，是社会益慈文化的引领者。应当确立公私权均衡关系的基本原则，合理控制公共部门规模，促进社会组织健康发展，激发社会力量参与社会建设的能力和活力。②改革开放四十余年来，社会组织经历了"复苏发展期（1978—1997）""探索发展期（1998—2011）"全面发展期（2012年至今）三个阶段，1978年后，"以经济建设为中心"路线的确定以及随后展开的一系列改革为我国社会组织提供了发展空间。1988年我国民政部首次对全国社会组织的数量进行统计，当年所统计的全国社会组织的数量为0.44万个，③随着改革开放的深化，政府职能由管理型向服务型转变，原有的社会管理已经无法适应新的变动环境。当政府或者市场失灵的时候，就需要第三方力量——社会组织来弥补政府服务的

① 夏锦文：《共建共治共享的社会治理格局：理论构建与实践探索》，《江苏社会科学》2018年第3期。
② 马庆钰：《共建共治共享社会治理格局的意涵解读》，《行政管理改革》2018年第3期。
③ 潘修华：《我国社会组织的演进历程、现状与发展路径》，《党政研究》2017年第2期。

不足。^① 我国社会组织不断发展，截至 2018 年底，全国共有社会组织 81.7 万个，比上年增长 7.3%；吸纳社会各类人员就业 980.4 万人，比上年增长 13.4%。^② 我国社会组织 40 年来，无论在数量上还是质量上都是快速发展的，现已成为遍及社会生活各领域、各方面的一种组织形态和社会力量。社会组织是社会治理主体的重要组成部分，在促进国家社会有序良性互动、推动国家治理体系和治理能力现代化等方面具有重要意义。然而社会组织在发展过程中也面临着一些问题，影响了社会建设与治理的效果。

总体而言，近些年社会组织呈现积极健康的发展态势，但社会组织发展面临着诸多问题，使得社会组织的参与治理能力及效果打了折扣。如今我国正处在全面建成小康社会和创新社会治理发展的快车道上，社会组织作为承担和执行公共服务职能的重要主体，其发展关乎我国社会管理体制变革与创新，同时也在很大程度上影响社会建设的共治共建效果。^③ 党政决策者和职能部门应为社会组织等社会力量在国家社会治理中健康成长和担当使命营造良好的"善制"环境。在新时代背景下，重视社会组织社会治理能力培育，推动社会组织参与共建共治共享。在社会治理领域不能因为当前社会组织力量不强，就否认社会组织是责任一方的地位，反而更要加强对社会组织承担社会服务能力的培育，而社会组织也要抓住时机加强自身发展。提升社会组织社会服务供给能力，一方面需要政府为其提供成长环境，加快推进政社分开，赋予社会组织独立的责任主体地位，构建契约化的政社合

① 韦克难、陈晶环：《新中国 70 年社会组织发展的历程、成就和经验——基于国家与社会关系视角下的社会学分析》，《学术研究》2019 年第 11 期。

② 民政部：《2018 年民政事业发展统计公报》，http://images3.mca.gov.cn/www2017/file/201908/1565920301578.pdf。

③ 贾志科、罗志华：《新时代社会组织治理：面临的问题与路径选择》，《学术交流》2020 年第 3 期。

作关系，政府切实将力所不能及的社会服务供给以契约的形式转移给社会组织，改进社会组织准入制度，取消、下放或者降低审批准入条件，提高进行公共服务供给社会组织的规模与质量，积极培育和扶持社会组织专职人才队伍建设，并根据社会组织的分级分类进行相应的财政补贴、税收优惠、服务收费等政策支持，并逐步扩大符合接受捐赠条件的社会组织的范畴，以拓宽社会组织资金来源渠道，提升其资金筹措能力。[①] 完善政府与社会组织合作供给社会服务的法律法规，规范政府购买服务操作路径和程序，强调双方都必须严格遵守契约规则，并建立相应的多元责任主体联合监督机制，[②] 对社会组织供给社会服务情况进行信息公开，推行社会组织等级评估制度，以激励社会组织优化自身服务供给行为。政府作为社会治理的主导者，应有意识地培育、管理、引导和监督社会组织沿着正向功能发挥的方向发展，并给予相应的政策、资金、项目等发展资源的支持，此外政府还要为社会组织发展营造良好的舆论环境，肯定社会组织社会治理的功能，提高社会组织的认可度和知名度，以为社会组织供给社会服务提供有力的支持。另一方面是社会组织自身合作能力的增长，社会组织要抓住政府和社会提供的发展机遇，不断提高自身独立性和专业性，抓好人才培养与引进，促进社会组织健康持续发展。特别是社会组织资源来源于社会，必须严格遵守契约规则，自我监督，爱惜自身名誉，树立良好的公共服务形象，以优质的服务水平增强自身公信力以获得社会的认可。

---

① 杨宜勇、邢伟：《公共服务体系的供给侧改革研究》，《人民论坛·学术前沿》2016 年第 3 期。

② 马庆钰：《"十三五"时期我国社会组织发展思路》，《中共中央党校学报》2015 年第 2 期。

第三节　就业与收入分配制度不断完善

就业和收入分配对于社会、经济的和谐发展有着重大影响，就业是民生之本，收入分配的效率和公平是民生的重要保证。党的十九届四中全会提出，"要健全有利于更充分更高质量就业的促进机制""坚持公有制为主体、多种所有制经济共同发展和按劳分配为主体、多种分配方式并存"，我们必须坚持改革不停步，继续攻坚克难，为实现充分就业和持续提高就业质量以及合理有序的收入分配秩序而努力奋斗。

一、就业是民生之本，坚持就业优先

全面建成小康社会必然离不开经济的繁荣发展，离不开百姓的安居乐业，而就业是最大的民生。中国就业改革发展 40 年来，历经经济社会发展的不同阶段，在解决就业的突出矛盾问题、稳定就业局势、推动就业扩展和质量提升中走出了一条有中国特色的就业道路。随着经济体制的转变，我国的就业政策经历了从计划体制到市场体制的多次调整与改变。从邓小平同志在规划中国经济社会发展蓝图时提出了"小康社会"战略构想，至如今全面建成小康社会的收官之年，几十年的奋斗历史将我国就业制度改革划分为以下几大阶段：

我国就业制度改革第一阶段（1978—1992 年）：就业制度改革仍然是在计划经济体制的整体改革框架内进行的。在这一时期，无论是经济体制还是劳动就业制度都处于从传统的计划经济体制向市场经济体制转轨的过程中，是在逐步推进经济体制改革的过程中又同时形成双轨制经济体制的时期，并与双轨制经济体制相适应形成了双轨制的就业制度。[1] 双轨制作为一种过渡性质的就业制度，主要是为了解决当时极其严峻的就业问题，计划就业仍然是配置就业的主要形式。此时由于受到国内的政治、经济、文化、人口等诸多因素的影响，1978年城镇待业人员数量达到 530 万，失业率高达 5.3%。[2] 面临如此艰难严峻的城镇就业形势，党和政府随后便提出一系列政策法规，以此寻求更加灵活有效的就业安置政策。1980 年 8 月，中共中央转发全国劳动就业会议文件《进一步做好城镇劳动就业工作》，明确提出，在国家统筹规划和指引下，实行劳动部门介绍就业、自愿组织起来就业和自谋职业相结合的方针，也就是所谓的"三结合"就业方针，同时还呈现出典型的"双轨"特征。"三结合"就业方针是对处于计划经济体制下的就业形式的突破，它不仅开辟了国有经济、集体经济和个体经济的三个就业渠道，而且使政府的"统一管理、统一分配"的职责发生了一定的变化。这一阶段在"三结合"就业方针的推动下，基本解决了青年就业问题。[3] 到 1992 年，我国城镇失业率已下降至2.3%，与 1978 年相比已减少了 3 个百分点，说明此时解决百姓就业问题已取得一定成效。

我国就业制度改革第二阶段（1993—2002 年）：我国明确把建立社会主义市场经济体制作为改革的总体目标，深入推进市场化就业改革，实行劳动合同制度和再就业工程，建立了市场化就业制度。我国的劳动就业制度至此进行了根本性的改革，即建立与社会主义市场经济体制相适应的市场化的劳动就业制度。1992 年，党的十四大明确

---

[1] 刘社建：《就业制度改革三十年的回顾与反思》，《社会科学》2008 年第 3 期。

[2] 国家统计局：《中国劳动工资统计资料 (1978—1987)》，中国统计出版社 1989 年版，第 109 页。

[3] 杨宜勇：《新中国民生发展七十年》，人民出版社 2019 年版，第 127 页。

提出"我国经济体制改革的目标是建立社会主义市场经济体制,以利于进一步解放和发展生产力"。劳动力市场是市场化就业制度的要素之一,《中共中央关于建立社会主义市场经济体制若干问题的决定》正式使用了"劳动力市场"的概念,建议改革劳动制度,竭尽全力拓宽就业渠道和就业道路,加大对城镇劳动力的吸纳力度,最大限度地降低城镇失业率。为了维护广大劳动者的正当权益,根据宪法制定《中华人民共和国劳动法》,自 1995 年 1 月 1 日起施行。这部法律是我国第一部全面调整劳动关系、确定劳动标准的基本法,是我国劳动法制建设的标志性法律和重要里程碑。面对严峻的就业形势,虽然政府已经出台了一系列就业援助政策,但随着失业人数的增加和就业岗位的短缺所造成的"供不应求"的现象,就业形势依然不容乐观,甚至出现城镇登记失业率再次上升的局面。为及时有效应对这一状况,2002 年 9 月,党中央、国务院研究制定了一整套促进就业和再就业的政策措施,确立了积极就业政策的基本框架。

我国就业制度改革第三阶段(2003—2012 年):政府实施积极有效的就业政策,进一步丰富完善促进就业的责任体系,从财政投入、税收优惠等多方面大力促进就业,制定就业优先战略,逐步完善市场化就业机制。2003 年以后,全面建设小康社会成为党和人民的奋斗目标。党和政府首次提出了就业是民生之本、安国之策的施政理念,把就业放在了经济社会建设的突出位置,强调就业是经济社会发展的首要目标,是保障民生改善的重中之重,并制定和实施了一系列积极的就业政策。[1]2003 年,中共中央发布《关于完善社会主义市场经济体制若干问题的决定》,实施积极的就业政策被首次写入党的文件。2006 年中国共产党第十六届中央委员会第六次全体会议通过了《中

---

① 杨宜勇:《新中国民生发展七十年》,人民出版社 2019 年版。

共中央关于构建社会主义和谐社会若干重大问题的决定》，强调要于 2020 年实现社会就业比较充分的目标。在此期间下发的一系列政策法规与相关文件，如《中共中央国务院关于进一步做好下岗失业人员再就业工作的通知》《劳动保障监察条例》《中华人民共和国劳动合同法》和《中华人民共和国就业促进法》《国务院关于做好促进就业工作的通知》等法律文件的颁布实施，均为老百姓的就业工作提供了坚实的制度基础与法律保障，并为全体劳动者创造了公平正义、井然有序的劳动就业环境，能让广大劳动者在自身合法权益受到侵犯时有法可依、有渠道可进行维权，同时也为全面建设小康社会的前进道路铺砖添瓦。因此在这一阶段我国就业情况有一定好转，城镇失业率总体呈下降趋势，并且 2010—2012 年连续三年均保持在 4.1% 左右。

我国就业制度改革第四阶段（2012—2019 年）：经济发展与扩大就业的互动机制得以形成，以此来实现更加充分、更高质量的就业，并进一步丰富完善就业优先战略。党的十八大报告提出就业是民生之本，解决就业问题事关改革发展稳定的大局，报告还对就业工作确定了"就业更加充分"的总目标，提出了"推动实现更高质量的就业"的总要求，制定了"劳动者自主就业、市场调节就业、政府促进就业和鼓励创业"的总方针，奠基了"实施就业优先战略和更加积极的就业政策"的总基调，为做好新时期的就业工作指明了前进的方向与道路。十八大以来的五年，党和政府深入贯彻以人民为中心的发展思想，城镇新增就业年均 1300 万人以上，城镇失业率也从 4.1% 降至 3.9%，就业情况取得明显成效，就业状况获得持续改善。习近平总书记在党的十九大报告中指出，经过长期努力，中国特色社会主义进入了新时代，这是我国发展新的历史方位。面对全新的历史时期，就业工作也有了更高的目标和要求，十九大报告中进一步提出了"实现更高质量和更充分就业"的总目标、"提高就业质量"的总要求，为做好新时代的就业工作指明了方向。同时还逐步颁发《国务院办公厅关于做好2014年全国普通高等学校毕业生就业创业工作的通知》《国务院关于进一步做好为农民工服务工作的意见》《国务院办公厅关于支持农民工等人员返乡创业的意见》《关于支持农民工等人员返乡创业的意见》等系列文件，为高校应届毕业生和农民工这两类特殊群体做好对口帮扶支持工作，将重点群体就业放在突出重要的位置。2019年两会报告中提出就业优先政策要全面发力，并首次将就业优先政策置于宏观政策层面，其目的就是加强全社会对就业问题的关注与重视，支持就业问题的改革方向。2020年1月据人力资源和社会保障部相关资料显示，2019年我国就业形势总体稳定，目标任务全面完成，城镇新增就业继续保持在1300万人以上，2019年底全国城镇登记失业率降至3.62%，为近年来最低。我国全年城镇新增就业已连续七年超过1300万人，劳动力市场运作达到基本稳定，高校毕业生、外出务工群体等重点群体就业情况基本稳定，就业扶贫、就业脱贫等工作都取得了良好稳定的进展。

自改革开放以来，伴随着经济体制的改革，我国劳动就业体制改革不断深化，彻底改变了计划经济体制下"统包统配"就业制度，形成了适应社会主义市场经济要求的就业管理体制。进入21世纪后，实施扩大就业的发展战略，制定并实施积极的就业政策，使我国就业取得举世瞩目的成就。特别是党的十八大以来，以习近平同志为核心的党中央坚持以人民为中心的发展思想，将就业视为"最大的民生"，全面深化就业创业体制机制改革，不断完善促进就业创业政策措施，开拓出就业工作的新局面。2020年是全面建成小康社会和"十三五"规划的收官之年，可突如其来的一场新冠肺炎疫情牵动着万千同胞的心，同时也让本就不容乐观的就业形势更为严峻，在无形之中进一步加大了就业压力。一方面，受这场突如其来的疫情冲击，劳动力市场的岗位需求有所下降，许多中小型企业、民企私企等甚至不得不面临裁员、破产的压力和困境；另一方面，2020 年全国普通高校毕业生达到 874 万人，比上年同期增加 40 万人，创历史新高。大量适龄劳动力涌入就业市场，争夺有限的就业岗位，加大了春季就业压力，这无疑是对当前本就严峻的就业形势雪上加霜。另外受疫情影响，导致求职者的求职计划以及企业的招聘渠道方式也受到不同程度的干扰影响。为最大限度地降低新冠肺炎疫情带来的影响和稳定就业市场的发展，国家在做好紧急的疫情防控工作的同时，也在不断制定就业创业相关政策。例如一系列新颖的"云招聘""云面试""线上宣讲会""宅家办公"等方式，更是利用如今先进的网络技术、人工智能将互联网与就业市场紧密结合在一起，以此来满足劳动者的就业需求与企业的用工需求，为各行各业早日有序复工复产做好充足准备，努力实现在困境中发展、在逆势中发展。相信在党中央决策的积极引导和全国人民的顽强拼搏下，经济将会逐步复苏，就业创业环境将得到改善，就业形势将保持长期稳定发展。展望未来，中国就业迈上新的征程。就业工作面临新形势下的新问题，新征程中的新挑战，要坚持以人民为中心，坚持发挥就业战线"铁军"精神，坚持改革不停步，继续攻坚克难，为实现充分就业和持续提高就业质量而努力奋斗。

二、优化收入分配制度，逐步走向共同富裕

收入分配问题是事关国计民生的重大问题。我国收入分配是伴随着社会主义基本经济制度改革、中国特色社会主义市场经济体制不断完善，以及我党坚持以人民为中心的发展理念，而不断发展和完善

的。改革开放以来我国收入分配改革不断演进，依次经历恢复按劳分配原则的改革探索时期（1978—1992）——建立适应社会主义市场经济体制要求的工资制度改革创新阶段（1993—2002）——建立按劳分配与按生产要素贡献分配相结合更加注重效率与公平的改革深化阶段（2003—2012）——构建共享和按劳动、资本、管理和技术等要素分配体制机制的改革再深化阶段（2013年后）。[①] 习近平总书记指出："收入分配是民生之源，是改善民生、实现发展成果由人民共享最重要最直接的方式。"党的十八大以来，以近平同志为核心的党中央高度重视工资收入分配工作，坚持以人民为中心的发展理念，出台一系列政策措施，与中国特色社会主义市场经济体制相适应的收入分配体制机制基本建立，合理有序的收入分配秩序初步形成，地区之间、城乡之间与不同行业和人群之间的收入差距进一步缩小并逐步趋于合理。人民群众在改革开放中获得了实实在在的好处和实惠，实现了从"平均主义"到"共建共享"的根本性转变，工资收入分配制度改革取得历史性成就。

第一，城乡居民收入水平不断提高。改革开放40年以来，中国社会经济发生了前所未有的变化，城乡居民人均收入增长的速度与规模，都在以令人惊叹的速度突破式前进。回望过去，如表5-1所示，1978年我国城镇居民人均收入343.4元/年，农村居民纯收入为133.6元/年，通过改革开放，坚持以公有制经济为主体，多种所有制经济共同发展的基本经济制度，不断积聚内生动力，扩大内需，刺激消费。2018年我国城镇居民人均收入39250.8元/年，农村居民人均收入14617.0元/年。[②] 40多年来城镇居民人均收入增长了114倍，

---

① 谭中和：《建国70年中国工资收入分配制度变迁与改革实践——历程、经验与愿景》，《中国劳动》2019年第2期。

② 2019年中国统计年鉴。

农村居民人均收入增长了 109 倍，增速增长超过 100 倍，这不仅仅反映的是中国经济社会发展的蓬勃势头，更反映了中国老百姓们实实在在的获得感和成就感。

表 5-1　1978 年以来城乡居民人均收入变化

年份	城镇居民人均可支配收入（元）	农村居民人均纯收入（元）
1978 年	343.4	133.6
1980 年	477.6	191.3
1985 年	739.1	397.6
1990 年	1510.2	686.3
1991 年	1700.6	708.6
1992 年	2026.6	784.0
1993 年	2577.4	921.6
1994 年	3496.2	1221.0
1995 年	4283.0	1577.7
1996 年	4838.9	1926.1
1997 年	5160.3	2090.1
1998 年	5425.1	2162.0
1999 年	5854.0	2210.3
2000 年	6280.0	2253.4
2001 年	6859.6	2366.4
2002 年	7702.8	2475.6
2003 年	8472.2	2622.2
2004 年	9421.6	2936.4
2005 年	10493.0	3254.9
2006 年	11759.5	3587.0
2007 年	13785.8	4140.4
2008 年	15780.8	4760.6
2009 年	17174.7	5153.2

续表

年份	城镇居民人均可支配收入（元）	农村居民人均纯收入（元）
2010 年	19109.4	5919.0
2011 年	21809.8	6977.3
2012 年	24564.7	7916.6
2013 年	26955.1	8895.9
2014 年	29381.0	9892.0
2015 年	31790.3	10772.0
2018 年	39250.8	14617.0

资料来源：历年《中国统计年鉴》

　　改革开放以来，中国经济进入快速发展期，特别是家庭联产承包责任制的施行，农村经济获得快速发展的动力与空间，农民在土地问题上有了更多的自主权和决策权，收入也随之提高。此外，随着城镇居民收入分配等一系列改革措施的出台与实施，城镇居民收入也有了较为明显的提高。1978 年，我国城镇居民人均收入约为 343 元 / 年，农村居民人均收入约为 134 元 / 年；1985 年，城镇居民人均收入为 739 元 / 年，农村居民人均收入为 398 元 / 年，七年时间，中国城乡居民人均收入实现了翻番的突破。随着国家法律及政策的不断完善，对经济发展的支持力度不断提高，1991 年我国城镇居民人均收入约为 1700 元 / 年，农村居民人均收入约为 708 元 / 年，六年时间我国城乡居民人均收入比 1985 年再次增长了一倍多，我国居民温饱问题基本解决，城乡居民人均年收入即将迎来飞速增长期。1992 年改革开放的总设计师邓小平同志的"南方谈话"拉开了社会主义市场经济改革发展的序幕，中国经济迎来了又一个春天。1992 年开始，我国非公有制经济迅速发展，极大地丰富了我国多种所有制经济形势，也创造了较为丰富的就业岗位，城镇居民收入显著增加。八年间城镇居

民人均收入从 1992 年的 2026.6 元 / 年提升到 6280 元 / 年，收入水平
增长了三倍。伴随着市场经济体制的不断完善，商品经济也迎来了巨
大的发展，农村经济随之跃动。农副产品的需求旺盛，在带动农村居
民发展就业的同时，也给农民带来了收入的显著增长。农村居民人均
收入从 1992 年的 784 元 / 年提升到了 2000 年的 2253.4 元。

　　进入 21 世纪，中国经济发展进入快车道，收入分配制度改革继
续推进，我国出台多项增收措施并不断深化收入分配制度，确保居民
收入水平不断提高。党的十八大以来，全国各族人民在以习近平同
志为核心的党中央的坚强领导下，坚持以人民为中心的思想，发展
为了人民，始终以为人民服务为宗旨，以提高老百姓生活水平和幸
福感、获得感为发展目标，全面深化改革，推进收入分配制度改革
全面实施，出台各种措施提高城乡居民收入，推进大众创业、万众
创新的步伐，加大对城乡居民创新创业的扶持力度，切实提高城乡
居民的生活和收入水平。这一时期，城镇居民收入继续大踏步增长，
2013 年我国城镇居民人均收入为 26955.1 元 / 年，并在 2015 年突破
了城镇居民人均年收入 3 万元的门槛，2018 年，我国城镇居民人均
收入为 39250.8/ 年，2019 年我国城镇居民人均年收入突破 4 万元，
为 42518.24 元 / 年。与此同时，党中央适时推出全面脱贫攻坚政策，
广大干部职工深入农村，脱贫攻坚驻村工作队扎根农村，不脱贫不摘
帽不撤离。助力农村脱贫，关键在于帮助农村居民找到适合自己的经
济发展方式和收入来源，产业扶贫、知识扶贫等术语和扶贫方式应运
而生，通过转变农村居民收入增长点，发展现代农业，大力发展电商
经济，推动农民增收致富，农村居民人均收入也迎来了飞速的发展。
2013 年我国农村居民人均收入为 8895.9 元 / 年，2015 年，农村居民
人均收入终于突破了万元大关，2018 年我国居民人均收入为 14617.0
元 / 年。近几年以来，随着国家对农村全面脱贫、农村改革与发展等

工作的高度重视，政府实施了一系列财政支农政策，城乡居民收入的差距进一步缩小。推进脱贫攻坚与乡村振兴有效衔接，促进逐步实现共同富裕，使人民更大程度上共享改革发展成果，满足人民对美好生活的需要。

第二，收入分配秩序逐渐趋于合理。基尼系数是反映居民收入分配差异程度的指标。国际中公认的基尼系数标准是：若低于 0.2 表示收入绝对平均；0.2—0.3 表示比较平均；0.3—0.4 表示相对合理；0.4—0.5 表示收入差距较大；0.5 以上表示收入差距悬殊。1978 年中国的基尼系数为 0.280，随着改革开放的深入，在 2001 年突破国际标准的 0.4 的警戒线。[1] 收入分配问题一直是历年两会的热点问题之一，这表明人们对收入差距过大、社会财富分配不均等问题关注度较高。

党的十八大以来，以习近平同志为核心的党中央高度重视收入分配制度改革，其实施的力度之大、范围之广、任务之艰巨、影响之深远前所未有。党的十九大作出了我国进入社会主义新时代，我国社会主要矛盾转变为人民日益增长的美好生活需要和不平衡不充分的发展之间的矛盾的重大判断，提出了以人民为中心、共建共享的发展理念。出台一系列政策措施，调动各方面积极性、创造性，继续深化收入分配制度改革，切实使经济发展成果由最广大人民群众共享。全面贯彻落实党的十八大、十九大、十九届四中全会精神，坚持按劳分配为主体、多种分配方式并存，坚持初次分配和再分配调节并重，多渠道增加居民财产性收入，在社会总财富增加的情况下，给富于民，普遍提高人民的富裕程度，最终落实国家发展成果为全体人民所共享，这也是共享理念的根本之意。这里需要注意的问题是初次分配所造成

---

① 王少瑾：《收入不平等对社会安定的影响——基于修正的 EBA 模型的实证检验》，《山东财政学院学报》2008 年第 1 期。

的差距过大问题是很难通过再分配来进行扭转的，因此在进行初次分配时，应尽快扭转居民收入和劳动报酬占比下滑趋势，统筹研究，妥善处理好国家、企业、居民在分配中的关系。深化收入分配制度改革的主线是"提低、扩中、控高"，通过在高中低收入者之间调整分配关系，逐步形成合理有序的收入分配格局。低收入者作为中等收入群体的主要来源，需着力提高其收入水平。建立中低收入职工工资合理增长机制，努力实现居民收入增长和经济发展同步，劳动报酬增长和劳动生产率提高同步。贯彻落实按生产要素贡献分配原则，探索按要素贡献参与初次分配的合理比例。建立健全居民财产和收入分配监测体系，对高收入群体加强税收征管，切实落实"控高"工作，坚决打击取缔各类非法收入，规范灰色收入。建立健全国有资本收益分享机制，继续完善我国社会保障体系和基本公共服务均等化建设，切实提高再分配力度。社会保障制度的建立和完善能够助力低收入群体向上流动，给人民一个安全稳定的生活预期，避免中等收入群体因社会风险滑入社会底层，有了这样的保障制度安排，就相当于给人们提供了"翻身"和发展的机会。因此我们要进一步完善社保制度，提高人群覆盖率，合理安排社会保障待遇水平，拓宽社保基金保值增值渠道，逐步提高社会保障和就业等民生支出占财政支出的比重，不断提升基本公共服务水平，推进城乡基本公共服务均等化的实现，构建合理的收入分配秩序。

第四节　社会保障事业飞速发展

40余年的改革开放，我国积极探索出一套新的适应社会经济发展的社会保障制度，制度保障的对象从城市扩展到农村、从非农就业人口扩展到农业就业人口和非就业人口，基本上实现了制度和人群全覆盖，取得了举世瞩目的巨大成就。2016 年 11 月国际社会保障协会（ISSA）第 32 届全球大会授予中国政府"社会保障杰出成就奖"，以表彰我国在社会保障扩大覆盖面方面取得的卓越成就，表明中国社会保障制度建设得到了国际社会的高度认可。

一、社会保障制度革故鼎新、成就重大

第一，社会保障理念的革新。新中国成立后我国按照苏联的国家保障模式建立了城市社会保障制度，在农村建立起以集体经济为基础的集体保障制度，在这种二元分割保障状态下，城市和农村保障分别形成国家—单位保障模式和集体保障模式。改革开放以后，经济体制的转型更加追求效率，要求企业轻装上阵，保障责任一度矫枉过正，对保障制度的公信力造成了不利影响。政府重归社会保障领域后，打破了以往单纯依靠国家单位、集体或个人及家庭的单一责任主体保障模式，确立了要由多方共同承担的责任观念，责任观念的转变为保障制度的变革扫除了陈旧观念障碍，责任分担机制的建构意味着我国保障制度真正意义上走向社会保障阶段，国民的社会保障观念在这一制度变革中被重塑，由多元主体共担责任、权利义务相结合、互助共济的社会保障制度逐渐成为大众广为接受的一项社会契约，这种观念的革新为社会保障制度实现可持续发展奠定坚实的思想基础。理念是行动的先导，可以说社会保障观念的革新是社会保障制度革新的第一大成就。

第二，新型社会保障制度的确立与完善。伴随着社会保障观念革新的是保障制度的整体转型，从过去国家集体负责、板块分割、封闭运行、缺乏效率的传统保障制度被国家主导、多元主体共担责任、合

理保障、管理服务社会化、多层次的社会保障制度所替代,[①] 从传统社会保障走向真正意义上的现代社会保障,随着国家对社会保障的认知与重视程度不断提高,社会保障改革与制度建设全面推进。1994年十四届三中全会通过的《关于建立社会主义市场经济体制若干问题的决定》,其中明确指出我国要建立多层次的社会保障体系,目前我国社会保障制度基本框架已经形成了以社会救助、社会保险、社会福利、社会优抚为主,以商业保险、慈善事业为补充,以基本养老、基本医疗、最低生活保障制度为重点的基本格局。经过不断地改革创新,我国迅速建立起比较健全的社会保障体系,多元主体切实坚守和践行社会保障责任,推动社会保险事业大步迈进、社会救助事业综合前进、社会福利事业稳步发展、补充保障制度发展前景光明。所有这些都表明我国保障制度较过去发生了根本性变化,新型社会保障制度得以确立并仍处在不断的变革之中,通过不断优化各项保障项目安排,力求为我国国民提供全方位的风险保护,社会保障项目日趋完备,社会保障覆盖范围持续扩大,通过深入实施全民参保计划,我国社会保障的覆盖范围实现了从城镇到乡村,从企业职工扩大到各类人员,从就业群体扩大到全体居民。社会保障水平从过去"低水平"到现在"保基本"再到将来"保障适度"的方向变迁,保障水平的确定机制更加理性。社保基金自成立以来的年均投资收益率为7.82%,累计投资收益额9552.16亿元,2018年末社保基金资产总额22353.78亿元,社保基金权益总额为20573.56亿元,[②] 实现保值增值,基金实力不断增强。经过多年的努力,我国建立起了一个与社会主义市场经

[①] 郑功成:《从国家—单位保障制走向国家—社会保障制——30年来中国社会保障改革与制度变迁》,《社会保障研究》2008年第2期。

[②] 全国社保基金理事会:《2018年度全国社会保障基金理事会社保基金年度报告》,http://www.ssf.gov.cn/cwsj/ndbg/201907/t20190711_7611.html。

济体制基本适应的社会保障制度体系，政府通过财政补贴的方式为广大的城乡非就业居民提供了基本养老保险和医疗保险制度，基本实现了社会保障制度全覆盖，这是我国改革开放以来社会经济发展取得的伟大成就，也是中国对世界人类文明进步作出的巨大贡献。

第三，社会保障责任共担机制不断强化。我国社会保障观念的转变和新型社会保障制度的确立，从理论和实践上明确了我国要建立以政府为主导，多元主体共担社会保障责任的社会保障责任体系，责任共担机制是新社保制度健康可持续发展的关键。在新制度中，国家政府强势回归社会保障领域后，对社会保障制度建设干预不断加强。在社会保障制度设计上，引入个人账户制度，企业和个人成为缴费主体，有利于唤醒微观主体对制度的责任意识。在当前社会保障制度中，城镇职工基本保险制度主要由雇主和个人按照国家规定的参数缴费，国家财政每年进行补贴，呈现国家、企业和个人三方共担责任的格局，城乡居民基本保障制度同样引入个人账户制度，主要由国家补贴和个人缴费构成。政府社会保障投入逐年增加，2019 年中央一般公共预算显示，社会保障和就业支出 2018 年执行数为 1207.55 亿元，2019 年预算数为 1135.71 亿元，预算数为上年执行数的 94.1%，卫生健康支出上述数据分别为 188.11 亿元、243.58 亿元，预算数为上年执行数的 129.5%，[①] 政府公共时政投入的力度不断增强。近年来我国经济发展进入新常态，经济增速从高速增长转为中高速增长，自 2015 年以来国家根据社会经济形势变化先后降低或阶段性降低社会保险费率，2019 年政府工作报告中指出，从 5 月 1 日起下调城镇职工基本养老保险单位缴费比例，且要求各地不得采取任何增加小微企

---

① 财政部：《2019 年中央一般公共预算支出预算表》，http://yss.mof.gov.cn/2019zyczys/201903/t20190329_3209184.html。

业实际缴费负担的做法，有效地减轻了企业和个人的缴费负担，激发了市场活力。在政府主导之下，我国已经基本建成多元主体责任共担的社会保障制度，实践效果非常明显。

第四，社会保障法治化程度逐步提高。法律是治国之重器，良法是善治之前提，社会保障制度的良好运行离不开法制的保障。2004年通过的宪法修正案，在宪法的第十四条中增加了一款新的内容："国家建立健全同经济发展水平相适应的社会保障制度"，社会保障制度首次明确载入宪法，这是中国社会保障事业发展的里程碑。此后我国社会保障法制化建设不断取得进步，特别是2011年7月起实施的《中华人民共和国社会保险法》，对中国社会保险制度的框架及基本内容进行了规范，为各项社会保险制度实际运行提供了基本的法律依据，这是我国社保法制化建设的又一里程碑，标志着我国社会保障制度建设进入法制化轨道。2014年2月国务院发布《社会救助暂行办法》，将"托底线、救急难、可持续"作为社会救助工作的基本原则，全面确立了以最低生活保障与特困人员供养制度、受灾人员救助以及医疗救助、教育救助、住房救助、就业救助和临时救助为主体，以社会力量参与为补充的社会救助制度体系框架。[①] 这是我国第一部统筹各项社会救助制度的行政法规，正式确立了中国综合型的社会救助制度，实现了社会救助制度的科学化、规范化。党的十八届四中全会提出全面推进依法治国，依法治国要求立法先行、有法可依，这必将为社会保障法制化建设创造更为有利的环境，彻底改变过去按行政命令垄断社会保障改革与制度建设的旧习，[②] 不断推动我国社会保障

---

① 中国政府网：《社会救助暂行办法》，http://www.gov.cn/flfg/2014-02/27/content_2624221.htm。

② 郑功成：《中国社会保障："十二五"回顾与"十三五"展望》，《社会政策研究》2016年第1期。

体系建设全面进入法制化轨道，真正做到科学立法、严格执法、违法必究，积极推动社会保障治理能力的不断提升。

二、社会保险事业大步迈进

当前以社会保险为核心的社会保障制度已然成为国家一项重要社会经济制度。2017 年我国基本社会保险覆盖率实现程度达到 91.5，[①]提前三年完成 2020 年全面建成小康社会在基本社会保险覆盖率方面的目标值（见表 5-3），实现基本社会保险覆盖率指标要求。[②]

表 5-3　2011—2017 年 基本社会保险覆盖率实现程度

一级指标	二级指标	2011	2012	2013	2014	2015	2016	2017	目标值
社会和谐	基本社会保险覆盖率	56.9	60.7	64.0	65.8	69.0	73.4	91.5	≥ 90

第一，基本养老保险制度的发展。伴随着人口老龄化等问题，我国持续推进基本养老保险改革，在改革中建立既符合我国经济发展水平，又能够满足人民群众基本生活需要的基本养老保险制度。全面建设小康社会以来，我国基本养老保险制度的发展大致经历了三个阶段：探索重建阶段（1984—1999 年）、发展革新阶段（2000—2012年）、完善健全阶段（2013 年至今）。

①　郭萌、王怡：《全面建成小康社会进程监测及路径优化》，《湖北农业科学》2019年第 24 期。

②　国家统计局科学研究所对基本社会保险覆盖率的说明：基本社会保险覆盖率是指已参加基本养老保险和基本医疗保险人口占政策规定应参加人口的比重。基本社会保险主要包括基本养老保险、基本医疗保险、失业保险、工伤保险和生育保险等五项，其中基本养老保险、基本医疗保险最为重要，所以在计算基本社会保险覆盖率时只计算基本养老保险和基本医疗保险的覆盖率。

探索重建阶段（1984—1999 年）。从 1984 年起，我国开始在江苏、广东、黑龙江的一些县、市进行社会保险制度的改革试点，改革内容为将原来企业直接支付职工退休费改为由社会统一筹集、支付和管理。为了进一步深化养老保险改革，1985 年后越来越多的省市着手进行养老保险社会统筹改革。1997 年 7 月，在考察改革试点工作，并总结改革试点工作经验的基础上，国务院颁布《关于建立统一的企业职工基本养老保险制度的决定》，标志着我国养老保险制度从分散化走向统一，这为中国企业职工养老保险制度改革带来了突破性进展，《决定》要求在统一企业职工基本养老保险制度的同时，建立健全多层次的养老保险体系；同时还提出实行"统账结合"的基金来源模式，一是建立养老保险个人账户，将职工工资的 11% 拿出建立个人账户，其中个人缴费 8%，企业缴费 3%（个人缴费从 4% 起步，以后每两年提高一个百分点，直至达到 8%，当个人缴费达到 8% 后，企业缴费降至 3%）；二是建立养老保险社会统筹基金，缴费比例由统筹地区人民政府依据当地经济发展和人民生活水平以及现实养老负担状况确定。1999 年 1 月国务院出台《社会保险费征缴暂行条例》；同年 9 月《基本养老保险条例（草案）》上报国务院，《社会保险法（草案）》正式开始起草工作，劳动保障立法工作取得明显进展；到 1999 年年末基本养老保险制度已在全国范围内统一实行，基本养老保险的覆盖范围扩大到外商投资企业、城镇私营企业和其他城镇企业及职工，城镇基本养老保险覆盖面继续扩大，养老保险管理服务的社会化进程加快。

发展革新阶段（2000—2012 年）。2000 年国务院颁发《关于城镇社会保障体系改革的试点意见》，试点内容主要包括：逐步做实个人账户，实现部分基金积累，探索基金保值增值的办法，改革基础养老金的计发办法。2005 年在全面总结试点地区的经验、广泛进行调研的基础上，国务院通过《国务院关于完善企业职工基本养老保险制度的决定》，提出进一步扩大养老保险覆盖范围，逐步做实个人账户，提高统筹层次。各级劳动保障部门贯彻落实《决定》内容，大力推进养老保险制度改革，在完善企业职工养老保险制度上取得积极进展，逐步形成多缴多得的激励机制。从 2005 年起，我国退休人员基本养老金待遇水平 16 次连续调整，以求更全面体现社会公平和优越性。

为贯彻党的十七大和十七届三中全会的精神，2009 年 8 月 18 日全国新型农村社会养老保险试点工作会议顺利召开，9 月 7 日，国务院颁发《国务院关于开展新型农村社会保险试点的指导意见》，由此启动"新农保"工作，标志着我国向实现建立覆盖城乡居民的社会保障体系目标迈出了突破性的一步。其实早在 20 世纪 80 年代，我国农村地区就开始探索农村社会养老保险制度，由于"老农保"自身的缺陷，20 世纪末时基本处于停滞状态。直到 2009 年正式启动实施新型农村社会养老保险试点后，我国农村社会保障体系建设才取得重要突破，进入发展快车道。2010 年我国开始推进城镇居民社会养老保险制度，2011 年国务院颁发《关于开展城镇居民社会养老保险试点的指导意见》，标志我国着手探索并建立城镇居民养老保险制度，《意见》从基本原则、参保范围、基金筹集与管理等方面进行详细的说明，指导各地开展试点工作。2012 年各地认真落实《国务院关于批转社会保障"十二五"规划纲要的通知》，养老保险制度进一步完善，新型农村和城镇居民社会养老保险提前 8 年实现了制度上的全覆盖。

完善健全阶段（2013 年至今）。2014 年 4 月国务院出台《关于建立统一的城乡居民基本养老保险制度的意见》，积极组织相关部门开展养老保险顶层设计研究，全力推进新型农村社会养老保险制度（"新农保"）和城镇居民社会养老保险制度（"城居保"）合并实施，实现"新农保"和"城居保"的整合，确定了城乡居民养老保险的基本原则、制度模式、筹资方式、参保范围、计发办法等主要政策。2015 年 1 月 14 日,《国务院关于机关事业单位工作人员养老保险制度改革的决定》发布,标志着我国养老保险"双轨制"终结,在养老保险体系公平性的建设上迈出了坚实的步伐,朝着建立更加公平、可持续的养老保险制度发展。

为均衡地区之间企业职工基本养老保险基金负担,实现基本养老保险制度的可持续发展,国务院决定建立养老保险基金中央调剂制度,2018 年 6 月 13 日,国务院印发《关于建立企业职工基本养老保险基金中央调剂制度的通知》,实施养老保险金中央调剂制度,正式迈出全国统筹的关键一步。截至 2019 末参加基本养老保险人数已达 96748 万人,城镇职工基本养老保险中职工参保人数年均增长率为 6.71%,离退休人员参保人数年均增长率为 9.59%(见图 5-1)。新型农村社会养老保险和城镇居民社会养老保险合并为城乡居民基本养老保险,截至 2019 年参保人数为 53266 万人。

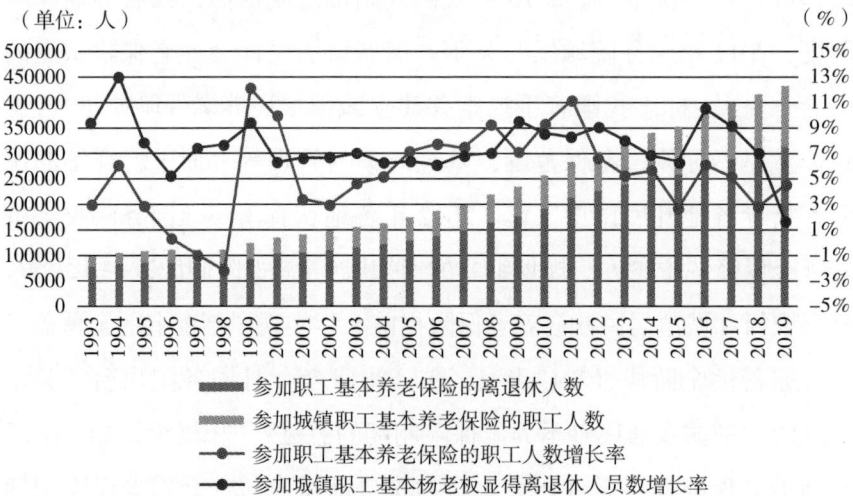

图 5-1　我国城镇职工基本养老保险参保情况(1993—2019 年)

数据来源:《中国统计年鉴》《中国劳动统计年鉴》

城镇职工基本养老保险经历了从全国统筹到企业统筹、再到划分为地方分级统筹、最后又回归到全国统筹的一系列改革；城乡居民基本养老保险则经历了从无到有、从试点到全面铺开、从农村到城市合并实施。我国基本养老保险制度在建设、发展、改革到不断完善的过程中，绘制出中国养老保障体系的美好画卷。

第二，基本医疗保险制度变迁。改革开放以来，计划经济时代下的公费医疗制度和劳保医疗制度弊端明显，无法适应社会经济的发展需要，由此开始医疗保险制度的探索性改革历程。回顾改革开放以来我国基本医疗保险的政策改革，以具有代表性政策的出台为划分依据，大致经历了三次重要的政策制度改革。

城镇职工基本医疗保险制度建立阶段（1978—2003 年）。改革开放以来，我国经济的宏观环境发生了巨大变化，医疗保障制度与外部经济环境的不适应日益加剧。医疗保险改革重点落在了社会统筹与个人账户相结合的社会医疗保险模式上，为建立健全基本适应小康生活水平，具有中国特色的卫生服务和健康保障制度，最大限度地满足人民日益增长和不同层次的医疗预防保健需求。1993 年《中共中央关于建立社会主义市场经济体制若干问题的决定》中明确提出，城镇职工医疗保险需要由单位和个人共同负担，实行社会统筹和个人账户相结合的制度模式。1998 年 12 月国务院发布《关于建立城镇职工基本医疗保险制度的决定》，标志着城镇职工基本医疗保险模式在全国推广实施。

全民医疗保障制度建立阶段（2003—2016 年）。为了解决我国广大农村地区人民群众看病难、看病贵的问题，2003 年 1 月，国务院办公厅下发《关于建立新型农村合作医疗制度意见的通知》，自此基本医疗保险制度覆盖范围由原来的城镇职工到农村居民，新型农村合作医疗制度开始在全国展开试点和推广工作。基本医疗保险制度以城镇职工医疗保险和新型农村合作医疗制度为标志，推动了医疗保险政策改革回归到政策初衷，即关注民生，满足人民群众对医疗保险的需求。2007年7月，国务院印发《关于开展城镇居民基本医疗保险试点工作的指导意见》，标志着我国城镇居民基本医疗保险开始建立。2009年3月17日，中共中央国务院颁布《关于深化医疗保险体制改革的意见》，至此拉开新医改的帷幕，《意见》提出要做好城镇职工基本医疗保险制度、城镇居民基本医疗保险制度、新型农村合作医疗制度和城乡医疗救助制度之间的衔接整合工作，建设覆盖城乡居民的医疗保障体系改革框架。城镇职工基本医疗保险、新型农村合作医疗制度以及城镇居民基本医疗保险政策改革在逐步推进，基本医疗保险制度的改革依然任重而道远。2015年8月，国务院办公厅颁发《关于全面实施城乡居民大病保险的意见》，推进城乡居民大病保险制度建设，构建好全民基本医疗保障的"兜底网"，有力缓解因病致贫、因病返贫等问题的发生。2016年国务院下发《关于整合城乡居民基本医疗保险制度的意见》，整合城镇居民基本医疗保险和新农合，建立统一的城乡居民基本医疗保险，实现城乡居民医疗保险制度无缝衔接。随着政策的陆续出台，我国基本建立了覆盖全体职工和居民的全面医疗保障制度，从部分地区先行试点，到国家层面上进行顶层设计，最后在落实到全国范围内各地全面铺开实施，城乡居民医疗保险制度的整合，在实现城乡居民人人享有基本医疗保障权益上取得了较大的成效。

全面建成我国医疗保障体系的阶段（2017年至今）。党的十九大报告提出我国医疗保险事业发展的下一步规划，即在城乡居民基本医疗保险整合的基础上，推动全民医疗保险制度进而建立全面健康保险制度。2018年3月12日，《关于国务院机构改革方案的说明》出台，提出将组建国家医疗保障局，其主要职责是拟定医疗保险、医疗救助等医疗保障制度的政策、规划并组织实施，监督管理相关医疗保障基金等，5 月 31 日我国医疗保障局正式挂牌成立，医疗保障局的建立为日后一体化的医疗保险制度奠定了重要基础，开启医疗保障体系改革的新征程。随着我国医疗保险政策的不断革新，我国基本医疗保险筹资水平不断提高，筹资机制不断完善。2009 年后我国基本医疗保险参保率基本稳定在 95% 以上，截至 2019 年底，参加基本医疗保险的人数达到 135436 万人，其中参加职工基本医疗保险人数 32926 万人；参加城乡居民基本医疗保险人数 102510 万人（见图 5-2）。2020年我们举全国之力抗击新冠肺炎，面对疫情，我国医疗保障系统发挥了极大的作用。未来进一步全面深化医疗保险制度改革，建立城乡统筹的医疗保险制度须与新型城镇化战略相互推进，在医疗保险制度的具体设计与安排上，提高医疗保险个人账户使用效率、实行家庭联保，继续深化医保管理体制改革。

　　第三，失业、工伤、生育保险的发展。失业保险、工伤保险和生

（单位：万人）

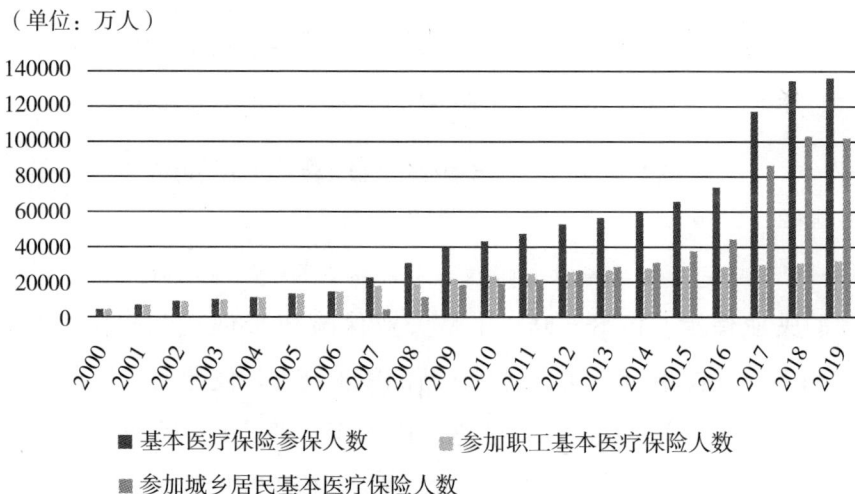

图 5-2　基本医疗保险参保人数（2000—2019）

数据来源：《中国统计年鉴》《中国劳动统计年鉴》

育保险也是我国基本保险的组成部分，并随着我国政治、经济、文化的变化而不断发展变革，特别是在改革开放以后，健全和完善社会保障体系对经济的可持续性发展和全面建成小康社会至关重要。为了符合社会经济发展的需要，更好地保障职工的权益，我国失业保险、工伤保险和生育保险政策也经历了一系列的变革。1994—2019 年，我国失业保险参保人数从 7967.8 万人增长到 20543 万人，工伤保险参保人数从 1822.1 万人增长到 25474 万人，生育保险参保人数从 915.9 万人增长到 21432 万人（见图 5-3），每年增速较为稳定。

单位：万人

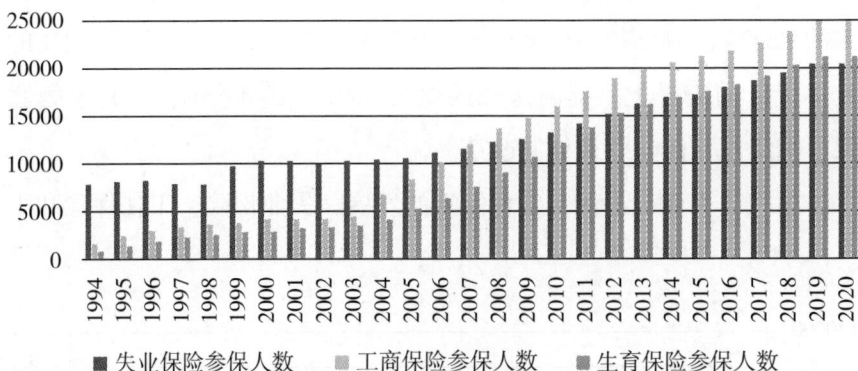

图 5-3　失业、工伤、生育保险参保人数（1994—2019）

数据来源：《中国统计年鉴》《中国劳动统计年鉴》

失业保险　1978—2000 年是失业保险初步创立和探索阶段。1986 年，我国推行劳动合同制，新的用工制度，使劳动者具有了一定的流动性，失业保险由此建立。1986 年 7 月，国务院通过《国营企业职工待业保险暂行规定》，标志着失业保险制度的建立；1999 年 1 月，国务院颁布《失业保险条例》，从参保和缴费范围、享受条件、失业保险金标准、其他失业保险待遇、合同制工人参加失业保险等方面进行了规范，使失业保险制度更加规范和完善，失业保险制度的发展由此进入新的阶段。在保障失业人员基本生活的情况下，国家在积极的探索失业保险对于促进就业的有效办法，希望通过加强失业保险服务和就业服务的有机衔接，开展技能培训，提高失业人员的再就业能力。

2000年至今是失业保险改革完善阶段。2002年国务院颁发《关于进一步做好下岗失业人员再就业工作通知》，《通知》中要求要做好下岗职工向失业保险并轨工作，企业员工依法与企业解除劳动关系，按照规定享受失业保险待遇。2005年国务院下发《关于进一步加强就业再就业工作的通知》，要求加强失业保险制度促进再就业的功能；2008年12月中央经济工作会议中明确提出，完善失业保险制度，既要保障失业人群的基本生活水平，又要充分发挥失业保险促进就业的作用，稳定就业形势，同时推进失业保险扩面征缴工作的展开。2010年我国继续扩大失业保险基金使用范围的试点，积极发挥失业保险对于企业减负稳岗的作用，建立失业预警。为贯彻落实《国务院关于做好当前和今后一段时期就业创业工作的意见》，2018年5月，人社部、财政部印发《关于失业保险支持参保职工提升职业技能有关问题的通知》，明确了实施失业保险关于支持参保职工提升职业技能补贴政策，在参保职工技能提升补贴申领条件、审核程序、补贴标准等内容上进行了规范说明。同年，为提升失业保险稳定就业的功能，一些省市采取多种措施，推进调整失业保险金标准，降低失业保险费率。

不同时期的失业保险制度都带有明显的时代印记，失业保险的改革历程受社会经济影响较大，从原来单一的保障失业人员的基本生活向促进就业和预防失业的功能拓展，同时不断扩大失业保险的覆盖范围，在严峻的就业形势下，使失业保险能够成为更多劳动者的后盾。

工伤保险 为更好地保障劳动者的权益，我国工伤保险制度不断发展完善，以"工伤预防、工伤补偿、工伤康复"为主题进行制度体系建设，逐步扩大参保范围，提高保障能力和保障水平，做劳动者坚实的依靠。20世纪80年代，我国在部分城市开始探索建立工伤保险；1993年11月，党的十四届三中全会通过《中共中央关于社会主义市场经济体制改革若干问题的决定》，在决定中明确指出要在全国范围内建立企业工伤保险制度；2003年国务院正式颁布《工伤保险条例》，工伤保险制度改革进一步深入，标志着工伤保险的改革进入新的阶段。《工伤保险条例》对工伤保险的发展具有里程碑式的意义，在立法层面上确立了工伤保险制度，为制度运行提高法律依据，实施以后，参保人数保持着高速增长的态势。2006—2010年，我国施行"平安计划"，注重保障农民工的工伤权益，将农民工纳入工伤保险范围，推进农民工参保工作。2011年，重新修订的《工伤保险条例》正式实施，修订后的《工伤保险条例》基本确立了"以工伤预防、工伤补偿、工伤康复"三位一体的制度体系，同时大幅提高工伤保险待遇水平，完善了工伤保险的政策法规内容，进一步健全、明确了工伤保险政策标准，工伤保险更加完善化、标准化和法制化。2014年2月，人社部和卫生计生委联合颁布《工伤职工劳动能力鉴定管理办法》，将工伤预防和工伤康复试点工作加快推进。

回顾我国工伤保险的发展历程，不断扩大工伤保险使用范围、提高工伤待遇标准、加大工伤职工的权利保护力度，体现了国家对劳动者享有权利的尊重，成为工伤职工的坚实依靠，筑起工业化和城镇化的安全网，成为我国社会保障制度的重要组成部分。

生育保险 20世纪70年代末我国开始生育保险的改革探索，从20世纪70年代到2000年这一段时间，我国生育保险制度的改革，主要围绕着由企业生育保险到社会生育保险的变革。1988年国务院下发《女职工劳动保护规定》，正式明确了生育保险由企业，生育保险费导致企业"性别亏损"情况出现，部分企业开始减少使用女性职工，为了不让妇女因生育而影响就业，我国进行了由企业生育保险转变为社会生育保险的试点工作。江苏省南通市率先进行了生育保险基金社会统筹的试点，在总结试点经验的基础上，1994年为配合《劳动法》的实施，更好地保障企业女职工的合法权益，劳动部颁布《企业职工生育保险试行办法》，规定与生育有关的医护费用和管理费用由生育保险基金支出，此时生育保险由企业统筹回归到了社会统筹，《企业职工生育保险试行办法》是我国第一部关于生育保险的正式法规，它从生育保险的保障内容、标准以及形式等方面进行了初步的规范，是国家生育保险制度走向规范的标志，自此，城镇职工生育保险制度进入全面推行阶段。2000年后我国生育保险进入完善时期，生育保险政策改革不断发展完善，逐渐成熟，生育保险覆盖人群范围更广。2005年全国人大常委会通过《关于修改〈中华人民共和国妇女权益保障法〉的决定》，表示国家要进一步完善与地区经济发展相匹配的生育保险政策，同时还将建立起与生育保险政策相关的其他保障措施。2011年《中华人民共和国社会保险法》正式实施，生育保险制度进入法制化阶段，更好地维护妇女享受生育保险待遇的合法权益。2017年后生育保险政策改革进入新阶段，国务院办公厅印发《生育保险和职工基本医疗保险合并实施的试点方案》，深入开展生育保险与医疗保险合并实施试点；2019年出台《关于全面推进生育保险和职工基本医疗保险合并实施的意见》，生育保险与医疗保险正式合并实施，迈入新征程。

我国生育保险政策在曲折中发展调整，逐渐成熟。经历了保险基金由企业自保承担到社会统筹；保险覆盖范围，从仅覆盖基本实现全面覆盖，制度的公平性得到体现；生育保险的法制化，使生育保险制度更为规范，走得更远。

第五节 社会民生发生翻天覆地的变化

民生是社会建设的主体内容，民生水平是衡量一个国家或地区社会发展质量的核心指标。民生质量持续改善并大幅度提升，实现了从追求温饱到追求美好生活的飞跃。"40 年前，是民生维艰的局面亟待改变构成了改革开放的根本动力；40 年来，是民生持续得到大幅度改善构成了改革开放的最大成果。"①小康建设有阶段，民生改善无止境。十九届四中全会提出，"坚持和完善统筹城乡的民生保障制度，满足人民日益增长的美好生活需要。满足人民多层次多样化需求，使改革发展成果更多更公平惠及全体人民。"国民经济的持续高速增长为民生持续大幅度改善奠定了日益丰厚的物质基础，以民生发展为主体的社会建设产生了翻天覆地的变化。

第一，消费水平不断提高，恩格尔系数不断降低。改革开放 40余年来我国在经济发展、文化繁荣、综合国力、国际地位等诸多方面都有了质的飞跃与进步。我国城乡居民的生活水平也有了明显提高，从最初仅仅追求"吃饱穿暖"到后来逐渐追求"吃得健康，穿得舒适"，工资水平以及人均可支配收入也在持续增长，人民的生活质量和消费水平均呈现出上升趋势，与之相反的是，食品支出比重却持续呈现下降趋势。根据联合国粮农组织标准，恩格尔系数在 60%以上为贫困，50%—59% 为温饱，40%—50% 为小康，30%—40%为相对富裕，20%—30% 为富裕，低于 20% 为极其富裕。据《中国

---

① 郑功成：《中国社会变革 40 年：成就、经验与展望》，《社会治理》2019 年第 2 期。

统计年鉴》有关资料显示，我国居民恩格尔系数在逐年下降，2000年下降到46%，首次低于50%，这标志着在当时我国居民生活水平已接近达到小康水平。[①]1978年我国农村家庭的恩格尔系数约68%，城镇家庭约59%，平均计算超过60%，此时中国是贫困国家，生产力落后，温饱问题还没有得到解决。2017年，全国居民恩格尔系数为29.3%，首次降至30%以下，标志着我国开始进入富裕行列，比1978年的63.9%下降了34.6个百分点；其中城镇居民恩格尔系数为28.6%，比1978年的57.5%下降了28.9个百分点；农村居民恩格尔系数为31.2%，比1978年的67.7%下降了36.5个百分点，这些鲜活有力的数据正是这40余年党和人民接力奋斗结果的最好展示和证明。2017年，党的十九大在北京召开，习近平总书记提出中国特色社会主义已经进入了新时代，我国社会主要矛盾已经转化为人民日益增长的美好生活需要和不平衡不充分的发展之间的矛盾。在广大人民逐渐不再为温饱问题担忧发愁之后，其吃穿消费各方面也都从最初的"基本型""普惠型"向现在的"多样型""享受型"发展过渡。[②]老百姓不再仅仅只是追求"吃得饱"，而是更多追求"吃得好、吃得健康、吃得营养"。2019年我国恩格尔系数为28.2%，表明我国居民消费水平进一步提高，消费结构明显改善，人均可支配收入明显增加，生活质量显著提高，人民生活幸福满意度不断增强。

第二，医疗水平不断提高，国民预期寿命稳定增长。健康是人民幸福生活的基础。改革开放以来，医疗卫生资源总量增加，结构优化，居民医疗卫生费用的负担也相对减轻。伴随着医疗保障制度在全国的建立和推广，居民"看病难，看病贵""因病致贫"的问题有所

---

① 汪建萍：《中国城乡居民恩格尔系数分析》，《统计与决策》2002年第4期。
② 《改革开放40年经济社会发展成就系列报告之四》，国家统计局，2018-09-11，http://fgw.yq.gov.cn/fzgh/jjyx/201809/t20180911_769771.html。

缓解。党的十八大以来，城乡医保并轨政策深入推进，健康中国战略全面实施，医疗卫生服务和医疗保障体系的不断完善，共同推动我国平均预期寿命的稳定提升。

改革开放伊始，城乡医疗条件有限，居民医疗保障缺乏，人们"看病难、看病贵、因病致贫"等现象成为常态。1985年是医疗改革元年，卫生部决定不再使用"赤脚医生"这个称号，只要是经过考核后达到医生水平的，改称为乡村医生，没有通过考核的改称为卫生员。在城市逐步实现医院的分级管理，在农村建立新型农村合作医疗制度，2003年非典之后大力推进公共卫生投入体系。2009年启动新医改方案，建设更高水平的医疗保障制度和国家基本药物制度，不断健全医疗卫生服务体系，促进基本公共卫生服务均等化和推进公立医院改革试点。党的十八大首次提出建设"健康中国"，十九大把"健康中国"上升到了国家战略高度层面，2018年国家卫生健康委员会成立，贯彻落实党中央关于卫生健康工作的方针政策和决策部署，在履行职责过程中坚持和加强党对卫生健康工作的集中统一领导。截至2018年底我国医师的数量高达360.7万，我国庞大的医师队伍与先进的医疗技术组成了全球最大的医疗卫生服务体系，通过系统化的制度设计和政策的不断创新，逐步探索出一条符合中国特色社会主义的医疗卫生服务之路。卫生总费用从1978年的110亿元增长到2018年的59121.9亿元，占GDP比重由3%上升到6.4%。2018年，我国医疗卫生机构共有997433个，其中医院有33009个，比1978年分别增加827701个和23716个；医疗卫生机构床位有840.41万张，增加了636.24万张，1980年至2019年，其间每千人口的执业医师数从0.72人增长到2.57人（见图5-4）。2017年年底，每千人口执业医师数量密度已经位于国际平均水平之上。

随着政府在医疗卫生领域的投入不断加大，医疗卫生保障体系不

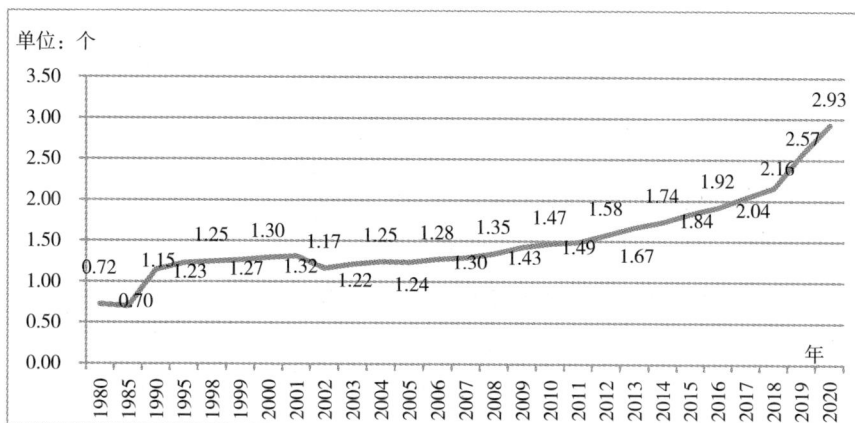

单位：个

3.50
3.00　　　　　　　　　　　　　　　　　　　　　　　　2.93
2.50　　　　　　　　　　　　　　　　　　　　2.57
2.00　　　　　　　　　　　　1.74　1.92　2.16
　　　　　　　1.25　1.30　　　　1.58　　　2.04
1.50　　　　　　　　　1.17　1.35　1.47
0.72　1.15　　1.27　　1.22　1.28　1.43　1.49　1.67　1.84
1.00　　1.23　　1.32　1.24　1.30
　0.70
0.50
0.00　　　　　　　　　　　　　　　　　　　　　　　年
1980 1985 1990 1995 1998 1999 2000 2001 2002 2003 2004 2005 2006 2007 2008 2009 2010 2011 2012 2013 2014 2015 2016 2017 2018 2019 2020

图 5-4　每千人口执业医师数折线图

数据来源：历年《中国统计年鉴》；2020 年数据采用的简单外推计算得出

断完善，医疗卫生人才队伍持续壮大，基本公共卫生服务均等化水平稳步提高，居民健康水平持续改善，我国人民健康水平主要健康指标优于中高收入国家平均水平。2018 年居民人均预期寿命从新中国成立之前的 35 岁上升到 77 岁，孕产妇死亡率从 1500/10 万下降到18.3/10 万，婴儿死亡率从 200‰下降到 6.1‰。[①] 在政府主导、行业推动以及医疗人员的努力下，我国医疗技术能力与质量水平的提升不仅惠及国民健康，也得到了国际广泛认可。国际权威医学期刊《柳叶刀》对全球 195 个国家和地区医疗质量和可及性排名显示，1995 年我国位列第 110 名，2017 年，我国的 HAQ（医疗质量和可及性）指数排名从 2015 年的全球第 60 位提高到了 2016 年的第 48 位，在一年间跃升了 12 位，再次取得重大进步，是中等 SDI（社会人口学指数）国家中进步最大的国家之一。[②] 我国平均预期寿命稳定增长，于 1996

[①] 邓妍、郭海强：《新中国 70 年我国医疗机构、卫生技术人员及居民期望寿命的发展》，《中国卫生统计》2019 年第 4 期。

[②] 孙梦：《医疗质量技术水平实现"两级跳"》，《中国卫生》2018 年第 7 期。

年突破 70 岁大关，进入 21 世纪以来更是不断增长，2015 年达到了 76 岁，2020 年达到 77.3 岁，平均预期寿命不断再创新高。[1] 随着"健康中国 2030"规划纲要的进一步实施和我国优质高效的医疗卫生服务体系的不断健全，我国人民群众平均预期寿命和健康预期寿命必将继续提升。

第三，**民众生活质量逐步提升**。1978 年改革开放至今，人民生活水平发生了翻天覆地的变化，我国的社会基本公共服务、公共交通、义务教育等方面的发展也都蒸蒸日上、不断完善，人民生活保障机制逐渐完善，取得了举世瞩目的历史性成就，人民生活质量水平不断提升，人民群众的幸福感、满足感、获得感也不断提升。

地区基本公共服务均等化目标稳步实现。新中国成立初期至 1978 年以来我国长期处于计划经济时期，国内物资尚无法满足基本公共服务的完全覆盖，且当时发展以重工业为主，导致 1978—1996 年的政府一般预算占 GDP 的比重由 30.5% 下滑到 11.1%，[2] 此时东西部的基本公共服务发展差距还并不明显。当时造成主要基础公共服务差异化的根源是社会福利的差异化，然而随着改革开放的进行和新中国向市场经济体制的转型，国家在经济中的身份正慢慢由计划者转变为引导者，[3] 在我国逐步缓解贫困，解决了人民群众温饱问题的情况下，多种民营企业机构也渐渐进入基础公共服务领域，承担起部分建设基础公共服务的角色，扬弃了过去只有"单位"一元化承担基础公共服务的局面。20 世纪 90 年代，因地理条件、交通河运等先天因素在经济中作用的凸显，省域、区域财政经济也得到了不同程度的发

---

① 国家统计局：《中国统计年鉴：1982—2016 年》，中国统计出版社。

② 王延中、王俊霞、单大圣、龙玉其、宁亚芳、王宇和：《改革开放 40 年与社会保障中国模式》，《社会科学文摘》2018 年第 11 期。

③ 胡鞍钢：《第二次转型：以制度建设为中心》，《战略与管理》2002 年第 3 期。

展，尽管中央对地方财政的支出逐年增加，但是各省之间的对于基础公共服务的支出占比还在逐渐拉大。基于此，中国共产党提出努力强化政府公共服务能力，着力实现基本公共服务均等化的目标。2005年10月11日的中共中央第十六届五中全会提出了《中共中央关于制定国民经济和社会发展第十一个五年规划的建议》，中共中央初次通过明文指出了"公共服务均等化"的原则，并且加大对欠发达地区的支持力度。

国务院在《"十三五"推进基本公共服务均等化的通知》中提到：基本公共服务建设的推进需要使人民公平、均等的获得服务。可以说新时代如何使人民感受到基本公共服务的平等成为社会建设的重中之重。近年来基本公共服务支出都在有条不紊地增长，在2018年迎来了高峰，其中央财政基本公共服务的转移支付增长大于前5年的总和，其根源在于与乡村振兴战略的互相融合，互相成就，公共服务均等化的顶层设计与基础建设正是降低"乡村振兴"农业与经济风险的保证以及解决体制结构内生性问题的整体综合协调。2018年7月审议通过的《关于建立健全基本公共服务标准体系的指导意见》，明确提到2035年我国基本实现公共服务均等化，增加了更具可行性、现实性的指标，详细阐述了其中各项指标执行的重点难点，使得群众能够更好地享有各项基本服务。其中如何在推进基本公共服务的同时让老百姓能够真切地感受到满足感与获得感成为基本公共服务均等化建设的重点，可以预见随着未来体系指标越来越清晰明确，在2035年我国一定能实现基本公共服务均等化的目标。

城乡居民住房条件不断改善。住房乃民生之本，历来受到党中央和国务院的高度重视。中国住房制度形成于1978年之后的一系列改革之中，住房改革也是经济体制改革中提出最早，酝酿时间最长，试点的面最广，出台方案最慎重的改革之一。^①改革开放前夕，全国190个城市中人均住房建筑面积仅仅只有6.7平方米，无房户达869万户之多，占城市总户数的47.5%。

随着改革的不断深化，政府开始尝试住房商品化，以成本价出售公有住房，或者优惠出售共有住房，并且鼓励自建住房，实行提租补贴改革。房地产开发增速也大幅提升，截至1997年，我国城镇人均居住面积上升到8.8平方米，是1978年的2倍多，全国城镇竣工住宅面积达4.055亿平方米，是1978年的10倍多。^②1998年国务院出台《关于进一步深化城镇住房制度改革加快住房建设的通知》，政府开始实行住房商品化，停止福利分房，全面推行公积金制度，部分地区实行职工购房补贴制度，建立经济适用房、廉租房。^③2005年房地产宏观调控和住房保障制度建设成为住房制度改革的重心，国家加大了保障性安居工程的建设力度，多渠道为人民提供住房；胡锦涛同志在十七大报告中提出要健全廉租住房制度，着力解决城市低收入家庭住房困难问题。随着住房制度改革的不断推进，我国初步建立了与社会主义市场经济体制相适应的住房保障体系，形成了以居民自有产权为主，多种产权形式并存的产权格局，出现了商品房、经济适用房、限价房、廉租房、公租房、公有产权房、自住房等近10种住房类型，住房市场从无到有、从小到大，成为经济发展不可或缺的重要支柱。党的十九大报告提出："坚持房子是用来住的、不是用来炒的定位，坚持多元主体供给、多渠道保障、租购并举的住房制度，让全

---

① 孙清华、陈淑玲、李存先：《住房制度改革与住房心理》，中国建筑工业出版社1991年版。

② 陈杰：《新中国70年城镇住房制度的变迁与展望》，人民论坛网，2019-05-07，http://www.rmlt.com.cn/2019/0507/546289.shtml。

③ 《关于进一步深化城镇住房制度改革加快住房建设的通知》（国发〔1994〕43号）。

体人民住有所居。"据 2019 年国家统计局发布的《建筑业持续快速发展 城乡面貌显著改善——新中国成立 70 周年经济社会发展成就系列报告之十》报告指出，2018 年城镇居民人均住房建筑面积 39 平方米，比 1978 年增加 32.3 平方米；农村居民人均住房建筑面积 47.3 平方米，比 1978 年增加 39.2 平方米，均增长了约 5.8 倍（见图 5-5），均达到全面小康标准。[①] 改革开放 40 多年来，我国实现了从"居者有其屋"到"居者优其屋"的转变，我国城乡居民人均住房面积跃升了 6 倍左右，居民住房条件大大改善，中国住房建设的加速度，创造了前所未有的人间奇迹，浇铸和积淀了亿万人民美好生活的根基。

（单位：平方米）

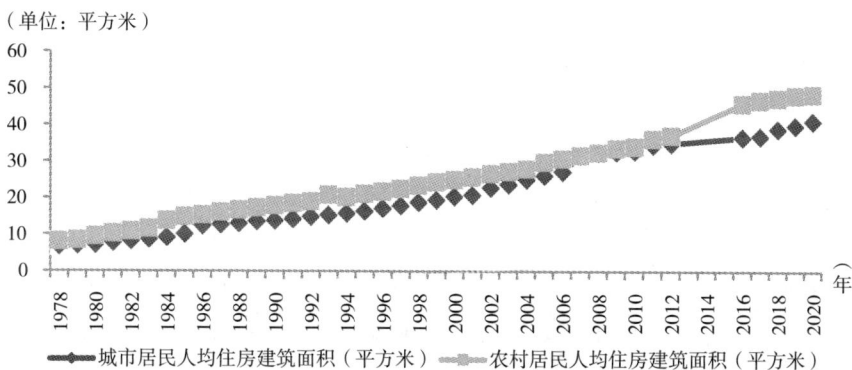

——城市居民人均住房建筑面积（平方米）　——农村居民人均住房建筑面积（平方米）

图 5-5　我国城乡居民人均住宅建筑面积增长情况

数据来源：《中国民政统计年鉴》《中国社会统计年鉴》，2016 年和 2018 年数据来自国家统计局网站，2019 年和 2020 年数据由外推法得出，其中 2013—2015 年以及 2017 年数据缺失。

交通运输业高速发展。改革开放 40 多年来，中国交通运输业发生了翻天覆地的变化，无数祖国的建设者们凭借逢山开路、遇水架桥的精神，使得中国公路、铁路、机场、港口等基础交通设施飞速发

---

① 国家统计局网站：http://www.stats.gov.cn/。

展，公共交通服务指数自 2000 年以来一直在增加（见表 5-4），自本世纪以来整体呈现上升趋势，并在 2016 年时就已经达到全面建成小康社会的标准，城乡公共交通条件得到极大改善。

表 5-4　2000—2020 年公共交通服务指数

年份	城市每万人拥有公共交通车辆数（标台）	行政村客运班车通达率（%）	城镇人口比重（%）	公共交通服务指数
2000 年	5.30	89.50	36.22	0.7380
2001 年	6.10	91.80	37.66	0.7665
2002 年	6.73	92.30	39.09	0.7797
2003 年	7.66	91.90	40.53	0.7971
2004 年	8.41	92.90	41.76	0.8204
2005 年	8.62	94.30	42.99	0.8306
2006 年	9.05	86.60	44.34	0.7940
2007 年	10.23	88.24	45.89	0.8379
2008 年	11.13	92.86	46.99	0.8917
2009 年	11.12	95.77	48.34	0.9047
2010 年	11.20	99.21	49.95	0.9223
2011 年	11.80	99.38	51.27	0.9419
2012 年	12.10	99.55	52.57	0.9514
2013 年	12.80	99.70	53.73	0.9768
2014 年	13.00	99.82	54.77	0.9838
2015 年	13.30	99.87	56.10	0.9945
2016 年	13.80	99.94	57.35	1.0140
2017 年	14.73	99.98	58.52	1.0523
2018 年	14.78	100.00	59.58	1.0545
2019 年	15.30	100.00	60.60	1.0770
2020 年	15.82	100.00	61.22	1.1000

数据来源：根据中国统计年鉴、2000—2017 年公路水路交通运输行业发展统计公报整理（其中 2018、2019、2020 年的数据缺失，由外推法得出）

　　随着城镇化进程的不断推进和城市化水平的不断提高，城市的"拥堵问题、环境问题、社会公平问题、能源消耗"等问题日益突出，而这些问题直接影响了人民生活质量以及城市现代化建设的正常进行，为了缓解交通矛盾，各省区市积极响应并采取相关措施，极大地促进了城市公共交通的发展，主要包括不断强化"公共交通优先发展"观点，改善居民出行服务；逐步改善公交基础设施，提高服务效率；稳步提高公交运输能力，科技创新成果得到应用；全面推进"公交都市"建设，大力推进新能源城市公交车的推广应用；推进"互联网＋城市公交"发展，推进多元化公交服务网络建设。《城市公共交通"十三五"发展纲要》中指出，要建设与移动互联网深度融合的智能公交系统，2020年时要在常住人口达到100万以上的城市，全面建成城市公共交通运营调度管理系统、应急处置系统、安全监控系统来加强信息化改造和智能化建设，切实提高工作效率，以科技创新来引领城市客运发展，提供更快速，更快捷、更高效的公共交通服务。在以上一系列城市公共交通服务推行办法的指导下，公共交通投入力度也随着城市化进程的推进日益加大，到2020年每万人拥有的公共交通车辆数达到15.82，约为2000年的3倍，并一直保持着较快的增长速度。图5-6很好地反映了进入21世纪以来我国城镇人口比重与城市每万人拥有的公共交通车辆的变化趋势，可以看出两者增长趋势基本一致，都保持着增长势态。此外，每万人拥有公共交通车辆数在2017年就已经达到全面建成小康社会社会统计监测指标体系所要求的14辆（标台）的标准，提前完成了该项任务，离初步建成适应全面建成小康社会需求的现代化城市公共交通体系更近了一步。

　　农村交通发展状况直接关系到农村居民的切身利益，同城市一样，公共交通也是农村地区发展的基础，但由于种种原因，长期以来农村交通的发展与城市交通的发展并没有摆在同等重要的位置，甚至

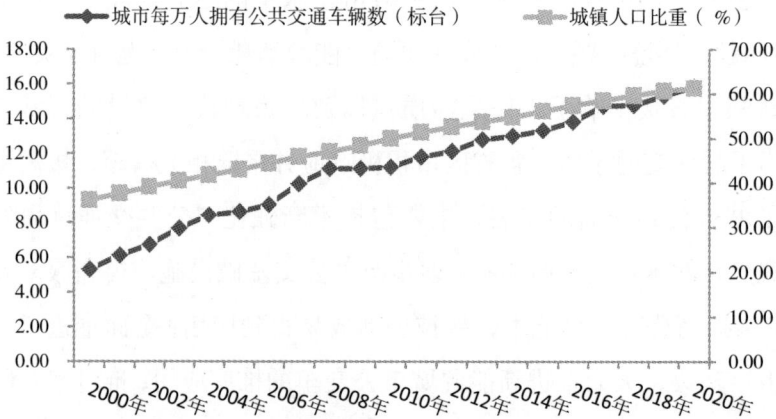

图5-6　城市每万人拥有公共车辆数折线图（2000—2020年）

远远滞后于城市公共交通的发展。成为我国综合交通运输体系中最大的短板。在城乡一体化、社会主义新农村建设背景下，推进农村公共交通的办法主要包括加大农村公路和客运站点投资力度，完善农村客运网络；加强农村客运发展政策扶持保障；全面推进"四好农村路"建设；全面推进城乡客运一体化。推进城乡交通一体化，是缩小城乡发展差距、打赢脱贫攻坚战，实现精准扶贫脱贫的迫切要求，也是建设社会主义新农村和全面建成小康社会的重要内容。通过对城乡交通运输服务质量和水平得到全面提升，城乡交通发展不协调不平衡的短板得以有效弥补，人民群众得以共享交通运输改革的发展成果。

教育事业取得跨越式发展。改革开放以来，我国教育事业创造了世界教育史上的奇迹。从"大多没学上"到"大多有学上"再到"上好学"，我国儿童平均受教育年限也在不断地延长。全国始终坚持实施"科教兴国"和"人才强国"战略，切实把教育摆在优先发展的战略地位。

重视教育事业，坚持教育为本。1982年，邓小平同志在论述未来20年内中国的重点发展战略时着重说道："搞好教育和科学工作，我看这是关键。没有人才不行，没有知识不行"。① 20 世纪 90 年代，我们党审时度势、顺应历史潮流，作出优先发展教育、实施科教兴国战略和人才强国战略的重大历史抉择。党的十八大以来，以习近平同志为核心的党中央高度重视教育工作，围绕培养什么人、怎样培养人、为谁培养人这一根本问题提出一系列富有创见的新理念新思想，系统回答了一系列方向性、全局性、战略性重大问题，为教育事业发展提供了根本遵循。在 2018 年 9 月召开的全国教育大会上，习近平总书记发表重要讲话，从党和国家事业发展全局的战略高度，系统总结了我国教育事业发展的成就与经验，深刻分析了教育工作面临的新形势新任务，对加快推进教育现代化、建设教育强国、办好人民满意的教育作出全面部署，并提出"教育是国之大计、党之大计"的重要论断。这一重要论断把教育摆在了前所未有的战略地位，把教育与国家的前途命运、党的前途命运紧紧联系在一起，丰富和发展了中国特色社会主义教育理论，是做好新时代教育工作的行动指南。②

开展扫盲运动，增加国民受教育年限。1949 年，我国文盲人数占比超过 80%，文盲已然成为我国发展道路上的绊脚石。1982 年颁布的第四部《中华人民共和国宪法》中明确提出："国家发展各种教育设施，扫除文盲"。1993 年《中国教育改革和发展纲要》提出：到 20 世纪末，青壮年文盲率需降到 5% 以下，全国要完成基本扫除青壮年文盲的目标。③ 如表 5-5 所示，2000 年我有 8507 万文盲人口，文盲率为 6.72%，2001 年 1 月 1 日，时任国家主席的江泽民同志向全世界宣布：中国如期实现了基本普及九年义务教育和基本扫除青壮年

---

① 《邓小平文选》第 3 卷，人民出版社 1993 年版，第 9 页。

② 教育部：《国之大计 党之大计——新中国教育事业的历史成就与现实使命》，http://www.moe.gov.cn/jyb_xwfb/moe_176/201909/t20190910_398462.html。

③ 《中华人民共和国中央人民政府网站》，http://www.gov.cn/guowuyuan/。

文盲的战略目标。对比中国国家统计局公布的 2000 年第五次全国人口普查和 2010 年第六次全国人口普查主要数据（见表 5-5），2010年文盲人口为 5466 万人，较 2000 年减少 3041 万人，文盲率也降至4.08%，我国扫盲工作成效显著。

表 5-5　全国文盲人口和文盲率

文盲人口（万人）		文盲率（%）	
2000	2010	2000	2010
8507	5466	6.72	4.08

资料来源：中国经济与社会发展数据库 [EB/OL]，http://data.cnki.net/Yearbook/Single/N2011090108

推动教育现代化，倡导终身教育。2010 年，《国家中长期教育改革和发展规划纲要（2010—2020 年)》中提到"信息技术对教育改革发展具有革命性影响"，而且提出要继续深化教育体制改革，进行教育机制改革。[①] 党的十九大进一步提出"完善终身教育，建立学习型社会"战略要求和"到 2020 年基本形成学习型社会"的伟大目标，终身学习理念是习近平新时代中国特色社会主义思想包括教育思想十分重要的组成部分。国家充分利用全社会的教育、文化和科技资源，搭建起教育立交桥。目前，已形成覆盖广泛、层次多样、形式多元的教育网络，有效推进了学历教育和非学历教育协调发展、职业教育和普通教育相互沟通、从学前教育到终身教育一体化衔接的教育体系，使全体人民学有所成、学有所教、学有所用。2019 年 2 月，中共中央、国务院印发《中国教育现代化 2035》，提出推进教育现代化的总体目标：到 2020 年，全面实现"十三五"发展目标，教育总体实力和国

---

① 顾明远：《学习和解读〈国家中长期教育改革和发展规划纲要（2010—2020年)〉》，《高等教育研究》2010 年第 7 期。

际影响力显著增强，劳动年龄人口平均受教育年限明显增加，教育现代化取得重要进展，为全面建成小康社会作出重要贡献。到 2035年，总体实现教育现代化，迈入教育强国行列。撰诸前文，在我们党的坚强领导下，经过几代教育工作者的不懈奋斗，全体人民的思想道德素质和科学文化素质全面提升，为实现中华民族伟大复兴提供了有力人才和智力支撑。我们用 20 多年时间走完了发达国家上百年的义务教育普及之路，用十几年时间实现了高等教育从大众化向普及化的快速发展。2018 年，我国劳动年龄人口平均受教育年限达到 10.6 年，新增劳动力中接受高等教育的比例超过 48%，平均受教育年限达到13.6 年以上，高于世界平均水平。亿万人民通过受教育实现了完善自身、改变命运、创造美好生活的愿望，人民群众的获得感、幸福感、安全感不断增强。

农村自来水普及率不断提高。农村饮水安全工程与广大农民的身体健康、人民群众的美好生活质量息息相关，是一项重要的民生福祉工程。从改革开放初期开始，党和政府逐步将农村饮水安全工作摆在社会建设的突出位置，十分重视农村饮水安全工程的建设，特别是迈入了新时代之后，习近平总书记在多个场合都有强调确保农村人口饮水安全的重要性和必要性。短短 40 多年，农村自来水普及率从1990 年的 30.7% 增长到 2018 年的 81%（见图 5-7），截至 2018 年底，1100 多万处农村供水工程在全国范围建成，使 9.4 亿的农村人口获得了实惠，农村集中供水率达 86%，自来水普及率达 81%，提前实现了联合国千年发展目标。40 年来，农民成功实现了由"喝水难"到"有水喝"，再从"喝力气水"到"饮自来水"的阶段跨越。2019年底，我国基本解决了全国农村饮水安全的难题，实现饮水安全全国化，随着农村饮水问题不断被解决，农村人口生活质量得到极大改善，人民的幸福指数进一步提升。

百分比（%）

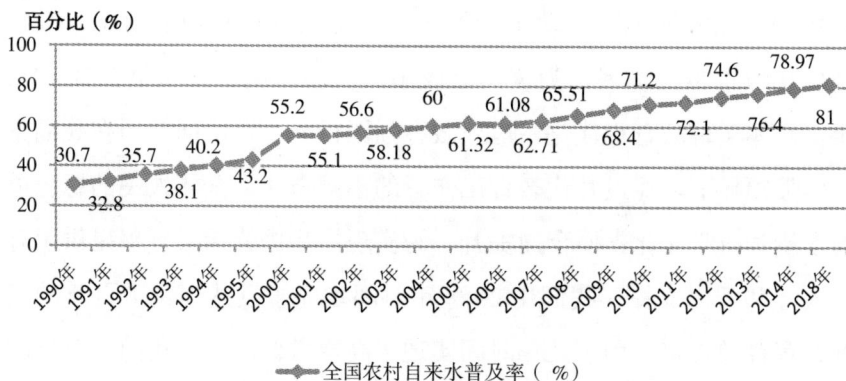

图 5-7　全国农村自来水普及率折线图（1990—2018 年）

数据来源：国家统计局网站，http://www.stats.gov.cn/.

第六节　绝对贫困基本消除

新中国成立以来，中国政府在长期与贫困作斗争的实践中探索出一条中国特色的反贫困道路，扶贫脱贫治理机制的精准性和益贫性不断提高，绝对贫困基本消除：对贫困的动态性和复杂性认识越发深刻；扶贫主体更加多元，从单一政府主体向包括政府、社会、市场及贫困人口自身多主体演进；扶贫对象从贫困地区向贫困人群转变，更加坚持以人为本；扶贫方式从粗放式向精准扶贫进化，由开发式扶贫转向两轮驱动协同减贫；扶贫理论不断深化和创新，与其他社会政策、经济政策及生态文明不断碰撞融合，各种扶贫方式的益贫性极大地缓解了中国的贫困状况。①

---

① 杨宜勇、吴香雪：《中国扶贫问题的过去、现在和未来》，《中国人口科学》2016
年第 5 期。

如表 5-6 所示，1978 年农村贫困人口为 25000 万人，贫困发生率高达 30.7%；经 20 年不懈努力，在 2008 年农村贫困标准实行下，全国贫困人口 4007 万人，贫困发生率 4.2%。在贫困标准的不断提高下，贫困人口数量仍然下降 20993 万人，贫困发生率下降 25.5%，成效颇丰；2010 年中国实行现行农村贫困标准，2019 年末贫困人口 551 万人，贫困发生率仅为 0.6%，到 2020 年底，我们必将实现现有贫困标准下贫困人口的全部脱贫。

表 5-6 历年全国农村贫困状况

年份	1978 年标准		2008 年标准		2010 年标准		贫困线（元／人）
	贫困人口（万人）	贫困发生率（%）	贫困人口（万人）	贫困发生率（%）	贫困人口（万人）	贫困发生率（%）	
1978	25000	30.7			77039	97.5	100
1981	15200	18.5					
1982	14500	17.5					
1983	13500	16.2					
1984	12800	15.1					200
1985	12500	14.8			66101	78.3	206
1986	13100	15.5					213
1987	12200	14.3					227
1988	9600	11.1					236
1990	8500	9.4			65849	73.5	300
1991	9400	10.4					
1992	8000	8.8					317
1994	7000	7.7					440
1995	6540	7.1			55463	60.5	530
1997	4962	5.4					640
1998	4210	4.6					635
1999	3412	3.7					625

续表

| 年份 | 1978 年标准 | | 2008 年标准 | | 2010 年标准 | | 贫困线 |
	贫困人口 (万人)	贫困发生 率 (%)	贫困人口 (万人)	贫困发生 率 (%)	贫困人口 (万人)	贫困发生 率 (%)	(元/人)
2001	2927	3.2	9029	9.8			
2002	2820	3.0	8645	9.2			
2003	2900	3.1	8517	9.1			
2004	2610	2.8	7587	8.1			
2005	2365	2.5	6432	6.8	28662	30.2	
2006	2148	2.3	5698	6.0			
2007	1479	1.6	4320	4.6			
2008			4007	4.2			
2009			3597	3.8			
2010			2688	2.8	16567	17.2	
2011					12238	12.7	
2012					9899	10.2	
2013					8249	8.5	
2014					7017	7.2	
2015					5575	5.7	
2016					4335	4.5	
2017					3046	3.1	
2019					551	0.6	
2020							

资料来源: 国家统计局历年《中国农村贫困监测报告》

改革开放为削减农村贫困人口带来机遇，随后扶贫工作进入社会主义市场经济建立与发展时期，在宏观市场经济推动减贫基础上正式确定开发式扶贫方针，并不断与时俱进向"两轮驱动"和精准扶贫方式演进，扶贫成果与扶贫问题同时存在，进一步迫切要求完善中国扶贫脱贫治理体系和提升治理能力。

第一，农村改革与开发式扶贫阶段（1978—2000 年）。1978—1985 年是农村经济体制改革推动减贫阶段。经济改革和农产品价格的提高极大地活跃了农村经济，尤其是乡镇企业的发展自 1979 年以后年均增速超 30%，[①] 促使中国农村经济在 1978 —1985 年保持较高的增长率，农村社会总产值从 2037.5 亿元猛增到 6340 亿元，年增长率达 15.25%，同期农民收入从 133.6 元上升到 397.6 元，年增长率高达 16.5%，[②] 据估计，价格提高为农民收入贡献了 15.5%，[③] 农村经济改革释放出强大的减贫效力。与此同时中国政府开始局部展开专项扶贫活动，如 1980 年针对"老、少、边、穷"等不发达地区，中央财政设立了"支援不发达地区发展资金"；1982 年针对"三西地区"开始计划扶贫；1984 年实施以工代赈政策，中央和各级地方政府投入了大量资金鼓励贫困地区群众尤其是农村贫困人口积极投工投劳，从而很大程度上改善了贫困地区的基础设施条件和经济文化状况。1985 年农村绝对贫困人口下降到 1.25 亿人，贫困发生率减少到 14.8%（见表 5-7），平均每年减少 1786 万人。这一时期成为中国历史上减贫速度最快、减贫效果最显著的时期。1949—1985 年中国缓解贫困主要依靠经济制度创新增加收入辅以适当救济来进行，并没有提出明确的扶贫战略。

1986—1993 年为开发式扶贫推动减贫阶段。农村经济体制改革释放的减贫红利不再自动地惠及贫困人口，反而将地区间和农民个体间的收入差距越拉越大，特别是区位和资源禀赋条件较差的贫困人口集中分布地区发展尤为滞后，难以摆脱贫困。鉴于此，中央政府决定

---

① 国家统计局：《中国农村贫困监测报告》，中国统计出版社 2000 年版。

② 林闽钢、陶鹏：《中国贫困治理三十年回顾与前瞻》，《甘肃行政学院学报》2008 年第 6 期。

③ 国家统计局：《中国农村贫困监测报告》，中国统计出版社 2000 年版。

对农村贫困地区进行综合开发，为贫困地区的全面发展创造条件。扶贫工作由中央政府主导，通过成立扶贫机构，负责制定优惠政策和符合国情的贫困线标准，管理扶贫资金，以县作为扶贫开发的基本单元，确立开发式扶贫方针，中国扶贫工作正式进入战略明确的时期。经过这一时期的努力，贫困县农民人均纯收入从 208 元增加到 483 元，[①] 全国农村贫困人口减少到 7500 万，贫困发生率下降到 8.2%（见表 5-7），农村贫困现象得到缓解。

1994—2000 年为国家八七扶贫攻坚计划推动减贫阶段。针对农村贫困人口仍然广泛存在的温饱问题，国务院特颁布《国家八七扶贫攻坚计划（1994—2000 年)》，该计划指出：20 世纪 80 年代中期以来，国家在全国范围内开展了有组织、有计划、大规模的扶贫工作，实现了从救济式扶贫向开发式扶贫的转变。并以任务形式开展未来 7 年的扶贫工作，通过重新调整贫困县的纳入标准，扶贫目标更加明确。"九五"（1996—2000 年）期间，按照党中央、国务院的总体部署，根据扶贫攻坚的形势和任务，国家加大了以工代振的实施力度，增加了以工代振投入。据统计，到 1998 年底通过"东西对口扶贫"，贫困地区累计获得钱物捐赠 10 亿多元，签订协议项目 2600 多个，得到近 40 亿元实际投资，转移了 25 万贫困地区剩余劳动力。[②] 这一阶段农村贫困人口降到 3000 万人左右（见表 5-7），其中绝大部分为特殊贫困群体，基本上完成了解决贫困人口温饱问题的任务。

第二，新时期全面建成小康社会进程中的扶贫开发阶段（2001—2020 年）。2001—2010 年为新时期扶贫工作综合推进阶段。中国农

---

① 陈标平、胡传明：《建国 60 年中国农村反贫困模式演进与基本经验》，《求实》2009 年第 7 期。

② 国家统计局：《中国农村贫困监测报告》，中国统计出版社 2000 年版。

村贫困的性质已经发生了根本性的转变，[①] 为适应扶贫新形势，党中央国务院颁布《中国农村扶贫开发纲要（2001—2010 年）》，该纲要明确提出 2001—2010 年的具体奋斗目标是解决和巩固温饱并重，并再次调整扶贫重点，整村推进贫困村扶贫开发：确定了 14.81 万个贫困村，覆盖 80% 的贫困人口；以"五个坚持"[②]，为指导重新确定开发式扶贫方针，引导贫困群体积极对抗贫穷，不断支持和培育社会扶贫力量，积极调整扶贫方针以应对扶贫过程中出现的问题。2004 年以来，安排财政扶贫资金 30 亿元，实施以劳动力转移为主要内容的"雨露计划"，通过技能培训提高劳动力素质；2007 年农村建立最低生活保障制度，应保尽保的保障方式对减贫发挥了重要作用。十年来，财政扶贫开发政策建立了专项扶贫和综合扶贫相结合的财政政策框架体系，不断加大财政扶贫开发投入，积极创新财政扶贫开发机制：开发"一体两翼"战略，以产业扶贫为主体，以整村推进和农村劳动力转移培训为两翼，改善农村贫困地区生产生活条件，增强农村贫困地区自我发展能力，帮助贫困群众实现转移就业、增收致富。2010 年扶贫重点县中低保户的比重为 9.9%，户均领取低保金 802 元，通过低保金的支持减少贫困人口 48 万，贫困发生率下降 0.2 个百分点。[③] 因此需着力探索农村低保和扶贫开发政策有效衔接减贫路径，旨在通过分类减贫思想和"两轮驱动"减贫来保障农村贫困人口基本生活和提升其生存发展能力，这是中国减贫事业中的重要创新，农村养老和医疗保险制度的推进对农村减贫也发挥了重要作用。

---

① 都阳、蔡昉：《中国农村贫困性质的变化与扶贫战略调整》，《中国农村观察》2005 年第 5 期。

② 即坚持开发式扶贫方针，坚持综合开发、全面发展，坚持可持续发展，坚持自力更生、艰苦奋斗，坚持政府主导、全社会共同参与。

③ 国家统计局：《中国农村贫困监测报告》，中国统计出版社 2011 年版。

2011—2020 年为全面建成小康社会扶贫攻坚新阶段。为进一步加快实现贫困地区脱贫致富、缩小发展差距的目标，国务院制定《中国农村扶贫开发纲要（2011—2020 年)》为新时期扶贫总纲领。扶贫对象调整为连片特困地区，着重解决片区长期发展落后问题；扶贫标准再次调适，更多的贫困人口被纳入扶贫范围（见表 5-7)；扶贫手段继续采用"两轮驱动"和创新精准扶贫方式。党的十八大以来，中国把扶贫开发工作摆在更加突出的位置，把精准扶贫、精准脱贫作为基本方略，通过精准识别贫困人口、精准把握致贫原因、滴灌式的精准帮扶，[①] 在"十二五"期间已经显示出了强有力的脱贫能力。2015 年中国农村贫困人口降至 5575 万人，贫困发生率为 5.7%（见表 5-7)，较上年减少 1442 万人，年度减贫 1000 万人以上的任务超额完成，精准扶贫政策的减贫作用凸显，[②] 农村低保制度在新一轮扶贫攻坚中也发挥了重要作用，越来越多的农村最困难人群从中受益，贫困人口生产生活条件明显提高。农业基础薄弱是"四化"的短板、农村发展滞后是全面建成小康社会的关键，发展不平衡不充分的矛盾在乡村较为突出。党的十八大以来，以习近平同志为核心的党中央坚持把解决好"三农"问题作为全党工作重中之重，持续加大强农惠农富农政策力度，全面深化农村改革，建立健全农村基本经营制度，积极推进土地确权颁证和"三权分置"改革，推进农村管理体制和农产品流通体制改革，坚持以农业供给侧结构性改革为主线，扎实推进乡村振兴战略，助力农村贫困人口脱贫致富。

2020 年是全面建成小康社会目标实现之年，是全面打赢脱贫攻

---

① 莫光辉：《精准扶贫：中国扶贫开发模式的内生变革与治理突破》，《中国特色社会主义研究》2016 年第 2 期。

② 郑瑞强：《精准扶贫政策的理论预设、逻辑推理与推进机制优化》，《宁夏社会科学》2016 年第 4 期。

坚战收官之年。完成上述两大目标任务，脱贫攻坚最后堡垒必须攻克，全面小康"三农"领域突出短板必须补上。"小康不小康，关键看老乡"。脱贫攻坚质量怎么样、小康成色如何，很大程度上要看"三农"工作成效。全党务必深刻认识做好 2020 年"三农"工作的特殊重要性，毫不松懈，持续加力，坚决夺取第一个百年奋斗目标的全面胜利。[①]

改革开放 40 余年来，农村反贫困实践取得了重要成就。当前已进入现有标准下全面脱贫攻坚的倒计时阶段，我们必须努力克服此次新冠肺炎疫情带来的不利影响，确保完成决胜脱贫攻坚目标任务。发展可持续的扶贫产业，解决好贫困人口就业问题，确保贫困人口持续稳定增收，脱贫摘帽不是终点，而是新生活、新奋斗的起点。到 2020 年末，我们必将打赢脱贫攻坚战，全面建成小康社会，奋力谱写新时代追赶超越新篇章！

（执笔人：吴香雪）

---

① 中国农业农村部：《中共中央国务院关于抓好"三农"领域重点工作确保如期实现全面小康的意见》，http://www.moa.gov.cn/ztzl/jj2020zyyhwj/2020zyyhwj/202002/t20200205_6336614.htm。

第 六 章

全面建成小康社会之生态文明建设

改革开放 40 多年来，我国生态文明事业走出了一条"从无到有、从独立到协同、从一维到多维"的道路。① 在思想建设上，我国从改革开放之初坚信"社会主义没有污染"的旧时代，走向了大力建设生态文明、协调推进"四个全面"、统筹推进"五位一体"、全面倡导"人类生态命运共同体"的新时代；在制度建设上，我国大致经历了三个时期。一是 20 世纪 70 年代末期，环境保护仅仅作为《宪法》中的一项法律条陈。二是 20 世纪 80 年代至党的十八大前夕，我国逐步建立健全了《环境保护法》和大气、水、土壤等细分领域法律法规，完善了中国特色社会主义生态文明与环境保护法律体系。三是党的十八大以来，我国进一步走向了以《宪法》为总领，以国家环境保护法律、党内环保督察问责制度为两翼的中国特色环境保护制度体系；在组织建设上，我国生态文明与环境保护的组织实体从国务院的一个临时性办公室起步，走向了以生态环境部为核心，国务院各组成部门协同参与、区域行政部门共同治理的多元协同治理体系。

---

① 李娟：《中国生态文明制度建设 40 年的回顾与思考》，《中国高校社会科学》2019 年第 2 期。

第一节　生态文明建设的国内实践

中国的生态文明建设事业是以"实打实"的具体行动"干"出来的，理念是行动的先导，制度是行动的保障，组织是行动的主体。本节将从理念建设、制度建设和组织建设三个方面，从环境保护（1978—1992 年）、可持续发展（1992—2002 年）、科学发展（2002—2012 年）、生态文明（2012 年至今）四个阶段，对我国生态文明建设的"实干"历程进行整理和叙述。

一、生态文明建设的环境保护阶段（1978—1992）：改革开放到党的十四大召开前夕

（一）理念建设

1972 年 6 月，联合国人类环境会议在瑞典斯德哥尔摩召开，这是中国在恢复联合国合法席位之后首次参加国际会议。此次会议的重要意义在于，让中国认识到了"社会主义国家同样拥有环境污染问题"。

1973 年 8 月 5—20 日，我国召开了第一次全国环境保护会议，正式揭开了中国环境保护事业的序幕。此次会议确定了我国环境保护工作的 32 字工作方针，即"全面规划、合理布局、综合利用、化害为利、依靠群众、大家动手、保护环境、造福人民"。会议还讨论通过了我国第一个环境保护文件《关于保护和改善环境的若干规定（试行草案)》，制定了《关于加强全国环境监测工作意见》和《自然保护区暂行条例》。此次会议的重要意义在于：第一，首次在国内承认社会主义制度的中国也存在严重的环境问题，需要认真治理污染；第

二，此次会议是新中国开创环境保护事业的第一个里程碑，标志着环境保护工作开始被纳入到各级政府的职能范围之中；第三，会议期间制定的环境保护方针、政策和措施，为今后较长一个时期中国环境保护事业的发展指明了方向，抓住了重点，确定了目标和任务；第四，会议之后，从中央到地方以及各有关部门，都陆续建立了环境保护机构，并着手对一些污染严重的工业企业、城市和江河湖海进行初步治理，中国的环境保护和生态文明建设事业开始起步。

1978 年 12 月，中共中央批准了国务院环境保护领导小组第四次会议通过的《环境保护工作汇报要点》，指出"消除污染，保护环境，是进行社会主义建设、实现四个现代化的重要组成部分。我们绝不能走先污染、后治理的弯路"。这是党的历史上第一次以党中央的名义对环境保护工作作出重要指示。

1982 年，国民经济计划改名为国民经济和社会发展计划，环境保护首次进入国家经济社会发展规划，成为"六五"计划的独立篇章。自此，环境保护被常态化地纳入了每年的政府工作报告，成为确定环境保护项目实施标准和确定环境保护目标的重要保障。

1983 年 12 月 31 日—1984 年 1 月 7 日，第二次全国环境保护会议召开。此次会议的重要意义在于：第一，总结了中国环境保护事业的经验教训，从战略上对环境保护工作在社会主义现代化建设中的重要位置作出了重大决策，将保护环境确定为我国必须长期坚持的一项基本国策；第二，制定了中国环境保护工作的总方针、总政策，即"经济建设、城乡建设和环境建设，要同步规划、同步实施、同步发展，实现经济效益、社会效益和环境效益相统一"；第三，会议提出要把强化环境管理作为环境保护工作的中心环节，长期坚持抓住不放；第四，推出了以合理开发利用自然资源为核心的生态保护策略，防止对土地、森林、草原、水、海洋以及生物等自然资源的破坏，保护生态平衡；第五，建立健全与环境保护相关的法律体系，加强环境保护的科学研究，把环境保护建立在法制轨道和科技进步的基础上。

1989年4月28日—5月1日，第三次全国环境保护会议召开，此次会议通过了两份重要文件和两个指导性的工作目标。两份文件分别是《1989—1992年环境保护目标和任务》和《全国2000年环境保护规划纲要》。此次会议形成了"三大环境政策"，即环境管理要"坚持预防为主、谁污染谁治理、强化环境管理"三项政策。除此之外，此次会议还评价了部分工程项目对环境的影响，总结了环境管理"三同时"制度、环境影响评价制度、排污收费制度三项"老"环境管理制度的成功经验，并提出了五项"新"制度，即城市环境综合整治定量考核制度、环境保护目标责任制度、排污申报登记与排污许可证制度、污染集中控制制度、污染限期治理制度。自此，我国环境管理的"八项制度体系"初步建立。

为了促进和保障制度的有效执行，我国还出台了环境状况公报和大量的环境质量标准。1990年6月，我国发布了《1989年中国环境状况公报》，这是新中国第一份环境状况公报，内容包括中国生态环境状况和环境保护工作状况；在环境质量标准方面，截至1992年底，我国共颁布了各类国家环境标准263项，其中环境质量标准11项、环境污染排放标准50项、基础标准5项、方法标准150项、样品标准29项和其他标准18项，初步形成了种类比较齐全、结构基本完整的环境标准体系，为实施环境保护各项法规和制度提供了量化依据。[①]

（二）法律建设

1978年3月，五届全国人大一次会议首次将"国家保护环境和自然资源，防治污染和其他公害"写入《中华人民共和国宪法》，这

---

① 《中国环境保护行政二十年》，中国环境科学出版社1994年版。

是"环境保护"作为一项正式法律条陈首次走进国家法典、走向国民视野，为中国环境法制建设和环境保护事业的发展奠定了重要基础。

同年 12 月，党的十一届三中全会作出了改革开放的决定，我国走上了国民经济高速发展的轨道。伴随着经济高速增长而来的，是生态环境问题的日益恶化，"村村点火、户户冒烟"是当时我国经济与社会发展状况的生动写照，环境问题逐渐引起了党和国家的关注和重视，开始谋划《环境保护法》《森林法》和《草原法》等环境保护法律法规的制定工作。

1979 年 9 月，五届全国人大第十一次会议通过了《中华人民共和国环境保护法（试行）》，将"全面规划、合理布局、综合利用、化害为利、依靠群众、大家动手、保护环境、造福人民"作为我国环境保护工作的基本方针，确定了环境保护的主要任务。这是我国第一次从法律意义上，要求各部门、各级政府将环境保护工作统筹纳入国民经济与社会发展规划中来，为今后较长一个时期我国经济、社会与环境的协调发展提供了法律保障。

1989 年 12 月，七届全国人大第十一次会议正式通过了《中华人民共和国环境保护法》，环境保护法律法规正式成为我国环境保护工作的制度保障，成为我国社会主义法律体系的重要组成部分。从 1979 年《中华人民共和国环境保护法》试行到 1989 年正式通过的这十年间，我国还陆续制定出台了《中华人民共和国海洋环境保护法》（1982 年 8 月）、《中华人民共和国水污染防治法》（1984 年 5 月）、《中华人民共和国大气污染防治法》（1987 年 9 月）、《中华人民共和国草原法》（1985 年 6 月）、《中华人民共和国水法》（1988 年 1 月）等单项法律法规。①

---

① 中央人民政府网站：www.gov.cn/guoqing/2012—04/10/content_2584066.htm。

这一时期，截至 1991 年末，我国共制定并颁布了 12 部资源环境法律、20 余件行政法规和 20 余件部门规章，累计颁布地方性法规 127 件，地方性规章 733 件，初步形成了环境保护的法规体系，为强化环境管理奠定了法律基础。①

（三）机构建设

1974 年 10 月，在全国第一次环境保护会议召开的第二年，国务院环境保护领导小组正式成立，我国生态文明与环境保护工作首次拥有了实体领导机构。此后，我国开始了持续化、常态化的环境保护机构调整工作。

1982 年 5 月，五届全国人大第二十三次会议决定，将国务院环境保护领导小组办公室、国家建委、国家城建总局、国家建工总局、国家测绘局等单位合并，组建成为新的城乡建设环境保护部，内设环境保护局。

1984 年 5 月，我国成立了国务院环境保护委员会，由时任副总理李鹏兼任委员会主任，办事机构设在城乡建设环境保护部（由环境保护局代行）。同年 12 月，城乡建设环境保护部环境保护局被改组为国家环境保护局，保持其行政级别和隶属关系不变，仍归城乡建设环境保护部领导。国家环境保护局作为国务院环境保护委员会的办事机构，负责全国环境保护的相关工作。

1988 年 4 月 9 日，七届全国人大一次会议通过了国务院机构改革方案，城乡建设环境保护部被撤销，改为建设部。国家环境保护局被提升为国务院直属机构，并明确为副部级单位，人、财、物开始独立运行。

---

① 周宏春、季曦：《改革开放三十年中国环境保护政策演变》，《南京大学学报（哲学 人文科学 社会科学版）》2009 年第 1 期。

这一时期，我国还有部分组织机构与环境保护工作息息相关。例如，绿化委员会、"五讲四美三热爱"委员会、爱国卫生运动委员会等机构，它们根据职责分工和具体任务，分别在污染防治、资源节约、公共卫生管理等领域开展了与环境保护相关的工作。

二、生态文明建设的可持续发展阶段（1992—2002）：党的十四大至党的十六大前夕

1992 年至 2002 年的十年，既是我国经济事业高速增长的十年，也是我国环保事业重度承压的十年。在 1992 年邓小平南方谈话之后，我国的改革开放事业"提速扩容"，城市建设规模和工业园区数量快速增长。全国各地挂牌建设的经济开发区、工业开发区数量达到了峰值时的近万家，带来了严重的耕地占用、水土流失和环境污染问题，淮河污染、黄河断流、长江洪水等特大生态灾害频频发生。"五十年代淘米洗菜、六十年代浇地灌溉、七十年代水质变坏、八十年代鱼虾绝代、九十年代难刷马桶盖"的民谣是对当时我国生态环境状况的生动写照。因此，我国提出了生态文明建设的"可持续发展"理念，要从单纯地关注环境保护，走向注重经济、社会、生态的可持续发展。

（一）理念建设

从 1991 年开始，环境保护被纳入了中央人口工作座谈会的内容。1991 年，针对当时我国经济社会发展中不断累积的人口、资源、环境矛盾，时任国家主席江泽民建议两会期间召开"中央人口资源环境工作座谈会"。座谈会最初的名称为"中央计划生育工作座谈会"，在 1997 年将环境保护议题纳入座谈会的讨论范围之后，1999 年起座谈会正式更名为"中央人口资源环境工作座谈会"。

1992 年 6 月，时任国务院总理李鹏代表我国首次应邀出席联合

国环境与发展大会首脑会议，并发表了重要讲话。此次大会通过了《里约环境与发展宣言》和《21世纪议程》两项纲领性文件，提出了"可持续发展"理念，强调世界各国需要重视自然资源对于人口与经济可持续发展的支撑能力，要在自然资源开发与生态环境的自我更新之间实现良好平衡，追求生态环境资源的代际公平。

1992年8月，中共中央9号文发布了《环境与发展十大对策》，将环境保护纳入经济发展中统筹考虑。1992年10月，党的十四大召开，提出了建立社会主义市场经济体制的目标。在这种国内国外的大背景下，我国于1994年编制了《中国21世纪议程——中国21世纪人口、环境与发展白皮书》，制定了自己的可持续发展目标。自此，我国将"可持续发展"作为制定国民经济和社会发展中长期规划的重要原则。

1995年9月，党的十四届五中全会召开，提出"要实现经济增长方式从粗放型向集约型转变"。为了贯彻这一重要精神，我国在1992年出台的《全国环境保护年度工作计划》基础上，从"九五"时期开始正式启动了《国家环境保护五年规划》的编制工作，将环境保护事务纳入到了国民经济和社会发展总体规划之中。1996年3月，八届全国人大四次会议审议通过了《国民经济和社会发展"九五"计划和2010年远景目标纲要》，将"转变经济增长方式和实施可持续发展"作为现代化建设的一项重要战略。我国的环境保护事业由单纯的工业污染治理扩展到了生活污染治理、生态保护、农村环境保护、核安全监管、突发环境事件应急等各个重要领域，并逐步参与到国民经济和社会发展的综合决策中。

1996年7月15—17日，第四次全国环境保护会议召开，提出"保护环境是实施可持续发展战略的关键，保护环境就是保护生产力"。会议确定了坚持污染防治和生态保护并重的方针，实施了《污染物排放总量控制计划》和《跨世纪绿色工程规划》两大举措。全国开始展开了大规模的重点城市、流域、区域、海域的污染防治及生态建设和保护工程。例如，我国于1996年7月启动了历史上首个大规模污染治理工程——"33211"重大污染治理工程。"33"是指"三河"（淮河、海河、辽河）与"三湖"（滇池、太湖、巢湖），"2"是指"两控"（二氧化硫和酸雨控制区），"11"是指一市（北京市）一海（渤海）。同时，我国还启动了退耕还林等六大生态建设重点工程，环境保护工作进入了新阶段。

1996年8月3日，国务院正式颁布出台了《关于加强环境保护若干问题的决定》（国发〔1996〕31号），提出"为了进一步落实环境保护基本国策，实施可持续发展战略，为了进一步贯彻落实《中华人民共和国国民经济和社会发展"九五"计划和2010年远景目标纲要》，到2000年基本控制环境污染和生态破坏加剧的趋势，使得部分城市和地区的环境质量有所改善"，要实行环境质量行政领导责任制、重点解决区域环境污染问题、严格控制新发环境污染、加快治理老环境污染、禁止转嫁废物污染、保护自然资源、增加环境保护投入、严格环境保护执法、发展环境保护产业以及提高全民环境保护意识等十方面的指导意见。《关于加强环境保护若干问题的决定》明确了我国新世纪的环境保护工作目标、任务和措施，在工业污染防治的指导思想上确立了"三个转变"，即在污染防治基本战略上，从侧重污染的末端治理逐步转变为工业生产全过程控制；在污染物排放控制上，由重浓度控制转变为浓度与总量控制相结合；在污染治理方式上，由重分散的点源治理转变为集中控制与分散治理相结合。

这一时期我国还先后颁布了《关于推行清洁生产的若干意见》（1997年4月）、《"九五"期间全国主要污染物排放总量控制计划》

（1997 年 6 月）、《关于停止生产销售使用车用含铅汽油的通知》（1998 年 9 月）等文件，从政策、制度、技术等三大方面，对清洁生产作出了系统安排。上述系列文件的出台，对我国环境污染危害较大的 12 种污染物进行了较为严格的总量控制，并克服了以往按照污染物的浓度以及污染物的排放标准来控制污染的重要弊端。为了进一步落实上述系列文件的重要精神，并且把清洁生产的良好政策效应逐步扩散应用。我国还选择了 10 个城市和 5 个行业作为清洁生产的示范试点并逐步在全国范围内推广，有效减缓了环境污染恶化的趋势。①

1997 年 9 月，党的十五大召开，强调"在现代化建设中必须实施可持续发展战略"。1998 年，面对长江流域洪水泛滥导致的严重后果，我国出台了"退耕还林、还湖、还草"政策，这是我国环境政策的转折点。2000 年 11 月 26 日，国务院正式印发了《全国生态环境保护纲要》（国发〔2000〕38 号），要求各地区、各有关部门要根据《全国生态环境保护纲要》的文件要求和政策精神，制定本地区、本部门的生态环境保护规划，积极采取措施，加大生态环境保护工作力度，扭转生态环境恶化趋势。《全国生态环境保护纲要》强调"通过生态环境保护，遏制生态环境破坏，减轻自然灾害的危害；促进自然资源的合理、科学利用，实现自然生态系统良性循环；维护国家生态环境安全，确保国民经济和社会的可持续发展"。

（二）法律建设

1993 年 3 月，全国人大环境与资源保护委员会成立，提出了"中国环境与资源保护法律体系框架"。此后，陆续制定出台了《清洁生

---

① 李娟：《中国生态文明制度建设 40 年的回顾与思考》，《中国高校社会科学》2019 年第 2 期。

产促进法》《环境影响评价法》等 5 部法律，修订了《大气污染防治法》《水污染防治法》等 3 部法律，并在刑法中增加了 14 个具体的"破坏环境和资源保护罪"。[①] 形成了由 8 部环境保护法律、15 部自然资源法律、50 余项行政法规、近 200 件部门规章和规范性文件、1600余项地方性环境法规规章组成的环境保护法律体系，我国环境资源保护领域的立法工作进入了一个新阶段。[②]

（三）组织建设

这一时期，我国环境保护部门的行政级别和权责范围得到了明显的提升和充实。1998 年，我国将原为副部级的国家环境保护局升格为正部级的国家环境保护总局，并将原国务院环境保护委员会的职能、分散在电力工业部等各工业行业主管部门的污染防治职能一并纳入了国家环境保护总局。同年 6 月，国家核安全局并入国家环境保护总局，更名为核安全与辐射环境管理司（国家核安全局），成为国家环境保护总局的内设机构，并继续行使原国家核安全局的"核与辐射安全监管"职能。

同时，为了更好地协调有关部门协同推进环境保护，国家环境保护总局牵头成立了相关部际联席会议制度。2001 年 3 月，全国"生态环境建设"部际联席会议第一次会议召开。同年 7 月，国家环保总局正式建立了全国环境保护部际联席会议制度。2003 年 8 月，经国务院批准，由国家环境保护总局牵头正式建立"生物物种资源保护"部际联席会议制度。

---

① 李娟：《中国生态文明制度建设 40 年的回顾与思考》，《中国高校社会科学》2019 年第 2 期。

② 潘家华、庄贵阳：《"绿水青山就是金山银山"的认知迭代与实践进程》，《阅江学刊》2018 年第 6 期。

三、生态文明建设的科学发展观阶段（2002—2012）：党的十六大到党的十八大前夕

2002年至2012年，我国树立和落实了科学发展观，提出了"建设生态文明"的理念，并将其作为党的一项战略任务。

（一）理念建设

2001年12月，我国加入了世界贸易组织。伴随着入世以来我国经济的快速增长，能源、钢铁、化工等重化工业比重持续提高，资源能源消耗快速增长，主要污染物排放总量大幅度增加，"十五"计划的二氧化硫排放总量控制目标不降反升。因此，我国在"十一五"期间实施了力度更大的节能减排和总量控制措施，

2002年11月，党的十六大召开，将"可持续发展能力不断增强，人和自然和谐，走生产发展、生活富裕、生态良好的文明发展道路"作为"全面建设小康社会"的四个方面目标之一。

2003年10月，党的十六届三中全会提出了"坚持以人为本，树立全面、协调、可持续的发展观，促进经济社会和人的全面发展"的科学发展观。2004年9月，在党的十六届四中全会提出的"构建社会主义和谐社会"内容中，"人与自然和谐"是重要的组成部分。2005年10月，党的十六届五中全会通过了"十一五"规划建议，提出建立"资源节约型、环境友好型"社会，将主要污染物的排放总量和单位GDP能源消耗下降比例作为约束性指标，纳入了我国"十一五"规划纲要并分解到各个省（区、市）。同时，根据《国务院批转节能减排统计监测及考核实施方案和办法的通知》（国发〔2007〕36号）的政策规定和文件精神，国务院通过了国家发展改革委、统计局和环保总局分别会同有关部门制订的《单位GDP能耗统计指标体系实施方案》《单位GDP能耗监测体系实施方案》《单位GDP能耗考核体系实

施方案》《主要污染物总量减排统计办法》《主要污染物总量减排监测办法》《主要污染物总量减排考核办法》。按照上述系列文件的要求，从这一时期开始国务院每年组织开展针对省级人民政府的节能减排目标责任制考核，将相关文件中规定的节能减排目标完成情况作为省级人民政府领导班子和各级领导干部综合考核评价的重要内容，并且实行"一票否决制"。从上述相关政策的实际实施效果来看，这种节能减排管理指标化的倒逼机制促使了各级政府努力完成年度目标，扭转了我国长期以来单位国内生产总值能耗和主要污染物排放总量大幅上升的趋势。[①]

2005年，在中央人口资源与环境工作座谈会上，党中央正式提出了"生态文明"概念，指出当前生态环境工作的重点之一就是"完善促进生态建设的法律和政策体系，制定全国生态保护规划，在全社会大力进行生态文明教育"。

2006年4月，国务院召开第六次全国环保大会，提出"从重经济增长轻环境保护转变为保护环境与经济增长并重，从环境保护滞后于经济发展转变为环境保护和经济发展同步推进，从主要用行政办法保护环境转变为综合运用法律、经济、技术和必要的行政办法解决环境问题"的"三个转变"战略思想。至此我国环境保护进入了以保护环境优化经济发展的全新阶段。

2007年10月，党的十七大召开。十七大报告中提到，"基本形成节约能源资源和保护生态环境的产业结构、增长方式、消费方式。……生态文明观念要在全社会牢固树立"，"生态文明建设，实质上就是要建设以资源环境承载力为基础、以自然规律为准则、以

[①] 李娟：《中国生态文明制度建设40年的回顾与思考》，《中国高校社会科学》2019年第2期。

可持续发展为目标的资源节约型、环境友好型社会"。这是党首次把"生态文明建设"写入报告，首次把"生态文明建设"作为全面建设小康社会的新要求之一，作为一项国家战略任务提出来。

2008年1月，中央政治局第三次集体学习时，将"经济建设、政治建设、文化建设、社会建设以及生态文明建设"作为实现全面建设小康社会的奋斗目标，"五位一体"思想呼之欲出。

2010年10月，党的十七届五中全会通过"十二五"规划建议，提出"树立绿色、低碳发展理念，以节能减排为重点，健全激励和约束机制，加快建设资源节约型、环境友好型社会，提高生态文明水平"的发展理念，同时要"加快建设资源节约型环境友好型社会、提高生态文明水平，积极应对全球气候变化，大力发展循环经济，加强资源节约和管理，加大环境保护力度，加强生态保护和防灾减灾体系建设，增强可持续发展能力"。"十二五"规划首次将碳排放强度作为约束性指标纳入规划，确立了绿色、低碳发展的生态文明建设方向。2011年12月20—21日，国务院召开第七次全国环境保护大会，时任国务院副总理李克强在此次大会上强调"环境是重要的发展资源，良好环境本身就是稀缺资源，要全面贯彻落实中央经济工作会议精神，按照'十二五'发展主题主线的要求，坚持在发展中保护、在保护中发展，把环境保护作为稳增长转方式的重要抓手，把解决损害群众健康的突出环境问题作为重中之重，把改革创新贯穿于环境保护的各领域各环节，积极探索代价小、效益好、排放低、可持续的环境保护新道路，实现经济效益、社会效益、资源环境效益的多赢，促进经济长期平稳较快发展与社会和谐进步"。此次环境保护大会讨论了《国务院关于加强环境保护重点工作的意见》和《国家环境保护"十二五"规划》两份重要文件，为推进环境保护事业科学发展奠定了坚实基础。

（二）法律建设

这一时期，我国再次修订了《大气污染防治法》（2000年4月）、《固体废物污染环境防治法》（2004年12月）、《水污染防治法》（2008年2月），并新制定出台了《清洁生产促进法》（2002年6月）、《环境影响评价法》（2002年10月）、《放射性污染防治法》（2003年6月）和《循环经济促进法》（2008年8月）等相关法律。其中，2002年出台的《清洁生产促进法》标志着我国的污染治理从末端治理开始走向全过程控制。①

2003年9月，由第九届全国人民代表大会常务委员会第三十次会议于2002年10月28日通过的《中华人民共和国环境影响评价法》正式生效，首次以法律形式明确了公众参与环境决策的权利。2006年，《环境影响评价公众参与暂行办法》系统规定了公众参与的5种形式、公开征求公众意见的6种情况，以及向公众公开环境信息的内容要求、方式、期限等。②

同时，我国还出台了诸多配套性的法律法规。例如，颁布《环境信访办法》（国家环境保护总局2006年6月第5次局务会议通过）、《环境信息公开办法（试行）》（国家环境保护总局2007年2月第一次局务会议通过）、《关于培育引导环保社会组织有序发展的指导意见》（2010年12月）等文件，实行环境质量公告制度，定期发布城市空气质量、城市噪声、饮用水水源水质、流域水质和污染事故信息等。积极推动环境公益诉讼，开展大规模环境宣传教育，鼓励检举和揭发各种环境违法行为。国家和地方各类具体环境法律法规在制定或修订的过程中均不同程度地涉及环境信息公开、社会监督、信访处理、环

---

① 周宏春：《改革开放40年来的生态文明建设》，《中国发展观察》2019年第1期。
② 李娟：《中国生态文明制度建设40年的回顾与思考》，《中国高校社会科学》2019年第2期。

境维权等条款，为公众环境参与开辟了多条渠道。①

（三）组织建设

这一时期，我国解决了环保执法难、地方政府干预的问题。国家环境保护总局于 2006 年，在东北、华北、西北、西南、华东、华南区域分别设置了六大督察中心，作为其直属派出机构。2008 年 7 月，我国再次提升了生态环境保护机构的行政级别，将国家环境保护总局升格为正部级的环境保护部，成为国务院组成部门。

四、生态文明建设的美丽中国阶段（2012 年至今）：党的十八大以来

（一）理念建设

2013 年 9 月，国务院印发了《大气污染防治行动计划》。2015 年 4 月、2016 年 5 月，国务院先后印发了《水污染防治行动计划》、《土壤污染防治行动计划》。这是党中央、国务院推进生态文明建设、系统开展污染治理的重大部署。为了保障上述计划的实施效果，2014 年 5 月，国务院印发了《关于印发大气污染防治行动计划实施情况考核办法（试行）的通知》；2016 年 12 月，环境保护部会同国务院有关部门制定了《水污染防治行动计划实施情况考核规定（试行）》；2018 年 5 月，生态环境部会同国务院有关部门制定了《土壤污染防治行动计划实施情况评估考核规定（试行）》。

2018 年 5 月，生态环境部公布了《大气污染防治行动计划》的考核情况，45 项重点工作全部完成，2017 年全国地级及以上城市可

---

① 李娟：《中国生态文明制度建设 40 年的回顾与思考》，《中国高校社会科学》2019 年第 2 期。

吸入颗粒物（PM10）平均浓度比2013年下降了22.7%；京津冀、长三角、珠三角等重点区域细颗粒物（PM2.5）平均浓度分别比2013年下降39.6%、34.3%、27.7%；北京市PM2.5年均浓度降至58微克/立方米；《大气十条》确定的空气质量改善目标全面完成。[①]2020年5月，生态环境部公布了《水污染防治行动计划》的实施情况。2019年，全国地表水国控断面水质优良（Ⅰ—Ⅲ类）、丧失使用功能（劣Ⅴ类）比例分别为74.9%、3.4%，分别比2015年提高8.9个百分点、降低6.3个百分点；大江大河干流水质稳步改善。但水污染防治形势依然严峻，水生态环境保护不平衡、不协调的问题依然比较突出；水生态破坏以及河湖断流干涸现象还比较普遍；城乡环境基础设施建设仍存在一些短板；城乡面源污染防治任重道远，部分重点湖库周边水产养殖、农业面源污染问题突出，需要加快推动解决。[②]2019年1月，《土壤污染防治行动计划》才正式实施，目前暂未发布政策实施的最终评价报告。

党的十八大以来，党中央提出要开展大规模的国土绿化行动。2017年2月，中共中央办公厅、国务院办公厅印发了《关于划定并严守生态保护红线的若干意见》，为维护国家生态安全奠定了重要基础。

2017年7月，国务院办公厅印发了《关于禁止洋垃圾入境推进固体废物进口管理制度改革实施方案》，要求在2020年底前，基础实现固体废物零进口。而在废气排放方面，2017年12月，我国印发了《全国碳排放权交易市场建设方案（发电行业）》，标志着中国碳排放交易体系正式启动。这是利用市场机制控制和减少温室气体排放，

---

① 生态环境部网站：http://www.mee.gov.cn/gkml/sthjbgw/stbgth/201806/t20180601_442262.htm。

② 中央人民政府网站：www.gov.cn/xinwen/2020—05/17/content_5512338.htm。

推动绿色低碳发展的一项重大创新实践。

2018年6月，在我国生态文明建设和环境保护工作进入攻坚阶段的背景下，中共中央、国务院印发了《关于全面加强生态环境保护坚决打好污染防治攻坚战的意见》，制定了我国污染防治攻坚战的标志性战役，包括打赢蓝天保卫战三年行动计划、柴油货车污染治理攻坚战行动计划、全国集中式饮用水水源地保护专项行动计划、城市黑臭水体治理攻坚战实施方案、长江保护修复攻坚战行动计划、渤海综合治理攻坚战行动计划、农业农村污染治理攻坚战行动计划。

至此，改革开放至今40余年来我国在生态文明理念建设上的具体实践已经得到全面呈现。但更为重要的是，在2012年以来的生态文明建设的美丽中国阶段，理念建设的生动实践已经升华为习近平生态文明思想。

党的十八大以来，习近平总书记围绕"为什么建设生态文明、建设什么样的生态文明、怎样建设生态文明"等问题，提出了一系列重要理念。2012年11月和2018年3月，生态文明建设先后被写入党章和宪法。2018年5月全国生态环境保护大会上，系统总结并阐释了习近平生态文明思想，为中国生态文明建设提供了重要的理论依据和实践指南，主要包括以下几个重要方面[①]：

"生态兴则文明兴"的历史观。人类社会进步的重大成果之一就是生态文明，纵观人类社会发展的漫长历史进程，先后经历了原始文明、农业文明和工业文明三大文明阶段，生态文明是工业文明发展到一定阶段的新事物、新产物，也是新时代实现人与自然和谐发展的新要求。古埃及、古巴比伦文明和中国古代楼兰文明的衰落，都是生态

---

① 人民日报：《生态兴则文明兴》，《人民日报》2019年8月8日。

环境恶化对人类文明发展形成的毁灭性负面冲击。习近平总书记提出"生态兴则文明兴，生态衰则文明衰"，[①] 就是站在生态环境变化与人类文明兴衰的相关性视角，系统总结出了生态环境恶化对人类文明存在负面冲击的结论。

"坚持人与自然和谐共生"的自然观。党的十九大报告指出，环境权既不能游离于人体之外，又不能脱离自然而独立存在，必须依托于人与自然共同存在。保护环境权利必须坚持"人与自然是生命共同体"的理念，既要防止"人类中心主义"的极端，也要避免"生态中心主义"的极端。[②③]

"绿水青山就是金山银山"的发展观。"绿水青山"既是自然财富、生态财富，也是社会财富、经济财富。[④] 但是，要实现"绿水青山变金山银山"的目标，微观个体必须改变落后的发展观、生产观、生态观，贯彻创新、协调、绿色的理念。宏观政策必须创造节约资源和保护环境的空间格局、产业结构、生产方式、生活方式，给生态环境留出合理开发的空间和自我修复的时间。

"良好生态环境是最普惠的民生福祉"的民生观。"环境就是民生，青山就是美丽，蓝天也是幸福"。[⑤] 发展经济是为了向民生改善提供物质基础，而保护生态环境则是直接向国民提供最普遍、最公平、最

---

① 习近平：《坚持节约资源和保护环境基本国策 努力走向社会主义生态文明新时代》，人民网，2013 年 5 月 24 日，http://cpc.people.com.cn/n/2013/0525/c64094—21611332.html。

② 人民日报：《生态兴则文明兴》，《人民日报》2019 年 8 月 8 日。

③ 姚修杰：《习近平生态文明思想的理论内涵与时代价值》，《理论探讨》2020 年第2 期。

④ 人民日报：《生态兴则文明兴》，《人民日报》2019 年 8 月 8 日。

⑤ 习近平：《在省部级主要领导干部学习贯彻党的十八届五中全会精神专题研讨班上的讲话》，人民出版社 2016 年版。

直观的"民生公共产品"。

"山水林田湖草是生命共同体"的系统观。生态是统一的自然系统，是相互依存、紧密联系的有机链条。"人的命脉在田，田的命脉在水，水的命脉在山，山的命脉在土，土的命脉在林和草"，这个生命共同体是人类生存发展的物质基础。必须统筹兼顾、整体施策、多措并举，全方位、全地域、全过程开展生态文明建设。①

"用最严格制度最严密法治保护生态环境"的法治观。人类行为是约束条件下的最优化选择，如果约束条件过宽、过软，人类行为将不受限制、肆无忌惮。只有使用法律的方式，建立最严、最硬、最全的约束条件，才能够让微观个体、企业、政府自觉采取有利于生态环境保护的理性行动，才能够确保生态文明建设决策部署落地生根见效。

"建设美丽中国全民行动"的共治观。生态文明建设是和每一个人都息息相关的重要事件，一方面，国民将从自身良好的生态环境保护行为中受益。另一方面，由于生态环境资源的公共属性和外部性特征，部分国民存在"享他人之劳"的"搭便车"行为。这会在全社会的层面上，抵消部分国民为生态环境保护所付出的艰苦努力。因此，我们需要将全民的生态环境意识转化为保护生态环境的自觉行动，推动形成绿色发展和绿色生活方式，汇聚起全社会共同建设美丽中国的强大合力。

"共谋全球生态文明建设"的全球观。生态文明建设关乎人类未来，建设绿色家园是人类的共同梦想，保护生态环境、积极应对气候变化是世界各国共同的责任。必须深度参与全球环境治理，推动国际社会高度重视应对气候变化，积极引导国际秩序变革方向，形成世界

---

① 人民日报：《生态兴则文明兴》，《人民日报》2019年8月8日。

环境保护、应对气候变化和可持续发展的解决方案。[①]

（二）法律建设

这一时期，我国的生态文明法律体系持续健全。2014 年 4 月，第十二届全国人民代表大会常务委员会第八次会议新修订的《环境保护法》颁布施行，被称为"史上最严"的《环境保护法》。截至 2017 年，全国实施生态环境行政处罚案件共 23.3 万件，罚款金额 115.8 亿元，比新《环境保护法》实施前的 2014 年增长了 265%。2016 年 12 月 25 日，十二届全国人大常委会第二十五次会议通过了《环境保护税法》。《大气污染防治法》《海洋环境保护法》《水污染防治法》也分别于 2015 年、2016 年和 2017 年修订。2017 年底《土壤污染防治法（草案)》二审稿提请全国人大常委会审议。新修订的一系列法律明确了监管部门的责任，强化了问责机制，加大了企业违法处罚力度，改变了以前主要依靠政府部门单打独斗的传统监管方式。

2018 年 3 月 11 日，第十三届全国人民代表大会第一次会议通过了宪法修正案，将"生态文明"写入《中华人民共和国宪法》。将原先的"推动物质文明、政治文明和精神文明协调发展，把我国建设成为富强、民主、文明的社会主义国家"，修改为"推动物质文明、政治文明、精神文明、社会文明、生态文明协调发展，把我国建设成为富强民主文明和谐美丽的社会主义现代化强国，实现中华民族伟大复兴"。在 2018 年宪法修正案的 21 条中，涉及"建设生态文明"和"美丽中国"的就有 5 条。"生态文明"写入宪法，使其拥有了更高的法律地位，更强的法律效力，有助于生态文明建设和美丽中国建设。

（三）组织建设

2017 年 9 月，党的十九大胜利召开，中国特色社会主义进入了

---

① 人民日报：《生态兴则文明兴》，《人民日报》2019 年 8 月 8 日。

新时代，我国社会的主要矛盾已经转化为人民日益增长的美好生活需要和不平衡不充分的发展之间的矛盾。

新时代我国生态环境保护的管理体制所面对的时代需求也发生了相应的变化，具体体现在：第一，特定发展阶段下形成的体制安排及其治理理念，要从"增长优先"转向"保护优先"，生态环境保护部门必须发挥更为突出的作用；第二，生态环境保护职能需要从以往分散的"资源环境要素管理"转变为"保护生态系统的初始性和完整性"，需要更加注重整个生态环境系统的综合管理；第三，从生态环境资源所有者和监管者双重职责混淆不清、"既当运动员又当裁判员"的状况，向执行与监督职责分开、相互制衡的方向转变；第四，从中央地方事权不清、财权不匹配，走向权责清晰、事权财权匹配转变，建立相对独立的监测评估和监管体制。

根据 2018 年 3 月 21 日中共中央印发的《深化党和国家机构改革方案》的政策要求，为了进一步适应新时代中国特色社会主义发展要求，我国对与生态文明建设事业直接相关的多个国务院组成部门进行了大幅度的组织结构调整。主要包括[1][2]：

一是组建自然资源部。把生态文明事业规划好、建设好、保护好，是保障中华民族永续发展的千年大计。因此，必须将山水林田湖草作为一个系统集合起来进行系统治理。在这一理念的指导下，此次国务院机构调整将国土资源部的职责，国家发展和改革委员会的组织编制主体功能区规划职责，住房和城乡建设部的城乡规划管理职责，水利部的水资源调查和确权登记管理职责，农业部的草原资源调查和确权登记管理职责，国家林业局的森林、湿地等资源调查和

---

[1]　求是网：http://www.qstheory.cn/2018—03/21/c_1122571497.htm。

[2]　王勇：《关于国务院机构改革方案的说明》，《人民日报》2018 年 3 月 14 日。

确权登记管理职责，国家海洋局的职责，国家测绘地理信息局的职责整合，组建自然资源部，作为国务院组成部门。自然资源部对外保留国家海洋局牌子。不再保留国土资源部、国家海洋局、国家测绘地理信息局。

二是组建生态环境部。生态环境保护是我国的基本国策，需要将分散的生态环境保护职责进行高效率的归并整合，保证生态保护和城乡污染排放监管行政权力的统一行使。我国将环境保护部的职责，国家发展和改革委员会的应对气候变化和减排职责，国土资源部的监督防止地下水污染职责，水利部的水功能区划编制、排污口设置管理、流域水环境保护职责，农业部的监督指导农业面源污染治理职责，国家海洋局的海洋环境保护职责，国务院南水北调工程建设委员会办公室的南水北调工程项目环境保护职责整合，组建生态环境部，作为国务院组成部门。

新组建的生态环境部，有助于克服环境管理体制多头治理等弊端。经过此次机构调整，我国基本上实现了污染防治、生态保护、核与辐射防护三大领域统一监管的组织安排，为解决制度碎片化管理问题奠定了良好的体制基础。同时，也基本实现了前述关于所有者、监管者角色分离的要求，并显著增强了我国生态环境保护部门的统一性和权威性。[①]

三是优化水利部职责。将国务院三峡工程建设委员会及其办公室、国务院南水北调工程建设委员会及其办公室并入水利部。不再保留国务院三峡工程建设委员会及其办公室、国务院南水北调工程建设委员会及其办公室。

四是组建生态环境统一执法队伍。整合环境保护和国土、农业、

[①] 解振华：《中国改革开放 40 年生态环境保护的历史变革——从"三废"治理走向生态文明建设》，《中国环境管理》2019 年第 4 期。

水利、海洋等部门相关污染防治和生态保护执法职责、队伍，统一实行生态环境保护执法。

此外，2016 年 9 月，中共中央办公厅、国务院办公厅印发了《关于省以下环保机构监测监察执法垂直管理制度改革试点工作的指导意见》，对实施省以下环保机构监测监察执法垂直管理制度改革作出部署，从而解决以"块"为主的地方环保管理体制存在的突出问题。此项改革先在部分省市开展试点，到 2020 年将全部完成。①

（四）制度建设②

2015 年，中共中央、国务院印发《关于加快推进生态文明建设的意见》，明确了生态文明建设的总体要求、目标愿景、重点任务、制度体系。同年 9 月，《生态文明体制改革总体方案》印发，明确提出建立包括自然资源资产产权制度、国土空间开发保护制度、空间规划体系、资源总量管理和全面节约制度、资源有偿使用和生态补偿制度、环境治理体系、环境治理和生态保护市场体系、绩效评价考核和责任追究制度等系统完整的生态文明制度体系。党的十八大以来，我国共推出 50 多项专项方案，多数专项改革实施方案已开始发挥重要作用，在一些重大制度实施方面取得明显突破。③

一是生态文明建设目标评价考核制度全面实施。2016 年，中共

---

① 高世楫、王海芹、李维明：《改革开放 40 年生态文明体制改革历程与取向观察》，《改革》2018 年第 8 期。

② 不同于前文多次出现的"理念建设"栏目，这里的"制度建设"特指 2015 年 5 月《生态文明体制改革总体方案》中专为生态文明建设"量身打造"的"生态文明制度体系"；此外，"制度建设"条目下的主要内容都来自于李娟《中国生态文明制度建设 40 年的回顾与思考》一文，详情见《中国高校社会科学》2019 年第 2 期。

③ 高世楫、王海芹、李维明：《改革开放 40 年生态文明体制改革历程与取向观察》，《改革》2018 年第 8 期。

中央办公厅、国务院办公厅发布《生态文明建设目标评价考核办法》，用于评价地方政府开展生态文明建设的成效如何，党中央、国务院确定的重大目标任务有没有实现，老百姓在生态环境改善上有没有获得感。评价考核办法采取年度评价和五年考核相结合的方式。年度评价按照《绿色发展指标体系》实施，包括资源利用、环境治理、环境质量、生态保护、增长质量、绿色生活、公众满意程度等 7 个方面，共 56 项评价指标，侧重于生态文明建设工作的引导。《生态文明建设考核目标体系》以"十三五"规划纲要确定的资源环境约束性目标为主，包括资源利用、生态环境保护、年度评价结果、公众满意程度、生态环境事件等 5 个方面，共 23 项考核指标。上述考核指标纳入党政领导干部评价考核体系，是领导干部落实生态文明建设责任的依据。①

二是党政同责制度全面实施。我国制定了《生态文明建设目标评价考核办法》《党政领导干部生态环境损害责任追究办法》《关于开展领导干部自然资源资产离任审计的试点方案》《关于全面推行河长制的意见》等系列文件，明确规定了党政领导干部生态损害追责的 25 种情形以及不同级别领导干部生态环境损害责任追究的主要形式，将环境保护责任制落到具体人头。这种环境责任制有两个鲜明特点：其一，党政同责，将以前行政问责拓展至党政问责，党委和政府主要领导在生态环境方面"职责同有""责任共担"，促使党委和政府主要领导齐心协力开展生态文明建设；其二，终身追责，"已经调离的也要问责"②，杜绝因环境问题滞后性而产生的"期权腐败"行为。在实

---

① 高世楫、王海芹、李维明：《改革开放 40 年生态文明体制改革历程与取向观察》，《改革》2018 年第 8 期。

② 环境保护部编：《向污染宣战：党的十八大以来生态文明建设与环境保护重要文献选编》，人民出版社 2016 年版。

践中，我国也对一些离任或退休官员开展了环境追责并依法处置，极大促进了领导干部牢固树立生态红线观念和科学政绩观。①

三是中央环保督察制度力度空前。2015 年 7 月，中央全面深化改革领导小组会议审议通过了《环境保护督察方案（试行）》。2019 年 6 月，中共中央办公厅、国务院办公厅印发了《中央生态环境保护督察工作规定》。截至 2019 年 6 月，已经完成了全国各省份的第一轮环保督察全覆盖，并分批对 20 个省（区）开展了生态环保督察"回头看"。②2016 年 7 月，中共中央印发了《中国共产党问责条例》。截至 2018 年底，全国共有 2.2 万个单位的党组织、660 个纪委（纪检组）、11.2 万名党员领导干部被问责。③ 除此之外，我国还建立了《环境保护部约谈暂行办法》、《环境保护综合督查办法》等部门性规章，形成了"1 项核心责任 +3 个督查层面 +1 个重要载体 +8 种压力传导机制"的环保督查体系。其中，"1 项核心责任"即"党政同责"；"3 个督察层面"分别为中央环保督察、部长层面的专项性督察和督察中心的例行性督察；"1 个重要载体"是指环保约谈；"8 种压力传导机制"是指区域限批、挂牌督办、限期整改、行政问责、立案处罚、媒体曝光、事后督察、移交移送等惩罚性手段。④

四是生态环境损害终身追究制度开始实施。2015 年 7 月，中央全面深化改革领导小组第十四次会议审议通过了《党政领导干部生态环境损害责任追究办法（试行）》（以下简称《办法》），这是生态文明建设领域的又一重大制度安排，为实施生态环境损害责任追究提供

---

① 李娟：《中国生态文明制度建设 40 年的回顾与思考》，《中国高校社会科学》2019 年第 2 期。

② 生态环境部网站：http://www.mee.gov.cn/home/ztbd/2020/wdlchhcj_1/。

③ 生态环境部网站：http://www.mee.gov.cn/home/ztbd/2020/wdlchhcj_1/。

④ 李娟：《中国生态文明制度建设 40 年的回顾与思考》，《中国高校社会科学》2019 年第 2 期。

了依据。《办法》对生态环境损害的追责主体、责任情形、追究形式、追责程序等作出了规定，总体上形成了比较完善的制度框架体系。2016 年 1 月，党的十八届四中全会通过的《中共中央关于全面推进依法治国若干重大问题的决定》明确提出，"建立重大决策终身责任追究制度及责任倒查机制，决策严重失误或者依法应该及时做出决策但久拖不决造成重大损失、恶劣影响的，严格追究行政首长、负有责任的其他领导人员和相关责任人员的法律责任"。这为进一步实施生态环境损害责任终身追究制度提供了依据。[①]

五是生态环境协同治理机制。首先是经济社会和生态环境的协同推进。"把生态文明建设融入经济建设、政治建设、文化建设和社会建设的各方面和全过程"，"协同推进新型工业化、信息化、城镇化、农业现代化和绿色化"，实现"生产发展、生活富裕和生态良好的共赢"。其次是跨区域、跨流域的协同治理。长江、黄河等七大流域分别建立了水污染防治联动协作机制，京津冀及周边地区建立了大气污染联防联控协作机制，区域生态环境明显改善。[②]

第二节　生态文明建设的国际合作

全球气候治理是中国参与全球生态环境国际合作的重要平台。气候变暖是世界各国共同面临的最主要生态环境问题之一。根据联合国政府间气候变化专门委员会（Intergovernmental Panelon Climate

---

① 高世楫、王海芹、李维明：《改革开放 40 年生态文明体制改革历程与取向观察》，《改革》2018 年第 8 期。

② 李娟：《中国生态文明制度建设 40 年的回顾与思考》，《中国高校社会科学》2019 年第 2 期。

Change，IPCC）发布的研究报告①，如果全球气温升高1.5℃，绝大多数人类栖息地的气温极值将会提高，部分地区的降雨量将会大幅上涨，同时其他地区则会出现降雨量异常减少和干旱问题。全球气候变暖还将会对陆地生物多样性和生态系统造成重大负面影响，包括物种减少甚至灭绝。同时，还会对海洋酸性、含氧量造成严重的不利影响。

　　中国在参与全球气候治理的进程中走出了一条"从幕后、到台前，再走向世界中央"的非凡之路。自20世纪80年代以来，世界各国就在《联合国气候变化框架公约》的谈判框架下开展了一系列关于全球气候治理的谈判，先后达成了《京都议定书》《巴黎协定》等具有重大意义的谈判成果。在40余年的全球气候治理进程中，中国始终坚决维护以谈判的方式推进全球气候治理，从最初联合77国集团为弱势发展中国家发出正义之声，到在哥本哈根会议上积极开展外交斡旋保障会议开花结果，再到主动联合发达国家携手推动气候变化谈判成果落地生根。中国在全球气候治理领域扮演着越来越重要的角色，正日益成为建设生态文明人类命运共同体的坚实力量。

---

① IPCC，2018: Summary for Policymakers. In: Global Warming of 1.5°C. An IPCC Special Report on the impacts of global warming of 1.5°C above pre—industrial levels and related global greenhouse gas emission pathways，in the context of strengthening the global response to the threat of climate change，sustainable development，and efforts to eradicate poverty [Masson—Delmotte，V.，P. Zhai，H.—O. Pörtner，D. Roberts，J. Skea，P.R. Shukla，A. Pirani，W. Moufouma—Okia，C. Péan，R. Pidcock，S. Connors，J.B.R. Matthews，Y. Chen，X. Zhou，M.I. Gomis，E. Lonnoy，T. Maycock，M. Tignor，and T. Waterfield（eds.）]. In Press. 网页链接: https://www.ipcc.ch/site/assets/uploads/sites/2/2019/05/SR15_SPM_version_report_HR.pdf。

一、"幕后"：联合 77 国集团维护发展中国家利益

（一）《联合国气候变化框架公约》

从 20 世纪八九十年代开始，世界各国对全球环境污染与人类可持续发展问题愈发重视。广泛联合世界各国，开展全球气候治理进入了联合国的主要政策议程之中。1989 年 11 月，国际大气污染和气候变化部长级会议在荷兰诺德韦克举行。此次大会取得了一系列重要成果，《关于防止大气污染与气候变化的诺德韦克宣言》是最主要的成果之一，指出人类正在面临人为导致的全球气候变化威胁。因此，国际大气污染和气候变化部长级会议决定召开世界环境问题会议，进一步讨论如何制定一项能够防止全球气候变暖的国际性公约。[1]1990 年 12 月 21 日，第 45 届联合国大会通过了第 45/212 号决议，决定设立气候变化框架公约政府间谈判委员会（The Intergovernmental Negotiating Committeef or a Framework Conventionon Climate Change，INC/ FCCC），后者于 1991 年 2 月至 1992 年 5 月间共举行了 6 次会议，参加谈判的 150 个国家的代表最终确定，1992 年 6 月在巴西里约热内卢举行的联合国环境与发展大会签署公约。[2][3]

1992 年，国际社会达成《联合国气候变化框架公约》（United Nations Framework Conventionon Climate Change，缩写为 UNFCCC 或 FCCC），但由于公约是框架性的，所以没有对各国的温室气体减

---

[1]　涂瑞和：《〈联合国气候变化框架公约〉与〈京都议定书〉及其谈判进程》，《环境保护》2005 年第 3 期。

[2]　涂瑞和：《〈联合国气候变化框架公约〉与〈京都议定书〉及其谈判进程》，《环境保护》2005 年第 3 期。

[3]　胡斌：《欧盟温室气体〈减排分担决议〉研究》，武汉大学 2016 年博士学位论文。

排行动提出具体的义务和要求。①《联合国气候变化框架公约》（以下简称《公约》）被称为"气候宪法"，因为该《公约》确定了世界各国通过开展国际合作的方式应对气候变化的目标、原则与行动框架，是今后全球开展气候治理活动的重要法律基础。②

在《公约》的订立过程中，参与谈判的世界各国在公约的部分关键条款上存在分歧和矛盾，并且在谈判的过程中各持己见、互不相让。这主要体现在，发达国家与发展中国家、西北欧（现欧盟）国家与美国之间在减排规模与减排责任等具体指标上立场截然不同、观点针锋相对。③中国在参加《公约》谈判的最开始，就提出了相对完整的《公约》草案提案，这是中国在参加各类国际公约谈判中的第一次。在谈判过程中，中国在中方提案中列出了一条关于"公约原则"的单独条款，包括"环境与经济协调发展、公平、共同但有区别的责任"等。在实际谈判中，中国和77国集团以及其他部分国家一道，将上述重要原则纳入了公约，维护了发展中国家的合法权益，为后续开展具体的温室气体减排谈判提供了一个好的框架和原则。④

1992年6月11日，联合国首届环境与发展大会（又称"地球首脑会议"）在巴西的里约热内卢举行。178个国家的1.5万名代表与会，其中118个国家的国家元首和政府首脑参加了大会，中国派出了自恢复联合国合法席位以来规模最大的代表团出席里约会议。时任总理

---

① 张佳：《气候谈判话中国——外交部历任气候变化谈判代表讲述谈判历程》，《世界知识》2019年第5期。

② 张佳：《气候谈判话中国——外交部历任气候变化谈判代表讲述谈判历程》，《世界知识》2019年第5期。

③ 涂瑞和：《〈联合国气候变化框架公约〉与〈京都议定书〉及其谈判进程》，《环境保护》2005年第3期。

④ 张佳：《气候谈判话中国——外交部历任气候变化谈判代表讲述谈判历程》，《世界知识》2019年第5期。

李鹏代表中国政府在《联合国气候变化框架公约》上签字，1993 年 1 月 5 日中国批准了《公约》，成为首批缔约方。[①] 除此之外，此次大会还通过了《里约环境与发展宣言》（又称《地球宪章》）、《21 世纪行动议程》、《气候变化框架公约》和《保护生物多样性公约》等一系列重要文件，确立了要为子孙后代造福、走人与大自然协调发展的道路，并提出了可持续发展战略，确立了国际社会关于环境与发展的多项原则。其中，中国提出的"共同但有区别的责任"成为指导全球环境保护与可持续发展的重要合作原则。

（二）《京都议定书》

1995 年 3 月 28 日，《联合国气候谈判公约》第一次缔约方会议（Conferences of the Parties，COP1）在德国柏林举行，此次大会一致同意以谈判的方式制定一项有法律约束力的温室气体减排文书，从而为发达国家确立 2000 年以后的具体减排义务。1997 年，《公约》第三次缔约方会议（COP3）在日本京都举行，会议达成了《京都议定书》。

这是《公约》框架下的第一项重要成果，为发达国家规定了有法律约束力的量化减排指标，是全球进入温室气体减排时代并采取具体行动的重要开端。[②]

国际社会为制定《京都议定书》举行了多轮谈判，但由于减、限排温室气体排放量的政策会直接对各国的经济发展产生负面影响，所以与会各方难以达成一致。在《议定书》的签订过程中，中国与 77 国集团继续坚定维护发展中国家的利益，确保《议定书》内容符合当

---

① 张佳：《气候谈判话中国——外交部历任气候变化谈判代表讲述谈判历程》，《世界知识》2019 年第 5 期。

② 张佳：《气候谈判话中国——外交部历任气候变化谈判代表讲述谈判历程》，《世界知识》2019 年第 5 期。

初在《联合国气候谈判公约》中确立的"共同但有区别的责任"原则。而美国等西方发达国家则要求发展中国家自愿承诺减排，遭到一致反对。[①]

1997 年 12 月 1 日至 11 日，《联合国气候谈判公约》第三次缔约方会议（COP3，又称"京都会议"）在日本京都举行，经过异常艰苦的谈判，此次大会终于制定了《〈联合国气候变化框架公约〉京都议定书》（简称《京都议定书》）。[②] 最终，《议定书》为发达国家设定了具有法律约束力的六种温室气体整体减排和按国别减排指标（2008—2012 年），并没有为发展中国家设定指标，这是人类历史上第一部量化限制温室气体排放的国际法律文件。[③]

《京都议定书》存在一定的缺陷与不小的争议。首先，在当时甚至在如今的技术条件下，减少温室气体排放量意味着为相关国家的经济增长施加了更加严格的约束，客观上会对经济增长进行阻碍作用；其次，《议定书》对"发达国家—发展中国家"设定的"二分法"也受到以美国为代表的部分发达国家反对。2001 年，美国总统布什甫一上任就宣布退出《京都议定书》，理由就是《议定书》对美国经济增长带来了过重的负担。于是，国际社会决定在 2001 年 6 月于波恩召开的《联合国气候谈判公约》第六次缔约方会议（COP6）中予以补救。为了保障波恩会议尽可能成功，欧盟在会议谈判进程中放弃了原先的立场，同意把森林等纳入减排指标的计算当中。由于欧盟的努力，日本、加拿大等国态度缓和，与会各国于 2001 年底在摩洛哥

---

① 张佳：《气候谈判话中国——外交部历任气候变化谈判代表讲述谈判历程》，《世界知识》2019 年第 5 期。

② 涂瑞和：《〈联合国气候变化框架公约〉与〈京都议定书〉及其谈判进程》，《环境保护》2005 年第 3 期。

③ 张佳：《气候谈判话中国——外交部历任气候变化谈判代表讲述谈判历程》，《世界知识》2019 年第 5 期。

马拉喀什召开的《联合国气候谈判公约》第七次缔约方会议（COP7）上通过了《马拉喀什协定》，这是一整套关于《京都议定书》具体操作规则（包括技术转让、基金等问题），特别是对于灵活机制作出细化规定的决议草案；第三，《京都议定书》的生效需要缔约方能覆盖全球55%的排放量。在美国退出之后，俄罗斯必须参与进来才能满足这一要求。为此国际社会，特别是欧盟，一方面设置了让俄罗斯可以出售多余排放空间（也就是所谓的"热空气"）的机制，另一方面也向俄方施加压力。最终，俄罗斯在2004年批准了《京都议定书》，90天后《京都议定书》正式生效。

2007年，在巴厘岛举行的《联合国气候谈判公约》第十三次缔约方会议（COP13/MOP3）准备启动针对《京都议定书》以外的国家（主要是美国和一些发展中大国）进行减排行动谈判。在《公约》中，中国曾与77国集团共同提出了"共同但有区别的责任"原则，该原则的下半句是"并付出相应的能力"。此时的中国伴随着改革开放以来迅猛的经济增长，温室气体排放量直线上升，在2007年几乎已经成为世界第一的排放大国。所以，随着以中国为代表的发展中国家责任与能力的变化，国际社会对中国减排行动的期望越来越高。

经过多方博弈，最终的决议确立了"双轨制"的制度设计。一方面，继续商谈《京都议定书》中关于发达国家的具体减排任务；另一方面，新成立"长期合作行动的特设工作组"，主要围绕其他发达国家（美国）和以中国为代表的发展中国家开展关于具体减排任务的谈判，史称"巴厘路线图"。

美国、加拿大等国的企图是，彻底推翻《京都议定书》这种"至上而下"和"发达—发展中国家二分法"的制度结构，建立起基于"自愿和回顾"的体系。欧盟则希望能在《京都议定书》的基础上建立包括所有国家减排任务的新议定书。而发展中国家则希望，在保持京都框架的基础上，通过一些大会决议来逐步规范自己和美国的减排行为。"双轨制"的建立以及美国和欧盟的行动都被发展中国家视为对《京都议定书》的破坏。

二、"台前"：外交斡旋推动全球气候治理艰难前行

（一）哥本哈根协议会议的艰难举行[①]

2009年12月7—18日，哥本哈根会议（全称《联合国气候变化框架公约》第15次缔约方会议暨《京都议定书》第5次缔约方会议）召开，这是一次规模空前、较量激烈、备受争议的会议。此次大会的主要目的是共同讨论《京都议定书》第一期承诺到期之后的具体承接方案，也即2012—2020年世界各国需要遵守的温室气体减排协议。在这一时期，身陷金融危机影响中的发达国家希望转嫁责任，极力推动发展中国家共同减排，中国联合77国集团在《联合国气候谈判框架公约》中提出的"共同但有区别的责任"原则面临被放弃的危险。

处于改革开放进程中的中国，经济快速发展，排放量也随之快速增长，自然也成为发达国家的主要"攻击"目标。在这种不利局势下，时任总理温家宝通过外交途径，在会议结束的最后关头，与印度、巴西、南非和美国共同推动达成了一项没有法律约束力的政治宣言《哥本哈根协议》，维护了《联合国气候变化框架公约》及其《京都议定书》确立的"共同但有区别的责任"原则，就发达国家实行强制减排和发展中国家采取自主减缓行动作出了安排，并就全球长期目标、资金和技术支持、透明度等焦点问题达成广泛共识。

---

① 张佳：《气候谈判话中国——外交部历任气候变化谈判代表讲述谈判历程》，《世界知识》2019年第5期。

哥本哈根会议"被迫"延长了"巴厘路线图"的授权时间，保证了"双轨制"谈判能够艰难地维持下去，尽可能为最终达成具有法律约束力的协议提供时间和机会，避免了没有成果的尴尬局面。

(二)"巴厘路线图"的勉强收官[①]

2010年11月29日至12月10日，联合国气候变化框架公约第16次缔约方大会和第6次《京都议定书》成员国大会在墨西哥坎昆召开，被称为"坎昆会议"。这是全球气候谈判陷入低谷之后的一次"重整旗鼓"，此次会议的主要目标是在《哥本哈根协议》达成的政治共识基础上，就推进"巴厘路线图"提出的"双轨制谈判"作出进一步安排。

2011年和2012年，接连召开了南非德班会议和卡塔尔多哈会议，这两次会议是"巴厘路线图"的收官会议。通过召开这两次会议，与会各国确定了2020年前全球气候治理的主要政策议程，也启动了2020年之后形成全球气候治理新机制的谈判进程。2011年，《联合国气候变化框架公约》第十七次缔约方大会在南非德班召开，称为"德班会议"。此次会议授权以谈判的方式，制定适用于所有缔约方的2020年之后全球应对气候变化的新制度，也即此后于2015年通过的《巴黎协定》。同时，此次大会也决定，建立"德班增强行动平台特设工作组"，即"德班平台"。按照要求，"德班平台"需要在2015年之前，制定一个适用于所有《公约》缔约方的法律工具或法律成果；[②] 而2012年召开的多哈会议是一次承上启下的会议，在结束了"巴厘路线图"的同时，也规划了2020年之后全球气候治理新机制的谈判进程。中国在坚持"共同但有区别的责任"原则基础上，为会议

---

① 张佳：《气候谈判话中国——外交部历任气候变化谈判代表讲述谈判历程》，《世界知识》2019年第5期。

② 人民网：http://politics.people.com.cn/n/2015/1127/c1001—27862472.html。

达成共识作出了努力，但是多哈会议出台的《多哈修正案》直到目前仍然没有生效。日本、新西兰和俄罗斯拒绝参加第二承诺期，美国和加拿大因为没有批准或者退出《京都议定书》，所以也没有参加。[①]

三、"中央"：新时代中国引领全球生态环境治理

（一）《巴黎协定》的诞生

前文提到，根据 2011 年南非德班会议的安排，需要在 2015 年之前制定一个适用于所有《公约》缔约方的法律工具或法律成果。

在这一背景下，2015 年 11 月 30 日至 12 月 11 日，《联合国气候变化框架公约》第二十一次缔约方会议在法国巴黎举行。此次大会的首要目标是，在《公约》框架下达成一项"具有法律约束力的并适用于各方的"全球减排新协议。2015 年 12 月 12 日，在延期超过 24 小时的巴黎气候变化大会最后一次全会上，大会主席、法国外长法比尤斯宣告里程碑式的《巴黎协定》诞生，全球应对气候变化进程迈出重要一步。

中国主动、积极的努力，是《巴黎协定》最终达成的巨大推动力。在会议召开前的数年，中国就以主人翁的姿态在国际舞台上积极斡旋，为推动巴黎气候大会胜利召开、顺利形成相关法律决议而努力。2014 年 6 月和 11 月，中国分别与英国、美国发布了《中英气候变化联合声明》《中美气候变化联合声明》。2015 年 6 月和 11 月，中国分别与欧盟、法国发布了《中欧气候变化联合声明》《中法元首气候变化联合声明》，携手巴黎气候大会达成一项富有雄心、具有法律约束力的协议。

---

① 张佳：《气候谈判话中国——外交部历任气候变化谈判代表讲述谈判历程》，《世界知识》2019 年第 5 期。

中国国家主席习近平多次与有关国家领导人发表联合声明，并于 2015 年 11 月 29 日出席巴黎气候变化大会开幕式，系统阐述加强合作应对气候变化的中国主张。[1][2]《巴黎协定》的制定，把"自上而下"的相对更加灵活宽松的全球温室气体减排模式确定了下来，而该模式的核心是"国家自主贡献"。总体而言，《巴黎协定》是一份全面、均衡、有力的气候协定，是全球气候治理史上的重要里程碑。[3]

（二）《巴黎协定》的签署与生效

在《巴黎协定》通过后，中国继续发挥了引领作用，积极推动协定的签署、生效和实施。2016 年 4 月，时任副总理张高丽出席了《巴黎协定》的签署仪式。2016 年 9 月，在二十国集团领导人杭州峰会上，中国国家主席习近平联合美国总统共同向联合国秘书长交存了参加《巴黎协定》的法律文书，为《协定》在全球落地生效注入了强大的政治推动力。

（三）《可持续发展议程》的行动表率

在杭州峰会上，除了引领《巴黎协定》签署生效之外，中国还承诺并积极呼吁世界各国要落实 2015 年 9 月联合国发展峰会提出的"2030 年可持续发展议程"。

2016 年 9 月 19 日，李克强总理在纽约联合国总部主持召开"可持续发展目标：共同努力改造我们的世界——中国主张"座谈会，并代表我国率先发布《中国落实 2030 年可持续发展议程国别方案》。在《中国落实 2030 年可持续发展议程国别方案》中，我国承诺将于 2030 年左右使二氧化碳排放量达到峰值并争取尽早实现，2030

---

[1] 郇庆治：《充分发挥党和政府引领作用 大力推进我国生态文明建设》，《绿色中国》2018 年第 9 期。

[2] 董战峰：《〈巴黎协定〉：中国践行全球气候治理的大国责任》，中国网，2016 年 4 月 25 日，http://www.china.com.cn/opinion/2016—04/25/content_38319415.htm。

[3] 张佳：《气候谈判话中国——外交部历任气候变化谈判代表讲述谈判历程》，《世界知识》2019 年第 5 期。

年单位国内生产总值二氧化碳排放量比 2005 年下降 60％—65％，非化石能源占一次能源消费比重达到 20％左右。[①] 此外，"大气十条"等气候治理规章在国内紧锣密鼓地出台，中国正以实实在在的行动成为全球第一个大规模开展 PM2.5 治理的发展中国家。

回归改革开放 40 余年来我国参与全球气候治理和全球生态环境保护的非凡历程，中国逐步从幕后走到台前，并进一步走向了舞台中央，逐步扮演了引领全球气候治理与生态环境保护的核心角色。党的十九大报告指出，中国"引导气候变化国际合作，正在成为全球生态文明建设的重要参与者、贡献者和引领者"。展望未来，中国将继续为推动"美丽中国"和"美丽世界"建设不懈努力。

四、中国倡导人类生态文明命运共同体的理论贡献

在国际生态文明建设领域，中国不仅仅在实践层面通过参与并引领国际气候谈判的方式为全球生态文明建设付诸了实践努力，还在理论层面通过倡导人类生态文明命运共同体的方式提供了理论贡献。

（一）习近平生态文明思想

仅从理念本身来看，生态文明理念是关于人与自然关系、社会与自然关系的新型价值理念、制度架构与行为方式的统称。[②][③] 但是从党的意志来看，党的十八大报告强调了"五位一体"的建设思路，党的十九大报告进一步将生态文明建设作为新时代中国特色社会主义思

---

① 《习近平谈治国理政》第 2 卷，外文出版社 2017 年版。

② 郇庆治：《生态文明及其建设理论的十大基础范畴》，《中国特色社会主义研究》2018 年第 4 期。

③ 郇庆治：《生态文明建设与人类命运共同体构建》，《中央社会主义学院学报》2019 年第 4 期。

想体系的有机组成部分。因此，党对于生态文明建设事业的具体定位，已经超过了简单的人、社会与自然之间三者之间关系的一般性改善，还重点着眼于文明层面的系统性转型。

中国共产党的生态文明建设思想拥有厚重的历史渊源，是党的执政意识形态和治国理政方略不断深化的主要表现与重大结晶。[①] 从新中国成立之初毛泽东倡导的"勤俭节约"思想，到改革开放以来历代中央领导集体先后提出的"环境保护基本国策""可持续发展战略""建设资源节约型环境友好型社会"思想，再到党的十八大以来的习近平生态文明思想，一脉相承的都是党对马克思主义人与自然关系、生态文明观点认识的不断深化，对于中国特色社会主义建设规律、执政规律认识的不断深化，对于改革开放40年新时代中国特色社会主义社会主要矛盾变化认识的不断深化。[②]

习近平生态文明思想作为党的生态文明理论的最新结晶，是一个内容丰富的理论体系。习近平生态文明思想以"绿水青山就是金山银山"为基本内核，深入阐明了"绿水青山"与"金山银山"的辩证统一关系，形成了以公平分享为价值取向，以宜居环境为民生情怀，以山水林田湖草为系统思想，以人类命运共同体为责任担当，以目标责任为主要抓手，以生态文明制度为根本保障，对于我国生态文明建设实践的理论指引和根本遵循地位已经确立。[③④]

---

① 郇庆治：《改革开放四十年中国共产党绿色现代化话语的嬗变》，《云梦学刊》
  2019年第1期。

② 郇庆治：《生态文明理论及其绿色变革意蕴》，《马克思主义与现实》2015年第5期。

③ 习近平：《决胜全面建成小康社会 夺取新时代中国特色社会主义伟大胜利——
  在中国共产党第十九次全国代表大会上的报告》，央广网，2017年10月27日，
  http://news.cnr.cn/native/gd/20171027/t20171027_524003098.shtml。

④ 周宏春、江晓军：《习近平生态文明思想的主要来源、组成部分与实践指引》，
  《中国人口·资源与环境》2019年第1期。

表 6-1　习近平生态文明思想的构成与内容

构成	主要内容概述
思想来源	中华文明优秀文化传承、马克思主义生态观中国化、可持续发展的国际共识、历届中央领导集体的认识迭代
基本内核	"两山"论
本质要求	人与自然和谐共生
价值取向	公平分享发展成果
民生情怀	生活环境宜居适度
发展基础	生态经济
方法论	山水林田湖草是生命共同体
责任担当	构建人类生态命运共同体
根本保障	系统完整的生态文明制度
实践目标	美丽中国、永续发展

资料来源：周宏春、江晓军：《习近平生态文明思想的主要来源、组成部分与实践指引》，《中国人口·资源与环境》2019 年第 1 期。

（二）习近平人类命运共同体理念

2012 年 11 月，习近平在党的十八大报告中系统论述了"人类命运共同体"理念。相关论述已经超越了对具体现实情况的一般性描述，即认为当今世界是一个"时空共同体"，还包含着绿色外交理念与生态战略意涵，即认为世界各国应该合作共赢、共享发展，建立更加平衡的新型全球发展伙伴关系。中国正致力于成为这样一种未来世界或国际秩序的倡导者、促动者。[1][2]

---

[1]　郇庆治：《人类命运共同体视野下的全球资源环境安全文化构建》，《太平洋学报》2019 年第 1 期。

[2]　郇庆治：《生态文明建设与人类命运共同体构建》，《中央社会主义学院学报》2019 年第 4 期。

习近平人类命运共同体理念形成的标志是两次重要讲话。第一次是2013年3月在莫斯科国际关系学院的讲话，习近平主席在题为《顺应时代前进潮流　促进世界和平发展》的演讲中，讲述了"命运共同体"和"新型国际关系"这两个影响深远的重要概念；第二次是2015年9月在纪念联合国成立70周年的讲话。习近平主席在联大一般性辩论的首日，提出了"携手构建合作共赢新伙伴，同心打造人类命运共同体。让铸剑为犁、永不再战的理念深植人心，让发展繁荣、公平正义的理念践行人间"的呼吁。

（三）习近平人类生态命运共同体思想

在生态文明领域，习近平总书记意识到世界正从"地球村"演变为"生态村"。生态文明理念和人类命运共同体理念的有机结合，逐步形成了习近平人类生态命运共同体思想，主要的理论特质包括：

1. 对马克思、恩格斯共同体思想的继承与发扬

马克思、恩格斯认为，"人直接的是自然的存在物"，人与自然是复杂的对立统一整体。[①]同时，马克思、恩格斯也提出，在农业文明阶段，人类为了抵御自然灾害等不确定性对基本生存形成的冲击，形成了种族或者群族共同体。在工业文明阶段，资本全球化使得全球经济、社会发展连为一体，人类不自觉地形成了新的范围更大的共同体。但是，这两种共同体都并未实现个体的自由自觉的活动，无法实质性地解决不同国家民族的特殊利益与全人类共同利益之间的矛盾。[②]

习近平人类生态命运共同体思想继承和发扬了马克思、恩格斯的观念。全球生态环境问题频发的背后，是不同国家、民族之间的利益冲突转嫁到生态环境领域的结果。因此，构建人类生态命运共同体需

---

① 《马克思恩格斯文集》第1卷，人民出版社2009年版。
② 《马克思恩格斯文集》第1卷，人民出版社2009年版。

要摒弃传统的资本强权逻辑，提倡以协商对话、合作共赢的方式在国家之间、民族之间建立平等、自由、互利的共同体关系，协调差异化的生态环境利益和人类普遍化的生态环境利益之间的关系。①

2. 对中国传统"天人合一"文化的继承与发扬

中国传统文化中的"和合"理念具体到生态环境保护领域，就体现为"天人合一、和合相长"的思想。习近平在担任国家主席之前，就重视"天人合一"理念。他指出，"'天地和合，生之大经也'，这种贵和上中、善解能容、厚德载物、和而不同的宽容品格，是中华民族追求的一种文化理念"。②党的十八大之后，习近平总书记强调全球各国的生态环境状况是紧密相连、相互影响的，各方应该弘扬"天人合一、和合相长"的理念，合力应对世界生态危机的严峻挑战。③

3. 对西方生态治理观念的借鉴与超越

在如何解决世界生态环境问题上，西方标榜生态中心主义价值观的"深绿"思潮和标榜人类中心主义价值观的"浅绿"思潮，都缺失了对环境正义的重视。发达国家向发展中国家转移污染密集型产业，以损害对方生态环境利益的方式换取本国生态环境、经济增长矛盾的缓解。④

习近平总书记主张构建人类生态命运共同体，主张通过对话与协作的方式建立公平、公正的全球生态秩序。在人类生态命运共同体内

---

① 胡凌艳、林怀艺：《习近平关于人类生态命运共同体重要论述探析》，《科学社会主义》2019 年第 6 期。

② 习近平：《干在实处 走在前列》，中共中央党校出版社 2006 年版。

③ 胡凌艳、林怀艺：《习近平关于人类生态命运共同体重要论述探析》，《科学社会主义》2019 年第 6 期。

④ 胡凌艳、林怀艺：《习近平关于人类生态命运共同体重要论述探析》，《科学社会主义》2019 年第 6 期。

部，发达国家和发展中国家应该根据历史发展阶段、现实发展水平、未来发展理念，在全球气候变化的进程中承担各自应当负担的责任。具体而言，发达国家应该在全球气候变化治理方面多作表率，更好地体现《联合国气候变化框架公约》中确立的"共同但有区别的责任"等一系列全球气候治理的重要原则。在发达国家承担起全球生态治理主要责任的同时，包括中国在内的广大发展中国家也应该根据自身的能力参与到全球生态治理的进程中来，各国携手共进，积极践行"环境正义"的价值目标，建设"美丽世界"。[①]

第三节　生态文明建设的主要成就

一、主要污染物排放与治理情况

（一）工业"三废"排放总量

从水平上看，工业废水排放量没有显著变化，工业废气排放量逐年增长，工业废物排放量"前期上涨、后期下降"。具体而言，工业废水排放量从1995年的221.89亿吨，下降到了2015年的199.5亿吨，降幅约为10%；工业废物排放量[②]从1995年的2242万吨，下降为了2015年的55.8万吨，降幅高达97.5%。但是，工业废物排放量在1995—1998年间出现了一次短时间爆发式增长，排放量从1995年的2242万吨增长到1998年的7048万吨，增幅超过两倍。此后的

---

① 胡凌艳、林怀艺：《习近平关于人类生态命运共同体重要论述探析》，《科学社会主义》2019年第6期。

② 1995—2010年数据是"工业固体废物排放量（万吨）"，2010—2015年数据是"一般工业固体废物倾倒丢弃量（万吨）"。

1998—2015 年间，工业废物排放量保持了逐年下降趋势，从 1998 年的 7048 万吨下降到了 2015 年的 55.8 万吨，降幅超过了 99%；工业废气排放量则一直呈现逐年上涨的趋势，从 2000 年的 138145 亿立方米，上升到了 2015 年的 685190 亿立方米，增幅接近 400%。

从速度上看，工业废水排放量的下降速度一直比较稳定和线性，1995—2015 年的年均下降速度约为 0.5%；工业废物排放量早期增长速度较快，1995—1998 年的年均增长速度约为 66%。此后的 1998—2015 年，进入下降轨道，年均下降速度约为 5.8%；工业废气排放量的增长速度总体较快，以 2011 年为节点，2000—2011 年增速更快，年均增速约为 35%。2011—2015 年增速大幅度放缓，年均增长速度仅为约 0.4%。

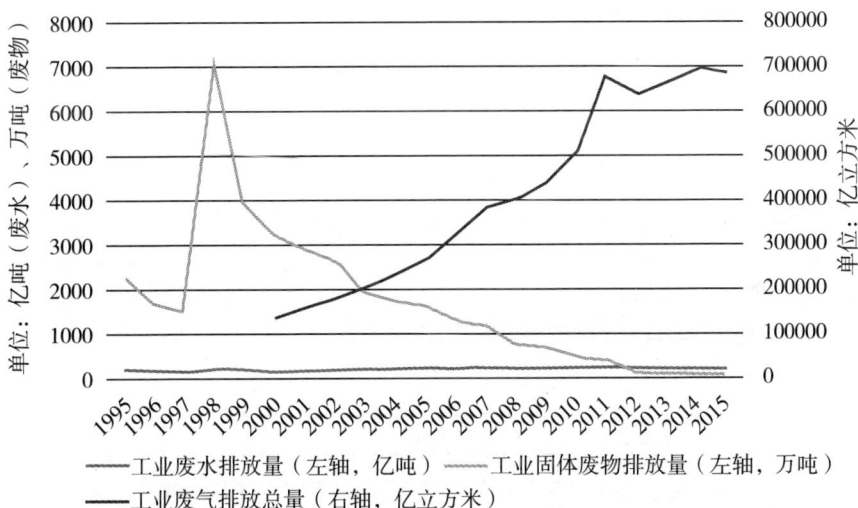

图6-1　我国工业"三废"排放总量

（二）单位 GDP 污染物排放量

从水平上看，我国单位 GDP 各类污染排放量均实现了较大幅度的持续下降。其中，单位 GDP 废水排放量降幅较大，从 2005 年的 28.6 吨 / 万元下降到了 2015 年的 10.7 吨 / 万元，降幅约为 63%；单位 GDP 化学需氧量（COD）、二氧化硫排放量降幅更大，分别从 2005 年的 77.2 千克 / 万元、139.1 千克 / 万元下降到了 2015 年的 3.2 千克 / 万元、2.7 千克 / 万元，降幅分别达到了 96% 和 98%；单位 GDP 氨氮排放量、氮氧化物排放量降幅稍低，分别从 2010 年的 0.7 千克 / 万元、5.7 千克 / 万元下降到了 0.3 千克 / 万元、2.7 千克 / 万元，降幅分别为 57% 和 53%。

从速度上看，单位 GDP 废水排放量的下降速度较为线性，没有出现大起大落的现象，年均下降速度约为 6.3%；单位 GDP 化学需氧量（COD）、二氧化硫排放量的下降速度也呈现出一致的规律，在 2005—2007 年间的下降速度很快，年均下降速度都保持在 46% 左右。而在 2007—2015 年间，二者的下降速度都大幅度放缓，年均下降速度分别为 5.6% 和 9.3%；单位 GDP 氨氮排放量、氮氧化物排放量的下降速度一直较为平缓，2010—2015 年间二者的年均下降速度分别

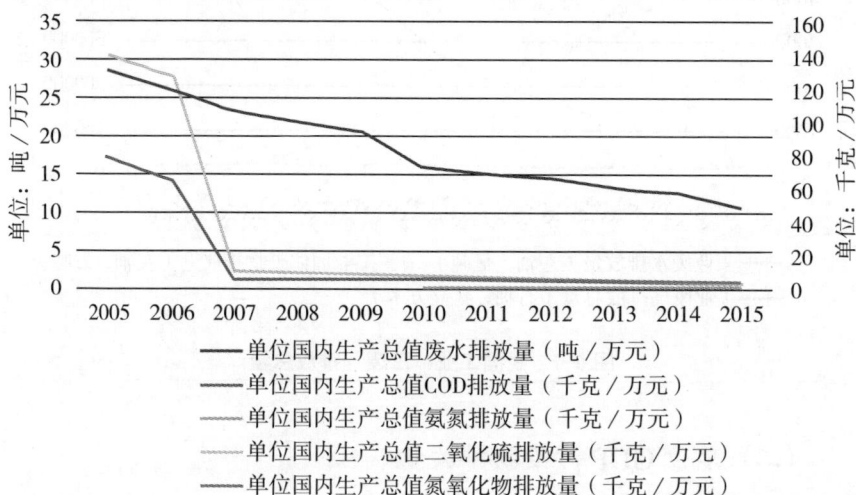

图 6-2 我国单位 GDP 污染物排放量

约为 10.1% 和 10%。

（三）工业废气排放总量与治理

大气污染是国民感受最直观的环境污染问题。2000—2015 年间，我国工业废气排放总量、工业废气治理费用均呈现大幅、高速增长趋势，工业废气治理设施数量增长幅度稍小、速度稍慢。

从水平上看，我国工业废气排放总量从 2000 年的 160863 亿立方米，增长到了 2015 年的 685190 亿立方米，增长超过 3 倍；工业废气治理设施数量从 2000 年的 145534 套，增长到了 2015 年的 290886 套，增长近一倍；相应年度的运行费用也由 2000 年的 93.7 亿元，增长到了 2015 年的 1866 亿元，增长近 19 倍。

从速度上看，工业废气排放总量的增长速度很快，但分为两个阶段。第一阶段是 2000—2011 年，年均增长速度接近 30%。第二阶段是 2011—2015 年，首次出现了负增长，在重回增长轨道之后也仅保持了较低的增速，这 4 年的年均增速仅为 0.4%；工业废气治理设施

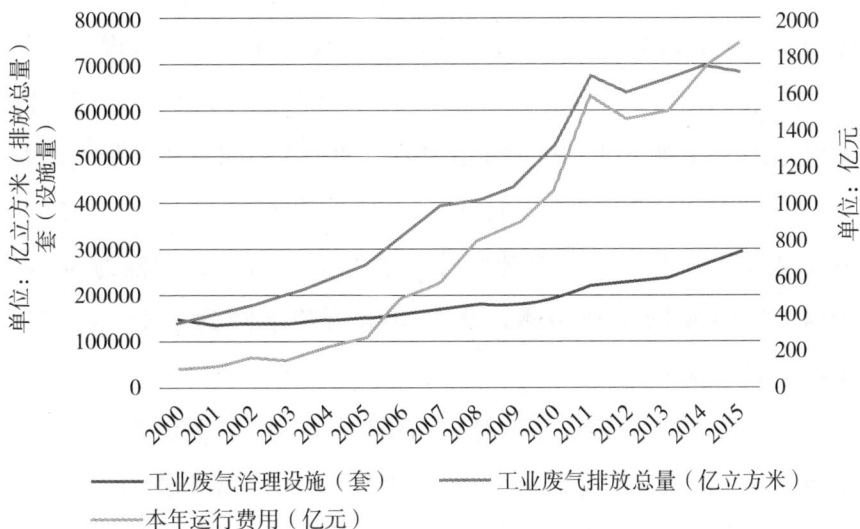

图 6-3　我国大气污染排放总量与治理投入情况

的增长速度较为稳定，没有呈现出大幅度起落，2000—2015年年均增速约为6.7%；年度运行费用的增长速度则呈现出"前期高速增长、后期有所回落"的趋势。2000—2011年间，是年度运行费用的高速增长期，年均增速约为30.7%。2011—2015年间，在经历了短期的"转增为减"之后，年度运行费用重新回到了增长轨道，但是年均增长速度大幅下降到了4.5%左右。

（四）工业废气排放结构与变化

工业废气主要由二氧化硫、氮氧化物和烟（尘）组成，二氧化硫排放总量先增后降，总体减少。氮氧化物排放总量持续降低，烟（尘）排放总量"前期稳定、中期猛增、后期下降"。

具体而言，从水平上，看二氧化硫排放总量从2000年的1995.1万吨，下降到了2015年的1859.1万吨，降幅约为7%。在2000—2006年间，二氧化硫排放总量是增长状态，从2000年的1995.1万吨增长到了2006年的2588.8万吨，增幅接近30%。2006—2015年，则保持了下降趋势，从2588.8万吨下降到了1859.1万吨，降幅约为28%；氮氧化物则保持了一直呈现下降趋势，从2011年的2404.3万吨下降到了2015年的1851万吨，降幅约为23%；烟（尘）排放量在2011—2015年间总体增加，增幅为20%。2011—2013年保持平稳，基本没有增长。2013—2014年大幅跃升，从1278.1万吨增长到了1740.8万吨，增幅为36%。2014—2015年则出现回落，从1740.8万吨下降到了1538万吨，降幅为11.6%。

从速度上看，工业二氧化硫的增长和下降速度都比较快。2000—2006年，年均增速约为5%。2006—2015年，年均下降速度约为3%；氮氧化物的下降速度更快，2011—2015年间的年均下降速度为6%；烟（尘）的增长和下降速度与增幅、降幅保持一致。

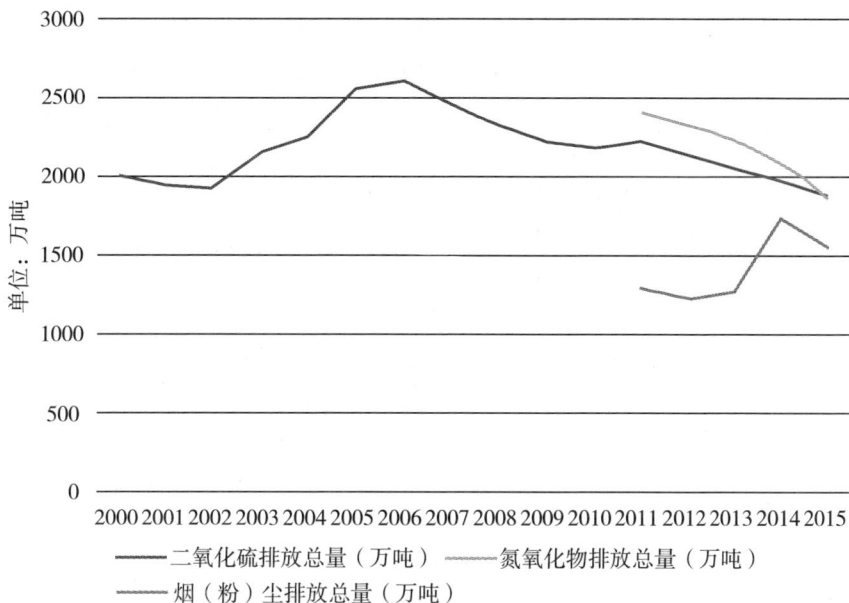

图 6-4 我国工业废气排放结构与变化情况

（五）环境污染治理投资情况

20 世纪 80 年代以来，我国环境污染治理投资总额大幅度上涨，占 GDP 的比重先升后降、总体增长。根据 2019 年 7 月国家统计局的报告[①] 显示，20 世纪 80 年代初，我国环境污染治理投资总额为每年 25 亿—30 亿元；到 20 世纪 80 年代末，超过了每年 100 亿元；"九五"末期，我国环境污染治理投资总额大幅上涨到 1010 亿元，占同期国内生产总值的比重首次突破了 1%；"十五"末期，投资总额达到 2565 亿元，占同期国内生产总值的 1.37%；"十一五"末期，投资总额达到 7612 亿元，占同期国内生产总值的 1.84%；"十二五"

---

① 本段中，20 世纪 80 年代至 20 世纪末的相关数据来自国家统计局《环境保护效果持续显现、生态文明建设日益加强——新中国成立 70 周年经济社会发展成就系列报告之五》，http://www.stats.gov.cn/tjsj/zxfb/201907/t20190718_1677012.html。

末期，投资总额达到 8806 亿元，占同期国内生产总值的 1.28%。

新世纪以来①，我国环境污染治理投资总额的增长速度② 同样较快，占 GDP 比重的增长速度前期较高、后期较低。一方面，2001—2017 年间，我国环境污染治理投资总额的年均增速约为 47.7%。以 2010 年为界③，2001—2010 年间的增长速度较快，年均增速约为

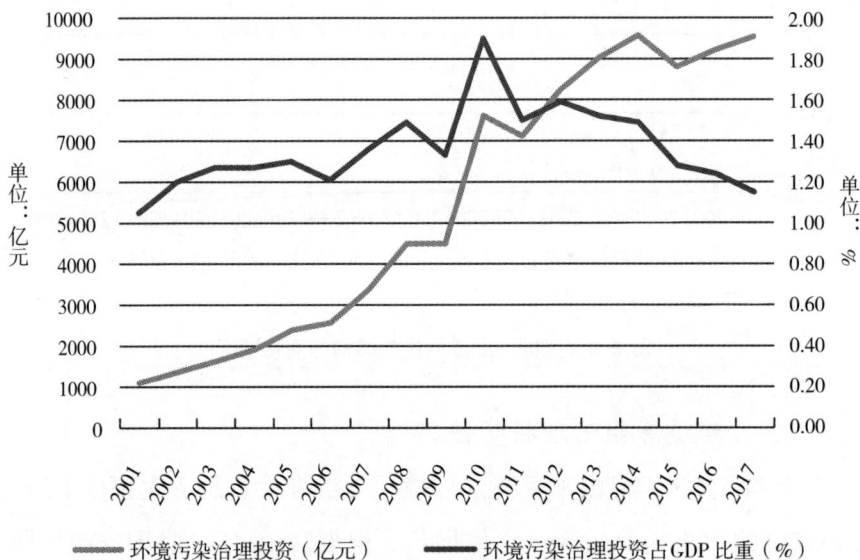

图 6-5　我国环境污染投资总量及其占 GDP 比重

① 理想情况下，本书所用数据的覆盖年份应该是从改革开放至今。但是，由于数据可得性的限制，此处及后文所用数据的覆盖年份均有限，大部分是从 20 世纪 80 年代末至 2017 年，少部分是从 21 世纪初至 2017 年。

② 本文对速度的计算方法是：$\frac{(x_{t+n}-x_t)/x_t}{(t+n)-t} \times 100\%$，其中，是某项指标第 t 期的值，是该指标在 $t+n$ 期的值。

③ 以 2010 年为界划分时间段时，2001—2010 年作为第一段没有争议，但第二段应该是 2010—2017 年，还是 2011—2017 年有争议。区别在于，2010—2017 年的时段划分方法，把 2010—2011 年的指标变化也考虑在内，计算速度时的分母是 7 年。2011—2017 年的时段划分方法，没有考虑到 2010—2011 年的指标变化，计算速度时的分母是 6 年，丢掉了 2010—2011 年的信息。本书使用的是 2001—2010 年、2010—2017 年的时段划分方法，计算速度时也以此为依据确定分母，后文不再说明。

65.4%。在此后的 2010—2017 年间，增长速度大幅放缓，降低至年均 3.6%；另一方面，环境污染治理投资占 GDP 的比重在 2010 年之前呈现出"小幅震荡、总体增长"的趋势，从 2001 年的 1.05% 稳步上涨到了 2010 年的 1.9%，年均增幅约为 0.1 个百分点，年均增速约为 9%。2010 年之后，环境污染治理投资占 GDP 的比重出现了较快的下降趋势，从 2010 年的 1.9% 下降为了 2017 年的 1.15%，年均下降幅度约为 0.1 个百分点，年均下降速度约为 5.6%。

二、能源生产与消费情况

（一）能源生产情况

1. 能源生产总量与人均产量

从水平上看，我国能源生产总量和人均能源生产量都保持了逐年上涨趋势。能源生产总量从 1990 年的 103922 万吨标准煤，增长到了 2017 年的 359000 万吨标准煤，增长近 2.5 倍；人均能源生产量从 2005 年的 1579 千克标准煤 / 人，增长到了 2017 年的 2589 千克标准煤 / 人，增幅接近 64%。

从速度上看，我国能源生产总量的增长速度大致可以划分为三个阶段，1990—2002 年是"低速增长"期，年均增速约为 3.7%。2002—2013 年为"高速增长"期，年均增速上升为 12.6%。2013—2017 年为"低速回弹"期，增长接近停滞且出现了小幅度的下降，2016 年之后又重回增长轨道，这一时期的年均增长速度只有 0.02%。

2. 能源生产结构

结构上看，我国能源生产结构总体稳定，原煤占能源生产总量的比重始终保持第一，但在 2011 年之后出现了持续下降。电力反超原油，比重上升至第二位。天然气则始终处在最后一位。

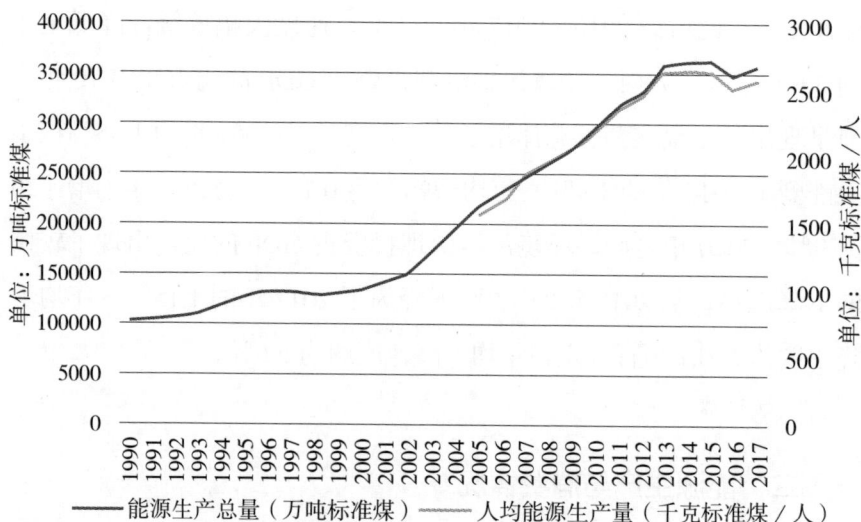

图6-6　我国能源生产总量与人均能源产量情况

　　从水平上看，原煤占比从 1990 年的 74.2%，下降到了 2017 年的 69.6%，降低了 4.6 个百分点；电力占比从 1990 年的 4.7%，上升为 2017 年的 17.4%，增长了 12.7 个百分点，反超原油上升为第二位；原油占比从 1990 年的 19%，下降为 2017 年的 7.6%，降低了 11.4 个百分点，仍略高于天然气；天然气占比则从 1990 年的 2%，上涨为 2017 年的 5.4%，提高了 3.4 个百分点，继续排在最末。

　　从速度上看，原煤占比的总体变化速度较为平缓，前期变化速度较低，后期变化速度较高。1990—2002 年间，原煤占比先小幅增长 1.1 个百分点、后小幅下降 1.8 个百分点，年均下降速度约为 0.07%。2002—2017 年间，原煤占比早期快速增长，2002—2011 年这一阶段年均增速为 0.65%。后期又迅速下降，2011—2017 年这一阶段年均下降速度为 1.76%。2002—2017 年间总体年均下降速度为 0.35%。

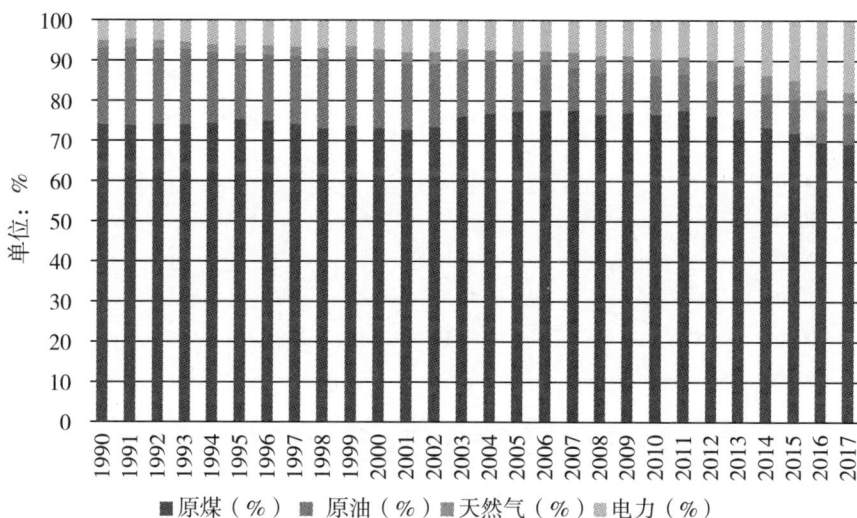

图 6-7　我国能源生产结构情况

（二）能源消费情况

1. 能源消费总量与人均消费量

从水平上看，我国能源消费总量和人均能源消费量都保持了逐年上涨的总趋势。能源消费总量从 1990 年的 98703 万吨标准煤，增长到了 2017 年的 449000 万吨标准煤，增长近 3.5 倍；人均能源消费量从 2005 年的 1723 千克标准煤／人，增长到了 2017 年的 3239 千克标准煤／人，增幅接近 88%。

从速度上看，我国能源消费总量的增长速度大致可以划分为三个区间，1990—2002 年间是"低速增长期"，年均增速约为 5.1%。2002—2013 年为"高速增长期"，年均增速上升为 14.7%。2013—2017 年为"增长迟滞期"，增长速度较低，年均增长速度只有约 2%。

2. 能源消费结构

结构方面，我国能源消费结构总体稳定，原煤占能源消费总量的比重始终保持在第一位，但是在 2011 年之后出现了持续下降。原油、

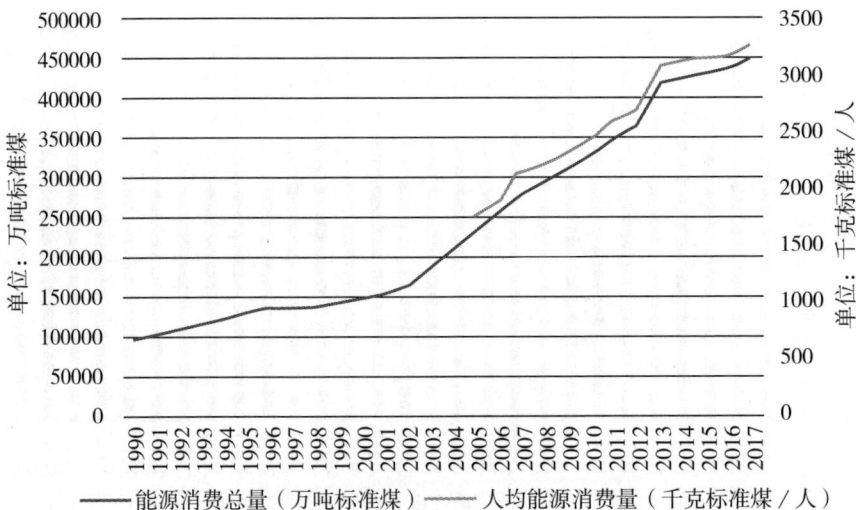

图 6-8 我国能源消费总量与人均能源消费量情况

电力、天然气依次为第二至第四位，且位次保持不变。

从水平上看，原煤占比从 1990 年的 76.1%，下降到了 2017 年的 60.4%，降低了 15.7 个百分点；原油占比从 1990 年的 16.6%，上升为了 2017 年的 18.8%，小幅提高了 2.2 个百分点，位居第二；电力占比从 1990 年的 4.8%，上升为 2017 年的 13.8%，增长了 8 个百分点，位居第三；天然气占比从 1990 年的 2%，上涨为 2017 年的 7%，提高了 5 个百分点，继续排在最末。

从速度上看，原煤占比的总体下降速度较快，1990—2017 年的年均下降速度为 0.76%。其中，1990—2002 年这一阶段，是原煤占比下降速度比较快的时期，年均下降速度为 0.9%。2002—2017 年这一时期，原煤占比经历了小幅回弹，之后又重回下降轨道，年均下降速度为 0.75%；原油占比早期增长速度较快，后期又呈现低速回落的状态。1990—2002 年，原油占比的年均增长速度为 2.86%。2002—2017 年，原油占比的年均下降速度为 1.05%；天然气、电力占比一直呈现出稳定的快速增长趋势，二者 1990—2017 年间的年均增速分别为 8.6%、6.3%。

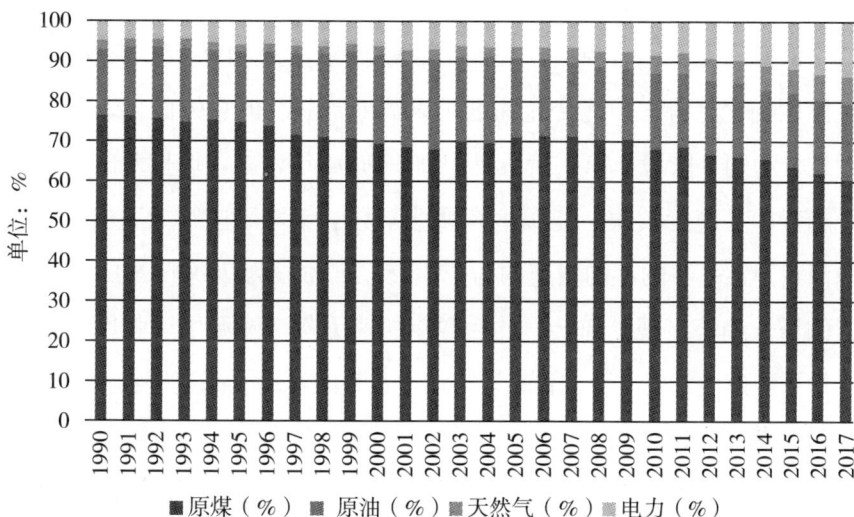

图6-9　我国能源消费结构情况

（三）能源生产、消费弹性系数

从水平来看，我国能源生产弹性系数①、能源消费弹性系数②没有呈现出清晰的规律性变化，但总体上二者都出现了下降。单位 GDP 能耗则呈现出清晰的逐年递减趋势。具体而言，我国能源生产弹性系数从 1990 年的 0.58，下降为 2017 年的 0.52，降幅约为 10%；能源消费系数从 1990 年的 0.55，下降为 2017 年的 0.42，降幅约为 24%。二者均经历了多轮震荡，且均在 2004 年达到峰值，能源生产弹性系

---

① 能源生产弹性系数是研究能源生产增长速度与国民经济增长速度之间关系的指标。能源生产弹性系数＝能源生产总量年平均增长速度／国民经济年平均增长速度。

② 能源消费弹性系数亦称"能源消费增长系数"。反映能源与国民经济发展关系的一个技术经济指标。它是指一定时期能源消费平均增长率与同期国民生产总值平均增长率或工农业生产总值平均增长率的比值。

数和能源消费弹性系数的峰值分别为 1.43 和 1.6；同时，我国单位 GDP 能耗则一路下行，从 2005 年的 1.23 吨标准煤 / 万元，降低到了 2017 年的 0.57 吨标准煤 / 万元，降幅约为 54%。

从速度上看，能源生产弹性系数和能源消费弹性系数没有明显的规律性变化趋势，因此变化速度难以清晰判断。但总体而言，二者可大致分为两个阶段，第一阶段是 1990—2004 年，二者均呈现出总体上升趋势，且速度较快，能源生产弹性系数的年均增速约为 10.5%，能源消费弹性系数的年均增速约为 17%；第二阶段为 2004—2017 年，二者的增长趋势出现了逆转，此后数年快速下降，能源生产弹性系数的年均下降速度约为 5%，能源消费弹性系数的年均下降速度约为 5.7%；同时，单位 GDP 能耗的下降速度一直较快，2005—2017 年间的年均下降速度约为 4.5%。在 2010 年之前，单位 GDP 能耗的下降速度更快，

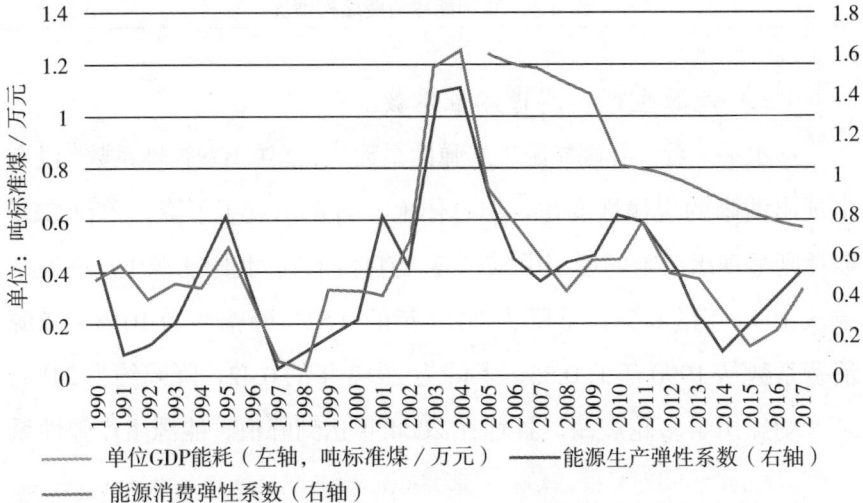

图 6-10 我国能源生产弹性系数、消费弹性系数情况①

---

① 能源生产系数 1998、2015、2016 年数据缺失，使用直线连接，单位 GDP 能耗 2013、2014 年数据缺失，使用直线连接。

约为年均 6.8%。2010 年之后，下降速度有所放缓，约为年均 4.2%。

三、水资源使用与保护情况

（一）水资源拥有量

从水平来看，我国水资源总量在连续震荡中实现了小幅增长。2005—2017 年间，水资源总量从 2005 年的 28053 亿立方米，增长到了 2017 年的 28761.4 亿立方米，增幅较小，约为 2.5%。其间，水资源总量经历了多轮小幅度震荡，且没有呈现出周期性和规律性；人均水资源拥有量则在同样的多轮震荡中小幅下降，由 2005 年的 2151.8 立方米 / 人，下降为 2017 年的 2074.5 立方米 / 人，降幅约为 3.6%。从速度来看，水资源总量与人均水资源拥有量的变化趋势一致，没有长期增长或者下降趋势，一直处在上下震荡之中，无法对变化速度作出清晰判断。

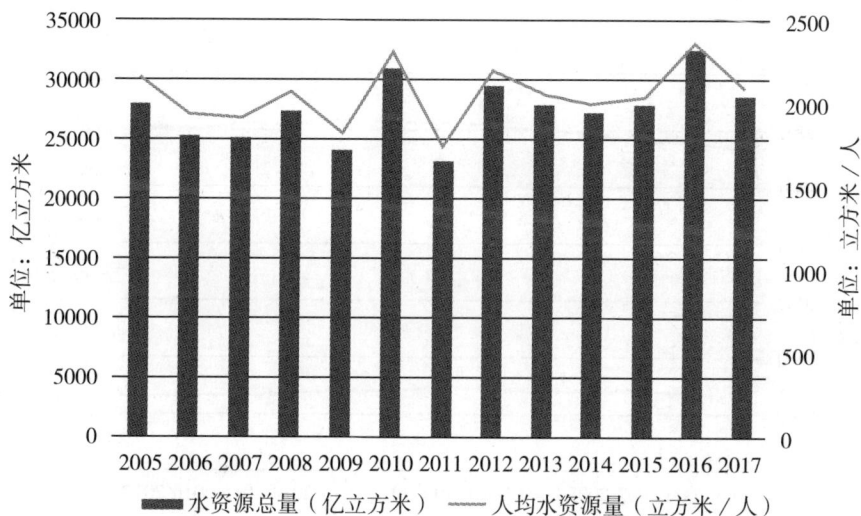

图 6-11 我国水资源总量与人均水资源拥有量变化情况

（二）水资源使用量

我国用水总量稳中微涨，从 2005 年的 5633 亿立方米增长为 2017 年的 6043.6 亿立方米，增幅约为 7.3%。

从水平来看，一方面，工业用水量先增后降、总体平稳，2017 年相比 2005 年微降 0.62%。其中，2005—2011 年间，工业用水量从 1285.2 亿立方米增长到 1461.8 亿立方米，增幅约为 13.7%。2011— 2017 年，工业用水量从 1461.8 亿立方米下降为 1277 亿立方米，降幅约为 12.6%；另一方面，人均用水量呈现出"大起大落，小幅微涨"的变化趋势，2005—2017 年间的总体增幅约为 0.88%。其中，2005—2013 年间，人均用水量从 432.1 立方米／人增长至峰值 455.5 立方米／人，增幅约为 5.3%。2013—2017 年间逐年下降，从 2013 年的 455.5 立方米／人下降为 435.9 立方米／人，降幅约为 4.4%。

从速度来看，我国用水总量、工业用水量的变化速度都非常缓慢。2005—2017 年间，我国用水总量的年均增速约为 0.61%，工

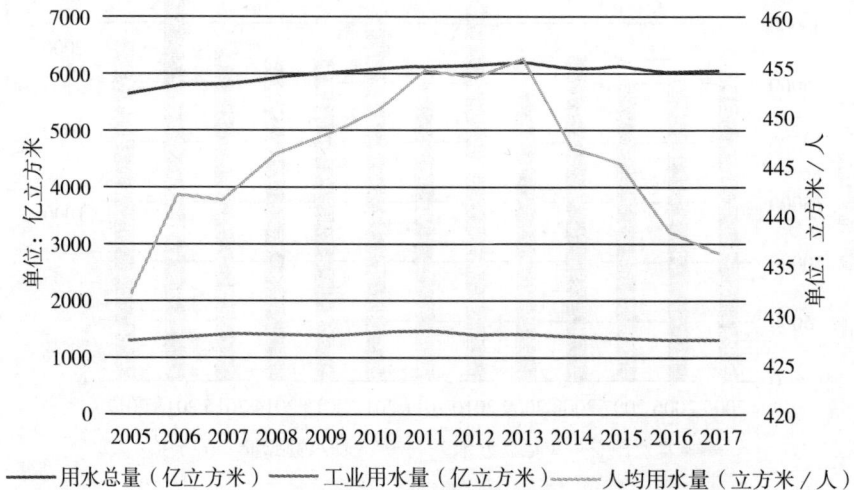

图 6-12　我国用水总量、工业用水量与人均用水量变化情况

业用水量的年均下降速度仅为0.05%左右。人均用水量的变化速度较快，2005—2011年是高速上涨期，年均增速约为0.85%。2011—2013年保持了平稳缓慢增长，年均增速约为0.12%。2013—2017年则出现了快速下降，年均下降速度约为1.1%。

（三）单位GDP水资源消耗量

我国单位GDP用水量、单位工业增加值用水量均逐年大幅度下降。从水平上看，单位GDP用水量由2005年的307.4立方米/万元，稳步下降到了2017年的76.9立方米/万元，降幅高达75%；单位工业增加值用水量由2005年的166.4立方米/万元，降低为2017年的47.9立方米/万元，降幅同样高达71%。

从速度上看，2005—2010年间，单位GDP用水量、单位工业增加值用水量的下降速度较快，年均下降速度分别为9.8%和9.1%。2010年之后，二者的下降速度都有所放缓，分别降低至7%和6.7%。

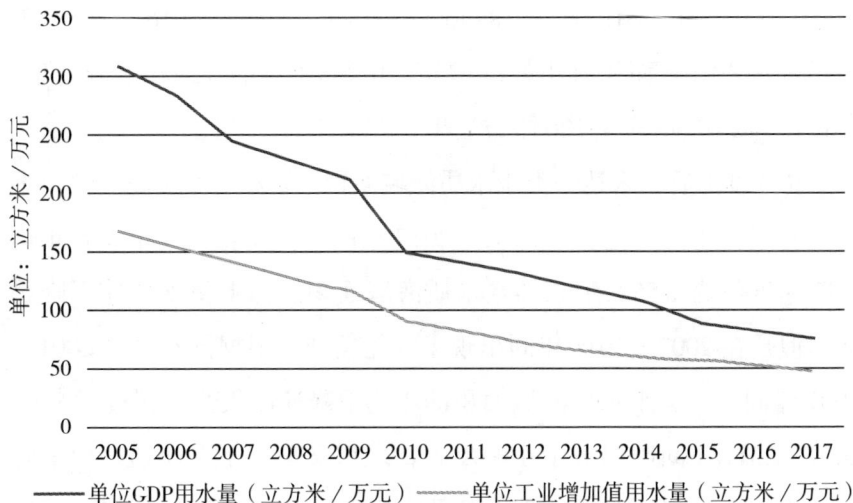

图6-13　我国单位GDP用水量、单位工业增加值用水量变化情况

（四）海洋环境状况

我国海洋环境状况呈现出总体向好局面，未达一类水水质海域面积总体下降，但二类水水质海域面积减少、三、四、未达四类水水质海域面积有所提高。

从水平上看，我国全海域未达到一类海水水质的海洋面积，从2001年的173390平方公里下降到了2017年的130330平方公里，降幅为24.8%。但是，2004、2010、2012年都出现了较为明显的污染反弹情况，导致相应年份中污染有所缓解的海洋面积降幅减小；二类水水质海域面积呈现下降趋势。2017年，二类水水质海域面积为49830平方公里，与2001年相比下降了49610平方公里，降幅接近50%；三类水水质海域面积、四类水水质海域面积的变化情况较为一致，虽然都经历了多轮小幅震荡，但2017年与2001年相比增幅较小。其中，三类水水质海域面积2001年为25710平方公里，2017年为28540平方公里，增幅约为11%。四类水水质海域面积2001年为15650平方公里，2017年为18240平方公里，增幅约为16.5%；劣于四类水水质海域面积有小幅度增长，由2001年的32590平方公里，增长到了2017年的33720平方公里，增幅约为3.5%。

从速度上看，未达一类水水质海域面积由于经历了多轮震荡，难以清晰判断速度变化。从2001—2017年的总体变化速度来看，年均下降速度约为1.55%；二类水水质海域面积总体上呈现快速下降趋势，但是在2007—2011年间出现了一轮反弹。根据图6-14，2001—2007年间，二类水水质海域面积的年均下降速度很快，超过了8%。2007—2011年间则出现了小幅反弹，之后又重回下降轨道，但下降速度大幅度减缓，2011—2014年间的年均下降速度仅为2.4%，此后直到2017年又进入了新一轮反弹轨道；三类水水质海域面积在2001—2006年间增长较快，年均增速约为20.5%。此后直到2017年，一直处在总体下降区间，年均下降速度约为 4.1%；四类水水质海域面积基本没有显著变化，增长速度也一直非常缓慢，2001—2017 年间，年均增速仅为 1%；劣于四类水水质海域面积的变化速度可以分为三个阶段，2001—2009 年是"平稳下降"的第一阶段，年均下降速度约为 1.1%。2009—2012 年是"高速增长"的第二阶段，年均增速高达 42.8%。2012—2017 年的"快速下降"的第三阶段，年均下降速度约为 10%。

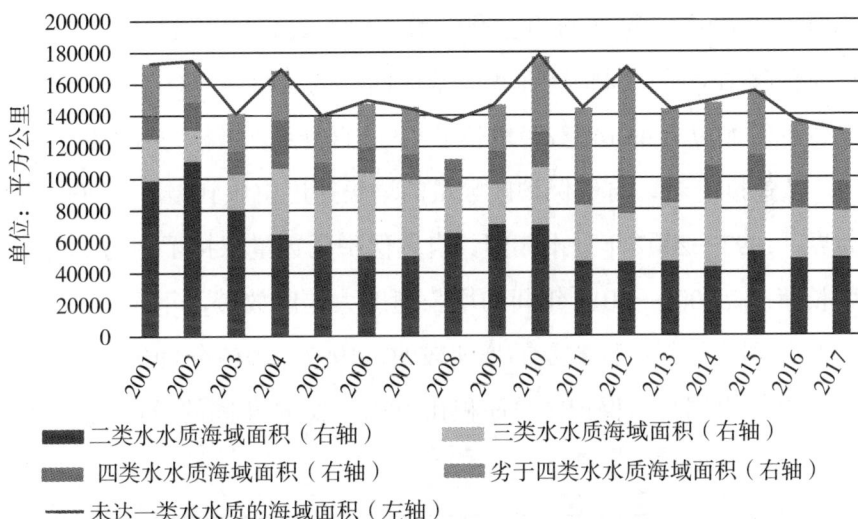

图 6-14 我国各类水质海域面积与构成变化情况

四、土地资源使用与保护情况

（一）湿地与自然保护区数量

我国已初步建立了湿地公园和自然保护区并存的保护区体系。在湿地保护区方面，根据 2013 年第二次全国湿地资源调查结果显示，全国湿地总面积为 5360 万公顷，湿地率 5.6%。纳入保护体系的湿地面积为 2324 万公顷，湿地保护率达到了 43.5%。与 2003 年首次湿地资源调查的同口径结果相比，湿地面积减少了 340 万公顷，降幅约为 8.8%。受保护的湿地面积增加了 526 万公顷，湿地保护率提高了 13 个百分点。

1997—2017 年间，我国自然保护区数量、国家级保护区数量和自然保护区总面积都实现了较大幅度的增长。从水平上看，全国自然保护区总数从 1997 年的 926 个，持续上升到了 2017 年的 2750 个，增长了近两倍。国家级自然保护区数量也有了较大幅度的提升，从 1997 年的 124 个，提高到了 2015 年的 428 个，增幅接近 250%。自然保护区总面积从 1997 年的 7698 万公顷，增长到了 2017 年的 14717 万公顷，总面积翻了一番。保护区面积占辖区面积的比重由 2000 年的 9.9%，提高到了 2017 年的 14.3%，增长了 4.4 个百分点，增幅约 50%。

从速度上看，自然保护区数量的增长速度由快到慢。以 2007 年为界，1997—2007 年近十年间，自然保护区数量保持了年均 17%的增长速度。2007—2017 年间的增长速度大幅度放缓，年均增速约为0.8%；国家级保护区数量的增速较快，1997—2015 年间年均增速约为 13%；全国自然保护区总面积在 1997—2004 年间的增长较快，年

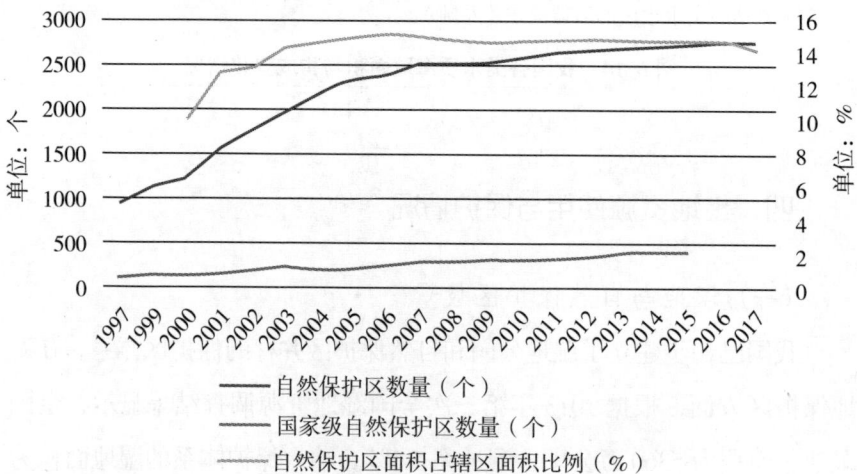

图 6-15　我国自然保护区数量与面积变化情况

均增速达到了 13%。此后，增长陷于停滞，总面积没有发生显著变化；全国保护区面积占辖区面积的比重与保护区总面积的增长趋势基本保持一致，2000—2004 年间增长较快，年均增速达到 12.4%，2005—2017 年间则基本保持不变。

（二）水土流失治理

水土流失治理力度持续加大。2000—2017 年间，全国累计除涝面积和累计水土流失治理面积均保持了稳定的增长趋势。从水平上看，2017 年，全国累计除涝面积 2382.4 万公顷，较 2003 年增加 270 万公顷，增幅接近 13%；累计水土流失治理面积 12584 万公顷，比 2000 年增加 4488 万公顷，增幅超过了 50%。

从速度上看，2003—2017 年间，累计除涝面积的年均增速为 0.9%。根据下图，2003—2013 年间的增长速度较慢，年均增速为 0.4%。在此后的 2013—2017 年间，年均增速增长为 2%。相比较而言，2000—2017 年间累计水土流失治理面积的增长趋势更加线性，

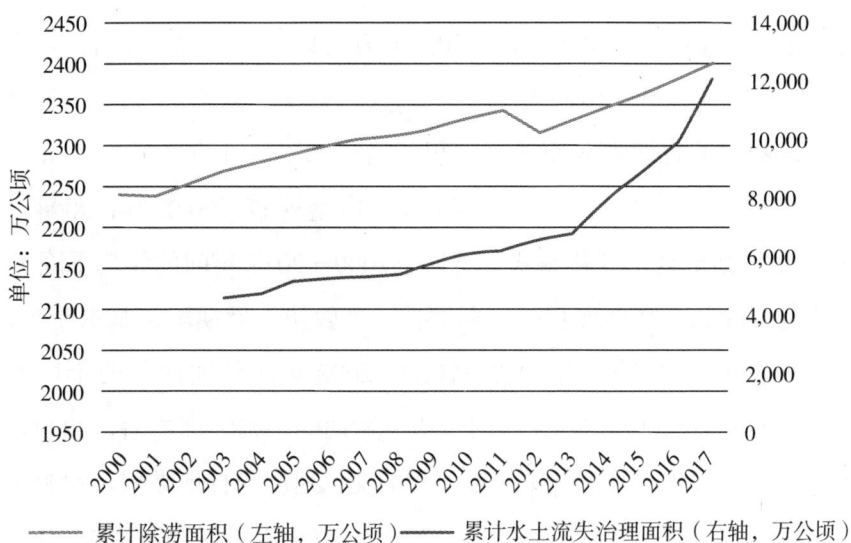

图 6-16　我国土地资源累计除涝、水土流失治理面积变化情况

增长速度也更快，年均增速约为 3.2%。

（三）农业用地使用与保护

2000—2017 年，我国农业用地资源的总量和结构都没有显著的变化。农业用地总面积微降，牧草地面积小幅下降但占农业用地总面积的比重仍居首位，林地面积略有增长且占比保持第二，耕地面积和园地面积没有显著变化，占比分别保持第三、第四位。

具体而言，从水平上看，我国农业用地总面积从 2000 年的 65336.2 万公顷，下降到了 2017 年的 64486.4 万公顷，降幅约 1.3%。其中，牧草地面积也呈现出总体下降趋势，从 2000 年的 26379.6 万公顷，下降到了 2017 年的 21932 万公顷，降幅接近 17%，其占农业用地总面积的比重被林地反超，降为第二位；林地面积保持了总体增长趋势，从 2000 年的 22878.9 万公顷，增长到了 2017 年的 25280.2 万公顷，增幅约为 10% 且低于牧草地面积的降幅，这是农业用地总面积总体呈现下降趋势的主要原因之一；耕地面积从 2000 年的 12824.3 万公顷，提高到了 2017 年的 13488.1 万公顷，增幅较小约为 5%；园地面积从 2000 年的 1057.6 万公顷，提高到了 2017 年的 1421.4 万公顷，增幅接近 35%。

从速度上看，农业用地总面积的增长和下降速度都较低。从图 6-17 可以看出，2000—2008 年间的年均增速仅为 0.07%，2008—2009 年间则出现了"跳水式"下降，2009—2017 年间的年均下降速度约为 0.06%。林地面积的前期增长速度较快，后期增长基本停滞。根据图 6-17，以 2008 年为界，2000—2008 年间林地面积的年均增速约为 0.4%，2008—2009 年间经历了短期的小幅上涨之后，2009—2017 年间的增长基本停滞；耕地面积的变化速度与林地类似，2000—2008 年年均下降速度约为 0.6%，2008—2009 年出现短时增长之后，在 2009—2017 年间基本没有变化；园地面积一直呈现稳定的线性增

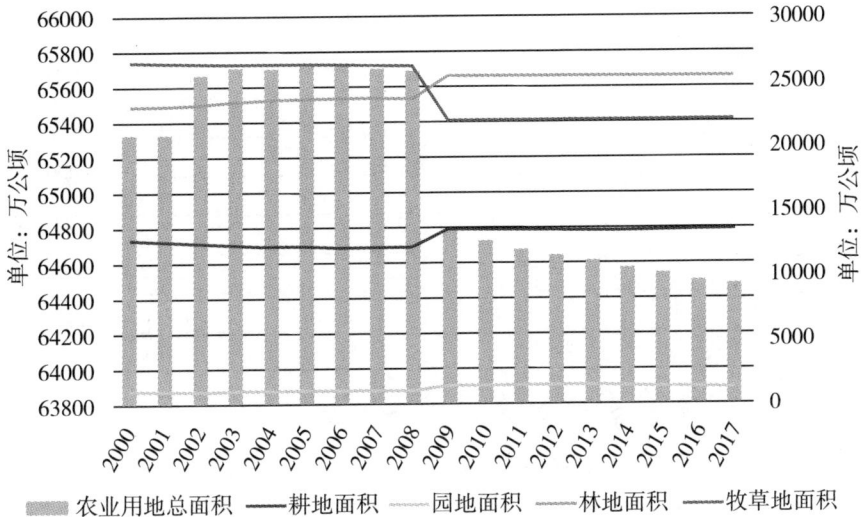

图 6-17　我国农业用地建设与保护变化情况

长趋势，2000—2017 年间的年均增速约为 2%。

（四）建设用地使用与保护

2000—2017 年，我国建设用地总面积在经历了短期下降之后，保持了总体增长趋势。这种增长主要来源于居民点及工矿用地面积的增加，交通运输和水利设施用地则稳中微降。

从水平上看，建设用地总面积从 2000 年的 3620 万公顷，增长到了 2017 年的 3957 万公顷，增幅较小接近 10%。2002 年较 2001 年出现了较大幅度的短暂下降，但此后数年保持了增长趋势。结构上，居民点及工矿用地面积的增长是建设用地总面积增长的主要来源，居民点及工矿用地面积从 2000 年的 2470 万公顷，稳步增长到了 2017 年的 3213 万公顷，增长了近 3 成；交通运输用地面积在经历了 2000—2002 年大幅下挫 370 万公顷之后，保持了稳定的增长趋势，从 2002 年的 207 万公顷逐步回升到 2017 年的 383.4 万公顷，增幅约 85%；水利设施用地面积在 2000—2002 年出现了 220 万公顷的短时下降，

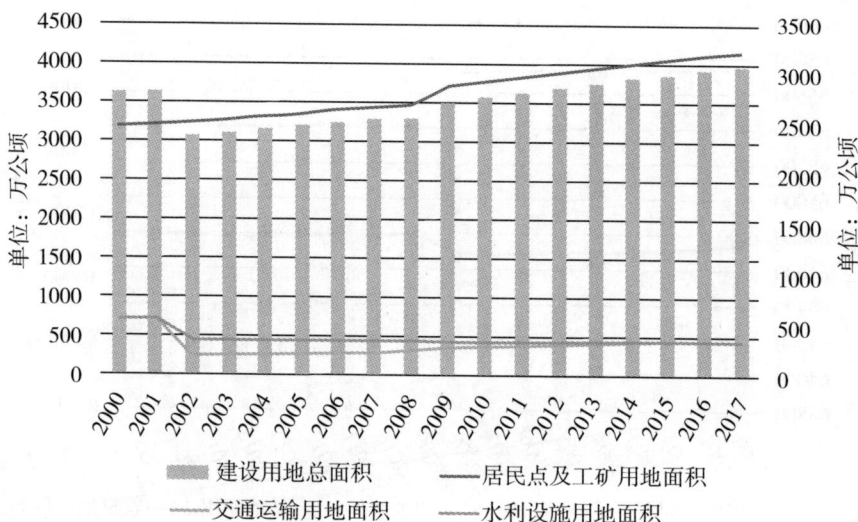

图6-18 我国建设用地总面积及其构成变化情况

之后一直保持在 360 万公顷左右。

从速度上看，建设用地总面积、居民点及工矿用地面积的增长速度基本一致，除了在 2000—2002 年间出现较大降幅之外，此后 15 年间二者的年均增长速度分别为 1.9% 和 1.8%；交通运输用地面积在 2000—2002 年出现了大幅度下降，此后的 2002—2017 年间扭转了下降趋势并保持了增长势头，年均增速为 5.7%；水利设施用地面积在 2000—2002 年出现了小幅下降，此后的 2002—2017 年间增长速度接近于 0。

五、林业资源使用与保护情况

（一）林业资源投资

根据国家统计局 2019 年 7 月发布的报告[①] 显示，2012—2017 年

---

① 国家统计局：《环境保护效果持续显现、生态文明建设日益加强——新中国成立 70 周年经济社会发展成就系列报告之五》，http://www.stats.gov.cn/tjsj/zxfb/201907/t20190718_1677012.html。

间我国林业资源建设投资总额实现了大幅度增长。2017 年，全国林业投资完成额为 4800 亿元，比 2012 年增长了 43.6%。从结构来看，生态建设与保护投资总额达到了 2016 亿元，相比 2012 年增长了 25.7%；林业支撑与保障投资 614 亿元，增长 175.6%；林业产业发展投资 2008 亿元，增长 144.6%。

（二）林业资源总量

1989—2018 年间，我国林业资源总量稳步增长[①]。从水平上看，我国森林面积及其覆盖率、活立木蓄积量和森林蓄积量都呈现出大幅度增长的态势。森林面积从 20 世纪 80 年代末的 1.3 亿公顷，跃升到 2018 年的 2.2 亿公顷，增长近 7 成；森林覆盖率从 13.92%上升为 22.96%，提高了近 9 个百分点；活立木蓄积量从 117.85 亿立方米，增长到 190.07 亿立方米，增长超 6 成；森林蓄积量从 101.37 亿立方米，提高到了 175.6 亿立方米，增长超过 70%。

从速度上看，森林面积、覆盖率、活力木蓄积量和森林蓄积量的增长趋势都比较线性，增长速度都较为稳定。具体而言，从 20 世纪 80 年代末到 2018 年，森林面积的年均增速约为 2.4%；活立木蓄积量、森林蓄积量的年均增速都在 2.5% 左右；森林覆盖率的增长速度约为年均 2.2%。

表 6-2　我国森林总面积、覆盖率与蓄积量变化情况

年份	森林面积（万公顷）	森林覆盖率（%）	活立木蓄积量（亿立方米）	森林蓄积量（亿立方米）
第四次（1989—1993）	13370.35	13.92	117.85	101.37

---

① 本段数据来自五年一次的"全国森林资源清查数据"。第一次清查始于 20 世纪 70 年代末，至今（2019 年）已经完成了九次清查。详见国家林业和草原局网站，http://www.forestry.gov.cn/main/4/index.html.

年份	森林面积 （万公顷）	森林覆盖率 （%）	活立木蓄积量 （亿立方米）	森林蓄积量 （亿立方米）
第五次 （1994—1998）	15894.00	16.55	124.88	112.66
第六次 （1999—2003）	17490.92	18.21	136.18	124.56
第七次 （2004—2008）	19545.22	20.36	149.13	137.21
第八次 （2009—2013）	20769.00	21.63	164.33	151.37
第九次 （2015—2018）	22044.62	22.96	190.07	175.60

资料来源：历次"全国森林资源清查数据"

（三）植树造林规模

21世纪以来，我国植树造林规模在多轮震荡中实现了大幅增长。从水平上看，我国植树造林总量从2000年的510.5万公顷，增长到了2017年的768.1万公顷，增长约5成。其间，植树造林总量曾于2003年达到峰值的911.9万公顷，于2006年降到谷底的383.9万公顷，这样大幅度的震荡主要来自人工造林面积的变化。

人工造林面积从2000年的434.5万公顷，降低到了2017年的429.6万公顷，总体降幅较小，只有1.1%。但是，人工造林面积在2003年同样到达了峰值843.2万公顷，2006年降至谷底244.6万公顷，与植树造林总面积的震荡变动趋势一致。

飞播造林面积保持了逐年下降的趋势，从2000年的76万公顷下降到了2017年的14.1万公顷，降幅超过8成。新封山育林面积在小幅度震荡中保持了总体上升趋势，从2004年的119.7万公顷，上升到了2017年的165.7万公顷，总体增幅约38%。

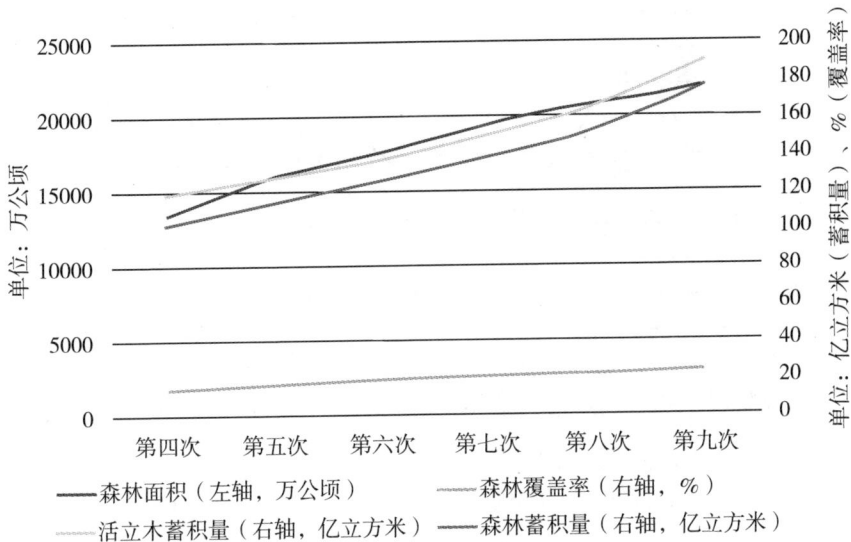

图 6-19 我国林业资源总量变化情况

从速度上看，植树造林总面积、人工造林总面积出现了"大起大落"，增长和下降的速度都比较快。由于植树造林总面积的变动趋势和变化速度，都与人工造林基本保持一致，因此我们主要描述人工造林总面积的变化速度。2000—2003 年，人工造林总面积在经历了最初 1 年的短时间小幅下降之后，以年均 50% 的增速，从 2001 年的 397.7 万公顷，快速上涨至 2003 年的 843.2 万公顷。在随后的 2003—2006 年，人工造林面积开始了快速下滑，以年均 25% 的下降速度从 843.2 万公顷下降到了 244.6 万公顷。2006—2017 年，人工造林面积维持了较长时间的低速增长态势，以年均约 7% 的缓慢增长速度从 2006 年的 244.6 万公顷增长到了 2017 年的 429.6 万公顷。

此外，新封山育林面积的变化速度也较慢，且历经了多轮上下波动，年均增速约为 3.5%。飞播育林面积的下降速度则比较稳定，2000—2017 年年均下降速度约为 4.8%。

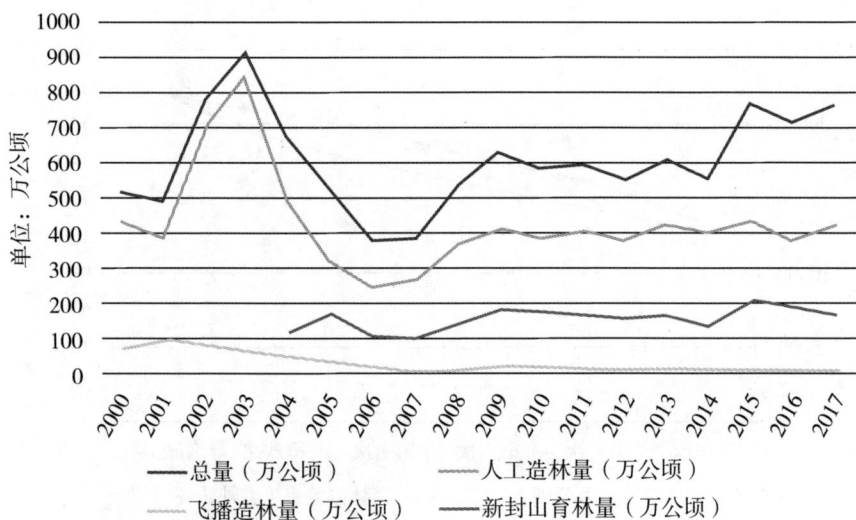

图 6-20　我国植树造林面积变化情况

六、城乡人居环境状况

我国城乡环境基础设施建设经历了从零起步到迅速发展的过程。特别是改革开放以来，随着城镇化进程的不断加快，环境污染治理和生态保护力度的持续加大，城乡环境基础设施建设加速推进，城乡人居环境日益改善。

(一) 城市环境与污染治理状况

环境基础设施投资快速增长。2017 年，我国城镇环境基础设施建设投资 6086 亿元，比 2001 年增长 8.3 倍。其中，燃气投资 567 亿元，增长 5.9 倍；集中供热投资 778 亿元，增长 7.6 倍；排水投资 1728 亿元，增长 6.1 倍；园林绿化投资 2390 亿元，增长 12.2 倍；市容环境卫生投资 623 亿元，增长 9.8 倍。

环境基础设施水平持续提高。从水平上看，人均日生活用水量逐年下降，城市污水排放量日益增长。2000—2017年，人均日生活用水量从2000年的220.2升下降为2017年的178.9升，降幅达到18.8%；城市污水排放量从2000年的331.8亿立方米大幅增长至2017年的492.4亿立方米，增幅接近50%。此外，我国城市用水普及率大幅度提高，从2000年的63.9%提高至2017年的98.3%，上涨了34.4个百分点；城市污水处理率则从2000年的34.3%大幅度增长至2017年的94.5%，增长了超过60个百分点。

从速度上看，我国人均日生活用水量的下降速度整体较为平缓，没有明显的增长速度忽高忽低现象，2000—2017年年均下降速度约为1.1%。城市污水排放量则呈现出前期缓慢提高、后期快速增长的趋势。以2009年为界限，2000—2009年间增长速度较为缓慢，年均增速约为1.3%。2009—2017年间的增长速度明显提高，年均增速提高到4.1%；城市用水普及率的增长速度也是前期高速增长、后期缓慢提高，2000—2007年间，城市用水普及率年均增速达到了约6.7%，

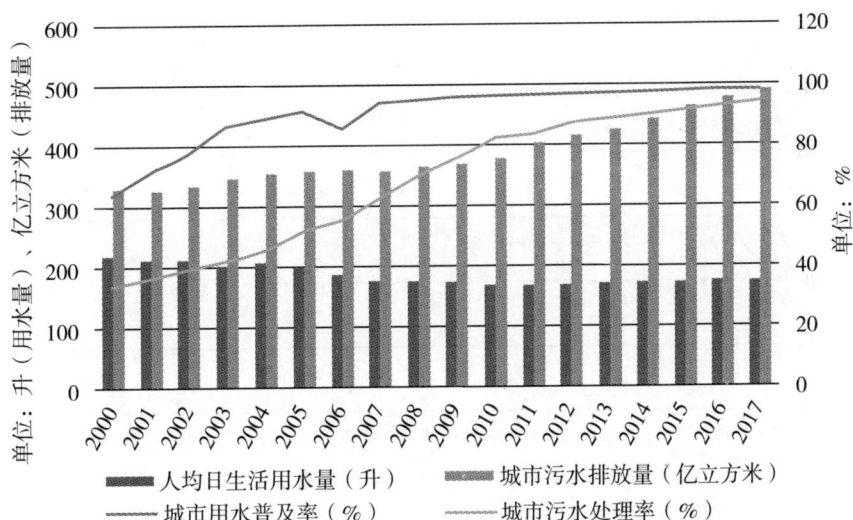

图6-21　我国城市水资源使用与污水处理变化情况

此后增速大为放缓，降低至年均 0.48%；与之类似的是，城市污水处理率的增长速度也是前期快、后期慢，2000—2010 年是城市污水处理率快速增长的时间段，年均增速达到了 14%，此后有所放缓，年均增速降低至约 2.1%。

从水平上看，我国城市燃气普及率、生活垃圾无害化处理率、建成区绿化覆盖率都保持了总体增长的趋势。其中，城市燃气普及率从 2000 年的 45.4% 提高到了 2017 年的 96.3%，增加了约 51 个百分点；城市生活垃圾无害化处理率从 2001 年的 58.2% 上升到了 2017 年的 97.7%，提高了约 40 个百分点；建成区绿化覆盖率从 2000 年的 28.2% 小幅提高到了 2017 年的 40.9%，增长 12.7 个百分点。

从速度上看，城市燃气普及率的增长速度最快，城市生活垃圾无害化处理率次之，建成区绿化覆盖率的增长速度最慢。2000—2017年间，城市燃气普及率年均增速为 6.6%。其中，2000—2007 年间增长速度相对更快，达到了年均 13% 左右。此后的 2007—2017 年十年

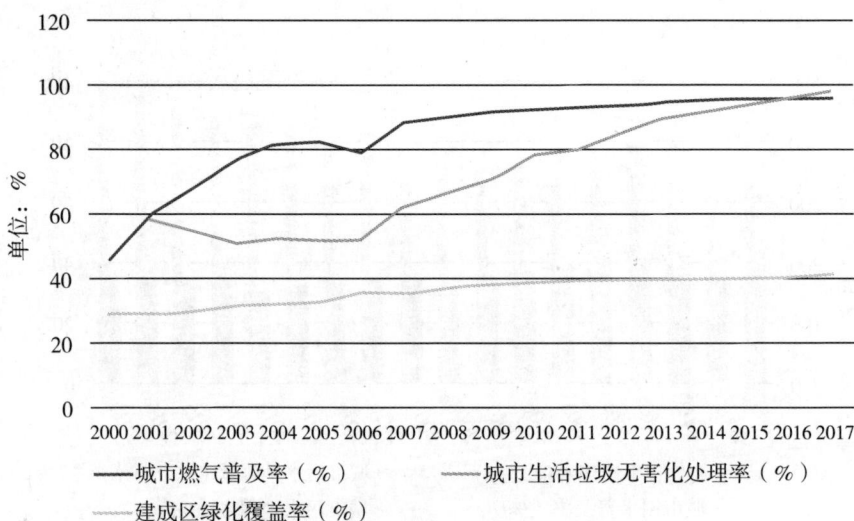

图 6-22　我国城市能源普及、垃圾处理与绿化覆盖变化情况

间，增速大大放缓，约为年均1%。2001—2017年间，城市生活垃圾无害化处理率年均增速约为4.3%，其中2006—2017年这一时间段的增长速度相对更快，增速接近年均8%。建成区绿化覆盖率的增长速度一直较为平稳，没有出现大起大落的现象，2000—2017年间年均增速约为2.6%。

（二）农村环境与污染治理状况

近年来，国家积极推进农村基础设施建设和城乡基本公共服务均等化，推进农村饮水安全工程，开展村庄环境整治，重点治理农村垃圾和污水，推动农村家庭改厕，农村人居环境日益得到改善。

1.农村"改水、改厕、改气"工程

从水平上看，我国农村改水累计受益人口、农村改水收益率总体增长。农村改水累计受益人口从2000年的8.8亿人，增到了2014年的9.1亿人，增幅约为0.28%；农村改水累计受益率从2000年的92.4%，提高到了2014年的95.8%，增长了3.4个百分点。从速度上

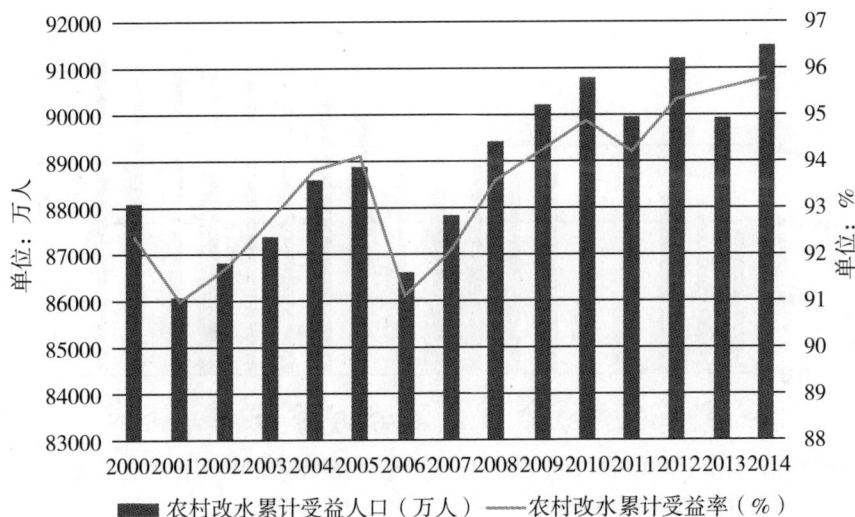

图6-23　我国农村改水累积受益总人口与受益率变化情况

看，两者均经历了多轮震荡，且没有呈现出周期性的变化规律。

从水平上看，我国农村人居环境改善工作取得了较大成效。累计使用卫生厕所户数连年增长，卫生厕所普及率随之稳步提高，农村沼气池产气量也总体上涨。具体而言，我国累计使用卫生厕所农村户数已经从2000年的9500余万户，增长到了2017年的近2.2亿户，增幅约为125%；卫生厕所普及率也从2000年的46.1%，提高到了2017年的81.7%，增加约35.6个百分点；农村沼气池产气量总体增加，但升中有降。2000年农村沼气池产气量为25.9亿立方米，2013年达到峰值157.8亿立方米，2017年回落至123.8亿立方米，2000—2017年间总体增长约3.78倍。

从速度来看，我国累计使用卫生厕所户数和卫生厕所普及率的增长速度都比较线性，年均增速分别为7.4%和4.5%。农村沼气池产气量在2000—2013年间增长速度较快，年均增速达到了40%。此后，直到2017年的5年间出现了回落现象，年均下降速度约为5.4%。

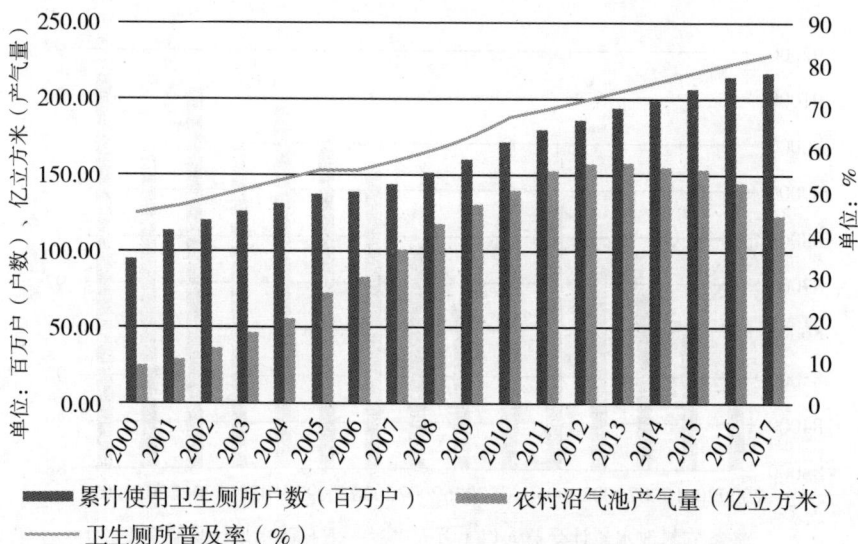

图6-24 我国农村改厕总户、普及率与沼气产气量变化情况

2.农村太阳能建设

从水平上看，农村太阳能热水器的建设面积和太阳灶的建设数量都呈现出大幅度上涨的趋势。具体而言，太阳能热水器从2000年的1107.8万平方米，增长到了2017年的8723.5万平方米，增长近7倍；太阳灶建设数量从2000年的38万余台，增长到了2017年的222万余台，增长近5.7倍。

从速度上看，农村太阳能热水器的建设速度较为线性，年均增速接近40%；太阳灶的建设速度大致分为两个阶段，第一阶段是2000—2011年，该时段增长速度较快，年均增速接近50%。第二阶段是2011—2017年，该阶段增长速度大幅度放缓，年均增速仅为0.6%。

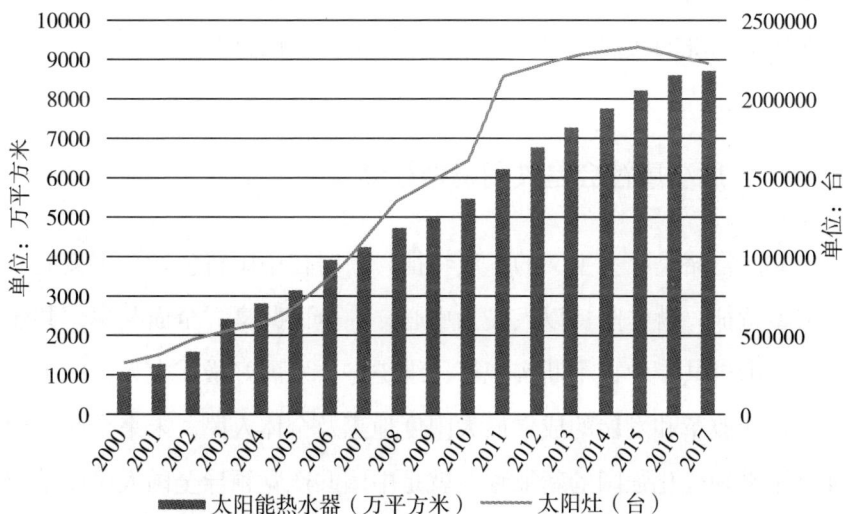

图6-25 我国农村太阳能、太阳灶建设变化情况

（执笔人：陈晋阳）

跋

后小康社会的基本特征

凡事预则立，不预则废。2020 年是全面建成小康社会结束之年，2021 年既是建党一百周年，又是后小康社会的开启之年。那么，中国未来的后小康社会究竟有什么特点呢？这个问题值得我们深思，站在历史高度的我们必须高瞻远瞩，才能势如破竹！

一、后小康社会是共同富裕社会

共同富裕是社会主义的本质特征，新时代中国特色社会主义的一个典型特征，就是坚持以人民为中心，在全民共享、全面共享、共建共享、渐进共享中，不断实现好、维护好、发展好最广大人民的根本利益，让改革和发展的成果最大限度地惠及全体人民。未来全面建设社会主义现代化强国的新征程，就是中国共产党领导全国人民团结奋斗、不断创造美好生活、逐步实现共同富裕的过程。党的十九大政治报告在未来 30 多年的战略安排中，把全体人民共同富裕作为建设社会主义现代化强国的重要内容，分阶段、分步骤进行了谋划和部署。只要我们同心同德，勇于开拓进取，中国就将顺利实现由小康社会向共同富裕社会的华丽转身。

2020 年中国人均 GDP 超过 1 万美元以后，将继续大踏步朝前迈进。根据有关模型，如果 2020—2035 年国民经济增长速度按 5%测算，预计到 2035 年人均 GDP 大约为 1.8 万美元（2018 年的美元不变价），届时已经顺利跨过人均 1.4 万美元的同期中等收入国家上限，即顺利跨越"中等收入陷阱"，进入低收入的发达国家行列；与此同时，中国 OECD 观察国的身份有可能转正。如果 2036—2050 年国民经济增长速度按 4%测算，预计到 2050 年人均 GDP 大约为 4.2 万美元（2018 年的美元不变价），届时与美国人均 GDP 的差距由 1∶6 缩小到 1∶2。习近平总书记讲过："我们追求的发展是造福人民的发展，我们追求的富裕是全体人民共同富裕。"在共同富裕的过程中，收入差距不是越来越大，也不是完全没有差距——这样会损害效率，而是将差距控制在安全线以内。虽然实现共同富裕要有一个循序渐进的过程，但我们要努力去做、不断推进。

二、后小康社会是幸福社会

后小康社会是一个在物质生活继续不断满足的前提下，精神生活逐渐丰富和发展的一个社会。为中国人民谋幸福、为中华民族谋复兴既是我们出发时的初心，更是我们肩负的光荣历史使命。在全面建设社会主义现代化强国这样一个相当长的历史时期，中国共产党将主动顺应人民群众对美好生活的向往，把保障和改善民生作为重中之重，以更大决心、更大力度、更实举措加以推进，努力让人民过上更好生活。幸福离不开高质量的发展，幸福离不开高素质的奋斗。正如习近平总书记强调的，"世界上没有坐享其成的好事，要幸福就要奋斗"。总而言之，充满奋斗的人生最幸福，勇于奋斗的姿态最美丽。后小康社会是一个奋斗者继续更强奋斗的社会，幸福者追求更高幸福的社会，我们注定要写下新的幸福的历史篇章。从来就没有救世主，革命靠我们自己，建设靠我们自己，更加幸福也只有靠我们自己。我们必须充分认识到在全面建设社会主义现代化强国的新征程上，肯定不会是一帆风顺，也不会是鲜花满地，我们一定要舍得挥洒汗水、忘我拼搏，让中国大地到处都留下奋斗者披荆斩棘的足迹，让幸福的感觉在各民族的心中荡漾。

众所周知，幸福指数是衡量人们对自身生存和发展状况的感受和体验，即人们幸福感的一种指数。全球最幸福国家排名榜访问来自155个国家及地区数千名受访者，让他们将自己的生活满意程度，以1至10评分，得出"人生评估"幸福指数。指数高的人属"生活如意者"，其他则为"处身逆境者"及"饱受折磨者"。研究人员根据每国"生活如意者"所占百分比，得出排名。此外，受访者又被问及之前一日的幸福程度，如是否休息足够、受尊重、远离病痛及是否有益智消遣等，得出"每日体验"幸福指数。也就是说，宏观上我们要拥有应该幸福的客观理由，微观上我们要让老百姓远离不幸。根据这两个参照系，力争到2035年，使国人的幸福指数排名进入世界前40位；到2050年进入世界前20位。中国从来就不服输，中国一定会为人类探索出一条实现幸福社会的捷径。

三、后小康社会是高质量社会

与小康社会发展速度快的显著特点不同，后小康社会的显著特点应该是高质量发展。2018年5月18日至19日，习近平总书记在全国生态环境保护大会上的讲话谈道："我国经济已由高速增长阶段转向高质量发展阶段，需要跨越一些常规性和非常规性关口。这是一个凤凰涅槃的过程。如果现在不抓紧，将来解决起来难度会更高、代价会更大、后果会更重。我们必须咬紧牙关，爬过这个坡，迈过这道坎。"高质量社会的到来，是量变到质变的必然结果，我们必须主动遵循这个发展规律，顺势而为。建设高质量社会，一方面我们要坚定不移推动经济高质量发展，扭住深化供给侧结构性改革这条主线，把制造业高质量发展放到更加突出的位置，加快构建市场竞争力强、可持续的现代产业体系；另一方面我们要大力推进结构性改革，营造有利市场环境，尊重、保护、鼓励创新，通过发展数字经济、促进互联互通、完善社会保障措施等，努力实现高质量发展。

高质量社会不仅是发展过程的高质量，而且也是人的发展的高质量。没有高质量的劳动者就不可能有高质量发展的社会。众所周知，劳动创造世界，劳动也创新世界，劳动者素质对一个国家、一个民族发展至关重要。技术工人队伍是支撑中国制造、中国创造、中国智造的重要基础，对推动经济高质量发展具有重要作用。与此同时，高质量社会要注重技术创新。未来在移动互联网、大数据、超级计算、传感网、脑科学等新理论新技术驱动下，人工智能呈现深度学习、跨界融合、人机协同、群智开放、自主操控等新特征，正在对经济发展、社会进步、全球治理等方面产生重大而深远的影响。未来中国必须高度重视创新发展，把新一代人工智能作为推动科技跨越发展、产业优化升级、生产力整体跃升的驱动力量，努力实现高质量发展。

四、后小康社会是文明社会

文明如水，润物无声。人猿相揖别，文明是具有进步价值取向的人类求生存、求发展的创造活动过程和成果，包括物质文明、政治文明、精神文明、社会文明和生态文明等。后小康社会是高度文明的社会。真、善、美是文明社会的本质特征。面向未来，文明既是社会进步的一个重要标志，也是我们全面建设社会主义现代化强国的重要内容。未来我们既要有文化自信，又要有文化自觉；既要有文化传承，又要有文化创新。总而言之，社会主义现代化强国的文化建设必须是对面向现代化、面向世界、面向未来的，高度文明既是民族的科学的大众的社会主义文化的概括，又是实现中华民族伟大复兴的有力支撑。我们一要鼓励科技创新进一步发展社会主义物质文明，二要通过自我完善大力弘扬社会主义民主的政治文明，三要突出自信进一步完善社会主义精神文明，四要聚焦和谐大力构建新时代社会文明，五要脱胎换骨展现社会主义生态文明，上述五大部分最终构成理论联系实的社会主义制度文明。

未来我们在建设文明社会的过程中，务必敞开胸怀，绝对不能坐井观天。2014年3月27日，习近平总书记在联合国教科文组织总部发表重要演讲时说："文明交流互鉴不应该以独尊某一种文明或者贬损某一种文明为前提。中国人在2000多年前就认识到了'物之不齐，物之情也'的道理。推动文明交流互鉴，可以丰富人类文明的色彩，让各国人民享受更富内涵的精神生活、开创更有选择的未来。"中国的先进文明必须走向世界，世界的先进文明也会有益中国。

五、后小康社会是现代化社会

发展有阶段，发展无止境。中国实现全面小康以后，我们即将全面开启社会主义现代化建设的新征程，因此后小康社会必然是现代化的社会。如果说全面小康是初级现代化阶段，那么后小康社会必定是中级现代化阶段，2020年以后我们还要跃迁到更加高级的现代化阶段。围绕新时代如何全面建设社会主义现代化强国，习近平总书记提出了一系列新思想。他特别强调，实现社会主义现代化和中华民族伟大复兴是坚持和发展中国特色社会主义的总任务，要在全面建成小康社会的基础上，分两步走全面建成社会主义现代化强国。他一针见血地指出，社会"现代化的本质是人的现代化"，"我们要建设的现代化是人与自然和谐共生的现代化"，要主动"推进国家治理体系和治理能力现代化"，要"在坚持以经济建设为中心的同时，全面推进经济建设、政治建设、文化建设、社会建设、生态文明建设，促进现代化建设各个环节、各个方面协调发展"。这些重大战略思想不仅丰富了中国共产党对社会主义现代化建设规律的认识，而且必将有力指导和推动后小康社会的现代化建设。"条条大路通罗马。"中国现代化社会的建设，必将丰富人类对现代化历史进程的新探索。世界各国的现代化探索必须因地制宜，因人制宜。未来中国的现代化社会不仅人口规模是世界第一，而且是第一个非资本主义的现代化社会，为世界提供社会主义现代化社会建设的样板。可以让更多的发展国家树立信心，时空压缩的现代化社会就是一个全面跨越式发展的现代化社会。更多的发展中国家可以在新中国的身上看到他们自己奋斗的希望。

面对后小康社会，以习近平同志为核心的党中央综合分析国际国内形势和我国发展条件，对新时代推进社会主义现代化建设作出新的顶层设计，提出从 2020 年到本世纪中叶，在全面建成小康社会的基础上，分两步走全面建成社会主义现代化强国。第一个阶段，从 2020 年到 2035 年，要在全面建成小康社会的基础上，再奋斗 15 年，实现社会主义现代化的基本目标：经济实力、科技实力将大幅跃升，跻身创新型国家前列；人民平等参与、平等发展权利得到充分保障，法治国家、法治政府、法治社会基本建成，各方面制度更加完善，国家治理体系和治理能力现代化基本实现；社会文明程度达到新的高度，国家文化软实力显著增强，中华文化影响更加广泛深入；人民生活更为宽裕，中等收入群体比例明显提高，城乡区域发展差距和居民生活水平差距显著缩小，基本公共服务均等化基本实现，全体人民共同富裕迈出坚实步伐；现代社会治理格局基本形成，社会充满活力又和谐有序；生态环境根本好转，美丽中国目标基本实现。第二个阶段，从 2035 年到本世纪中叶，要在基本实现现代化的基础上，再奋斗 15 年，把努力实现富强民主文明和谐美丽的社会主义现代化强国的宏伟目标：物质文明、政治文明、精神文明、社会文明、生态文明将全面提升，实现国家治理体系和治理能力现代化，成为综合国力和国际影响力领先的国家，全体人民共同富裕基本实现，我国人民将享有更加幸福安康的生活，中华民族将以更加昂扬的姿态屹立于世界民族之林。

总而言之，如何进行后小康社会的建设，伟大的新时代是出卷人，中国共产党人是答卷人，志气昂扬的人民是阅卷人。虽然未来具有诸多的不确定性，但是我们对后小康社会必须有一些基本的认识，才能胸有成竹。未来我们党将一如既往，始终把人民拥护不拥护、赞成不赞成、高兴不高兴、答应不答应作为根本标准和价值取向，做到人民有所呼、党就有所应，使后小康社会的建设始终体现群众意愿和人民意志，只有这样后小康社会的发展才真正经得起实践的检验，经得起人民的检验，经得起历史的检验。

黄燕芬　中国人民大学公共管理学院

2020 年春节

写于人民大学校园

参 考 文 献

1.《邓小平文选》，人民出版社 1993、1994 年版。

2.《江泽民文选》，人民出版社 2006 年版。

3.《胡锦涛文选》，人民出版社 2016 年版。

4.《习近平谈治国理政》，外文出版社 2014 年版。

5.《习近平谈治国理政》第二卷，外文出版社 2017 年版。

6. 习近平:《决胜全面建成小康社会 夺取新时代中国特色社会主义伟大胜利》，人民出版社 2017 年版。

7.《习近平对民政工作作出重要指示强调 聚焦脱贫攻坚聚焦特殊群体聚焦群众关切，更好履行基本民生保障基层社会治理基本社会服务等职责》，《人民日报》2019 年 4 月 3 日。

8.《习近平新时代中国特色社会主义思想学习纲要》，学习出版社、人民出版社 2019 年版。

9.《习近平在重庆考察并主持召开解决"两不愁三保障"突出问题座谈会时强调 统一思想一鼓作气顽强作战越战越勇 着力解决"两不愁三保障"突出问题》，《人民日报》2019 年 4 月 18 日。

10. 习近平:《在庆祝改革开放 40 周年大会上的讲话》，人民出版社 2018 年版。

11. 习近平:《在庆祝中华人民共和国成立 70 周年大会上的讲话》，人民出版社 2019 年版。

12. 习近平:《在统筹推进新冠肺炎疫情防控和经济社会发展工作部署会

议上的讲话》，人民出版社 2020 年版。

13. 习近平：《在决战决胜脱贫攻坚座谈会上的讲话》，人民出版社 2020 年版。

14. 国家统计局：历年《中华人民共和国国民经济和社会发展统计公报》，详见国家统计局官网，http://www.stats.gov.cn/。

15. 国家统计局编：历年《中华人民共和国国民经济和社会发展统计年鉴》，中国统计出版社出版。

16. 邸乘光：《"全面建成小康社会"：演进、内涵与功用》，《中共南京市委党校学报》2016 年第 4 期。

17. 肖贵清、乔惠波：《改革开放 40 年与小康社会建设》，《探索》2018 年第 5 期。

18. 谌利民：《党的十八大以来经济体制改革进展报告》，《中国改革报》2018 年第 12 期。

19. 雷明、李浩、邹培：《小康路上一个也不能少：新中国扶贫七十年史纲（1949—2019）——基于战略与政策演变分析》，《西北师大学报（社会科学版)》2020 年第 1 期。

20. 汪三贵、郭子豪：《论中国的精准扶贫》，《党政视野》2016 年第 7 期。

21. 杨胜群：《从小康目标的提出到全面建成小康社会》，《邓小平研究》2017 年第 1 期。

22. 孔繁金：《改革开放以来扶贫政策的历史演进及其创新——以中央一号文件为中心的考察》，《当代中国史研究》2018 年第 2 期。

23. 迟成勇：《邓小平小康社会思想的现代化内涵与时代走向》，《邓小平研究》2019 年第 5 期。

24. 蒋明敏、王艺苑：《全面建成小康社会：研究与展望》，《毛泽东邓小平理论研究》2019 年第 8 期。

25. 卫兴华：《新中国 70 年的成就与正反两方面的经验》，《政治经济学评论》2020 年第 1 期。

26. 宋立刚：《改革开放 40 年中国经济结构转型研究》，《人民论坛·学术前沿》2018 年第 23 期。

27. 何自力：《改革开放 40 年中国经济发展模式形成的基本经验》，《政治经济学评论》2018 年第 6 期。

28. 王小鲁：《市场化改革与经济增长》，《中国经贸导刊》2019 年第 24 期。

29. 桁林：《全面建成小康社会的经济局面及其政策选择》，《中国社会科学院研究生院学报》2016 年第 4 期。

30. 中共中央文献研究室：《习近平关于全面建成小康社会论述摘编》，中共文献出版社 2014 年版。

31. 蔡昉、张晓晶：《构建新时代中国特色社会主义政治经济学》，中国社会科学出版社 2019 年版。

32. 白钢、史卫民：《中国公共卫生政策分析，2011—2012 卷》，中国社会科学出版社 2012 年版。

33. 新华网：http://www.xinhuanet.com/globe/2018—04/26/c_137124716.htm。

34. 人民网：http://www.people.com.cn/GB/jinji/20021118/868845.html。

35. 李晓寒：《当代中国改革的历史进程与基本经验》，中国社会科学出版社 2018 年版。

36. 人民日报：http://history.people.com.cn/n1/2016/0517/c372326-28357197.html。

37. 宋林飞：《中国社会主义现代化理论的最新发展》，《南京社会科学》2017 年第 11 期。

38. 中共中央文献研究室：《十八大以来重要文献选编》（中），中央文献出版社 2016 年版。

39. 王琳、马艳：《中国改革开放以来的经济关系演变：现实路径与理论逻辑》，《马克思主义研究》2019 年第 2 期。

40. 姚涛：《我国农业产业结构调整的历程与现状》，《农村经济与科技》2016 年第 12 期。

41. 任保平、吕春慧：《中国特色社会主义市场经济体制改革——改革开放四十年回顾与前瞻》，《东北财经大学学报》2018 年第 6 期。

42. 张竞文、王晓梅、李想、卓骏：《我国东中西部三大产业 R&D 经费分配的优化分析》，《研究与发展管理》2017 年第 6 期。

43. 胡钧、李洪标：《十九届四中全会〈决定〉中的基本经济制度与市场经济》，《福建论坛（人文社会科学版）》2020 年第 1 期。

44. 魏杰、杨林：《经济新常态下的产业结构调整及相关改革》，《经济纵横》2015 年第 6 期。

45. 张丽伟：《中国经济高质量发展方略与制度建设》，中共中央党校出版社 2019 年版。

46. 杨卫：《中国特色社会主义分配制度体系的三个层次》，《上海经济研究》2020 年第 2 期。

47. 严金强，李波：《改革开放 40 年来我国分配关系变化的理论分析》，《上海财经大学报》2019 年第 1 期。

48. 林毅夫、陈斌开：《发展战略、产业结构与收入分配》，《经济学（季刊)》2013 年第 4 期。

49. 曹霞：《论建国以来我国分配方式的演进》，《内蒙古师范大学学报（哲学社会科学版)》2004 年第 2 期。

50. 王锐：《中国社会主义经济建设的历史进程和基本经验》，中共中央党校出版社 2019 年版。

51. 洪银兴：https：//baijiahao.baidu.com/s？ id=1653314012331210099&wfr=spider&for=pc。

52. 洪银兴：《兼顾公平与效率的收入分配制度改革 40 年》，《经济学动态》2018 年第 4 期。

53. 严晓涵：《我国收入分配演变的趋势分析》，《科技经济导刊》2018 年第 29 期。

54. 韩喜平：《怎样把握新时代分配制度？》，《红旗文稿》2020 年第 2 期。

55. 熊晓琳、任瑞姣：《以共享发展理念引领我国收入分配制度改革》，《思想理论教育导刊》2019 年第 1 期。

56. 龚晓莺、罗惠敏、杨育：《改革开放 40 年我国交换关系演变特征及机理研究》，《上海财经大学学报》2018 年第 6 期。

57. 逄锦聚：《马克思生产、分配、交换和消费关系的原理及其在经济新常态下的现实意义》，《经济学家》2016 年第 2 期。

58. 朱迪：《我国可持续消费的政策机制：历史和社会学的分析维度》，《广东社会科学》2016 年第 3 期。

59. 杨小勇、乔文瑄、杨育：《改革开放 40 年来我国消费关系演变及其机理研究》，《上海财经大学学报》2019 年第 1 期。

60. 杜凡凡：《全面建成小康社会与促进人的自由全面发展的关系研究》，

云南大学，2015 年。

61. 梅燕京，张广昭：《对全面建成小康社会内涵、路径和挑战的思考》，《人民论坛》2015 年第 14 期。

62. 邹天敬：《习近平关于精准扶贫精准脱贫的战略思想》，《人民论坛》2018 年第 3 期。

63. 郝涛：《习近平扶贫思想研究》，湖南大学，2017 年。

64. 中共中央国家机关工作委员会编著：《学习习近平同志关于机关党建重要论述》，党建读物出版社 2015 年版。

65.《彭真文选》，人民出版社 1991 年。

66. 中共中央统一战线工作部、中共中央文献研究室编辑：《新时期统一战线选编》（续编），中共中央党校出版社 1997 年版。

67. 陈科霖、段晓静：《新中国政治协商制度 70 年——阶段特征、议题逻辑与演进趋势》，《行政科学论坛》2020 年第 1 期。

68. 戴晓明：《法制中国建设与民族区域自治——纪念〈民族区域自治法〉公布实施 30 周年》，《湖北民族学院学报》2014 年第 2 期。

69. 邓运山：《邓小平"重拳反腐"思想及其新时代价值》，《井冈山大学学报（社会科学版）》2019 年第 6 期。

70. 董和平：《论我国人民代表大会制度建设的成就与完善重点》，《法学论坛》2012 年第 6 期。

71. 樊得智、杨世伏、苏奔、张法娟：《把抓好党支部作为管党治党基本任务——党支部建设的发展历程和经验启示》，《党建研究》2018 年第 12 期。

72. 郭静：《政治发展的实践演进与理论逻辑——改革开放 40 年来的中国政治发展》，《政治学研究》2018 年第 6 期。

73. 韩保江、邹一南：《中国小康社会建设 40 年：历程、经验与展望》，《管理世界》2020 年第 1 期。

74. 韩利平：《中国特色社会主义政治建设的历史成就与基本经验》，《实事求是》2019 年第 6 期。

75. 韩旭：《国家治理视野中的根本政治制度——改革开放 40 年来人民代表大会制度的发展逻辑》，《政治学研究》2018 年第 6 期。

76. 郝宇青：《加强基层组织建设的政治逻辑》，《行政论坛》2018 年第 1 期。

77. 何勤华、周小凡：《改革开放 40 年来我国民族区域自治法治的发展与完善》，《新疆社会科学》2018 年第 5 期。

78. 何颖：《中国政府机构改革 30 年回顾与反思》，《中国行政管理》2008 年第 12 期。

79. 何增科：《中国政治监督 40 年来的变迁、成绩与问题》，《中国人民大学学报》2018 年第 4 期。

80. 黄百炼：《新中国成立以来我国民主政治建设的巨大成就》，《当代世界与社会主义》2019 年第 3 期。

81. 黄天柱：《新时代参政党建设的整体态势与路径选择》，《统一战线学研究》2018 年第 5 期。

82. 黄卫平：《中国基层民主发展 40 年》，《社会科学研究》2018 年第 6 期。

83. 黄小钫：《新时代中国特色社会主义政治建设的主要成就、基本经验与展望》，《武陵学刊》2018 年第 3 期。

84. 蒋俊杰：《我国行政体制改革的动因、进展与路径选择》，《中国浦东干部学院学报》2020 年第 1 期。

85. 李婧、田克勤：《改革开放以来中国特色社会主义政治建设的持续推进与创新》，《马克思主义研究》2018 年第 11 期。

86. 李炜永、齐卫平：《人民政协制度完善和发展的历史考察》，《理论视野》2019 年第 10 期。

87. 林尚立：《基层民主：国家建构民主的中国实践》，《江苏行政学院学报》2010 年第 4 期。

88. 林尚立：《基层群众自治：中国民主政治建设的实践》，《政治学研究》1999 年第 4 期。

89. 刘红凛：《管理、服务与治理功能的政治衡平——从历史变迁看新时代基层党组织功能的新定位新要求》，《治理研究》2018 年第 1 期。

90. 龙钰、冯颜利：《我国基层群众自治制度的历史进程、现实状况与未来走向》，《求实》2014 年第 7 期。

91. 蒙慧：《反腐倡廉党内法规建设：新中国成立 70 年来的历程与经验——以党内法规文本为考察对象》，《探索》2020 年第 2 期。

92. 任鹏：《改革开放 40 年我国政治体制改革的历程特点和逻辑进路——基于历次党代会报告的分析》，《高校马克思主义理论研究》2018 年第 4 期。

93.上官酒瑞：《新时代中国民主政治建设：主题、逻辑和要求》，《中共福建省委党校学报》2018 年第 9 期。

94.宋才发：《民族区域自治制度的实践回眸及未来走势——纪念中国改革开放 40 周年》，《学术论坛》2018 年第 2 期。

95.王福强、付子堂：《实践驱动：新中国律师制度研究 70 年》，《山东大学学报（哲学社会科学版）》2019 年第 6 期。

96.王同昌：《新时代基层党组织建设的着力点》，《中共天津市委党校学报》2018 年第 1 期。

97.王旺胜：《国家治理现代化背景下参政党协商能力建设》，《社会主义研究》2016 年第 3 期。

98.吴建雄：《新中国反腐的历史轨迹和实践经验》，《国家检察官学院学报》2020 年第 2 期。

99.《习近平在看望参加政协会议的民盟致公党无党派人士侨联界委员时强调　坚持多党合作发展社会主义民主政治　为决胜全面建成小康社会而团结奋斗　汪洋参加看望和讨论》，《中国政协》2018 年第 5 期。

100.《习近平在同党外人士座谈并共迎新春时强调　多党合作要有新气象思想共识要有新提高履职尽责要有新作为参政党要有新面貌》，《中国纪检监察》2018 年第 3 期。

101.《习近平在中共中央政治局第二十四次集体学习时强调　加强反腐倡廉法规制度建设　让法规制度的力量充分释放》，《中国纪检监察》2015 年第 13 期。

102.席代凡：《党的十八大以来我党反腐倡廉理论深化与实践推进》，《甘肃社会科学》2019 年第 6 期。

103.肖贵清、乔惠波：《改革开放 40 年与小康社会建设》，《探索》2018 年第 5 期。

104.肖宗志、唐旭旺、徐艳红：《改革开放以来中国政治发展的历程、特点及其基本经验》，《南华大学学报（社会科学版）》2019 年第 6 期。

105.熊光清：《当前中国的腐败问题与反腐败策略》，《社会科学研究》2011 年第 5 期。

106.熊秋红：《新中国律师制度的发展历程及展望》，《中国法学》1999

年第 5 期。

107. 徐勇：《基层民主：社会主义民主的基础性工程——改革开放 30 年来中国基层民主的发展》，《学习与探索》2008 年第 4 期。

108. 张志铭：《回眸和展望：百年中国律师的发展轨迹》，《国家检察官学院学报》2013 年第 1 期。

109. 郑维伟：《政治体制改革与政治建设：理解中国政治发展的主线》，《浙江社会科学》2018 年第 4 期。

110. 周立志：《全面深化改革背景下反腐败研究》，湘潭大学，2018 年。

111. 安然等：《孔子学院跨文化传播影响力研究》，中国社会科学出版社 2017 年版。

112. 封海清：《从文化自卑到的——20 世纪 20—30 年代中国文化走向的转变》，《云南社会科学》2006 年第 5 期。

113. 韩俊霞：《新中国成立 70 年公共文化视野的成就》，《乌海日报》2019 年 9 月 10 日。

114. 习近平：《坚定文化自信，建设社会主义文化强国》，《求是》2019 年第 12 期。

115. 杨宜勇：《新时代治国理政的纲领性文件》，《前线》2020 年第 6 期。

116. 张继焦：《从"文化自觉"到"文化自信"：中国文化思想的历史性转向》，《思想战线》2017 年第 6 期 43 卷。

117. 中共中央文献研究室编：《习近平关于全面建成小康社会论述摘编》，中央文献出版社 2016 年版。

118. 中共中央文献研究室编：《习近平关于社会主义文化建设论述摘编》，中央文献出版社 2017 年版。

119. 刘辉：《习近平新时代社会建设重要论述探微》，《理论学刊》，2019 年第 6 期。

120. 杨宜勇、吴香雪：《中国扶贫问题的过去、现在和未来》，《中国人口科学》2016 年第 5 期。

121. 吴香雪：《福利供给责任与福利契约践行与重构》，《社会保障研究》2018 年第 1 期。

122. 刘晋祎：《我国社会建设的发展演进形态与制度构建图景》，《辽宁省社会主义学院学报》2019 年第 4 期。

123.范逢春：《新中国 70 年社会建设：实践历程、基本经验与未来展望》，《国家治理》2019 年第 3 期。

124.宋贵伦：《把制度优势更好转化为社会建设效能——认真学习贯彻党的十九届四中全会精神》，《前线》2019 年第 11 期。

125.张卓元：《中国价格改革三十年：成效，历程与展望》，《经济纵横》2008 年第 12 期。

126.周端明、蔡敏：《中国城乡收入差距研究述评》，《中国农村观察》2008 年第 3 期。

127.张海鹏：《中国城乡关系演变 70 年：从分割到融合》，《中国农村经济》2019 年第 3 期。

128.刘家宝：《基于马克思主义城乡关系论的中国城乡融合发展研究》，《决策探索》2019 年第 3 期。

129.刘社建：《就业制度改革三十年的回顾与反思》，《社会科学》2008 年第 3 期。

130.杨宜勇：《新中国民生发展七十年》，人民出版社 2019 年版。

131.吴绮雯、武力：《改革开放 40 年来我国城镇就业体制和劳动力转移政策变迁探析》，《求实》2019 年第 2 期。

132.汪建萍：《中国城乡居民恩格尔系数分析》，《统计与决策》2002 年第 4 期。

133.威廉·配第：《赋税论》，华夏出版社 2006 年版。

134.徐映梅、张学新：《中国基尼系数警戒线的一个估计》，《统计研究》2011 年第 1 期。

135.李实：《中国特色社会主义收入分配问题》，《政治经济学评论》2020 年第 1 期。

136.张彦峰：《我国居民收入分配基尼系数变化趋势分析》，《商业经济研究》2019 年第 16 期。

137.陈宗胜、周云波：《非法非正常收入对居民收入差别的影响及其经济学解释》，《经济研究》2001 年第 4 期。

138.余菁：《新中国 70 年企业制度的演变历程与发展取向》，《经济体制改革》2019 年第 6 期。

139.杨忠洲：《十五大东风鼓起民营经济的巨帆》，《湖北社会科学》

1998 年第 1 期。

140. 李剑荣：《经济全球化对我国经济贸易的影响研究——基于我国加入 WTO 前后十年数据的实证分析》，《经济问题探索》2015 年第 6 期。

141. 王少瑾：《收入不平等对社会安定的影响——基于修正的 EBA 模型的实证检验》，《山东财政学院学报》2008 年第 1 期。

142. 徐水安、翟桔红：《论加入世界贸易组织对中国居民收入分配的影响》，《经济评论》2003 年第 6 期。

143. 姜凌、左萌：《加入 WTO 对我国收入不平等的影响——基于微观面板数据的实证研究》，《国际贸易问题》2010 年第 3 期。

144. 陈明星：《经济危机对农业农村发展影响的国际考察及启示》，《世界农业》2010 年第 2 期。

145. 王国顺、谭明江：《中外养老保险政策的再分配效应和公平性比较研究——基于基尼系数与养老金替代率的关系分析》，《湖南社会科学》2015 年第 6 期。

146. 陈志钢、周云逸、樊胜根：《全球视角下的乡村振兴思考》，《农业经济问题》2020 年第 2 期。

147. 王延中、王俊霞、单大圣、龙玉其、宁亚芳、王宇和：《改革开放40 年与社会保障中国模式》，《社会科学文摘》2018 年第 11 期。

148. 韩巍：《我国基本公共服务分配：演进与问题》，《天津行政学院学报》2013 年第 3 期。

149. 胡鞍钢：《第二次转型：以制度建设为中心》，《战略与管理》2002 年第 3 期。

150. 李文军、唐兴霖：《地方政府公共服务均等化时空分布与演进逻辑：1995—2010》，《江西财经大学学报》2012 年第 5 期。

151. 王路云、王崇举等：《中国西部地区基本公共服务水平与空间格局研究》，《西部论坛》2016 年第 5 期。

152. 杨远根：《城乡基本公共服务均等化与乡村振兴研究》，《东岳论丛》2020 年第 3 期。

153. 缪小林、张蓉、于洋航：《基本公共服务均等化治理从"缩小地区间财力差距"到"提升人民群众获得感"》，《中国行政管理》2020 年第 2 期。

154. 孙清华、陈淑玲、李存先：《住房制度改革与住房心理》，中国建筑工业出版社 1991 年版。

155.刘丽如：《中国交通运输发展概况》，《经济研究参考》1992 年第 3 期。

156.姚璇宇：《城市公共交通发展水平综合评价研究》，江南大学 2015 年硕士学位论文。

157.马淑鸾：《影响预期寿命因素分析》，《人口研究》1989 年第 3 期。

158.邓妍、郭海强：《新中国 70 年我国医疗机构、卫生技术人员及居民期望寿命的发展》，《中国卫生统计》2019 年第 4 期。

159.孙梦：《医疗质量技术水平实现"两级跳"》，《中国卫生》2018 年第 7 期。

160.桂世勋、陈杰灵：《新中国 70 年人口平均预期寿命增高的特点、原因及未来举措》，《人口与健康》2019 年第 9 期。

161.苟晓霞：《我国平均预期寿命地区差异分析》，《发展》2011 年第 2 期。

162.邱国华、朱佳生：《关于人口平均受教育年限与平均预期受教育年限的思考》，《辽宁教育研究》2005 年第 3 期。

163.顾明远：《学习和解读（国家中长期教育改革和发展规划纲要（2010—2020）》，《高等教育研究》2010 年第 7 期。

164.郭萌、王怡：《全面建成小康社会进程监测及路径优化》，《湖北农业科学》2019 年第 24 期。

165.杨宜勇、吕学静等：《当代中国社会保障》，中国劳动和社会保障出版社 2005 年版。

166.张红培、李孜、赵秀竹、刘昉：《我国农村改厕的成效及问题研究》，《中国初级卫生保健》2018 年第 6 期。

167.吴宗璇：《乡村振兴战略背景下农村厕所革命的路径研究》，《河南农业》2018 年第 11 期。

168.张梦杰、姚伟、付彦芬：《2006—2015 年我国农村卫生厕所分布差异性分析》，《环境与健康杂志》2018 年第 1 期。

169.周旭霞、刘国娟：《乡村振兴背景下的人居环境综合整治研究——基于杭州富阳上官乡的实践》，《中共杭州委党校学报》2019 年第 3 期。

170.陶勇：《从"农村改厕"走向"厕所革命"的发展历程》，《中国卫生工程学》2019 年第 4 期。

171.林闽钢、陶鹏：《中国贫困治理三十年回顾与前瞻》，《甘肃行政学院学报》2008 年第 6 期。

172. 陈标平、胡传明：《建国 60 年中国农村反贫困模式演进与基本经验》，《求实》2009 年第 7 期。

173. 陆汉文、岂晓宇：《当代中国农村的贫困问题与反贫困工作———基于城乡关系与制度变迁过程的分析》，《江汉论坛》2006 年第 10 期。

174. 都阳、蔡昉：《中国农村贫困性质的变化与扶贫战略调整》，《中国农村观察》2005 年第 5 期。

175. 莫光辉：《精准扶贫：中国扶贫开发模式的内生变革与治理突破》，《中国特色社会主义研究》2016 年第 2 期。

176. 郑瑞强：《精准扶贫政策的理论预设、逻辑推理与推进机制优化》，《宁夏社会科学》2016 年第 4 期。

177. 李培林：《新中国 70 年社会建设和社会巨变》，《北京工业大学学报（社会科学版)》2019 年第 4 期。

178. 杨宜勇、黄燕芬：《习近平书记关于社会建设的重要论述探究》，《中国井冈山干部学院学报》2019 年第 6 期。

179. 刘辉：《习近平新时代社会建设重要论述探微》，《理论学刊》2019 年第 6 期。

180. 杨宜勇、吴香雪：《中国扶贫问题的过去、现在和未来》，《中国人口科学》2016 年第 5 期。

181. 吴香雪：《福利供给责任与福利契约践行与重构》，《社会保障研究》2018 年第 1 期。

182. 刘晋祎：《我国社会建设的发展演进形态与制度构建图景》，《辽宁省社会主义学院学报》2019 年第 4 期。

183. 范逢春：《新中国 70 年社会建设：实践历程、基本经验与未来展望》，《国家治理》2019 年第 3 期。

184. 宋贵伦：《把制度优势更好转化为社会建设效能———认真学习贯彻党的十九届四中全会精神》，《前线》2019 年第 11 期。

185. 廖冲绪、张曦：《共建共治共享社会治理格局的逻辑进路、时代内涵与路径创新》，《社会治理》2020 年第 3 期。

186. 高斌：《共建共治共享的社会治理格局：演进轨迹、困境分析与路径选择》，《理论研究》2018 年第 6 期。

187. 夏锦文：《共建共治共享的社会治理格局：理论构建与实践探索》，《江苏社会科学》2018 年第 3 期。

188. 马庆钰：《共建共治共享社会治理格局的意涵解读》，《行政管理改革》2018 年第 3 期。

189. 周进萍：《共建共治共享：社会治理的中国话语与行动体系》，《中共福建省省委党校学报》2018 年第 7 期。

190. 马海韵：《"共建共治共享社会治理格局"的理论内涵——基于社会治理创新的视角》，《北京交通大学学报（社会科学版）》2018 年第 4 期。

191. 王名：《共建共治共享格局下多元主体的权利边界及公共性之源》，《国家治理》2019 年第 4 期。

192. 贾玉娇：《共建共治共享的人民性阐释》，《中国民政》2020 年第 2 期。

193. 李玉轩、黄毅：《构建新时代治理共同体的价值维度思考》，《新疆社科论坛》2020 年第 1 期。

194. 张国磊、马丽：《新时代构建社会治理共同体的内涵、目标与取向——基于党的十九届四中全会《决定》的解读》，《宁夏社会科学》2020 年第 1 期。

195. 潘修华：《我国社会组织的演进历程、现状与发展路径》，《党政研究》2017 年第 2 期。

196. 韦克难、陈晶环：《新中国 70 年社会组织发展的历程、成就和经验——基于国家与社会关系视角下的社会学分析》，《学术研究》2019 年第 11 期。

197. 董保华等著：《社会保障的法学观》，北京大学出版社 2005 年版。

198. 王焰、张向前：《政府购买服务、社会资本合作（PPP）促进社会组织发展——以社会救助为例》，《领导科学论坛》2016 年第 5 期。

199. 陈运雄、朱让谦：《政府购买社会组织公共服务的问题与对策》，《山东行政学院学报》2015 年第 6 期。

200. 郑永兰、陆柳青：《论我国社会保障中的非政府组织：功能、困境与对策》，《南京工程学院学报（社会科学版）》2010 年第 2 期。

201. 贾志科、罗志华：《新时代社会组织治理：面临的问题与路径选择》，《学术交流》2020 年第 3 期。

202. 杨宜勇、邢伟：《公共服务体系的供给侧改革研究》，《人民论坛·学术前沿》2016年第3期。

203.马庆钰：《"十三五"时期我国社会组织发展思路》，《中共中央党校学报》2015年第2期。

204.刘社建：《就业制度改革三十年的回顾与反思》，《社会科学》2008年第3期。

205.杨宜勇：《新中国民生发展七十年》，人民出版社2019年版。

206.谭中和：《建国70年中国工资收入分配制度变迁与改革实践——历程、经验与愿景》，《中国劳动》2019年第2期。

207.王少瑾：《收入不平等对社会安定的影响——基于修正的EBA模型的实证检验》，《山东财政学院学报》2008年第1期。

208.杨宜勇、吴香雪：《中等收入群体：功能定位、现实困境与培育路径》，《国家行政学院学报》2016年第6期。

209.郑功成：《从国家一单位保障制走向国家一社会保障制——30年来中国社会保障改革与制度变迁》2008年第2期。

210.郑功成：《中国社会保障："十二五"回顾与"十三五"展望》，《社会政策研究》2016年第1期。

211.郭萌、王怡：《全面建成小康社会进程监测及路径优化》，《湖北农业科学》2019年第24期。

212.郑功成：《中国社会变革40年：成就、经验与展望》，《社会治理》2019年第2期。

213.汪建萍：《中国城乡居民恩格尔系数分析》，《统计与决策》2002年第4期。

214.邓妍、郭海强：《新中国70年我国医疗机构、卫生技术人员及居民期望寿命的发展》，《中国卫生统计》2019年第4期。

215.孙梦：《医疗质量技术水平实现"两级跳"》，《中国卫生》2018年第7期。

216.王延中、王俊霞等：《改革开放40年与社会保障中国模式》，《社会科学文摘》2018年第11期。

217.胡鞍钢：《第二次转型：以制度建设为中心》，《战略与管理》2002年第3期。

218.李文军、唐兴霖：《地方政府公共服务均等化时空分布与演进逻辑：

1995—2010》，《江西财经大学学报》2012 年第 5 期。

219. 王路云、王崇举等：《中国西部地区基本公共服务水平与空间格局研究》，《西部论坛》2016 年第 5 期。

220. 孙清华、陈淑玲、李存先：《住房制度改革与住房心理》，中国建筑工业出版社 1991 年版。

221. 林闽钢、陶鹏：《中国贫困治理三十年回顾与前瞻》，《甘肃行政学院学报》2008 年第 6 期。

222. 陈标平、胡传明：《建国 60 年中国农村反贫困模式演进与基本经验》，《求实》2009 年第 7 期。

223. 陆汉文、岂晓宇：《当代中国农村的贫困问题与反贫困工作——基于城乡关系与制度变迁过程的分析》，《江汉论坛》2006 年第 10 期。

224. 都阳、蔡昉：《中国农村贫困性质的变化与扶贫战略调整》，《中国农村观察》2005 年第 5 期。

225. 莫光辉：《精准扶贫：中国扶贫开发模式的内生变革与治理突破》，《中国特色社会主义研究》2016 年第 2 期。

226. 郑瑞强：《精准扶贫政策的理论预设、逻辑推理与推进机制优化》，《宁夏社会科学》2016 年第 4 期。

227. 李培林：《新中国 70 年社会建设和社会巨变》，《北京工业大学学报（社会科学版)》2019 年第 4 期。

228. 董战峰：《〈巴黎协定〉：中国践行全球气候治理的大国责任》，中国网，2016 年 4 月 25 日，http://www.china.com.cn/opinion/2016-04/25/content_38319415.htm。

229. 方世南：《生态文明理念创新指导实践的十大着力点》，《学习论坛》2020 年第 4 期。

230. 高世楫、王海芹、李维明：《改革开放 40 年生态文明体制改革历程与取向观察》，《改革》2018 年第 8 期。

231. 胡斌：《欧盟温室气体〈减排分担决议〉研究》，武汉大学 2016 年博士学位论文。

232. 胡凌艳、林怀艺：《习近平关于人类生态命运共同体重要论述探析》，《科学社会主义》2019 年第 6 期。

233. 环境保护部编：《向污染宣战：党的十八大以来生态文明建设与环

境保护重要文献选编》，人民出版社 2016 年版。

234. 解振华：《中国改革开放 40 年生态环境保护的历史变革——从"三废"治理走向生态文明建设》，《中国环境管理》2019 年第 4 期。

235. 李娟：《中国生态文明制度建设 40 年的回顾与思考》，《中国高校社会科学》2019 年第 2 期。

236. 潘家华、庄贵阳：《"绿水青山就是金山银山"的认知迭代与实践进程》，《阅江学刊》2018 年第 6 期。

237. 乔清举、马啸东：《改革开放以来我国生态文明建设》，《前进》2019 年第 2 期。

238. 求是网：http：//www.qstheory.cn/2018—03/21/c_1122571497.htm。

239. 人民日报：《生态兴则文明兴》，《人民日报》2019 年 8 月 8 日。

240. 人 民 网：http：//politics.people.com.cn/n/2015/1127/c1001—27862472.html。

241. 生 态 环 境 部 网 站：http：//www.mee.gov.cn/gkml/sthjbgw/stbgth/201806/t20180601_442262.htm。

242. 生态环境部网站：http：//www.mee.gov.cn/home/ztbd/2020/wdlch-hcj_1/。

243. 生态环境部网站：http：//www.mee.gov.cn/zjhb/lsj/lsj_zyhy/201807/t20180713_446639.shtml。

244. 生态环境部网站：http：//www.mee.gov.cn/zjhb/lsj/lsj_zyhy/201807/t20180713_446637.shtml。

245. 生态环境部网站：www.mee.gov.cn/zjhb/jgls/ljhbhy/ljhbhy/#。

246. 涂瑞和：《〈联合国气候变化框架公约〉与〈京都议定书〉及其谈判进程》，《环境保护》2005 年第 3 期。

247. 王勇：《关于国务院机构改革方案的说明》，《人民日报》2018 年 3 月 14 日。

248. 习近平：《干在实处 走在前列》，中共中央党校出版社 2006 年版。

249. 习近平：《坚持节约资源和保护环境基本国策努力走向社会主义生态文明新时代》，人民网，2013 年 5 月 24 日，http：//cpc.people.com.cn/n/2013/0525/c64094-21611332.html。

250. 习近平：《决胜全面建成小康社会 夺取新时代中国特色社会

主义伟大胜利——在中国共产党第十九次全国代表大会上的报告》，央广网，2017 年 10 月 27 日，http：//news.cnr.cn/native/gd/20171027/t20171027_524003098.shtml。

251. 习近平：《在省部级主要领导干部学习贯彻党的十八届五中全会精神专题研讨班上的讲话》，人民出版社 2016 年版。

252. 郇庆治：《充分发挥党和政府引领作用大力推进我国生态文明建设》，《绿色中国》2018 年第 9 期。

253. 郇庆治：《改革开放四十年中国共产党绿色现代化话语的嬗变》，《云梦学刊》2019 年第 1 期。

254. 郇庆治：《人类命运共同体视野下的全球资源环境安全文化构建》，《太平洋学报》2019 年第 1 期。

255. 郇庆治：《生态文明及其建设理论的十大基础范畴》，《中国特色社会主义研究》2018 年第 4 期。

256. 郇庆治：《生态文明建设与人类命运共同体构建》，《中央社会主义学院学报》2019 年第 4 期。

257. 郇庆治：《生态文明理论及其绿色变革意蕴》，《马克思主义与现实》2015 年第 5 期。

258. 姚修杰：《习近平生态文明思想的理论内涵与时代价值》，《理论探讨》2020 年第 2 期。

259. 张佳：《气候谈判话中国——外交部历任气候变化谈判代表讲述谈判历程》，《世界知识》2019 年第 5 期。

260.《马克思恩格斯文集》第 1 卷，人民出版社 2009 年版。

261.《中国环境保护行政二十年》编辑委员会：《中国环境保护行政二十年》，中国环境科学出版社 1994 年版。

262. 中国环境网：https：//www.cenews.com.cn/subject/2018/0516/a_4113/201805/t20180518_874520.html。

263. 中央人民政府网站：http：//www.gov.cn/test/2009-01/16/content_1206984.htm。

264. 中央人民政府网站：www.gov.cn/guoqing/2012-04/10/content_2584066.htm。

265. 中央人民政府网站：www.gov.cn/xinwen/2020-05/17/content_5512

338.htm。

266.周宏春、季曦：《改革开放三十年中国环境保护政策演变》，《南京大学学报（哲学人文科学社会科学版)》2009 年第 1 期。

267.周宏春、江晓军：《习近平生态文明思想的主要来源、组成部分与实践指引》，《中国人口·资源与环境》2019 年第 1 期。

268.周宏春：《改革开放 40 年来的生态文明建设》，《中国发展观察》2019 年第 1 期。

236.IPCC，2018：SummaryforPolicymakers.In：GlobalWarmingof1.5℃. AnIPCCSpecialReportontheimpactsofglobalwarmingof1.5℃ abovepre-industriallevelsandrelatedglobalgreenhousegasemissionpathways，inthecontextofstrengthen-ingtheglobalresponsetothethreatofclimatechange，sustainabledevelopment，andeffortstoeradicatepoverty[Masson-Delmotte，V.，P.Zhai，H.-O.Pörtner，D.Roberts，J.Skea，P.R.Shukla，A.Pirani，W.Moufouma-Okia，C.Péan，R.Pidcock，S.Connors，J.B.R.Matthews，Y.Chen，X.Zhou，M.I.Gomis，E.Lonnoy，T.Maycock，M.Tignor，andT.Waterfield（eds.）].InPress. 网页链接：https：//www.ipcc.ch/site/assets/uploads/sites/2/2019/05/SR15_SPM_version_report_HR.pdf。

责任编辑：高晓璐

图书在版编目（CIP）数据

全面建成小康社会奋斗史 / 杨宜勇　等著 . — 北京：人民出版社，2020.10

ISBN 978 - 7 - 01 - 022534 - 0

I. ①全…　II. ①杨…　III. ①小康建设 - 概况 - 中国　IV. ① F124.7

中国版本图书馆 CIP 数据核字（2020）第 189509 号

全面建成小康社会奋斗史

QUANMIAN JIANCHENG XIAOKANG SHEHUI FENDOUSHI

杨宜勇　吴香雪　等　著

人民出版社 出版发行

（100706　北京市东城区隆福寺街 99 号）

中煤（北京）印务有限公司印刷　新华书店经销

2020 年 10 月第 1 版　2020 年 10 月北京第 1 次印刷

开本：710 毫米 ×1000 毫米 1/16　印张：25.75

字数：330 千字

ISBN 978 - 7 - 01 - 022534 - 0　定价：79.00 元

邮购地址 100706　北京市东城区隆福寺街 99 号

人民东方图书销售中心　电话（010）65250042　65289539